国家社会科学基金年度项目(16BSH042)资助

人的城镇化背景下农民工住房保障成本分担机制研究

赵振宇 等 著

图书在版编目(CIP)数据

人的城镇化背景下农民工住房保障成本分担机制研究 / 赵振宇等著. —杭州 : 浙江大学出版社, 2021.6

ISBN 978-7-308-21397-4

Ⅰ.①人… Ⅱ.①赵… Ⅲ.①民工—住宅—社会保障制度—研究—中国 Ⅳ.①F299.233.1

中国版本图书馆 CIP 数据核字(2021)第 091359 号

人的城镇化背景下农民工住房保障成本分担机制研究

赵振宇 等 **著**

责任编辑 石国华
责任校对 杜希武
封面设计 周 灵
出版发行 浙江大学出版社
(杭州市天目山路 148 号 邮政编码 310007)
(网址:http://www.zjupress.com)
排 版 杭州星云光电图文制作有限公司
印 刷 杭州良诸印刷有限公司
开 本 710mm×1000mm 1/16
印 张 18
字 数 340 千
版 印 次 2021 年 6 月第 1 版 2021 年 6 月第 1 次印刷
书 号 ISBN 978-7-308-21397-4
定 价 58.00 元

目　录

引　言

一、研究背景及问题提出

改革开放以来，我国城镇化速度不断加快。按照居住时间满 6 个月以上作为城镇人口的统计口径，2018 年中国城镇常住人口已达到 83137 万人，城镇化率从 1978 年的 17.9%上升至 59.6%，城镇化率以年均 1%的速度增长。城镇化的推进带来更多的人口流动和消费机会，是推动我国经济增长的必然选择。然而空间城镇化并没有相应产生人口城镇化，我国户籍人口城镇化率仅为 43.4%，和常住人口城镇化率存在着明显差距。2000—2018 年，户籍人口城镇化率与常住人口城镇化率的差距已经从 10.5%扩大到 16.2%。2013 年，党的十八届三中全会审议通过的《中共中央关于全面深化改革若干重大问题的决定》明确提出坚持走中国特色新型城镇化道路，推进以人为核心的城镇化。传统的城镇化强调经济增长和土地的城镇化，往往忽视人的进步与发展，而新型城镇化强调人是主体，力求让城镇发展惠及每一个城镇居民。在传统城镇化建设中，往往容易走高投入、高消耗、高排放的发展模式，从而造成一系列能源、资源、环境问题，新型城镇化必须确立生态文明的理念，走"转方式、调结构"的可持续发展之路。传统城镇化是以人口向城市聚集为特征的"外延扩张式"城镇化，新型城镇化是以城镇化水平和质量提升为特征的"内涵发展式"城镇化。

新型城镇化的关键是人的城镇化，特别是 1 亿多农民工常住人口的城镇化问题。在"放宽农业转移人口落户条件"的同时，着力解决农民工住房保障是推进人的城镇化的关键。当前农民工住房保障存在成本障碍、制度障碍、能力障碍、社会排斥以及承载力约束等多方面的因素。而成本障碍是人的城镇化背景下农民工住房保障极大的制约因素。《国家新型城镇化规划(2014—2020 年)》提出，要建立健全由政府、企业、个人共同参与的农业转移人口市民化成本分担机制，根据农业转移人口市民化成本分类，明确成本承担主体和支出责任。[①] 因

① 中共中央、国务院. 国家新型城镇化规划(2014—2020 年)[EB/OL]. (2014-03-16)[2014-05-10]. 新华社，http://www.xinhuanet.com/.

此，构建由政府、企业、个人共同参与的成本分担机制，建立与成本分担机制相应的经费保障、利益均衡和利益补偿机制，契合了党在十八届五中全会上提出的“发展为了人民、发展依靠人民、发展成果由人民共享”的共享发展理念和国家重大战略需求。

近几年，不少地区开始探索以农民工市民化为目标的住房保障创新实践，为成本分担机制的建构提供了很好的案例研究样本。有的地区通过城乡要素的交换来转变农民工的农民身份，实现一体化的住房保障框架(郑思齐等，2011)。比如：成都市农民工通过“一退一补”(农村原有住房已有偿转让或宅基地已退回集体组织并首次购房的进城农民工，可以购买政策性安居房、限价房和经济适用房)的方式，在户籍和住房政策等方面享受与城市居民同等待遇(方蔚琼，2015)。嘉兴市将宅基地与承包地分开、搬迁与土地流转分开，以宅基地置换城镇房产、以土地承包经营权置换社会保障，即“两分两换”，适用对象为嘉兴籍农民工。佛山市探索分层分类、渐进式农民工市民化的住房问题解决方案，并提出建立多主体分担、多形式供给的住房供给模式(丁萧，2014)。宁波市探索优秀农民工落户政策，将优秀流动人口纳入政府公益性住房保障范围(王人扬和仇兵奎，2014)。泉州市采取弱化户籍制度限制、优化住房保障管理模式、拓宽保障住房建设投融资渠道等手段，推进城市由“农民工聚集城市”向“农民工宜居城市”转变(张秋梅，2015)。

一些农民工住房保障实践较理论探索具有一定的超前性，但是在分担责任划分、制度保障设计等方面仍有局限性：第一，成本分担责任主体不够明确，住房保障资金来源不稳定；第二，缺乏长期目标和城乡统筹的整体构想，住房保障整体表现为短期性、被动型、零散化的特点；第三，保障模式与现行户籍制度、土地政策之间存在矛盾。随着房地产库存问题的加重，河南、河北、湖南、内蒙古等地开始探索扩大农民工市民化的住房需求，来实现“去库存、保增长”的策略。应该说，这一政策定位的对象是精准的。但若实现这一目标，必须从系统思维的角度去解决农民工住房保障成本分担问题。显然，一些地区农民工住房保障政策仍然是单纯地以经济增长为目标，缺乏以人为核心的，统筹兼顾、责任明确、公平公正的成本分担机制设计，这也正是本课题努力的方向。

本研究将农民工住房保障置于人的城镇化的视阈之下，从利益均衡的角度，厘清成本分担利益相关主体的责任，建立人的城镇化背景下农民工住房保障框架，以系统思维构建由政府、企业、个人共同参与，统筹兼顾、责任明确、公平公正的成本分担机制，这将有利于促进农民工与城镇居民享有同等住房权，有助于加快户籍人口城镇化与农民工住房保障政策的整体设计。

二、国内外研究的学术史梳理及研究动态

(一)国外相关研究的学术史梳理及研究动态

城镇化的概念最早是1867年由西班牙工程师塞达(Serda,1867)提出的。英国学者霍华德(Howard,1898)在其发表的《明天:一条通往真正改革的和平之路》一书中,提出了"田园城市"理论。20世纪初,英国生态学家格迪斯(Geddes,1915)开创了区域规划综合研究方法。恩温(Urwin,1922)提出了"卫星城"理论。德国城市地理学家克里斯泰勒(Christaller,1993)提出了中心地理论。芬兰建筑师沙里宁(Saarinen,1943)提出了"有机疏散"理论。到20世纪中叶,经济学家也开始关注城镇化的发展,主要研究集中于城镇化发展的动力、作用、规律等方面,该阶段的研究主要有:刘易斯(Lewis,1954)提出的"二元结构"理论、佩鲁(Perroux,1955)的"增长极理论"、赫希曼(Hirschman,1958)创立的"极化—涓滴效应学说"、弗里德曼(Friedman,1964)提出的"核心—边缘模式"、托达罗(Todaro,1969)的城乡人口迁移理论。20世纪80年代,后工业时代到来,经济全球化、信息化使得世界经济组织形式发生了翻天覆地的变化,城镇的发展出现了新的特征。西方学者开始将研究方向转向跨国家的世界城市体系、网络城市。

国外城市化进程中,农业人口城市化规模提高与住房供给不足的矛盾逐渐显现。英国、德国、新加坡、美国探索以提供社会住房或公共住房的形式解决移民人口的住房问题(Turner,1968;Wong & Yeh,1985;Malpass & Murie,1999;Schwartz,2006)。具体做法可归纳为:政府直接出资,开发廉价住房模式;政府间接出资,补贴住房模式;政府间接援助,配套优惠租售模式。各国的国情不同,做法也不尽相同。在城市化进程中,满足移民人口的教育、住房、社会保障等方面会产生相应的成本,制定合理的内部化措施是使成本费用最小化的关键(Vandana & Poter,2008)。在移民人口住房保障成本分担问题上,政府和社会共同参与,兼顾市场机制,中央和地方人民政府的责任划分往往通过立法、协商等形式加以确定(Ruth & Maharouf,2011)。

为移民人口提供社会住房或公共住房,随之形成了大量的贫民窟,产生了一系列社会问题。一些学者关注住房与移民人口社会融入问题,比如:Walker & Wigfield(2004)认为住房的可获得性及居住条件直接关系到移民人口的社会融入,并成为衡量社会排斥和社会融入的重要指标。Zabel(2012)认为移民社会的住房保障与就业、教育政策协同,才能在社会网络中实现身份和文化的认同。政府意识到将移民人口排斥在城镇住房保障体系之外蕴藏着巨大的政治和社会风险,对社会稳定和经济发展将不可避免地产生消极影响(Zapata,2013)。

西方发达国家的城镇化过程较早，相关文献的时代背景与现今我国国情有着较大差异，其外来移民人口的住房保障不存在户籍障碍，不存在医保、社保、子女入学等隔断问题。但是在移民人口住房保障模式、住房保障与社会融入的关系，中央与地方人民政府对住房保障成本分担的责任划分等方面，对本项目中农民工住房保障框架设计和分担机制构建有一定的借鉴意义。

（二）国内相关研究的学术史梳理及研究动态

在我国，“城镇化”一词出现要晚于“城市化”，城镇化主要指居住地由农村区域向城镇区域（主要为农村小城镇）迁移的空间聚集过程，强调了小城镇的重要性。城市化与城镇化都强调经济社会的活动中心从农村转出。只不过两者在地理上的侧重点不同，城市化强调转向城市，城镇化强调转向城镇（乔贵平，2015）。

由于不同学科对城镇化研究的重点不同，加之城镇化过程自身的复杂性，对城镇化内涵的解读，一直是“仁者乐山，智者乐水”。经济学家一般从经济与城镇的关系出发，强调城镇化是从乡村经济向城镇经济的转化；地理学家主要针对城乡经济和人文关系的变化，指出城镇化是由于社会生产力的发展而引起的农村人口向城镇人口、农村居民点形式向城镇居民点形式转化的整个过程；社会学家以社群网（即人与人之间的关系网）的密度、深度和广度作为研究城镇化的对象，强调社会生活方式的主体从乡村向城镇转化（周毅，2003）。

国外学者关于城镇化发展道路的理论主要有：田园城市理论、卫星城理论、中心地理论等，我国城镇化发展道路的理论主要有：小城镇理论、中等城市理论、均衡发展论等（费孝通，1996；肖万春，2003；廖丹青，2010）。国外对城镇化理论的研究历史较早、层次较深，而我国对城镇化理论的深层次研究较为匮乏，一般都采取定性分析方法，定量分析较少，实证分析的论著少之又少，特别是对以人为核心新型城镇化的研究。以人为核心新型城镇化所面临的问题更加复杂，内涵更加丰富。国外学者的研究中鲜有涉及，而国内学者一般都集中在内涵解读和路径选择上，缺乏系统性的分析、评价和制度建构。

在农民工住房保障方面，早期文献多围绕农民工在城市的居住形态、住房类型、住房来源、住房品质等特征进行分析。比较有代表性的有吴维平和王汉生（2002）对20世纪90年代初北京和上海两地农民工的住房情况进行的比较研究。李培林（2003）从社会学的角度对“城中村”这一农民工主要的居住形态进行了细致考察。农民工住房问题引发了学界对农民工住房保障问题的探索，对农民工住房保障模式、保障政策开展了丰富且卓有成效的研究，比较有代表性的学者有蒋荣昌、吕萍、邓宏乾、丁富军等。蒋荣昌（2008）从城乡统筹的视角出发，提出建立农民的宅基地（使用权）、土地承包（经营权）与城乡统一的住房保障的置换机制。丁富军和吕萍（2010）从政策过程的视角论述农民工住房问题纳入国家政策层面的可行性。吕萍等(2012)构建了农民工住房需求的“吸引力—吸纳力”分析框架,探索了差异化农民工住房政策设计。

随着对问题挖掘的深入,学者开始关注农民工住房保障与社会融合的问题,比较有代表性的有郑思齐等(2011)、彭华民和唐慧慧(2012)。研究表明,城镇住房保障体系与户籍、就业等制度互相嵌入,阻碍了农民工的社会融入。近几年学者开始关注农民工市民化公共服务成本分担问题,并对中央与地方成本分担和转移支付机制进行了探讨,比较有代表性的有王志章和韩佳丽(2015)、周春山和杨高(2015)、张仲芳和舒成(2015)等。研究以政府统一建设保障性住房,为部分农民工提供公租房或廉租房,按照廉租房建筑面积控制标准和当年全国竣工房屋的平均造价计算农民工住房保障成本。

国内学者对农民工住房保障的研究以问题为导向,为探讨农民工住房保障框架提供了很好的文献基础和参考实例。传统住房保障制度与户籍制度等对农民工形成社会排斥的研究,为系统化的政策设计指明了方向。然而受时空的限制,研究在某些方面也存在一定的不足:一是从人的城镇化和农民工住房保障相结合的视角研究不足;二是住房保障成本测算比较宽泛,且测算方法及口径存在不科学和重复计算的问题;三是分担机制和制度保障缺乏统筹兼顾的系统思维。

第一章　城镇化:从过去到现在

一般说来,城镇化建设的完成可以被视作一个国家摆脱落后、迈向现代化发展与成功的标志。同时,城镇化建设的成功也是我国全面建成小康社会的本质要求,是实现“中国梦”的必然选择,党的十八大更是明确提出要走中国特色社会主义新型城镇化建设的道路。毋庸置疑,从 1949 年中华人民共和国成立,被战火摧残、百废待兴的国土,到今天成为世界第二大经济体,我们正在快步进行着中华民族的伟大复兴。70 年风雨兼程,无论是在综合国力还是在全球影响力上,我国取得的成绩堪称奇迹。而在这伟大复兴的过程中,中国的城镇化建设成就尤其显得重要。特别是自改革开放以来,中国的城镇化建设取得了举世瞩目的成就,实现了国民以农村人口占多数向城镇人口占多数、由农业人口占多数向非农业人口占多数的成功转变。农业人口大量成功转为非农人口,这不仅是衡量中国特色社会主义现代化建设成功与否的重要标准,更是人类近现代文明发展历史上的“奇迹”,甚至可以赞许是“五千年未有之大变局”。

然而,尽管 40 多年来极速的城镇化建设给中国各级城市的经济发展和城市建设带去了充足的廉价劳动力、储量丰富的开发土地以及良好的发展机遇,并且客观上极大地推动了中国特色社会主义现代化建设。但是,我们更需清楚地看到,在这个极速变化的过程中,当前我国的现代化城镇建设所面临的挑战同世界上一些发达国家在城镇化建设历史上所遭遇的困境一样,出现了人口、土地、环境、城市建设等诸多方面的严重问题。概括地说,中华人民共和国成立以来,在我们称之为“传统模式下的城镇化发展”的指导下,各级人民政府将城镇化建设的主题更多地放在土地城镇化、人口城镇化以及城市工业化等“三化”方面。而在这个过程中,依靠政府行政力量的带动,以规模扩张为主题,以行政挂帅为主导,虽在短短的几十年里取得了翻天覆地的城镇化建设成绩,但是却在无形之中忽略了城镇化推进过程中的人的重要性,进而导致城乡间发展的结构性矛盾始终得不到有效解决。基于此,多年来我国各级地方人民政府实行的传统式城镇化建设与发展模式造成的残酷现实告诉我们,亟须变革目前我国各级人民政府常见的城镇化推进与发展模式,改变城镇化建设的思路,探索更加符合新时代中国特色社会主义现代化建设与发展要求下的新型城镇化道路,进而推动相关领域各项制度的改革、完善与创新,推进政府的社会治理能力现代化。

本章从简要概览我国的城镇化建设推进的背景出发,然后通过对中华人民共和国成立后的传统城镇化建设与发展的历史回顾,将中华人民共和国成立以来城镇化建设划分为三个重要的阶段进行阐述,接下来指出传统城镇化发展过程中存在的"不平衡、质量低、难以为继"等方面的缺陷。为解决传统城镇化建设中存在的种种弊端,2012 年 11 月,党中央在十八大上首次提出了新型城镇化发展战略,2014 年 3 月,李克强总理在政府工作报告中首次提出"推进以人为核心的新型城镇化"。① 自此,我国开始从传统城镇化向以人为核心的新型城镇化转型。

第一节 中国城镇化建设的特殊境地

不同于西方国家工业化与城市化同步展开的历史状况,我国的城市化道路有着鲜明的中国特色(周飞舟和王绍琛,2015)。在过去几十年中国城镇化建设的推进过程中,中央人民政府和各级地方人民政府毋庸置疑处于主导地位。不同于中央人民政府的工作重心着眼于"顶层设计",地方人民政府既要贯彻中央的各项政策和法律法规要求,同时又担负着维持和推动地方经济发展的重担。而在推动地方经济发展方面,各级地方人民政府又将工作的重心放置在了建设城镇化的道路上。在我国现有的财政体制、土地政策、官员晋升考核等多重因素的复杂影响下,分税制改革之后的地方人民政府有着极大的冲动,急于利用手里的土地资源来换取辖区内发展所必要的资金支持,故而形成了我们常见的"土地财政"现象。从另一个方面来看,正因为地方人民政府有能力和空间利用手中对于辖区内土地资源的控制权去获益,在"土地财政"基础上生发出"土地金融",唯此快速高效地推进了过去几十年中国的城镇化建设。

在西方土地私有的背景下,土地所有者会获得由公共服务的提升而取得的不动产升值收益,而政府则通过税收体系将这些收益最终收回(见图 1-1)。由于高度依赖于和纳税人间的博弈,税收财政的外溢损失大、交易成本极高。与之相对的我国土地公有制,改进公共服务的外溢收益则直接体现到国有土地上。公共服务带来的好处,由政府直接从土地升值中获得,无须税收"过滤",外溢损失小、交易成本低(见图 1-2)。

从 1953 年开始,通过社会主义改造,变土地私有为全民所有,取得了巨大并不

① 姜晨.推进以人为核心的新型城镇化[EB/OL].(2014-03-05)[2016-08-10].中央人民政府网,http://www.gov.cn/.

断增长的信用来源。不同于西方国家通过抵押税收发行市政债券,中国土地收益的本质是出售土地未来的使用权,为城镇化建设融资。2018年,全国土地出让收入加上房产税、城镇土地使用税、契税、耕地占用税、土地增值税等总收入接近8.3万亿元,相当于地方财政累计收入的51.0%,全国国内生产总值累计值的9.2%。总体来说,持续的政策导向使"土地财政"规模急剧膨胀,也极大程度地推动了城镇化进程。按照居住时间满6个月以上作为城镇人口的统计口径,截至2018年底,城镇人口达到83137万人,城镇化率从1978年的17.9%上升至59.6%,城镇化率以年均1%的速度增长。

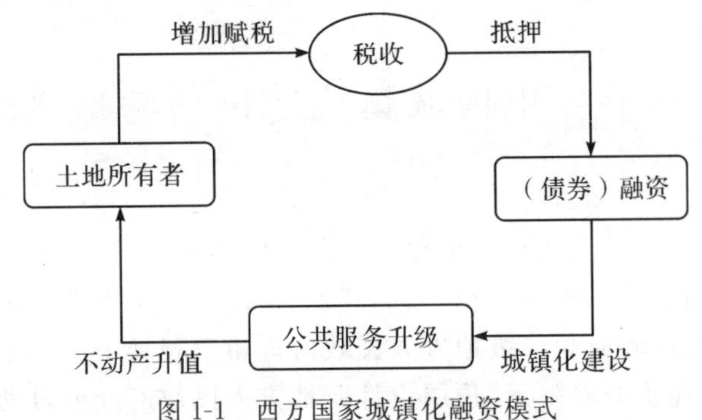

图1-1 西方国家城镇化融资模式

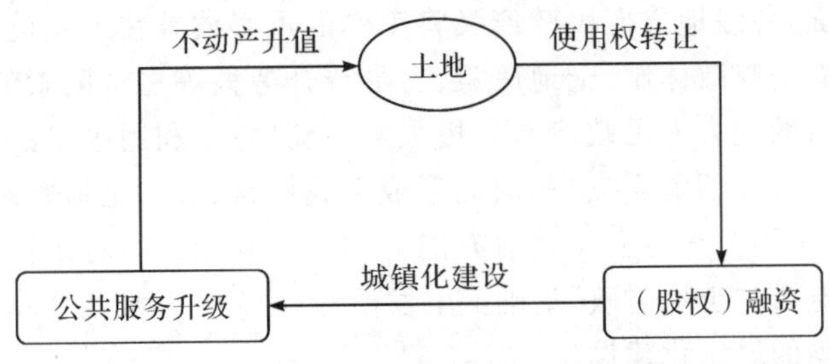

图1-2 我国城镇化主要融资模式

然而,尽管城镇化的发展客观上确实推动了中国的经济发展,但也出现了不少的问题,其中有些问题已然十分严峻。例如:土地资源浪费问题,城市建设同质化问题,房地产市场泡沫化趋势和地方人民政府债务高企等问题,其中某些问题如不正面应对寻求破解之道,将势必严重影响到社会的和谐稳定与国家的进一步安定发展。换句话说,城镇化快速发展带来的诸多问题,不约而同地对地方人民政府的公共服务和治理能力带来了巨大的考验。甚至在个别地方,因为处理不好土地利用和城镇化发展之间的紧张关系,由普通的民事纠纷上升到社会问题、经济问题甚至政治问题的案例屡见不鲜。这些问题的产生纵然有其必要条件和前置条件影响的因素,但是城镇化建设中层出不穷的各种行政、经济、公共服务和社会问题,确实值得城镇化建设者们反思。从客观的条件上来看,中国人口居世界首位,而在十几亿人口中从事传统农业生产的人数比例较高、数量较多,这是我国城镇化推进和建设所不能忽视的背景基础。因此,在这个意义上,中国的城镇化建设无论是从广度还是深度来看,都是世界各国城镇化建设历史上从未有过的,堪称“史无前例”。若要深度解析中国城镇化建设的内在逻辑,必须从时代发展背景的角度来考虑。中华人民共和国成立至今70年,改革开放以来的城镇化推进也不过40余年,要在这短短的70年时间内完成某些西方发达国家动辄200余年的城镇化建设道路,达到世界先进水平,中国特色社会主义城镇化建设所用的时间和成绩都可以说是“奇迹”。城镇化率从20%提高到40%的这个过程,英国经历了120年,法国经历了100年,德国经历了80年,美国经历了40年,苏联和日本分别经历了30年,而中国仅用了22年。[①] 由于将数亿人口在如此短的时间内从生活生产千百年的土地上迁移到公共服务更加完善,同时各类限制也更多的城市,将农民变成市民,这是世界历史上任一国家从未有过的挑战。所以说,在时间紧和任务重的双重压力下,中国城镇化建设所面临的挑战与困难更乃史无前例。

在中国,以行政力量为主导的传统式的城镇化建设,从历史上来看,有着其特殊的合理性与必要性。这与中国的国家定位和面临的机遇、环境不能分离开来讨论。后文将会谈到,相比于西方某些发达国家从市场自身的力量萌发开始推进以现代工业化为主的城镇化建设,中国的城镇化建设明显带有官方色彩,更多的是以“跳跃式”为主要特征的城镇化建设。不待社会力量的自我发育推进城镇发展,以行政力量为主导建立新区,扩大城市面积已经成为我国传统式城镇化建设的常见手段。除了社会力量发育不足以外,中国城镇化建设的主导力量选择政府作为主体,还有其深刻的体制背景,即中国共产党选择了社会主义公有制作为执政的经济基础,土地只能由国家和集体所有,而非如西方资本主义国家一般的个人享有。显然,从操作的便利上来看,又帮助了行政力量对城镇化建设采取主要的经理人态度与角色。

总的来看,只有熟稔中国特殊的政治体制、经济基础、历史发展阶段、国际环境背景等方面,才能更好地理解造就中国城镇化建设中政府主导的现状的原因所在。相比于某些西方发达资本主义国家的城镇化建设主要通过市场的作用为主导,在中华人民共和国成立至今的中国城镇化建设的过程中,政府主导城镇化建设显然是另一条发展道路。政府主导,行政挂帅是我国近几十年来城镇化建设最突出的体制机制和区别于其他国家的重要特点。正因为我国政府行政力量在城镇化建设中的强势地位和基础作用,所以用“跳跃式”的发展来形容中国过去几十年的城镇

---

① 宋立,剧锦文.聚焦以人为核心的新型城镇化——与专家对话我国当前的城镇化建设[N].解放军报,2013-10-24(A03).

化建设是比较准确的。由于我国土地政策的现实条件，中国城镇化推进的规模大，速度快，并且效率高，尽管中国现行的土地制度并非来自中央自上而下的命令，更多的建立、发展与完善是中央人民政府与地方人民政府合作而形成的结果。

但是，在过往中国传统式的城镇化建设过程中，政府力量集体推进，自上而下，已是不争的事实。

第二节　中国城镇化建设的发展历程

城镇化是指随着一个国家或地区的工业化发展、科学技术水平进步以及产业结构调整，以农业为主的产业群体向以工业和服务业等非农产业生产为主的现代型城镇转移，从而导致城镇人口扩张与规模扩大的过程。从内涵上来看，城镇化的进一步发展势必带来人与人之间，人与各类组织，人与政治、社会之间在生活、生产、就业、居住、交往沟通方式等方面的种种变革，进而伴随着城镇化而来的是它涉及经济、产业、空间、社会等一系列的变化；从经济结构的角度来观察，城镇化是农业活动向非农产业活动转化的过程；从产业结构变化的角度来审视，城镇化是非农产业的细化与产业结构升级的过程；从空间结构动态调整的视角来分析，城镇化是各地的生产要素和产业活动向城镇地区聚集以及聚集后在城镇再分散的过程；从社会结构的角度看，城镇化是农村人口逐步转变为城镇人口，以及农村逐步接受城镇文化、生活方式和价值观念的过程（温志雄，2017）。考虑到 2012 年党的十八大首次提出人的城镇化发展战略，因此，本研究以 2012 年为分界线，阐述中华人民共和国成立之后传统城镇化建设的发展历程。

1949 年中华人民共和国成立后，城镇化的历程也随之拉开了帷幕。1949—2017 年，我国城镇人口从 0.6 亿人增长至 8.1 亿人，城镇化率从 10.6％增长至 58.5％（见图 1-3），成为世界上城镇化最快的国家之一。但回顾历史，新中国的城镇化建设过程并非一帆风顺。为更好地了解这一阶段的城镇化演变过程，我们将其分为三个时期：

第一个时期，1949—1978 年的计划经济体制时期。这个时期，我国城镇化水平较低，处于缓慢发展时期且城镇化率低于 20％，农村人口占绝大多数。

第二个时期，1979—1992 年的经济市场化改革探索进程中的城镇化时期。这个时期，我国城镇化率处于上升阶段，城镇人口数也呈快速增长态势。

第三个时期，1993—2012 年的社会主义市场经济体制确立后的发展时期。这个时期，城镇化率和城镇人口规模处于快速增长状态，同时城镇人口的增长速度要

高于城镇化率的增长速度。

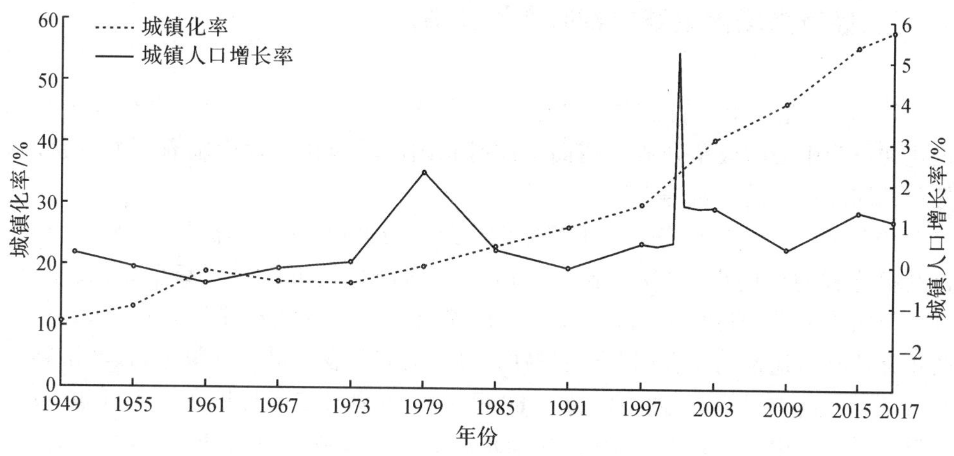

图 1-3　1949—2017 年中国城镇化率和城镇人口增长率

资料来源：《各年度中国统计年鉴》。[①]

一、计划经济体制时期的城镇化

1949—1978 年计划经济体制时期的城镇化是在中华人民共和国成立前原有城市基础之上开始的。这个时期，从总体上来看，我国的城镇化发展速度较为缓慢，城镇化率从初期的 10.6%提高到 17.9%，低于同期的世界平均水平。[②]

从图 1-3 中可以看出，我国的城镇化率在这 30 年中呈现出明显的波动式变化，大致包含三个阶段：第一个阶段是 1949—1960 年城镇化建设的恢复发展阶段，这个阶段，国家实施了五年计划政策和大跃进的方针，改建、新建了一些城市，城镇化率从 10.6%提高到 19.8%，年均增长 0.8%，增长较为迅速[③]；第二个阶段是 1960—1976 年城镇化建设速度的下降阶段，1966—1976 年城镇人口持续下降，从而减缓了新中国城镇化建设的脚步；第三个阶段是 1977—1978 年城镇化的缓慢上升阶段，党的十一届三中全会胜利召开，党和国家的工作重心从"以阶级斗争为纲"转移到社会主义现代化的建设上来，这个时期我国的城镇化率缓慢增长。与此同时，大批"上山下乡"的知识青年开始返回城市，城镇人口逐渐提高。

---

① 国家统计局城市司. 城镇化水平不断提升城市发展阔步前进——中华人民共和国成立 70 周年经济社会发展成就系列报告之十七[EB/OL]. (2019-08-15)[2019-10-20]. 国家统计局，http://www.stats.gov.cn/.

② 同上.

③ 同上.

二、经济市场化改革探索时期的城镇化

1978 年,党的十一届三中全会胜利召开,标志着我国正式走上以社会主义现代化建设为中心的改革开放新道路。此时我国的城镇化建设面临着严峻的挑战,但与此同时也充满了机遇。

1979 年,党中央、国务院批准建立四个经济特区(广东省的深圳、珠海、汕头三市和福建省的厦门市),1984 年开放 14 个沿海港口城市(大连、秦皇岛、天津、烟台、青岛、连云港、南通、上海、宁波、温州、福州、广州、湛江和北海)(熊娜,2011)。改革开放有力地推动了我国对外贸易的发展,彻底激发了沿海开放城市、经济特区对劳动力的需求渴望,从此中国特有的"民工潮"现象开启了城镇化未来近 40 余年的极速发展。中国大地上大量的,如潮水般的农村农业人口离开土地,背井离乡,持续涌入经济发展势头较好的各大城市,寻找城里的"新工作"。大量的外来务工人员在推动诸多城市快速发展的同时,也从客观上造成了城镇人口短时间内的急剧增加,给地方人民政府的公共服务能力和社会治理能力带来了巨大的考验。

为了促进城镇化的快速发展,1978 年召开的第三次全国城市工作会议通过了《关于加强城市建设工作的意见》①;1980 年在全国城市规划工作会议上也明确提出了我国城市发展的总方针;1984 年国务院放宽了城镇建设的标准,1985 年公安部出台了《关于城镇暂住人口管理暂行规定》②;1989 年国务院颁布的《中华人民共和国城市规划法》标志着城镇化发展的法律文件正式出台③。在沿海城市快速发展、乡镇企业的快速崛起和国家政策引导等因素的带动下,我国的城镇化建设取得了较快发展。城镇化率在改革开放后呈现出逐年增长的趋势,从 1979 年的19.0%增长至 1992 年的 27.5%,年均提高 0.7%。城镇人口数相应地也不断增长,1981 年突破 2 亿人,1990 年突破 3 亿人,1979—1992 年城镇人口年均增长率达到 5.7%。④ 结合图 1-3 也可以看出,这一时期的城镇人口增长速度要明显快于城镇化率增长速度。

---

① 杨斌.改革开放 40 年来城乡规划事记回顾[EB/OL].(2018-12-26)[2019-05-11].搜狐新闻,https://www.sohu.com/.

② 公安部.关于城镇暂住人口管理的暂行规定[EB/OL].(1985-07-13)[2018-05-11].法律图书馆,http://www.law-lib.com/.

③ 全国人民代表大会常务委员会.中华人民共和国城市规划法(1989)[EB/OL].(1989-12-26)[2018-09-11].武汉市自然资源与规划局网站,http://zrzyhgh.wuhan.gov.cn/.

④ 公共事业栏目行业频道.2016 全国人口城镇化率情况分析[EB/OL].(2016-11-29)[2018-05-11].中国产业信息网,http://www.chyxx.com/.

三、中国特色社会主义市场经济体制确立后的城镇化

1992 年,邓小平同志南方谈话和中国共产党第十四次代表大会的胜利召开,明确了我国正式全面进入社会主义市场经济建设时期。这一时期,我国城镇化率和城镇人口规模得到了快速增长。城镇化率从 1993 年的 28.0%增长至 2012 年的 52.6%,[①]以每年平均 1%的速度增加。同一时间城镇人口数也以前所未有的速度递增,1993 年城镇人口 3.1 亿人,2012 年城镇人口数达到 7.1 亿人,增长速度远高于同期全国人口的增长速度(贺欢欢和张衔春,2014)。

城镇化水平的快速提高,主要得益于国家相关政策的扶持和引导。从 1992 年党的十四大提出将建立社会主义市场经济作为我国的经济体制改革目标开始,党中央实施了一系列的政策措施促进城镇化发展。1997 年,党的十五大强调要发挥在区域经济发展和产业进步中中心城市的重要作用;1998 年,党的十五届三中全会通过的《中共中央关于农业和农村工作若干重大问题的决定》指出"发展小城镇是带动农村经济和社会发展的一大战略",凸显出小城镇的发展在吸引农村剩余劳动力和刺激经济增长等方面也发挥着至关重要的作用;2000 年,党的十五届五中全会将会议上提出的"积极稳妥地推进城镇化"写入《中共中央关于制定国民经济和社会发展第十个五年计划的建议》;2003 年,党的十六届三中全会取消了农民进城的各种限制性规定,也提出了包括统筹城乡发展在内的"五个统筹";2008 年,党的十七届三中全会提出要走"中国特色城镇化道路"。

第三节 中国城镇化建设的现实问题

回顾世界历史,任何国家、民族和地区的城镇化建设都是在特定的政治经济社会背景下进行的,其整个推进过程不同程度地受到外部环境和内部环境的影响和制约。如前文所述,我国的城镇化建设受到多种因素制约,以至于存在发展不平衡、质量低、不可持续等问题,导致资源浪费、环境污染、地方债务高企,甚至激烈的社会冲突。

---

① 徐硙,杨维汉. 中国 2012 年城镇化率达 52.57%[EB/OL]. (2013-06-26)[2019-01-13]. 财新网, http://china.caixin.com/.

一、发展不平衡

(一)区域发展不平衡

虽然中华人民共和国成立之后,改革开放以来,我国在社会主义现代化和城镇化的建设和发展上取得了举世瞩目的成绩,但是,在传统的城镇化建设进程中,在取得的不少成就中出现的问题更值得重视。

例如:区域间发展的不平衡性,由于缺乏完善的合作机制,致使我国不少城市之间"超前城镇化"和"滞后城镇化"现象同时存在。从发展程度上看,传统城镇化存在大城市过度发展、中小城市吸纳力不足和小城镇发展相对滞后等问题。在发展方向上,传统城镇化具有偏向单一规模等级城市发展的特点,有意或无意地忽视了与其他等级城市的协调与互动。不仅如此,在一定程度上,限制甚至阻碍了其他规模城市的发展。因此,造成了不同等级的城市和城镇之间发展的不均衡、不协调现象。

(二)城乡发展不平衡

城乡发展的差距依然很大,由于传统城镇化建设的推进过程中存在"重城轻乡""重工轻农"等特点,致使城乡差别人为分割严重。

传统城镇化的发展历史和模式不仅造成了所谓的"大城市病",同时,在一定程度上也导致了劳动力流失后中国广大农村的萧条与衰落。从发展进程来看,传统城镇化可谓是"跳龙门"式发展,即劳动力离开生活、生产的农村向城市进行单向的"人口转移"和资源流动。而对于地方人民政府来说,受制于不甚合理的评价体系和管理制度,往往将传统城镇化中的"城镇化发展"片面地理解为经济数据和经济指标。在相对粗糙和略显滞后的行政思维和官员晋升考评体制的双重作用下,尽管城镇规模不断扩张,城镇人口顺势增加,但是"传统城镇化使城镇像一架巨大的抽水机,抽走了农村的资源和人才,农村劳动力数量和素质下降,耕地数量和质量降低及农业的低效性使农村和农业缺乏吸引力,农村逐渐萧条"(蒋贵凰,2014)。也就是说,传统式的城镇化建设在造就城市繁荣的同时也带来了乡村的衰落。这意味着,在传统的城乡户籍"二元结构"问题还未彻底解决的前提下,极速的城镇化建设带来了新的"二元结构"问题,城市面积的城镇化速度明显快于人的城镇化。因此,在双重的"二元结构"的影响之下,生产要素不能在城乡之间合理、快速、高效地流通,城乡经济发展难以形成有效的互动。城乡之间的巨大差异至今未能完全消除,致使城镇化推进过程中发展不平衡趋势愈演愈烈。

(三)产业发展不平衡

与一些发达国家的城镇化进程相比,中国的传统城镇化进程并未对产业发展予以足够重视。在传统城镇化的发展过程中,由于各个地方人民政府对城镇化的认知存在不同程度的偏差,造成了各地城镇化发展中存在产业发展严重不平衡、投资过热、内需不足、服务业发展滞后、经济发展畸形等突出问题。在这种背景下,即便外来务工者可以实行就地城镇化,如对之进行户籍改革或配之以生活福利等,也会因为城市缺乏有力的产业支撑,不具备持续吸纳劳动力的吸引力,从而使得这些"被城镇化"的外来务工者很难在城市谋生,更遑论成为真正意义上的"城里人"。

二、发展质量低

(一)市民化进程滞后

虽在2011年,我国城镇化率达到52.6%,历史性地突破了50%,与世界平均水平大体相当[①]。但是,在我国过去传统的城镇化进程中,许多地方人民政府"或多或少"地忽视了"农民工市民化"这一更为重要的现实问题。

据统计,2017年全国农民工总量已经接近3亿,且在未来二三十年内还将会有大批的农村人口进入城镇。无疑,中国正在迈入一个"人口流动时代"[②]。不过,现实情况却是大量进入城市工作的外来务工人员并没有理所当然地发生身份意义上的转变,也就是说,没有因为在城市里生活与工作而真正成为享有平等市民权利的"城里人"。当前,在一些外来务工人员流入量比较大的城市中,普遍存在着就业与再就业、医疗与社会保障、社会治安与子女入学等众多对地方人民政府来说棘手的公共服务与社会治理问题。从另一个层面来看,外来务工人员与城镇市民之间的二元隔阂,不仅阻隔着城乡居民的生活融入,也阻碍着城镇化的内涵发展和质量提升,这一问题若得不到妥善解决,将严重制约中国城镇化建设朝向更高质量推进。

(二)城镇开发粗放低效

我国过去的传统城镇化过程中,存在土地开发粗放、无序、低效,城镇的空间布局与资源环境承载能力不匹配等问题。规模与结构设计不甚合理,不仅加大了城市经济社会的运行成本,还严重影响了城镇化过程中生态环境的健康发展。

在传统城镇化建设的推进过程中,不少城镇无序开发,地方人民政府缺乏科学、合理的规划和设计,使得城市建设结构不合理,人口过于集中,城市区域的同构化明显,一方面给城市交通和社会治安等方面带来诸多难题,造成一系列城市顽

---

① 国家统计局综合司.从十六大到十八大经济社会发展成就系列报告之二[EB/OL].(2012-08-16)[2018-06-20].国家统计局,http://www.stats.gov.cn/.

② 人口计生委.中国流动人口发展报告2012[EB/OL].(2012-08-07)[2019-07-03].中央人民政府网,http://www.gov.cn/.

疾,另一方面给人居环境和自然环境的承载能力和政府的公共服务供给能力带来了极大的困难和挑战。相比于集约型发展,缺乏前瞻性的传统城镇化发展已经造成城市公共服务的运行效率低下、公共服务能力与人口规模扩张不匹配等问题频发。目前我国的城镇化发展阶段还处于产业集聚时期,人口和重要的产业转移还未完成,对外围的经济辐射能力较差,而这些问题都会进一步成为制约我国城镇化高效、可持续、健康发展的不利因素。

(三)城镇结构体系不合理

在传统城镇化的建设过程中,各级人民政府尽管耗费诸多资源进行大规模核心城区建设,但现实却往往事与愿违。中心城市的辐射能力不强、要素集聚功能不够、核心城市地位不明显、城市经济实力与人口规模不相匹配等问题频频出现。从全国的范围来看,虽然城市数目众多,但中等城市较少而且规模不大。城市人口集中,但中心城区人口不多。城市结构完整,但结构体系并不合理,致使"城中村"现象疯狂生长。此外,由于我国传统的城镇化建设中还存在体系职能划分不明确、结构体系不合理、产业布局盲目跟风、产业间互补性和联动性不足等问题,所以传统城镇化的建设质量亟须进行再一次的评估与考量。

三、发展模式不可持续

(一)征地模式不可持续

极速的现代化城镇建设,导致传统城镇化发展过程中用地方式粗放,这决定了现有征地模式在未来可持续发展的动力缺失。不同于一些西方资本主义国家,社会主义性质决定了我国农村集体土地要实现城镇化必须经历土地征收过程,即由农村的集体土地变为国有用地。改革开放以来,历经中国经济飞速发展,城市土地面积和空间的局限性已逐渐成为阻碍中国现代化建设进一步发展的关键因素。改革开放以来城镇化建设的高速推进,依赖土地低成本征收的传统城镇化模式已显露出难以为继的疲态。从另一个维度来看,世界经济发展在未来可预见的时间内难以回到过去快速发展的状态,这也造成了"以地为利"的时代已经很难复制。如果继续秉持传统的城镇化发展模式,势必影响未来中国经济发展的潜力和动力。

现实中,各级地方人民政府的城市基础设施建设和公共服务供给资金,除去税收以外,很大一部分来源于土地出让金和房地产开发过程中产生的税费。为此,受制于中国经济发展的结构性矛盾暂时得不到调整与改变,大多数地方人民政府"主观迎合",甚至盲目追求传统的粗放型发展模式。因此,城市规模在过度扩张后,不得不继续加大基础设施的成本投入,继而陷入依赖房地产扩张的恶性循环。无论是城镇居民还是进城寻求工作的外来流动人口,除去少部分人群和企事业公司与单位、团体,在城市生活与工作的大多数人对当今中国各大城市高企的房价购买力有限。

因此,由众多因素导致的遍布中国大地各级城市超前的、过度的、不甚合理的房地产开发不仅造成了城市出现商品房空置率较高(通过对宁波市中心城区居住小区住户 2018 年 1—8 月份用电量的调查),以此作为衡量住宅空置与否的依据,并对居民住房空置水平进行分析发现,宁波市住房总体空置率为 13.2%,按国际标准(3%～10%)属于较高水平;各辖区之间空置率差异较大,空置适度与空置过度并存(贾士靖等,2010),尤其城市新区、远郊镇以及中心城区高端房地产空置率过高,使得地方人民政府提前透支了未来多年的土地出让指标,挤占了地方经济进一步发展的潜力和空间。

(二)传统城镇化成本过高

一般说来,传统城镇化的发展模式主要由地方人民政府行使征地权,将集体土地变为国有土地,同时对失地农民进行补偿,然后将土地以市场化的方式出让给土地使用者,再用所获取的土地出让金投入城市建设。

总的来看,传统的城镇化发展模式能够使城市空间迅速扩张,进而快速、有效地增加地方财政收入。然而,该模式下的地方人民政府在城市发展和建设过程中极易形成"土地财政"的依赖心理,为此导致城镇化建设的成本实际上居高不下。城市基础设施建设的投资和空间扩张的规模呈正相关关系,在快速扩展城市空间的同时,也为地方人民政府带来了过高的城市治理成本。一旦形成了对于"土地财政"的依赖,受制于当前我国的各项体制设定、考评准则与法律法规设置,为了维持城市建设的"良好"势头与保证城市发展的持续投入,地方人民政府只能通过不断地招商引资和变卖土地进而开发房地产市场来支撑财政收入和公共支出的正常运转。政府财政收入越发依赖变卖土地的收入,势必导致政府财政赤字,资金透支,财政和金融风险增大,地方人民政府的债务危机随之出现,造成城镇化建设的成本居高不下。

(三)运作效率低下

在传统城镇化过程中,一些地方人民政府在制定土地出让规划时缺乏系统思维。地方人民政府的治理体系和治理能力有待提升,公共政策的制定与设计也缺乏科学的论证与计划,使得不少城市公共项目建设过程中投资回报效率低,占地面积大已是常见现象,浪费了本就紧张的宝贵土地资源。从人均土地面积上来看,我国土地资源紧张。可是,当地方人民政府可以通过较低的成本从农村集体征用土地,并且土地征收价格与出售价格之间存在极度的不平衡以至于形成了巨大的经济吸引力的时候,产生大量挥霍土地出让指标以追求土地的极速扩张的传统城镇化模式也就不足为奇了。这种"饮鸩止渴式"的发展模式导致人口城镇化的速度远远赶不上土地城镇化的速度，户籍人口与常住人口城镇化严重不匹配。最后城市与农村宝贵的土地资源浪费严重，城镇化运作效率低下，更进一步阻碍了城市外来务工人员的市民化进程。

四、管理错位、越位、缺位

（一）城镇化管理错位

一段时间以来，由于地方人民政府的支出行为缺乏相应的制度约束，致使各种政绩工程、形象工程频繁出现，此类缺乏长期规划和战略思维的政府管理与决策模式阻碍了城市资源的合理、高效的配置。各级地方人民政府打着推进城镇化和城乡一体化建设的“幌子”，借着城镇化的“旗号”，形成了截然不同的城镇化建设方案与模式。大拆大建、“品目繁多”的各类面子工程充斥在城市建设中，城市治理水平的低下、城镇化管理错位已经造成了城市规划不合理、盲目发展的严重后果。

（二）城镇化管理越位

地方人民政府的直接干预造成了传统城镇化发展过程中的越位问题，特别是当中国的经济发展进入转轨期，一些长期积累的问题逐渐显现。传统城镇化在地方人民政府的直接干预下，主要形成了两种典型思维：一是房地产开发；二是争建大城市。其中任何一种模式都造成了土地城镇化优先于人口城镇化发展的后果。此外，同发达国家相比，我国城市的市中心容积率低，城市专业化程度不高，同类化、同质化发展现象也十分严重。

（三）城镇化管理缺位

由于缺乏对外来务工者群体足够的重视，地方人民政府在如何解决外来人口就地城镇化、如何保障其在城镇安居乐业以及如何为该群体提供基本公共服务供给等方面的关注度不够。公共服务、城市治理和管理水平不高，城市基础设施配置不合理，服务业发展严重滞后，外来人口日益增长的安家落户诉求和不平衡不充分的公共服务之间的矛盾愈加突出。在传统工业推动下，大城市不堪重负，人口膨胀造成的城市就业困难、治安状况欠佳、环境污染严重等一系列社会治理的问题，制约了部分城市的健康发展。

五、资源配置效率低

（一）资源分配流向单一

中国政府的央地关系、体制设计和城市等级化管理决定了公共资源的分配流向。在传统城镇化的概念中,城市下辖的城镇及其辖区内的所有农村都属于城市管理的范围。在这样的管理模式下,上级政府按照行政层级向下逐级分配资源,由此资源往往被截留在相对较高层级的城市,例如直辖市、省会城市、区域重点城市和计划单列市等;而下级的一般地级市、县级市等城市还要根据行政层级,向上级部门缴纳本级财政收入,这形成了资源分配流向的单一模式。此外,行政管理的审批权也在一定程度上决定着上下级城市之间资源的流向。由于决策体制和公共资源配置机制未受到强有力的约束,管理者和行政体制直接导致资源分配不均衡,降低了资源配置效率。

(二)内在发展动力不足

在传统城镇化过程中,内在发展动力不足,城镇化与工业化之间缺乏有效协调配合。城市现代化建设离不开城市的产业发展,传统的城镇化发展之路对城镇化与工业化、信息化之间的关联、互动和统筹推进缺乏足够的重视,导致过度城镇化和滞后城镇化现象的同时出现。一些地方人民政府甚至直接照搬发达国家发展模式,重视城市的建设而忽略产业发展和结构调整,大力建设城市形象工程,轻视产业发展,导致产业支撑不足,传统产业升级困难,更谈不上发展战略性新兴产业。由于产业带动的城市品牌效应不足,造成城市发展无定位、定位模糊或定位趋同现象。同时,我国的传统城镇化模式过于关注数据指标,盲目发展带来了产能过剩、产业结构不合理和经济增长乏力等问题,都在不同程度上导致了城镇化内在发展动力不足。

第四节　以人为核心新型城镇化:内涵、约束及重构

一、问题提出

改革开放以来,我国城镇化速率不断加快。按照居住时间满 6 个月以上作为城镇人口的统计口径,截至 2018 年底,城镇人口达到 83137 万人,比 2017 年末增加 1790 万人,乡村常住人口 56401 万人,减少 1260 万人,城镇化率从 1978 年的 17.9%上升至 59.6%,城镇化率以年均 1%的速度增长。[①] 城镇化的推进带来更多

① 国家统计局. 2018 年国民经济和社会发展统计公报[EB/OL].(2019-02-28)[2019-09-20]. 国家统计局网站,http://www.stats.gov.cn/.

的人口流动和消费机会，是推动我国经济增长的必然选择。然而空间城镇化并没有相应地产生人口城镇化，我国户籍人口城镇化率和常住人口城镇化率还存在着明显差距。2018 年，我国常住人口城镇化率达到 59.6%，户籍人口城镇化率仅为 43.4%。2000—2018 年，户籍人口城镇化率与常住人口城镇化率的差距从10.5%扩大到 16.2%。[①] 2015 年，国家发改委公布了《国家新型城镇化综合试点方案》，试点地区城镇化水平总体较高，但是受到国情和客观因素的限制，城镇化也存在一些结构和发展中的问题：区域发展不平衡、城乡二元结构问题突出、土地利用率不高以及城镇化质量不高等。从城镇化的发展规律来看，我国经历了快速的城镇化进程，城镇人口已经超过农村人口，数量上的快速增长减缓之后，应该注重城镇化质量的提升。在此背景下，党的十八大明确提出坚持走中国特色新型城镇化道路，推进以人为核心的城镇化。因此，探索以人为核心新型城镇化建设不仅是当前最迫切需要解决的民生问题，也是学术界最为关心的热点问题。

二、传统城镇化的缺陷

传统城镇化有以下几个特点：一是以政府为主导自上而下开展。1978 年改革开放以来，随着一系列改革措施的落实，我国的经济飞速发展，城市经济的辐射作用增强，大量的农村剩余劳动力涌入城市，城镇化开始高速发展。二是土地城镇化快于人口城镇化。得益于经济的高速增长，地方人民政府不断扩张城市规模，开发了大量的土地资源用于城市建设，农业转移人口虽然进入了城市，可是其并未实现农民工市民化，无法真正享受和市民相同的社会保障和福利。

虽然这种以大量投资、土地扩容为主的低效城镇化取得了一定的成就，但同时也暴露了许多问题。传统城镇化使得城乡差距增大，农村人口大量向城市转移，使得农村劳动力数量和质量大大降低，从而导致了农业的低效性，使得农村日渐萧条。城市人口和城镇规模与数量的扩张也使得城市不堪重负，产生了就业难、看病难、住房难、交通拥堵等一系列的城市病，造成资源的过度消耗和环境的破坏，制约了城市的发展。此外，盲目的城镇化建设与投资忽视了城镇化的质量，使得小城镇缺乏规模效应和集聚效应，效率低下。以人为核心新型城镇化不是一个量的概念而是一个质的概念，不是片面追求经济高速发展、城市快速扩张、居民大批进城的城镇化；而是追求人与自然、人与人、人与环境和谐共处的城镇化。当前城镇化速度很快，但是质量不高，已经成为限制新型城镇化建设的发展约束。城镇化质量不高首先表现在就业方面：一是消化劳动力有限，很可能形成社会问题；二是在就业

① 国家统计局.中国统计年鉴(2014)[M].北京：中国统计出版社，2015.

人口中存在两极分化,收入较低者占多数。其次表现在社会福利方面,由于户籍制度的城乡差异,非本地户口的转移人口在诸如医疗、就业、养老、教育等方面受到限制。再次在管理方面,管理人员不足,素质不高,管理法规不健全,管理不力,离城市现代化管理要求相差较远(曹邦英,2005)。最后,城市基础设施建设滞后与城镇化需求激增的矛盾并存,城市生态恢复能力减弱与环境破坏加重的矛盾并存等同样限制了城镇化质量的提升。

三、以人为核心新型城镇化的内涵

(一)以人为核心新型城镇化的特征

以人为核心新型城镇化不是一个量的概念而是一个质的概念,不是片面追求经济高速发展、城市快速扩张、居民大批进城的城镇化;而是追求人与自然、人与人、人与环境和谐共处的城镇化。以人为核心新型城镇化的关键是围绕人的生存权和发展权来推进城镇化进程(黄匡时,2008),实现人口素质、生活方式、人居环境、社会保障等从"乡村"到"城镇"的重要转变(赵智杰,2013)。因此,它应该具备以下特征:

第一,与传统城镇化不同的是,以人为核心新型城镇化更加关注受过良好教育、有工作技能和有稳定工作的城镇人口的数量及其占城镇总人口的比重。

第二,传统的城镇化对进城务工人员所能享受到的基本公共服务关注较少,以人为核心新型城镇化只有在保障农民在进城后有可靠的社会保障,才会自愿放弃或逐步放弃与农村户籍的相关权益,逐步融入城市生活,真正实现市民化。(张许颖,2014)

第三,以人为核心新型城镇化建设中至关重要的一个因素就是稳定的就业岗位。只有提供足够的就业岗位、机会和良好的创业环境,使进城的农民能顺利解决其就业问题,才能提高他们自愿进城的动力,加快新型城镇化的进程。

第四,传统城镇化的突出问题就是棚户区的大量涌现。目前仍有超过 1500 万户城镇低收入和中低收入家庭居住在棚户区,各地还有不少"城中村"和危旧房(许琳,2014)。棚户区及危旧房屋使用年限久、房屋质量差、配套设施不齐全、交通不便利,并且存在较大的治安和消防隐患,严重影响居民的生活水平。以人为核心新型城镇化应当保证居民有体面的居住条件。

第五,区别于传统城镇化的是,以人为核心新型城镇化不仅要关注居民生活水平的改善,而且要关注生活质量的提升,摆脱不健康、落后的生活方式,摆脱浪费、高消耗的生活方式,不断丰富和满足居民的精神生活,构建集约、智慧、绿色和低碳的生态环境,实现可持续发展,实现人与自然的和谐共处。

第六,人口素质是城市发展的重要“软实力”,是以人为核心新型城镇化的核心和灵魂。传统的城镇化中,农业转移人口普遍学历偏低,技术水平不高,因而他们在人际交往、职业晋升、资本积累和法律维权方面,无法适应城市社会要求,文化素质的差距严重制约农业转移人口市民化(刘海军,2013)。以人为核心新型城镇化要着重提高人口素质。

纵观以上六个方面,城镇人口数量及其比重的增加属于以人口向城市聚集为特征的“外延扩张式”城镇化,另外几个方面则属于以城镇化水平和质量提升为特征的“内涵发展式”城镇化。以经济增长为核心的传统城镇化注重“外延扩张式”城镇化,而以人为核心新型城镇化更注重“内涵发展式”城镇化。

(二)以人为核心新型城镇化的本质要求

第一,以人的幸福指数为核心,健全社会保障体系。幸福指数直接体现了人民对整个社会的满意程度,只有人民的幸福指数提高了,以人为核心的新型城镇化才算真正落到了实处。住房、医疗、教育、养老、就业等各项社会保障关系到人民生活的方方面面,以人为核心新型城镇化建设必须要把人民利益放在首位,加快完善各项社会保障体系,让人民生活得更加踏实、安心、有质量。

第二,以人的生存环境为核心,建设宜居生活环境。良好的生活环境是所有人的共同期待。在以人为核心新型城镇化建设过程中,应当要做好环境保护与治理工作,对破坏环境的行为做到零容忍,努力打造出空气清新、蓝天碧水的宜居城市。

第三,以人的全面发展为核心,提高人民文化素质。人的全面发展是社会主义建设的重要任务,也是人存在的根本意义。以人为核心新型城镇化建设不仅要重视基础教育、高等教育,提高人民文化水平,还应该加强职业教育,提高劳动者的专业技能,尤其是要增强低收入群体的职业竞争力。

四、制度约束

(一)户籍制度障碍

城乡二元结构问题主要源于计划经济时期城乡之间的户籍制度壁垒以及资源配置制度的差别。改革开放后,尽管政府在医疗、教育、就业方面做出很多努力,但是局部鸿沟的弥合并不等于总体鸿沟的消失。当前城乡二元结构问题主要表现为四个方面:一是收入,城乡在社会财富分配方面存在着严重的不平衡,城市人口的平均收入是农村人口平均收入的三倍左右。二是福利,在计划经济时代形成了难以革除的户籍制度,制度上的城乡分化,使得农村人口无法享受与城市人口同等的社会福利政策,如养老保险、失业保险等。三是投资,同等条件下与农村相比,城市具有投入少而回报更高的特点,在这种比较优势的驱动之下,大部分投资都集中在城市,而农村则被边缘化。四是意识,过去很长一段时间城市居民户口簿"红本"与农村(包括郊区菜农)居民户口簿"绿本"这种长期户籍制度的差别以及大、中、小城市和乡镇行政建制的差距,使城市人特别是大城市人似乎有一种与生俱来的优越感;而农民(包括进城务工、发家致富甚至是上了大学留在城市的白领阶层)有一种宿命般的自卑感。这种意识差别让城市人和农民很难真正融合。

(二)土地制度障碍

我国现行的土地制度以社会主义土地公有制为基础,城市市区的土地全部属于国家所有,农村和城市郊区的土地,除法律规定属于国家所有的以外,属于农民集体所有(许英,2011)。我国《土地管理法》规定禁止农村宅基地流动,国家征地是新增建设用地的唯一途径,由中央决定耕地和建设用地的指标。现行的土地制度造成了种种弊端,如造成大量空村,留守老人、留守儿童数量增加,征地补偿低加剧失地农民贫困化;土地财政拉大了城乡差距和贫富差距等。种种弊端严重影响宁波市以人为核心新型城镇化的进程。

土地财政问题突出。2016—2018 年宁波市土地财政依赖程度平均为 50%。2014 年审计署发布的《宁波市政府性债务审计结果》显示,在宁波市人民政府截至 2012 年底负有偿还责任的 1455.8 亿元的总债务中,有 60.1%的债务是承诺以土地出让金偿还的,共 875.0 亿元。因此,政府不得不依靠提高土地价格来拉动 GDP 增长,提高财政收入。由此导致房地产价格居高不下、房价收入比严重脱节,使得大多数农业转移人口无力购买城市住房,无法在城镇安居下来,也没有进入城市社会保障体系,严重制约以人为核心新型城镇化的深入推进。

土地流转弊端凸显。我国《土地管理法》规定我国土地不能自由交易,使得土地资源无法得到充分有效的配置。土地流转被国家主导,征地过程中农民很少有话语权,他们无法获得应有的土地流转中的收益,而且在一定程度上增大了城乡居民收入差距,给社会埋下稳定隐患,进而影响以人为核心新型城镇化的进程。

(三)社保制度障碍

社会文明的进步的标志在于社会保障制度,良好的社会保障制度既可以有效调节社会各阶层的收入差距,也可以缓冲社会矛盾,保障社会安全稳定。但是由于国家政策的偏向,导致城乡社会保障制度存在很大差异。

近年来,宁波市的社会保障事业蓬勃发展,社会保障工作也一直走在全省乃至全国的前列,但是城乡社保二元化问题仍然存在,城乡居民在养老、医保、医疗等方面仍然存在较大差距。2015 年,宁波城区居民最低生活保障标准 744 元/月,而对于城区农村居民最低生活保障标准的规定则是:按照不低于城区城镇居民最低生活保障标准60%的原则，由各县(市)、区人民政府自行确定，报市人民政府备案后实施。同时，农村进城务工人员在社保方面也难以与城市居民享有同样待遇，他们不是“城市居民”，只是城市的“劳动力”，他们的社会保障成本依然只能由土地承担。因此，有许多进城务工人员牢牢抓住“土地”这个最后的生存保障，宁愿将土地闲置多年也不愿放弃，使得农村土地利用率较低，甚至威胁国家粮食安全。这种城乡差异化的社会保障制度极大地阻碍了人民生活水平的提高，更严重阻碍了以人为核心新型城镇化的发展。

(四)体制机制滞后

以人为核心新型城镇化建设过程中缺乏长期目标和城乡统筹的整体构想，整体表现为短期性、被动型、零散化的特点，发展模式与现行户籍制度、土地政策之间存在矛盾。以人为核心新型城镇化不是被动的、零散化的，而是要建立和户籍制度、教育、医疗保障制度以及财政、税收、信贷制度多方协同配合、系统化的政策体系。成本障碍是限制以人为核心新型城镇化的关键因素，要建立统筹兼顾、责任明确、公平公正的成本分担机制；要建立与成本分担机制相应的经费保障、利益均衡和利益补偿机制。

五、制度重构

(一)加快户籍制度改革

1.实施户籍制度改革

抓紧实施户籍制度改革，稳步建立城乡统一的户籍登记管理制度及均等化的公共服务制度，是推进以人为核心新型城镇化的重中之重。2015年12月31日起，慈溪市成为宁波首个户籍制度改革试点单位，取消了农业户口和非农业户口性质区分，统一登记为居民户口。应充分发挥试点的示范作用，及时跟踪其工作进展，总结其形成的可复制推广的成熟经验，并逐步将户籍制度改革辐射到全市范围，争取尽早建立并完善城乡统一的户口登记管理制度，取消非农业户口与农业户口及由此衍生的蓝印户口，统一登记为“宁波居民户口”，同时剥除附加在户籍上的种种福利，使户籍回归其本来面目。另外，建立与统一城乡户口登记制度相匹配的就业、教育、医疗、住房、社保、土地及人口统计等制度(王春光，2015)。

2.创新流动人口管理

在原有积分落户政策的基础上，统筹考虑流动人口的居住年限、学历水平、专业技能、参加社保时间以及对社会的贡献程度等多种因素，根据城市综合承载力，放宽落户条件，吸引更多优秀流动人口落户。加强流动人口信息采集工作，加快市人口基础数据库建设和应用。完善流动人口居住证制度,合理制定积分制服务管理办法和政策待遇,实现流动人口由条件管理向积分管理转变,切实发挥居住证制度在调节人口增长、优化人口结构、提升人口素质等方面的杠杆作用。

(二)完善土地流转制度

1. 宏观方面

第一,尽快建立并完善统一的城乡土地流转市场。规范流转程序、简化流转方式、加强流转监督,全方位促进土地流转制度的不断完善。第二,逐步构建并完善统一的城乡发展规划,保证城乡建设用地统一规划、统一调整,提高土地的利用率,避免盲目、重复、无节制地利用土地。第三,牢牢坚持耕地保护政策,在土地流转过程中采取严格的措施,禁止农用地向非农用地的转化。同时,也要避免"弃耕撂荒"所造成的土地资源浪费现象。

2. 微观方面

第一,制定统一的农村宅基地流转制度,避免出现宅基地流转不畅问题。第二,制定完善的农村集体用地制度,明晰集体土地的产权、加强集体土地保护管理,切实解决好农村集体用地流转收益的分配与管理,处理好农村集体用地和农户承包地的关系,落实好被征用土地补偿费的管理与分配问题,保护好农民的财产权。第三,建立土地流转信息平台,为土地流转双方提供及时有用的信息服务,尽可能减小土地流转双方的信息不对称性,维护交易双方的正当权益。

(三)建立健全社保体系

1. 循序渐进地提高社会保险统筹层次

提高社会保险统筹层次是促进城乡一体化,减小城乡差距的重要措施。它需要调动中央人民政府及地方各级人民政府的力量,进行统一的设计和规划,建立统一的管理体制和标准,这虽然是一个长期的过程,但是需要宁波市人民政府持久的努力,及时根据全国性的法规和政策建立适应本地区实际状况的政策和实施细则。虽然宁波已经于2007年基本实现了以养老保险、医疗保险为重点,覆盖城乡全体居民和外来务工人员的多层次社会保障体系,但是距离社保全覆盖还有一定距离,尤其是偏远地区的农村居民及外来务工人员,他们的社保是否能及时全面地纳入社保体系仍然需要特别关注,实现人群全覆盖仍需要着力攻坚。另外,社保制度的建立和社保制度真正落实到位中间还是存在一个差距,所以要在完善社保制度的同时,稳步提高社会保障待遇,确保实施到位,保障农业转移人口的切身利益,使他们真正享受市民的待遇。

2. 不断提高社会保障管理服务水平

要进一步加强社保基础建设,完善社保服务功能,从简化业务办理流程、完善基础信息管理、强化劳动保障监察等多方面着手，积极构建城乡一体的公共服务平台，以规范化、专业化、信息化的要求为基础，改进管理水平，提高管理效率，整合有限资源，以提高服务能力和水平为重点，积极主动为人民群众提供高效、规范、均等、便捷的公共服务。还要进一步完善社保内控制度，加强社保基金和内部管理，以管理促规范，用管理提效能，确保内部运作和基金管理正常规范运行。要进一步加强社保基金的使用和管理，要把好待遇审核和支付结算关，防止在待遇审核和支付结算中出现“跑冒滴漏”现象。

3. 加强就业服务体系的建设

要把提升农业转移人口的职业技能作为一项重要的民生工程来抓。完善就业服务平台，利用培训平台、招聘平台对就业困难的农业转移人口提供精细化就业帮扶，开发公益性岗位，落实扶持政策。加强现代信息技术运用、加大系统性专业化培训力度，全面扩大农业转移人口的培训覆盖范围，并通过定期回访、结对帮扶等措施，加强对参训人员的跟踪服务和创业指导，促进培训成果尽快转化。

（四）建构统筹兼顾的发展模式

1. 市场主导与政府引导相互结合

以人为核心新型城镇化的总体格局、结构应该由市场主导。以人为核心新型城镇化建设应遵循市场规律，发挥市场机制在资源配置中的基础性作用，促进产业之间、城乡之间良性互动和互为支撑。以人为核心新型城镇化的发展更离不开政府在宏观调控方面的巨大优势，政府在新型城镇化中要努力创建一个良好的制度环境，创新管理方式；积极引导城镇化主体，规范参与者行为；加大基础设施建设力度，建设全面覆盖的公共服务体系。

2. 目标导向与现实国情协调发展

协调是指为实现系统的总体演进目标，各系统或各要素之间相互适应、相互配合、相互协作、相互促进而形成的一种良性循环态势（霍利斯·钱纳里，1988）。一方面，以人为核心新型城镇化的协调性体现在现实的必要性。现实国情决定，我国东、中、西部发展程度各异，以人为核心新型城镇化在不同地区、不同阶段表现出很强的多样性。以人为核心新型城镇化应该是一个具有等级、共生、互补、高效和多样性的开放系统，只有多样化才有利于发挥整体的稳定性。另一方面，以人为核心新型城镇化的协调性体现在目标的导向性。以人为核心新型城镇化是以实现城乡一体化为目标，内容涉及制度、经济、社会以及意识形态等多个领域的深刻变革，协调发展需要建立城乡之间统筹一体、区域之间相互促进、新型产业与城镇化之间互为动力以及人、资源和环境的相互支撑的体系。

3.经济、社会与生态效益统筹兼顾

经济效益、社会效益与生态效益统筹兼顾是以人为核心新型城镇化发展的关键因素,也是以人为核心新型城镇化最终的价值归宿。没有经济效益的以人为核心新型城镇化是不可持续的,没有社会效益的以人为核心新型城镇化是不稳定的,没有生态效益的以人为核心新型城镇化是不健康的(牛润盛,2015)。为此,一要调整产业结构,优化经济增长方式,在提升工业核心竞争力的同时,推进一、二、三产业协同发展;二要走内涵式、集约型经济发展道路,积极构建环境友好型的生态产业体系,发展以低能耗、低污染、低排放为基础的经济模式,提高能源利用(杨仪青,2013)。三要实现社会效益,进一步缩小两极差距,推进基础设施和社会保障体系建设,提升城镇居民归属感和幸福感。

第二章 人的城镇化现实考察及经验借鉴

人的城镇化与农业现代化、新型工业化、信息化同步发展，对于实现城乡协调发展战略具有深远意义。人的城镇化体现新的发展理念，以人的全面发展为终极目标，是一种以共享发展、开放发展、创新发展、绿色发展、协调发展为核心内涵的城镇化（杨佩卿，2019），更是对“化地不化人”的传统城镇化发展模式的系统性变革与根本性超越。其中，共享发展是人的城镇化全面贯彻的根本诉求，开放发展是人的城镇化繁荣推进的必由之路，创新发展是人的城镇化兴旺发达的不竭源泉，绿色发展是人的城镇化持续开展的首要条件，协调发展是人的城镇化的内在诉求（杨佩卿，2019）。人的城镇化建设，以人为核心，以高质量发展为导向，“其内涵不仅指户籍身份或从事行业的转化，更多的是覆盖了生活方式、思想观念、劳动模式等内容”（张光辉，2019），旨在精准推进政府治理体系与治理能力的科学化、现代化、法治化，统筹政府与市场的协调发展，合力造就具有中国特色的城镇化之路。

宁波市作为国家新型城镇化综合试点之一，在小城镇建设、统筹城乡一体化等方面走在全国前列，其人的城镇化建设在全国范围内也具有一定的代表性，某种程度上反映了我国城镇化的未来发展方向。本章基于人的城镇化的研究主题，围绕人的城镇化与农民工社会融合、宁波市人的城镇化建设现状、问题以及评价等相关内容展开，结合国内外城镇化的发展经验，积极探索人的城镇化的建设实践，并总结经验，谋求对宁波市人的城镇化建设提出可行的改进策略。

第一节 人的城镇化与农民工社会融合

若要深度解析中国城镇化的内在规律，必须在特定的政治体制、经济体制下和国际环境中来审视。从历史发展的阶段考虑，集中力量，调动资源，大规模、快速高效地推动中国的城镇化建设，从百废待兴走向城镇化建设大国，政府力量做主导有其历史的必要性和合理性。传统的城镇化建设思路中，由政府等官方的行政力量做主导进行推进，是在中国的市场经济发展不完全、不健全下的“最优解”。但是，随着改革开放40余年的发展，市场经济体制确立也近30年，中国的社会力量开始逐渐培育并发展、壮大起来。所以，依靠行政力量的传统式城镇化建设的思路必将面临新的考验。中国经过改革开放的40余年，已经成为世界上第二大经济体，经历2008年世界金融危机，在世界整体的经济发展未来不甚明了的今天，中国如若还想继续保持高速的城镇化建设，从传统式的城镇发展转向以人为核心社会主义新型城镇化建设，便是当务之急。由行政推动变为行政主导，市场多元主体的合作与参与，充分动员民间组织、群团组织、社会团体、人民群众，甚至是企事业单位等力量共同参与新的城镇化建设，实属必然。

改革开放促进了中国经济发展，使其实现了大踏步的跳跃。但是，面临新形势下进一步高素质发展的要求，提升发展的层级和水平，在体制上和环境上，都值得重新思量。是否需要重新评估土地资源利用的方式？如何打破“土地财政”和“土地金融”是中国各级人民政府面临推进新型社会主义城镇化建设所要考虑的头等问题。做到人口流动和要素流动城镇交流的畅行无阻，是有效地保障城镇和乡村协同发展的重要途径。正因为中国的城镇化建设，需要同时面临中央和地方人民政府两方面的权利—义务关系调整，以人为核心新型城镇化建设，需要中央和地方人民政府共同努力，而非将所有希望寄托在中央人民政府的“顶层设计”上。

改革开放后，由于大量农村劳动力不断涌入城市，农民工问题的复杂性和普遍性逐渐成为学者们关注的焦点。近年来，随着城镇化建设的不断深入，农民工能否融入城市生活、是否愿意在城市工作已成为当前农民工问题的研究方向之一。根据第六次全国人口普查数据结果，中国人户分离的流动人口有2.6亿人之多，其中大多数为由农村进入城市打工或经商的外来务工人员。农民工在由农村转入城市的进程中，由于非均等化公共服务政策、人力资本缺陷、社会资本匮乏和其他社会文化要素的影响，导致其很难实现市民化的社会融合（褚清华和杨云彦，2014）。我们将农民工处于农村与城镇化进程之中的状况称为“半城市化”（吴华安和杨云彦，2011），虽然在城市生存，但是并没有适应城市的制度和文化，城镇居民的态度也使外来务工人员在城市的生活受到限制，自然在心理也会产生一定的疏离（王春光，2006）。农民工的社会融合问题不仅关系到农民工群体的生存与发展，更关系到我国经济、社会、政治、文化等多方面的发展。面对新形势下出现的新问题，必须全面审视农民工社会融合的现状，分析农民工社会融合的影响因素，进而有助于加快农民工社会融合。

本部分以宁波市为例，通过量表分析法来分析农民工的城市融合程度与现状，通过对现实的深刻挖掘，揭露宁波市农民工社会融合的影响因素，并根据影响因素提出改善农民工社会融合现状的对策建议，以期对现有的农民工社会融合研究进行补充和借鉴,更好地帮助农民工融入城市生活,加快农民工社会融合进程。

本研究主要以在宁波市的工厂或企业单位打工的农民工为调查对象,调查对象年龄多集中在21～40岁,呈现出年轻化的趋势。问卷设计包括社会融合、经济融合、心理融合等三个一级指标以及个人收入与就业保障等八个二级指标。经济融合包括:个人收入与就业保障、劳动时间和就业环境、生活消费;社会融合包括:社会交往关系、社会保障制度;心理融合包括:认同感、心理适应和归属感。

在本研究中,二级指标是根据李克特五级量表法进行设置,各自划分为5个等级,分别是"非常同意""同意""不一定""不同意""非常不同意"五个方面,同时赋值为100分、80分、60分、40分、20分,并依次计算出二级指标的平均值(赵亚男,2014),该均值即代表宁波市农民工社会融合的现状,即融合程度,进而在此基础上分析农民工社会融合的影响因素。

一、农民工社会融合的现状

农民工社会融合是农民工融入与城市居民接纳两者所形成的互动过程。农民工的社会融合主要含有三个维度:经济融合、社会融合、心理融合。

(一)经济融合

在经济融合层面,本研究主要通过个人收入与就业保障、劳动时间与就业环境、生活消费三个指标来评价经济融合的现状(见表2-1至表2-3)。

表2-1 经济融合 A_1—A_4 项目考察均值得分

(单位:分)

指标	项目问题	非常同意(100)	同意(80)	不一定(60)	不同意(40)	非常不同意(20)	均值分
个人收入与就业保障	A_1	5	12	21	18	34	45.8
	A_2	6	12	14	30	28	46.2
	A_3	8	10	15	27	30	37.3
	A_4	12	30	20	16	12	63.1

在表2-1中,A_1、A_2是为了解农民工个人收入所设置的,A_3、A_4则是为了解农民工就业保障问题所设置的。A_1、A_2设置的问题描述分别为"工厂或企业发放的工资让我能感到个人价值""超过国家规定上班时间,我将享有加班补贴",计算出的均值分别为45.8分、46.2分,此数据说明了农民工对当前个人收入极其不满,体现了农民工低收入的现状,严重阻碍了农民工在经济方面的社会融合度。A_3设置的问题描述为"工厂或企业愿意与我签订劳动合同",计算出的均值为37.3分,说

明大多数的农民工并未与企业或工厂签订劳动合同，其在工作中的合法权益无法得到保障，正呼应了农民工就业环境不容乐观的现状。从这4个项目比较来看，A_4的均值得分最高，即“工厂或企业在处理工伤等问题时有完善的制度保障”，均值为63.1分，从该数据可以看出，涉及农民工工伤事故处理的相关制度规范正在逐步完善，对农民工在工伤、医疗、养老保险等社会保障措施的关注和扶持力度也有所增加，农民工对这些举措的满意度较高，进一步加深了农民工融入城市生活的深度。

表 2-2　经济融合 B_1—B_3 项目考察均值得分

（单位：分）

指标	项目问题	非常同意（100）	同意（80）	不一定（60）	不同意（40）	非常不同意（20）	均值分
个人收入与就业保障	B_1	11	15	18	2	25	52.4
	B_2	25	20	23	12	10	68.4
	B_3	15	15	28	12	20	58.4

在表2-2中，B_1、B_2、B_3分别是为了解农民工劳动时间、工作强度以及就业环境所设置的。B_1、B_2设置的问题描述分别为“我每天的工作时间不超过国家规定的8小时”“在节假日我基本上没有休息时间，工作强度太大”，计算出的均值为52.4分、68.4分，由此可以看出由于大部分农民工就业范围局限于初级就业市场，其从事的工作性质缺乏技术含量，多依靠出卖劳动力完成。除了基础上班时长较长之外，农民工还需每周加班，工作量已大大超出所能承受范围。B_3设置的问题描述为“工厂或企业就业环境好，我上班很有热情”，均值的得分为58.4分，体现了农民工的当前的工作环境正处于不断完善的过程之中。

由于农民工在劳动力市场本就处于弱势地位，他们所面临的高压力、超负荷的工作环境直接削弱了农民工在经济方面的融合能力。这种不利现状会使农民工对城市社会产生不信任感，使他们无法真正融入城市生活，从而对他们的融入进程产生不利影响。

表 2-3　经济融合 C_1—C_3 项目考察均值得分

（单位：分）

指标	项目问题	非常同意（100）	同意（80）	不一定（60）	不同意（40）	非常不同意（20）	均值分
生活消费	C_1	6	15	22	17	30	48.9
	C_2	28	20	15	17	10	68.7
	C_3	30	22	15	12	11	70.7

在表 2-3 中,C_1、C_2、C_3 分别是为了解农民工居住环境、消费开支以及子女教育成本所设置的。C_1 设置的问题描述为“我的居住环境让我很满意”,均值得分为 48.9 分,说明由于农民工的收入较低,其居住环境较差,因此往往只能生活在城市边缘地区,大大削弱了其自身社会融合的能力。C_2 设置的问题描述为“我的收入与支出刚好持平,无法攒下多余的钱”,均值得分为 68.7 分,一方面说明了农民工收入水平低,另一方面显示出农民工的消费支出呈现市民化倾向,年轻的农民工都是自给自足。C_3 设置的问题描述为“我子女的教育费用支出大,生活负担很重”,均值得分为 70.7 分,这说明农民工要想在城市生存并立足,其需要承担的生活成本已经超出自身所能承受的范围。

总之,农民工在社会融合的过程中,较低的个人收入和高昂的生活消费形成了鲜明的对比,两者所形成的落差以及子女的受教育问题给他们带来了巨大的压力,如若有关部门与政府不给予这方面的支持,那么农民工将无法快速适应城市生活方式。

(二)社会融合

在社会融合层面,本研究主要通过社会关系交往、社会制度保障这两个方面来反映社会融合的现状(见表 2-4 和表 2-5)。

表 2-4　社会融合 D_1—D_3 项目考察均值得分

(单位:分)

指标	项目问题	非常同意(100)	同意(80)	不一定(60)	不同意(40)	非常不同意(20)	均值分
社会交往关系	D_1	10	18	16	21	25	52.7
	D_2	24	20	22	14	10	67.6
	D_3	28	21	15	13	13	68.5

在表 2-4 中,D_1、D_2、D_3 是为了解农民工社会交往情况所设置的。D_1 设置的问题描述为“我经常参加社会团体活动,业余生活十分丰富”,均值为 52.7 分,该均值相对来说比较低,说明农民工对参加社会团体活动的积极性不高,业余生活比较单调。D_2、D_3 设置的问题描述分别为“我很少接触市民,只与老乡及同事相处”“我周围居住的大多是老乡,市民对我们有一定偏见”,均值分别为 67.6 分、68.5 分,可见,农民工在日常生活中存在沟通对象有限、与城市居民沟通不畅等障碍。不难看出农民工社会交往仍处在一个“熟人社会”的状态中,其主要的交流对象是来源于家乡的亲戚和朋友,而城市居民很少。此外,由于城市居民自身具有一定程度的优越感,因此大多数农民工仍然受到城市居民的歧视和偏见。

一方面,农民工的社会网络关系制约了其与城镇居民的互动与交流,另一方面,城镇居民的歧视和制度约束,造成了农民工对城市生活的排斥,从而对城市社会严重缺乏安全感与归属感。

表 2-5　社会融合 E_1—E_3 项目考察均值得分

（单位：分）

指标	项目问题	非常同意100	同意 80	不一定60	不同意40	非常不同意 20	均值分
社会保障制度	E_1	28	18	20	13	11	68.7
	E_2	8	16	25	20	21	53.3
	E_3	10	15	18	22	25	51.8

在表 2-5 中，E_1、E_2、E_3 是为了解农民工就业制度、培训制度、社会保险制度的享受情况，即为了解农民工对户籍制度衍生的各项制度所持看法而设置。E_1 设置的问题描述为"我们无法享受和市民同等的就业机会和薪酬待遇"，均值得分较高为 68.7 分，这说明农民工追求的就业平等与外来务工人员与城镇居民之间同工不同酬的客观矛盾依然存在。E_2 设置的问题描述为"企业或工厂为我们提供了就业培训和指导的机会"，均值为 53.3 分，可见农民工对就业指导不够重视。由于政府实施的培训指导政策不到位，农民工的继续教育状况受到严重限制，导致农民工对未来的发展没有合理预期，无法实现其留城的迫切愿望，直接影响到农民工的社会融合进程。E_3 设置的问题描述为"企业或工厂为我们提供的社会保险制度比较健全，参保途径便捷"，均值得分为 51.8 分。这一结果表明，农民工参加社会保险的比率较低，有的企业或工厂受利益驱使不愿为员工购买保险措施。由此可见，户籍制度衍生出的各种制度仍然限制着农民工进入城市生活的脚步。

（三）心理融合

在心理融合层面，本研究主要通过认同感、心理适应和归属感三个层面来反映农民工的社会融合的现状（见表 2-6）。

表 2-6　心理融合 F_1—F_5 项目考察均值得分

（单位：分）

指标	项目问题	非常同意(100)	不一定(60)	不同意(40)	非常不同意(20)	均值分
认同感	F_1	21	25	12	14	64.4
	F_2	12	28	15	20	56.4
心理适应和归属感	F_3	30	15	12	8	72.7
	F_4	15	25	20	13	60.2
	F_5	18	22	20	16	59.6

在表 2-6 中，F_1、F_2 是为了解农民工对城市生活的认同，分别描述为"农民工的身份让我在城市里很尴尬""我觉得城里人愿意接受我成为其中一员"，均值得分为 64.4 分、56.4 分。前者设置是为了凸显出农民工对城市产生的自我认同感，后

者是为了凸显出城镇居民对农民工的接纳程度。F_1 的得分较高，说明农民工对自身的“农民”身份感到尴尬，容易在城市居民面前产生自卑心理，但是绝大多数农民工想要留城的愿望仍十分强烈。

F_3、F_4、F_5 是为了解农民工对城市生活的适应情况以及归属感所设置的。从数据可以看出，F_3 设置的命题“我向往和关注现在居住的城市”，平均得分较高，为72.7分，这表明农民工对城市生活所表现的繁荣喧闹十分向往。F_4 设置的描述为“我很愿意融入城市的生活，未来在这里定居”，平均得分为60.2分，这表明大多数农民工有留在城市打拼奋斗并定居的意愿。F_3 和 F_4 同时反映了部分农民工对城市生活的适应性较好，留城愿望强烈。

虽然农民工在一定程度上改善了对城市生活的心理适应能力和自我认同感，但仍有一些外来务工人员对城市生活存在强烈的排斥情绪。F_5 设置的描述为“我打算过几年就回家，不再进城打工”，均值得分为59.6分，说明农民工在城市生存与发展仍有不适应感和陌生感，进而拉低了农民工对城市的心理融合度。

二、影响因素分析

（一）经济层面融合

调查数据得出，大多数农民工由于负担着较大的经济支出和生活压力，以及工资的微薄使农民工在经济融合上倍感吃力。通过对经济融合研究层面调研得出，农民工的经济融合度受人力资本及个人收入情况影响较大。

1.人力资本影响

人力资本是指劳动者和劳动者所具有的知识、技能、智力和体力所决定的生产力的总价值。由于城乡教育资源分布不均衡，农村的教育水平自然较低，这意味着农村在初级教育阶段就与城市之间拉开了巨大的差距（辜毅，2016）。受农村环境的制约，农民工缺乏人力资本投资的长远眼光，看不到人力资本所带来的回报，有的农村村民甚至坚持认为“读书无用论”，并没有意识到教育所带来的巨大潜在回报。另一方面，农民工缺乏职业技术培训的机会，就业空间狭窄，所学知识并不能完全适应市场的需求，如此一来他们只能局限于文化程度较低或技术含量不高的职业。从表2-2可以看出，有过半农民工对“节假日没有休息时间”的赞同度较高，造成这种现象的原因是农民工人力资本的缺失。一般来说，农民工人力资本存量越丰富，农民工获得较优秀的就业机会和较可观的工资收入就越容易。这也意味着农民工素质越高，学习和适应城市生活方式的能力越强，留在城市生活的概率就越大。因此，人力资本的缺乏限制了农民工在城市中的社会融合（刘红岩和陈春良，2015）。

2. 经济收入影响

农民工的经济收入决定其在城市生活中立足的物质基础。由于农民工文化水平与职业技能较低，在面对高素质要求的就业环境下，农民工只能从事劳动密集型或者以体力劳动为主的工作，比较而言，农民工收入偏低，使农民工在城市发展缓慢，无法实现其个人价值(褚清华和杨云彦，2014)。从表2-1可以看出，“工厂或企业发放的工资让我能感到个人价值”这一问题的赞同度较低。表2-3所提及的“我的居住环境让我很满意”均值较低，看出农民工的居住环境并不理想。由于受经济收入的局限，农民工只能选择居住在城市的边缘地区。此外，农民工要背负巨大的生活压力，比如赡养老人、子女教育和支撑家庭生活都严重拉低了其经济融合水平。较低的经济收入与不对等的消费支出，不仅减少其个人人力资本的投入，也使个人财富无法积累。因此，外来务工人员经济收入的不足直接削弱了其社会融合能力。

(二)社会层面融合

从调查问卷分析得出，农民工社会交往平台十分狭窄，就业、子女教育等方面也没有得到保障。因此，从社会资本、基本公共服务角度研究农民工社会层面的融合迫在眉睫。

1. 社会资本影响

农民工进入城市，将人力资本转变为实际收入，同时又能发挥社会资本的作用。在这种关系主导的社会中，农民工所拥有的社会资本是极度稀缺的。因此，作为血缘和亲缘为核心的初始资本，对农民工显得尤为重要。从表2-4对“我很少接触市民，只与老乡及同事相处”的回答中可以看出，大多数农民工平日里只跟老乡接触，社交圈子十分狭隘。由于农民工从事工作通常由亲戚或朋友介绍，他们通常也只选择从事同一类工作，这种关系网络虽然降低了农民工寻找工作的成本，但一直依赖于这种低成本的人际交往，将阻碍其对城市的归属与认同感的提升。在居住上，农民工会选择承租位置偏、条件差的“城中村”或者居住在多人共住的单位集体宿舍。而这种职业、工种还有住宿的特点，大大限制了他们与城市居民的交往空间，不利于其构筑新的社会交往网络。

然而，由于农民工与城市居民在经济地位、语言文化等方面还存在一定差异，加之部分城市居民对农民工存在根深蒂固的偏见与行为上的歧视，在很大程度上制约了农民工进入城市生活的主观意愿，无法缩小与城市居民的社会距离。除此之外，城市居民在社会资本方面具有天然优势，使得农民工在城市社会网络中无法接触到更多的资源和信息，进而其合法权益在制度上无法得到充分保障(王桂新和武俊奎，2011)。由于城市居民与农民工的这种相互排斥的客观实际，大大影响了农民工向城市融合的进度。因此，创设以新型城市社会网络为核心的社会资本迫在眉睫。

2. 基本公共服务影响

本研究所指的基本公共服务包括:就业、社会保障、子女教育等方面,它往往依附于户籍身份存在。虽然我国目前正在加快完善户籍制度改革,旨在取消农业和非农户口之分,但是户籍身份带来的城乡差别在一段时期依然存在。表 2-5 中"我们无法享受和市民同等的就业机会和薪酬待遇"对这一问题赞同度较高,说明外来务工人员在实际的工作中仍会面临同工不同酬的问题,不能平等地享受社会保障,子女不能平等的享受公共教育资源,同样也没有资格享受城市廉租房或经济适用房等保障性住房政策。基本公共服务的不均等化影响农民工的经济收入、人力资本和社会资本的积累,无法保证农民工所享有的充分就业、公平教育以及社会公共资源共享的权利(徐祖荣,2008)。虽然户籍制度改革仍在不断的探索与实践中,但并没有从本质上解决其所带来的基本公共服务不均等化问题。基本公共服务不均等化问题仍然是制约着农民工社会融合的一大障碍。

(三)心理层面融合

从问卷调查分析得出,农民工的心理融合程度较低。主要原因在于农民工自我认同感较低,以及城市居民对其排斥态度等方面。因此,农民工价值观失调、居民排外心理影响农民工心理融合。

1. 农民工价值观失调影响

农民工外出打工,对于自身有很高的期望,也十分看重自身的社会地位,他们极力地想融入城市生活,因此对城市生活方式和价值观念也十分认同。但这并不代表他们已经成为城市生活中的一员。恰恰相反的是,由于农民工对城市生活有着较高的认同感,逐渐丧失了对农村的乡土情结,使他们无法再真正的归根于农村,但由于生活方式、社会地位等因素与城市存在较大的差异,使其也不能完全融入城市生活,最终造成了他们"边缘人"的身份困境。从表 2-6 可以看出,"农民工的身份让我在城市里很尴尬",农民工对这一回答的认同度较高,均值达到 64.4 分,说明农民工对自身身份的矛盾性,他们因在城市中得不到基本的尊重而产生自卑感而逐步丧失对城市社会的认同感,进而容易对城市社会产生敌视情绪。

2. 居民排外心理影响

与农民工相比,城镇居民有着先天的优越感,对农民工存在着一定的排外心理。改革开放后,随着农民工不断涌入城市,势必加剧两者之间的相互碰撞与冲突,打破了原有城市利益的平衡,城市居民在面临各种冲突与竞争加剧的情况下,亦进一步加剧对外来务工人员的排外心理(李振刚和南方,2013)。从表 2-6 对"我打算过几年就回家,不再进城打工"这一描述的均值较高可以看出,由于城市居民与农民工的生活方式存在较大差异,因而没有在心底尊重和接纳农民工,而是一味地将他们排除在城市生活的社会关系圈之外,这显然是不利于农民工增强其对城市生活的心理融合度的。

第二节　宁波市人的城镇化建设实践

一、宁波市新型城镇化建设情况概览

(一)宁波市新型城镇化建设现实考察

作为国家新型城镇化推进的综合试点城市之一,宁波市在小城镇建设、统筹城乡一体化等方面均走在全国前列(张进中,2014)。2016 年,宁波市常住人口城镇化率 71.9%,户籍人口城镇化率 36.9%。2017 年全市常住人口 800.5 万人,户籍人口 596.9 万人,城乡居民人均可支配收入之比达到 1.80∶1。[①] 从总体上看,宁波经济基础扎实,城乡区域差距小,城镇化水平高,城镇化建设呈现出多样化、发展快的良好局面。

1.城镇化率稳步提高

近年来,宁波市经济水平不断攀升,城镇化率稳步提高,城镇化水平平稳发展。2009 年,全国城镇化率仅为 46.6%,而宁波市则达到了 63.7%;2016 年,宁波市城镇化率为 71.9%,数值上要比全国城镇化率多 14.6%。从 2009 年到 2016 年,全国城镇化率提高了 10.8 个百分点,平均增速为 1.5%/年;同期宁波市城镇化率提高了 8.2 个百分点,平均增速为 1.2%/年(见图 2-1)。虽平均增速低于全国,但宁波市城镇化率起点高,并长时间领先全国平均水平,呈现出平稳发展、稳中有升的积极态势。

2.城镇化规划体系日臻完善

宁波市不断提升城市规划的科学性和系统性,人的城镇化规划体系日臻完善。目前已完成余慈区域、北仑新区、象山港区域、四明山区域、杭州湾新区、梅山春晓滨海新城等 6 项区域规划编制;全面结束了 6 个市辖区、3 个县级市及 2 个县的城区总体规划编制任务;大部分市、县编制了市政基础设施建设专项规划,91 个乡镇编制了总体规划。基本形成了以城镇体系规划、城镇总体规划和乡镇规划三方组成的城乡规划体系。

---

① 宁波市人民政府.2018 宁波概览[EB/OL].(2018-03-14)[2018-12-10].宁波市人民政府网,http://www.ningbo.gov.cn/.

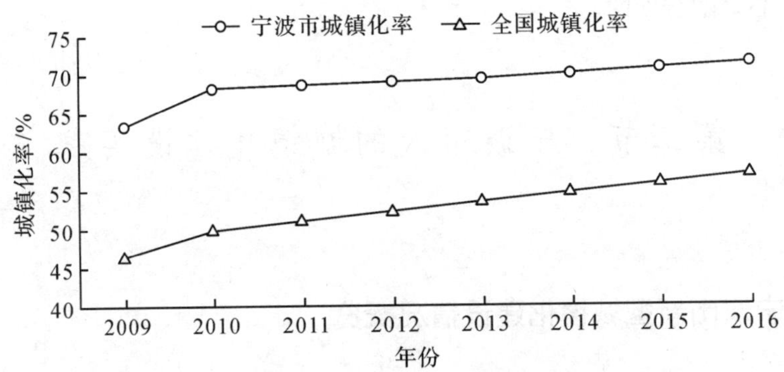

图 2-1　2009—2016 年宁波市与全国城镇化率增长情况

资料来源:2010—2017 年《宁波市统计年鉴》。

3.城镇化空间布局不断合理

宁波市通过科学配置资源,完善了城乡空间布局,深入实施了"东扩、北联、南统筹、中提升"的区域发展战略,全面拉开了城市发展框架①,基本形成以"一核两翼、两带三湾"为特点的多节点、网格化的现代都市格局。"一核"指代宁波市区,"北翼"则为余姚、慈溪和杭州湾新区,"南翼"是奉化、宁海和象山三县(市)。"两带"名为东部滨海城镇产业带和西部山区生态人居带,"三湾"意指杭州湾、象山港和三门湾区域,"节点"为卫星城和中心镇。

其中东部新城、鄞州新城、东钱湖旅游度假区等十大功能区块建设顺利,中心城区辐射服务功能不断提升;象山港区域保护力度加大,生态经济型港湾建设取得显著成效;余慈地区统筹步伐加快,宁波杭州湾新区建设成效明显,宁波都市区北部中心初具雏形②。此外,宁波于 2009 年顺利启动了余姚泗门镇、慈溪观海卫镇、奉化溪口镇、宁海西店镇、象山石浦镇、鄞州集士港镇、江北慈城镇的卫星城建设。城乡面貌日新月异,逐渐成为新的区域中心和城市体系中的重要节点。中心城区保持"一主两副,双心三带"的空间结构,统筹三江片、镇海片、北仑片与周边乡镇的发展③,加强资源要素在城市中心的集聚,形成江、河、湖、港、桥为一体的城市风貌,促进城乡公共服务与基础设施的均等化,助推宁波市经济社会发展转型,加速人的城镇化进程。

---

① 宁波市人民政府.宁波新型城市化发展研究报告[EB/OL].(2016-09-09)[2017-12-10].豆丁网,https://www.docin.com/.

② 同上.

③ 王岚.宁波城市总规修改突出四大亮点[N].(2015-03-27)[2016-08-10].人民网浙江频道,http://zj.people.com.cn/.

4.城市综合承载力缓步提升

宁波紧紧围绕提高城市综合承载能力的根本目标，积极稳妥地推进城镇化。十几年的时间，从阡陌桑田到广厦万千，东部新城拔地而起，已由城市边缘发展成为核心腹地，为宁波市城镇化建设开创了新局面。东部新城的建设成功拉近了港口与城市的空间距离，有效促进了港城联动，进一步增强了城市综合服务能力和港口的集聚辐射能力。

新材料科技城产业规划、中长期发展规划和城市总体规划相继收官，标志着城区建设稳步推进。新材料科技城的建成将进一步拉大宁波城镇空间，引领宁波生活转型。古林镇、泗门镇、五乡镇、邱隘镇跻身中国百强乡镇，邱隘镇、泗门镇、古林镇、五乡镇、姜山镇等16个乡镇入围浙江省百强乡镇。城镇基础设施建设日臻完善，2017年宁波市新增公交专用道10km，保洁道路面积增加到4560万m^2，智慧城管基础地理信息已覆盖全市，网格覆盖面积扩大至516.6$km^2$①。从2009年到2017年，宁波城镇居民人均可支配收入提高了28288元，平均增加3536元/年，2018年宁波人均可支配收入52402元②；同期宁波农村居民人均可支配收入提高了18230元，平均增加2278.8元/年(见图2-2)。由此可见，宁波城镇和农村居民人均可支配收入均呈现平稳增长的趋势，且城镇居民人均可支配收入每年增加的数值要高于农村。

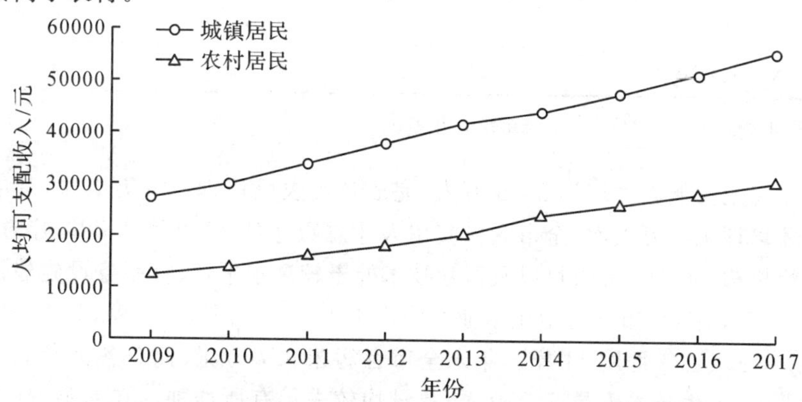

图2-2 2009—2017年宁波市城镇与农村居民人均可支配收入变化情况
资料来源：2009—2017年《宁波市国民经济和社会发展统计公报》。③

① 宁波市统计局，国家统计局宁波调查队. 2017年宁波市国民经济和社会发展统计公报[N]. 宁波日报，2018-02-06(A01).

② 宁波市人民政府. 2018年宁波人均可支配收入52402元[EB/OL]. (2019-01-24)[2019-09-10]. 宁波市人民政府网，http://gtoc.ningbo.gov.cn/.

③ 宁波市统计局. 2009—2017年的宁波市国民经济和社会发展统计公报[EB/OL]. (2018-07-04)[2019-11-10]. 浙江政务服务网，http://zfxx.ningbo.gov.cn/.

近年来，宁波市教育、就业、医疗、养老等公共服务设施不断完善，公共服务能力显著提高。教育方面，从 2014 到 2016 年，宁波小学学龄儿童入学率和小学毕业升学率均为 100%，初中毕业升学率和升入普通高中率均有提高，分别增长 0.1 和 0.6 个百分点。此外，从 2014 到 2016 年，升入普通高中与职业高中的总和分别为 99.1%、100%和 99.2%，均高于 99%(见表 2-7)。由此可见，宁波市不同年龄段升学率都处于较高水平，教育服务设施建设已经较为完善。

就业方面，宁波市加大人才培训的力度，城镇失业率逐步降低。2017 年宁波市新增城镇就业人员 19.5 万人，比上一年增加 0.5 万人，7.2 万名城镇失业人员实现再就业，比上一年增加 0.1 万人，年末城镇登记失业率为 2.0%，比上一年减少 0.01%。

表 2-7　2014—2016 年宁波不同年龄段升学率

(单位：%)

年龄段	2014 年	2015 年	2016 年
小学学龄儿童入学率	100.0	100.0	100.0
小学毕业升学率	100.0	100.0	100.0
初中毕业升学率	99.1	99.2	99.2
升入普通高中	50.9	51.1	51.6
升入职业高中	48.2	48.9	47.6

资料来源：2015—2017 年《宁波市统计年鉴》。

全年完成技能人才培训 25.9 万人，完成各类农民培训 6.8 万人次，其中农村实用人才培训 1.5 万人次，全市农村实用人才总数达到 17.9 万人；①医疗方面，宁波市医疗机构、从业人员数目以及医疗技术处于较高水平，医疗服务设施建设比较完善。2017 年末，全市共有卫生事业医疗机构 4157 家，医院 154 家，其中三级甲等医院 8 家，三级乙等医院 11 家。年末全市有病床 3.7 万张，拥有各类专业卫生人员 7.5 万人，卫生技术人员 6.2 万人，数量均较去年有所增加。在高龄、高危孕产妇大幅增加的严峻形势下，全市户籍人口孕产妇死亡率为 0，婴儿死亡率2.3‰；②社会保险方面，社会保险参保人数也稳步上升。2017 年末，全市职工基本养老、基本医疗、失业、工伤和生育保险参保人数分别为 429.6 万人、380.8 万人、269.3 万人、330.9 万人和 266.2 万人。其中，基本养老保险参保人数比去年增加 17.5 万

① 宁波市统计局，国家统计局宁波调查队. 2017 年宁波市国民经济和社会发展统计公报[N]. 宁波日报，2018-02-06(A01).

② 周琼. 2017 年宁波新增就业 19.5 万人[N]. 宁波日报，2018-01-31(A03).

人，同比增长 4.3%；生育保险参保人数比去年增加 14.8 万人，同比增长 5.9%。2017 年末，全市累计发行社保卡 806.5 万张，比去年增加 16.2 万张；[①]民生保障方面，宁波市低保资金实际支出增长较快，城区居民最低生活保障标准和企业职工最低工资标准也有明显提高，宁波市民生保障设施建设日趋完善。低保资金实际支出 4.6 亿元，比去年增加 1.4 亿元。城区居民最低生活保障标准为月人均 804 元，比去年增加 60 元。企业职工最低工资标准为 2010 元、1800 元和 1660 元三档，比去年分别增加 150 元、140 元和 130 元。2017 年末，全市拥有养老机构 266 个，床位数 5.6 万张。年末全市共有最低生活保障对象 7.0 万人[②]。

5. 各县(市)、区城镇化建设差异化

宁波市各县(市)、区在经济情况、地理位置、人口数量、交通运输等方面的特殊性直接导致了不同地区的城镇化建设呈现出显著差异性。

象山县是浙江省乃至全国少有的兼具山、海、港、滩涂、岛资源的地区。结合实际，象山走出了一条独具区域特色的现代化滨海城区城镇化建设之路，2016 年，象山的城镇化率达到 58.8%。2017 年，象山实现地区生产总值 498.9 亿元，城镇居民人均可支配收入 50677 元[③]。截至 2018 年底，鄞州全区常住人口 134.2 万人，常住人口城镇化率 82.0%[④]。鄞州按照“以城带乡、城乡互动，以产促城、产城融合”的总体要求，全面打造新城区“一核”，大嵩新区、姜山中心镇、鄞西两城“三极”，新型城镇、美丽乡村“多节点”，进一步提升城市发展、城镇建设和城乡统筹水平(朱军备，2014)。余姚市人民政府和华晟基金合作，开展以集聚和孵化大数据技术、互联网+、智能制造等高新技术类产业为主要特征的城市综合开发运营项目，依托创新的城市运营模式和专业的团队运作，助推余姚市人的城镇化建设再上新台阶，真正实现产业升级转型[⑤]。截至 2018 年，奉化的城镇化率为 55.4%。[⑥] 奉化采用“投资建设一体化+产业发展服务”模式，引入城市综合开发业务，协调利用各种资源，通过“一揽子”服务盘活旧城、开发新城，达到整体“城市营造”的效果。截至 2018 年，

---

① 包凌雁. GDP 年均增长 13.2%改革开放 40 年宁波晒出亮眼成绩单[EB/OL]. (2018-10-06)[2010-11-10]. 中国宁波网，http://www.cnnb.com.cn/.

② 宁波市统计局，国家统计局宁波调查队. 2017 年宁波市国民经济和社会发展统计公报[N]. 宁波日报，2018-02-06(A01).

③ 董惠敏. 新型城镇化及特色小城镇建设座谈会在象山召开[EB/OL]. (2018-02-05)[2019-08-03]. 人民论坛网，http://www.rmlt.com.cn/.

④ 宁波市鄞州区人民政府. 鄞州区行政区划[EB/OL]. (2020-01-09)[2020-02-12]. 鄞州区人民政府网，http://www.nbyz.gov.cn/.

⑤ 浙江亚太机电股份有限公司. 亚太股份与华晟基金签署战略合作协议并成功完成无人驾驶首演[EB/OL]. (2019-06-18)[2019-10-19]. 新浪财经，http://finance.sina.com.cn/.

⑥ 许犇. 讴歌奉化 70 年沧桑巨变[N]. 奉化日报，2019-09-28(A02).

宁海的城镇化率为59.1%[①]。作为宁波市首个“美丽县城”试点县，宁海始终把美丽县城建设作为加快推进人的城镇化的重要抓手，改革开放40周年“人均生产总值提升近380倍，突破1万美元，固定资产投资提升3700倍，达到335亿元，财政总收入提升近500倍，达到90亿元”[②]，主要集中在突出路网结构建设、融合产业布局、推出“合同养老”模式等方面。

宁波市不同县(市)、区的城镇化建设存在差异，主要体现在城镇化的依托点与发展方向不同。海曙推进人的城镇化建设主要集中在以下几个方面：其一，突出特色、以特兴城，建设形式多样的特色小镇，树立品牌特色；其二，以大带小、联动发展，承接城市外疏功能，促进小城镇发展；其三，科学规划、务实推进，合理规划小城镇人口、经济、用地等规模[③]。镇海全力打造规划管理“四个平台”，即决策平台、督察平台、服务平台以及保护平台。截至2018年，镇海区已经率先成立了城乡规划决策领导小组和下属委员会、城乡规划督察工作领导小组，建立了三个保护工作站，首推驻镇规划师制度且成效显著。北仑在全省率先实施“积分入户”户改新政，出台了《北仑区流动人口量化积分管理规定》，通过积分入学、入户、常态化积分、扩大积分应用，建立与经济社会可持续发展相适应的流动人口发展格局。同时充分利用互联网技术，建设e乡北仑智能服务平台。

6.特色小镇成为新亮点

特色小镇是人的城镇化建设中的新亮点。特色小镇概念新颖、体制灵活，符合宁波发展实际需求，有利于加快宁波现代化大都市建设。宁波结合自身实际，目前已建立一批富有宁波特色的小镇，如光电小镇、智能家电小镇、海洋金融小镇、前洋E商小镇、森林温泉小镇、渔文化小镇等。

特色小镇强调产业、文化等功能之间的融合互促发展。特色小镇的建设，大多根据小镇的实际情况与特点，科学规划与设计，打造与自身特色相符的亮点。以象山县为例，其素以海洋渔业文化为特色，建立象山渔文化小镇便是充分发挥自身地区优势的体现。象山的特色小镇，其建设方向主要集中在以下几个方面：首先，完善渔区规划蓝图，守住“乡愁”文化红线，将象山建设成为人文旅游价值和历史文化价值兼具的中国渔港古城；其次，打造渔区文创基地，壮大“乡愁”文化产业，利用丰富的渔文化资源，推动文化产业向市场化、专业化、规模化发展；最后，发展渔区文化旅游，依托渔区丰富的渔文化，推动文化旅游融合发展，因地制宜发展“渔家乐”。

---

① 宁海县人民政府办公室.宁海改革开放40周年经济社会发展情况新闻发布会召开[EB/OL].(2018-11-30)[2019-02-12].宁海县人民政府网，http://www.ninghai.gov.cn/.

② 同上.

③ 邬盈蓓.来看看海曙区的政协委员都关心哪些事?[EB/OL].(2017-03-06)[2018-05-12].海曙新闻网，http://hsnews.cnnb.com.cn/.

象山凭借特色小镇的文化优势，旅游业得到了快速的发展。2015 春节期间，象山渔文化小镇共接待游客 11 万余人次，同比增长 12.5%，旅游收入同比增长 11%[①]。

由此可见，因地制宜，打造符合当地文化的特色小镇可以极大地促进人的城镇化发展。

（二）宁波市人的城镇化建设中存在的问题

1. 农民工市民化进程滞后

从历史和现实来看，农民脱离土地，改变身份，涌入城市的非农生产领域，并非意味着自然成为城市的市民。农民工社会融合是一个复杂问题，除涉及户籍和平等的社会保障之外，还涉及农民工在空间地理、思想观念以及行为方式方面的转变。在社会融合过程中，农民工的生活方式与价值观念必然会与城市居民产生冲突，其渴望在城市定居的意愿与严峻的现状形成了无比鲜明的反差。

就宁波而言，部分地区已经实现了农民工的户籍城镇化，残酷的现实是大量的外来务工者及其随迁家属难以融入城市，未能在教育、就业、医疗、养老、保障性住房等方面享受到与城镇居民相同的基本公共服务（南龙，2016）。2016 年，宁波市常住人口城镇化率为 71.9%，比全国人口城镇化率高出 14.6 个百分点[②]。但同年，宁波市户籍人口的城镇化率却不到 40%，也就意味着有 188.5 万（2016 年宁波市总人口为 591.0 万人）农民工及其随迁家属虽然被统计为城镇人口，但他们在政治权利、劳动就业、公共服务、社会保障等方面无法享受与城镇居民同等的待遇。国家统计局宁波调查队于 2013 年对宁波市农村农业转移人口进行调研，结果显示，约 19.3%的受访者没有缴纳任何形式的社会保险，缴纳全部“五险一金”的仅有 14.0%，76.5%的受访者表示没有享受过住房政策，不少受访者对于子女教育、住房条件等不满意度较高，部分失去土地的农业转移人口再次就业也存在困难，真正融入城市社会更是难上加难[③]。

2. 土地城镇化快于人口城镇化

2008—2016 年，宁波建成区面积增长 32.1%，高于同期城镇人口的增长速度 13.1%（见表 2-8 和图 2-3）。土地城镇化是土地从非城镇状态向城镇状态转变的过程，土地城镇化率的衡量指标是城镇建设用地与城乡建设用地的比值（李昕等，2012）。而人口城镇化一般指人口向城镇集中或乡村地区转变为城镇地区的情况，

---

① 陈晓晓. 石浦渔文化建设守住“乡愁”[EB/OL]. (2015-04-14)[2018-05-12]. 中国渔山港，http://xs.cnnb.com.cn/.

② 宁波市统计局，国家统计局宁波调查队. 2016 年宁波市国民经济和社会发展统计公报[EB/OL]. (2017-02-21)[2018-05-12]. 宁波市人民政府网，http://gtog.ningbo.gov.cn/.

③ 张昊. 市委十二届七次全会“谋篇布局”新型城市化，把“美学”引入宁波城市建设[N]. 东南商报，2014-07-25(A04).

从而变乡村人口为城镇人口,使城镇人口比重不断上升的过程。

表 2-8 2008—2016 年宁波市建成区面积与城镇人口比重

年份	宁波市建成区面积/km²	宁波城镇人口比重/%
2008	374.3	63.60
2009	397.8	63.70
2010	432.9	68.30
2011	450.3	69.00
2012	457.1	69.40
2013	468.4	69.80
2014	484.8	70.30
2015	501.4	71.10
2016	494.3	71.90

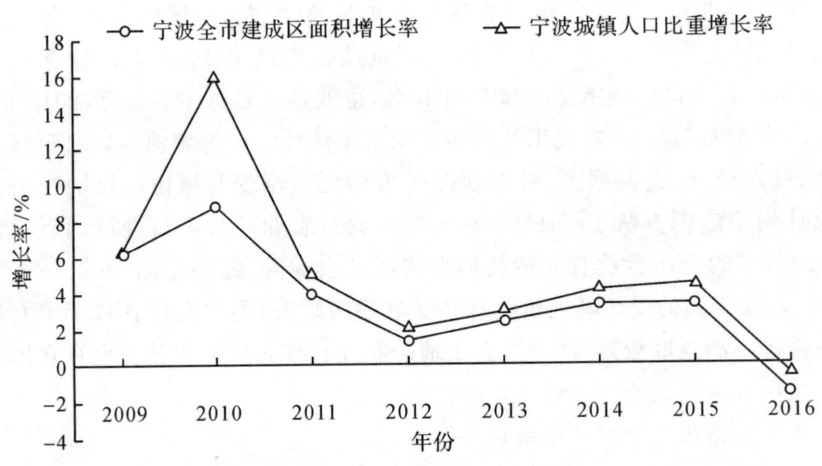

图 2-3 2009—2016 年宁波全市建成区面积与城镇人口比重增长情况

资料来源:2009—2017 年《宁波市统计年鉴》与《浙江省统计年鉴》。

2008 年,宁波市建成区面积 374.3km²,城镇人口比重为 63.6%,城镇居民人均可支配收入 22307 元。2016 年,宁波市建成区面积 494.3km²,城镇人口比重为 71.9%,城镇居民人均可支配收入 51560 元。从表 2-8 可以看出,在这 9 年时间里,城市建成区面积扩大了 32%,城镇户籍人口比重增加了 13%。从图 2-3 可以看出,2009—2016 年间宁波全市建成区面积增长率与宁波城镇人口比重增长率基本呈现相同变化趋势,且建成区面积增长率略低于城镇人口比重增长率。

毋庸置疑,土地开发是人的城镇化建设过程中的自然表现。随着人的城镇化进程的推进，人口流动、产业调整、财富增长等必然会带动房地产行业的发展，从而扩大城市面积。但是，人的城镇化的本质是从根本上转变人们的生产方式、生活方式，紧紧围绕着人的需求和发展来开展的改革和建设。如果发展的过程脱离了人，忽视了产业支持、公共服务和城市综合承载力等因素，盲目发展土地城镇化，就会带来多重矛盾进而造成大量且复杂的社会问题。

3. 可持续发展压力较大

作为国家新型城镇化综合试点城市，宁波市在统筹城乡一体化等方面走在全国前列，在对人的城镇化建设进行积极探索的同时，也面临着可持续发展压力。

(1)生态环境压力

宁波是全国300多个缺水城市之一，2003年人均水资源占有量仅有1180m^3，是全省人均水平的59%，全国人均水平的55%，并且地区分布和降雨年内分配极不均衡，水资源利用率不高①。而且随着城镇化进程的不断加快和人口的增加，宁波市水污染的情况严重②。此外，空气污染同样也是困扰宁波市的难题，从2014年至2016年，宁波霾日分别为118天、74天、67天(见表2-9)③。大气污染引发广泛关注，人们对于空气质量提高的呼声越来越高。生态环境恶化的趋势若得不到有效控制，将严重影响人们的身心健康和全面发展，也会限制人们生活水平和生活质量的提高，进而严重影响人的城镇化的健康发展和城镇化质量的提高。

表2-9　2014—2016年宁波市区空气质量情况

年份	Ⅰ级	Ⅱ级	Ⅲ级	Ⅳ级	Ⅴ级	Ⅵ级	达标天数比例/%	霾日/天
2014	86	216	53	7	2	0	83.0	118
2015	71	231	49	10	4	0	82.7	74
2016	86	224	54	2	0	0	84.7	67

资料来源：《2014—2016年宁波市环境状况公报》。④

(2)融资需求压力

人的城镇化建设过程中的新增人口必然对基础设施、公共服务等方面提出巨大的需求，城镇基本公共服务须逐步实现从面向本地户籍人口到面向常住人口的

① 蔡铁锋.如何让再生水“活”起来[EB/OL].(2016-11-03)[2018-05-12].政协宁波市委员会，http://www.nbzx.gov.cn/.

② 宁波市人民政府.《宁波市水污染防治行动计划》正式出台[EB/OL].(2016-11-15)[2019-08-11].中国宁波网，http://gtog.ningbo.gov.cn/.

③ 虞南，竺佳.365天里172天在下雨去年宁波天气不断“破纪录”[N].浙江在线－钱江晚报，2016-01-12(A02).

④ 宁波市环保局.2016年宁波市环境状况公报[N].宁波日报，2017-06-05(A01).

转变。基本公共服务具有外部性,其成本大部分需要由政府来承担,但是仅依靠传统财政保障模式又难以全面解决教育、社保、住房保障等基本公共服务方面的资金缺口问题。尤其是城镇基础设施建设作为典型的公共产品,其建设资金投入量巨大,资金占用周期长,回报率低,这就给政府财政持续支持公共服务提出了难题。

宁波市各地财政发展不平衡,相较于东北部地区来说,西南部地区的财政收入普遍不高。在推动城市建设方面,虽然各区、县市人民政府千方百计争取宁波市财政资金的支持,但是因为缺乏必要的配套资金,所以在城市建设投资方面捉襟见肘。同时由于国家对土地的审批实施严格控制,使得城市基础设施等工程缺乏土地要素保障,增加了其建设难度。此外,土地市场低迷、征地居民诉求增多等因素也使得政府土地出让筹集资金的难度增大,导致宁波市人的城镇化建设的投入成本迅速上升,政府债务水平逐年攀高。截至2017年底,宁波市人民政府负有偿还责任的债务余额为1543.6亿元,其中一般债务981.1亿元,专项债务562.5亿元。事实上,宁波市地方人民政府负有担保责任以及可能承担一定救助责任的债务主要是由政府部门和机构所属的各类投融资平台或企业单位等举借,是作为政府或有债务,但若举借主体一旦出现债务违约,最终也需要地方人民政府使用公共财政资金来偿付。

(三)宁波市人的城镇化建设问题归因

上述宁波市人的城镇化建设中存在的诸多现实问题和体制机制问题,已然严重制约了其进一步发展的质量和水平。如若试图解决上述问题,需要找准原因,有的放矢,助推宁波市人的城镇化建设的可持续发展。

1.体制机制滞后

梳理宁波市人的城镇化的发展历程,不难看出政府政策体制的变化对其有着至关重要的影响。现行多方面体制性因素,包括但不限于土地制度、社会保障制度、成本分担制度等给宁波市人的城镇化建设带来的制度堡垒。

(1)土地与财税体制不合理

我国《土地管理法》规定禁止农村建设用地流动,国家征地是新增建设用地的唯一途径,由中央决定耕地和建设用地的指标。征地过程中农民的话语权较弱,他们很少甚至无法获得应有的、法律规定的土地流转中的增值收益。虽然近几年的收益分配改革基本兼顾了国家、集体、农民三者利益,但仍然缺乏科学、合理的分配机制。利益不相容以及利益需求膨胀造成的利益不均衡致使部分地区激烈的社会冲突。

自从两税制改革之后,财权逐渐上移,事务逐渐下移,地方人民政府不得不依靠提高土地出让金来拉动GDP增长,提高财政收入,由此导致房地产价格居高不下、房价和收入严重脱节,使得大多数外来务工人员无力购买城市住房,无法在城镇安家落户，进而制约人的城镇化进程。

(2)社会保障范围还需要进一步扩大

良好的社会保障制度可以有效调节和缓解社会矛盾，保障社会安全稳定运行。近年来，尽管党中央和国务院对城乡居民的社会保障问题的重视程度不断加深，但是受制于城乡二元体制，城镇市民和广大的外来务工者群体在养老、医疗、教育、就业等方面依然存在比较大差距。以宁波市为例，2018 年 1 月城区居民最低生活保障标准为 804 元/月①，而城区农村居民最低生活保障标准的规定则是：按照不低于城区城镇居民最低生活保障标准 60%的原则，由各县(市)、区人民政府自行确定，报市人民政府备案后实施②。

同时，农村进城务工人员在社保方面更加难以与城市居民享有同样待遇，他们不是“城市居民”，只是城市“暂时”的“外来劳动力”。然而，反观另一面，集体土地所有权、承包权和经营权是进城务工的农民工所拥有的社会保障底线，基于此，广大农民宁愿将土地闲置多年也不愿放弃的问题，课题组在宁波的一项调查显示：将近 60%的农民工选择将移出地的住宅闲置和无偿借给他人居住，其中选择闲置的占到 46.7%，渴望或者选择售卖农村住宅的只占 6.3%。当被问到是否愿意宅基地流转时，有 66.7%的受访者选择了不愿意，只有 33.3%的受访者表示愿意退出宅基地。可见，对于农民来说，对于宅基地退出仍持有较多的担心和顾虑。虽然部分受访者为了孩子能够受到更好的教育或是为了工作更加便利在城镇购置了住房，但若要放弃村里的宅基地完全脱离家乡，多数人是有顾虑的。城镇化建设的关键是要实现人的城镇化，特别是农民工等城镇常住人口的城镇化问题。在“放宽农业转移人口落户条件”的同时，系统解决农民工社会保障是推进人的城镇化的关键。

(3)成本分担机制尚未建立

新型城镇化的关键是人的城镇化，特别是 1 亿多农民工常住人口城镇化问题。在“放宽农业转移人口落户条件”的同时，着力解决农民工市民化的社会保障是推进人的城镇化的关键。当前农民工社会保障存在成本障碍、制度障碍、能力障碍、社会排斥以及承载力约束等多方面的因素。而成本障碍是人的城镇化背景下农民工社会保障重要的制约因素。一些农民工社会保障实践较理论探索具有一定的超前性，但是在分担责任划分、制度保障设计等方面仍有局限性：第一，成本分担责任主体不够明确，社会保障资金来源不稳定；第二，缺乏长期目标和城乡统筹的整体

---

① 王波，梅薇. 每月 804 元！宁波城区居民最低生活保障标准再度上调[EB/OL]. (2018-01-03)[2019-10-25]. 浙江新闻网—浙江在线，http://zjnews.zjol.com.cn/.

② 甬政办. 宁波市人民政府办公厅关于调整宁波市城区居民最低生活保障标准的通知[EB/OL]. (2015-06-25)[2019-08-11]. 浙江政务服务网，http://nbzh.zjzwfw.gov.cn/.

构想,社会保障整体表现出短期性、被动型、零散化的特点;第三,保障模式与现行户籍制度、土地政策之间存在矛盾。《国家新型城镇化规划(2014—2020年)》提出,要建立健全由政府、企业、个人共同参与的农业转移人口市民化成本分担机制,根据农业转移人口市民化成本分类,明确成本承担主体和支出责任(苏卫哲和于磊,2018)。因此,构建由政府、企业、个人共同参与的成本分担机制,建立与成本分担机制相应的经费保障、利益均衡和利益补偿机制,契合了党在十八大五中全会上提出的"发展为了人民、发展依靠人民、发展成果由人民共享"的共享发展理念和国家重大战略需求。

2.经济保障不足

(1)经济发展各不平衡

经济问题是制约人的城镇化发展的重要因素,城镇基础设施建设、公共服务等都需要地方人民政府的财政收入作为支撑。没有良好的经济基础,人的城镇化发展也只能是无米之炊。由于宁波市各县(市)、区经济发展水平存在一定差异,因而各地区的城镇化进程也不尽相同(见表2-10)。

表2-10 2016年宁波各县(市)、区GDP和城镇化率

地区名称	GDP/万元	城镇化率/%	GDP排名	城镇化率排名
全市	86864911	71.9	—	—
市区	55746604	84.2	1	1
鄞州	13588292	81.3	2	2
余姚	9047535	70.3	4	4
慈溪	12761682	75.9	3	3
奉化	4941481	53.9	5	7
象山	4442198	58.8	7	6
宁海	4866892	58.9	6	5

资料来源:《2017年宁波市统计年鉴》。①

从表2-10可以看出,2016年宁波市各县(市)、区的GDP存在较大差异,各地区的GDP和城镇化率基本呈现出正相关趋势。市区、鄞州、慈溪、余姚的GDP排名与城镇化率排名一致,分别为第一、二、三、四名。奉化、宁海、象山的GDP虽然分别是第五名、第六名和第七名,但城镇化率的排名却相反,这是因为城镇化率不仅仅和GDP有关,也和土地面积大小、人口多寡、历史基础、自然资源、经济结构及

① 宁波市统计局,国家统计局宁波调查队.宁波统计年鉴2017[M].北京:中国统计出版社,2017.

城乡人口划分的标准等多种因素有关。城镇发展不协调带来流动人口空间分布呈现“北高南低”现象，鄞州、慈溪、北仑、余姚四个县（市）、区的流动人口占到总数的67.5%，而奉化、宁海、象山等地的流动人口仅占总数的13.6%。

（2）融资渠道单一

在涉及外部性较强的公共基础设施建设、公益事业及公共服务投资上，角色定位决定了政府是主要的投资者，社会个体和公司的融资参与度非常有限。这些政府资金的筹集主要是通过政府财政、土地出让收益、政府债券以及银行贷款等方式。总的来看，宁波市城市建设投融资以政府投入为主，民间资本、外资等社会闲散资金投入比重较低。在基础设施、公益类项目投融资上，国有投资公司的投入占绝大多数，很少或基本没有来自民间资本、外资的投入。依赖于土地出让金、银行贷款等依旧是政府较为普遍使用的融资方式。

3. 思想认识偏差

人的城镇化需要坚持以人为中心，把人作为城市发展的主体，满足城镇居民的生产和生活需求，使全体人民共享城市发展成果。然而目前有关部门对城镇化建设的理解和认识还存在一定的思想认识偏差，以至于制约了宁波市进一步推进人的城镇化的建设与发展。首先，注重城市规模的扩大，而忽视城市的特色建设。一段时间以来，宁波市城镇化发展的侧重点集中在形象工程和政绩工程上，缺乏对城市公共服务进一步提升的重视①。仅侧重量的扩张，对地域文化特色考虑不够，就不能因地制宜地把宁波市人的城镇化建设做出特色。其次，只重经济增长而忽视资源环境的可持续发展。在宁波市城镇化的推进过程中存在盲目攀比、急功近利等常见的传统城镇化建设问题，造成城镇建设用地粗放低效、城市环境污染加重、生态平衡破坏等现象与问题频繁出现，无一不在阻碍着人的城镇化建设的长期发展。最后，只重城镇化速度，忽视城镇化质量。片面追求宁波市的城镇化率指标，却未从“以人为本”理念出发，这样在城镇化的建设中就不能从根源上解决就业、住房、教育、医疗、养老等与城镇居民生活息息相关的现实问题。

4. 城乡发展分离

（1）城乡户籍的分离

计划经济初期，为了刺激经济和加快工业化进程，国家开始实行城乡有别的户籍管理制度，一方面通过政府干预将农业剩余劳动力转化为产业工人，另一方面通过限制农村人口进入城市来维持资本密集型城市的大工业发展。改革开放后，这种户籍管理制度演变成城乡之间的户籍壁垒，并且因此衍生出农民和城镇居民在劳动用工和社会福利制度上的不平等待遇。虽然部分地区进行了户籍制度的改

① 海曙区石碶街道. 关于调整《海曙区石碶街道小城镇环境综合整治行动（美丽集镇建设）工作方案》的通知[EB/OL]. (2018-07-12)[2019-03-25]. 宁波市海曙区人民政府网，http://www.haishu.gov.cn/.

革，但是因为成本和社会福利待遇等问题导致改革力度有限，现阶段城乡居民在就业机会和社会福利等方面依然存在较大差异。

城乡分割的二元户籍制度将居民划分为"城里人"和"乡下人"两种截然不同的社会身份。随着经济、社会发展以及城镇化建设对于劳动力需求的越发广泛和城乡交流的日益频繁，城乡分离的户籍管理制度已经明显不能适应我国政治、社会和经济发展的需要，并且已经对我国市场经济的进一步深层次、高质量、可持续发展造成了严重制约，同样也成为宁波市人的城镇化建设的阻力。

(2)城乡市场体系的分离

一是土地市场的分离。当前的土地交易市场中，农村土地无法直接转化为城市或工业建设用地，须通过国家征用转化后才能实现市场化。土地的一级市场主要由国家控制，而二级市场又由于进入门槛高等因素导致农民很难参与其中，所以农民在土地交易中处于弱势地位，难以享受土地转化过程中的巨额增值收益（张智勇和杨再惠，2015）。

二是商品市场的分离。相比城镇居民来说，农民的组织程度较低，在城市集贸市场的交易中，一般也只能参与到其中的初级农产品交易市场，难以参与城镇中的粮棉油糖等大宗农产品批发贸易市场。

三是资本市场的分离。因为农业的平均利润率偏低，而资本市场追求的又是利益最大化，所以资本市场主要面向的是城市经济，这就导致农民进入资本市场的条件和渠道都十分有限。

(3)资源配置的分离

在中华人民共和国成立初期以及之后的很长一段时间里，我国的农村人口占据着绝大多数，农业在国家经济中的比重较大，在特殊的历史背景下实行的是农业哺育工业、农村援助城市的政策导向。农村和农业为国家工业和城镇化提供了重要的人力物力等要素支持，使得我国得以在较短时间里建立起现代工业基础体系（尹成杰，2010）。但是这样的资源配置方式，客观上制约了农村和农业的发展，阻碍了我国城乡一体化进程，不利于人的城镇化建设。

二、宁波市人的城镇化建设水平评价

(一)研究背景

对于城镇化发展水平的评价，国外学者做过大量研究。Northam 提出"城市化过程曲线"理论。在该理论中，他用城镇化人口占总人口比重来表示一个国家或地区的城镇化水平，并且用曲线描绘出比重的变化情况，最终发现城镇化水平的增长是一条"S"型 Logistic 曲线（Northam，1979）。因为单一的人口指标并不能全面衡量城镇化发展水平，学者开始采用复合指标法衡量城镇化水平。Klauke(1987)分别从人口、职业、居住环境及与城市中心的距离等方面评价城镇化，阿列克斯·英克尔斯和戴维·H.史密斯(1992)建立包含人均GDP、非农产业占GDP的比重、人口自然增长率、城市人口占总人口的比重、非农就业者占总就业者的比重等10个指标的城市现代化指标体系。该指标体系较偏重对GDP的考量，而对居民生活水平、城市生态环境、城乡统筹等方面的评价则鲜有涉及。

我国评价城镇化水平的方法主要有单一指标法和复合指标法两种方法。一般使用的单一指标是城镇人口占总人口的比重，单一指标法虽然便捷，可操作性强，但是不能全面的反应城镇化水平。而后国内学者也逐渐开始用复合指标法来评价城镇化水平。我国对于新型城镇化发展水平的研究起步较晚。其中具有代表性的有：胡际权(2005)建立的新型城镇化评价体系，他从经济、社会、政治和生态环境四个方面设置了20个指标。由于所处的时代背景不同，该指标并不能完全反应以人为核心新型城镇化的发展重点。牛文元(2012)建立了中国新型城市化指标体系，该指标体系包含了基础实力、统筹能力、竞争能力、自然质量、人文质量、社会保障、城乡一体化和制度建设8个方面的50个评价指标，并依据该指标体系对我国50所城市进行评价排名。该指标体系相对较为系统，但划分指标较多，数据采集困难，可操作性不强。

综上所述，国内外学者对城镇化水平的评价，早期都是用单一指标来衡量城镇化水平，而后采用复合型评价指标，而复合指标法在以人为核心新型城镇化评价方面应用较少。虽然不同学者所处的国情、年代、地域不同，选取的评价指标也不尽相同，但无一例外都集中在人口、经济、居民生活质量等方面。随着社会经济的发展，城镇化也经历不同的发展阶段，每个阶段的特征和表现也不尽相同。评价指标体系需要与时俱进，才能科学评价以人为核心新型城镇化水平。以人为核心新型城镇化内涵较传统城镇化更丰富，如何科学评价其发展水平，缺乏相对全面的评价指标体系。因此，本研究从以人为核心新型城镇化的内涵入手，构建相对系统的评价指标体系，并以宁波市为例对其进行实证研究，为政府加快推进以人为核心新型城镇化建设提供决策参考。

(二)评价指标体系建构

科学评价城镇化发展水平须建立明确的量化指标，指标体系是关系到宁波市人的城镇化评价的核心部分，本研究基于以下三个原则构建宁波市人的城镇化评价指标体系。

1.构建原则

(1)以人为本原则

传统城镇化强调的是经济发展和土地城镇化，忽视人的进步与发展，而人的城镇化特别强调“以人为本”,“人”是建设城镇化的主体,力求让城镇化红利惠及每一个城镇居民。

(2)可持续发展原则

在传统城镇化建设中,政府往往采用高投入、高消耗、高排放的发展模式,这会造成一系列能源、资源、环境问题,人的城镇化须确立生态文明的理念,走“转方式、调结构”的可持续发展之路。

(3)与时俱进原则

随着社会经济的发展,城镇化经历了不同的发展阶段,每个阶段的特征和表现也呈现出多样性。因此评价指标体系需要与时俱进,才能科学评价人的城镇化水平。

2. 指标体系构成

党的十八届三中全会明确指出,坚持走中国特色新型城镇化道路,推进以人为核心的城镇化,推动大中小城市和小城镇协调发展、产业和城镇融合发展,促进城镇化和新农村建设协调推进(赵菲,2019)。人的城镇化的核心是在城镇化的过程中强调和维护人在新型城镇化进程中的重要地位,围绕人的生存权和发展权来推进城镇化进程,实现产业结构、就业方式、人居环境、社会保障等一系列由乡村到城市的重要转变,让人们生活得更幸福、更美好。2014 年,国务院办公厅发布《国家新型城镇化规划(2014—2020 年)》,《规划》提出新型城镇化包含城镇化水平、基本公共服务、基础设施承载能力和资源环境四个方面。这里结合《规划》和宁波地区城镇化发展实际,从经济、人口、环境、生活、社会和城乡统筹六个要素出发,构建人的城镇化水平评价指标体系(见表 2-11)。

表 2-11 人的城镇化评价指标体系

<table>
<tr><th>目标层</th><th>准则层</th><th>要素层</th><th>指标层</th></tr>
<tr><td rowspan="12">宁波市人的城镇化水平</td><td rowspan="7">经济指标(A)</td><td rowspan="3">经济实力(A_1)</td><td>人均 GDP(A_{11})</td></tr>
<tr><td>人均地方财政收入(A_{12})</td></tr>
<tr><td>人均固定资产投资(A_{13})</td></tr>
<tr><td>对外开放(A_2)</td><td>当年实际利用外资总金额占 GDP 比重(A_{21})</td></tr>
<tr><td rowspan="3">产业结构优化(A_3)</td><td>第二产业中高新技术产业增加值比重(A_{31})</td></tr>
<tr><td>第二产业中装备制造业增加值比重(A_{32})</td></tr>
<tr><td>第三产业比重(A_{33})</td></tr>
<tr><td rowspan="5">人口指标(B)</td><td rowspan="2">城镇化率(B_1)</td><td>常住人口城镇化率(B_{11})</td></tr>
<tr><td>户籍人口城镇化率(B_{12})</td></tr>
<tr><td rowspan="3">人口素质(B_2)</td><td>受过大学教育的人口比重(B_{21})</td></tr>
<tr><td>平均预期寿命(B_{22})</td></tr>
<tr><td>高等教育毛入学率(B_{23})</td></tr>
</table>

（续表）

目标层	准则层	要素层	指标层
宁波市人的城镇化水平	环境指标(C)	环境质量(C_1)	城市建成区绿地率(C_{11})
			工业 SO_2 排放量(C_{12})
			城市空气质量优良率(C_{13})
		环境质量(C_2)	环保投入占 GDP 的比重(C_{21})
			工业固体废物综合利用率(C_{22})
			城市污水处理率(C_{23})
			生活垃圾处理率(C_{24})
	生活指标(D)	人均财富状况(D_1)	城镇人均可支配收入(D_{11})
			城镇居民人均消费支出(D_{12})
		生活质量(D_2)	人均居住面积(D_{21})
			城镇公共供水普及率(D_{22})
			城镇居民恩格尔系数(D_{23})
			文化娱乐消费情况(D_{24})
		城镇基础设施(D_3)	千人拥有医护人员数(D_{31})
			公共图书馆人均藏书量(D_{32})
			万人拥有公交车辆(D_{33})
			百名老人床位数(D_{34})
	社会指标(E)	社会保障(E_1)	城镇常住人口基本养老保险覆盖率(E_{11})
			城镇常住人口基本医疗保险覆盖率(E_{12})
			城镇常住人口失业保险参保率(E_{13})
			城镇常住人口保障性住房覆盖率(E_{14})
			农民工随迁子女接受义务教育比例(E_{15})
			城镇失业人员、农民工、新成长劳动力免费接受基本职业技能培训覆盖率(E_{16})
			城镇低保人口百分比(E_{17})
		社会和谐(E_2)	离婚率(E_{21})
			居民幸福指数(E_{22})
		社会稳定(E_3)	刑事案件立案数(E_{31})
			犯罪人数(E_{32})
			命案破案率(E_{33})
			失业率(E_{34})
	城乡统筹指标(F)	城乡差异(F_1)	城乡居民收入比(F_{11})
			城乡居民人均消费支出比(F_{12})

资料来源：本指标体系是在《国家新型城镇化规划（2014—2020 年）》关于新型城镇化评价指标基础上，并参考马秀杰等（2015）与张许颖等（2014）提出的新型城镇化评价指标。

该评价指标体系由 1 个目标层、6 个准则层、14 个要素层和 44 个指标层构成。准则层是从多方面对目标层的深入解读，指标层则对要素层进行更为深入的诠释。

(1)经济指标。经济是城镇化发展的引擎，为其发展提供物质保证，所以评价人的城镇化水平须将经济发展作为重要指标。经济指标分为：人均 GDP、人均地方财政收入、人均固定资产投资等。

(2)人口指标。人口城镇化是人的城镇化进程中最重要的组成部分，但人口城镇化不仅是城镇人口比重的增加，更注重人口素质的提高。人的城镇化关注受过良好教育、具有工作技能和稳定工作的城镇人口的数量及其占城镇总人口的比重。该指标主要包括：常住人口城镇化率、户籍人口城镇化率、受过大学教育的人口比重、平均预期寿命以及高等教育毛入学率。

(3)环境指标。城镇环境质量直接影响居民的生活质量和生产效率，只有创造宜居的环境，才能持续提高城镇的吸引力和开放度，实现人的城镇化的可持续发展。该指标主要由城市建成区绿地率、工业 SO_2 排放量、城市空气质量优良率、环保投入占 GDP 比重、工业固体废物综合利用率和城市污水处理率等因素构成。

(4)生活指标。生活城镇化既要关注居民生活水平的改善，也要关注生活质量的提升，在不断丰富和满足居民精神生活的基础之上，构建集约、智慧、绿色和低碳的生态环境，实现可持续发展，达到人与自然的和谐共处。该指标包括反映了人均财富状况的人均可支配收入、城镇居民人均消费支出；反映生活质量的人均居住面积、城市供水普及率和城镇居民恩格尔系数；反映城镇基础设施的千人拥有医护人员数、公共图书馆人均藏书量、万人拥有公交车辆等因素列到生活指标体系中。

(5)社会指标。农民在进城后享有可靠的社会保障，才会自愿放弃或逐步放弃与农村户籍相关的权益，逐步融入城市生活，从而真正实现人的城镇化。这就需要加快土地和户籍制度改革，使农民工与城镇居民可以平等地享有公共服务权利和社会保障待遇，并推进农民工就业、收入、子女入学、医保、社保、养老的同步政策改革，以解决他们安家落户的后顾之忧。该指标包括：反映社会保障的城市常住人口的基本养老、医保、保障性住房覆盖率、失业保险参保率、农民工随迁子女接受义务教育比例以及城镇失业人员、农民工免费接受基本职业技能培训的覆盖率、城镇低保人口百分比；反映社会和谐的离婚率、居民幸福指数；反映社会稳定的刑事案件立案数、犯罪率、命案破案率和失业率等。

(6)城乡统筹指标。只有摒弃“城乡分治”，做好城乡统筹，才能真正实现城市和农村之间的协调发展，进而推进人的城镇化的持续发展。这里选取城乡居民人均收入比和城乡消费水平比两个指标，分别用于反映城乡收入差距和城乡消费差异。

（三）基于模糊层次分析法人的城镇化发展水平评价

1. 模糊层次分析法

模糊数学与层次分析法的结合产生了模糊层次分析法。该方法是通过构建层次结构模型而后建立优先关系矩阵，接着通过优先关系矩阵计算模糊一致矩阵，再根据选定的评价指标进行层次单排序，将单排序计算出来的优属度进行层次总排序后，经过计算得到结果，并根据结果选出最佳的方案（臧涛涛，2013）。

按照评价指标之间的隶属关系，将人的城镇化水平评价指标分为四个层次，首先求出各个评价指标的权重。

第一步：确定评价目标及指标集 U。

第二步：构造比较判断矩阵。以 u_{ij} 表示评价指标（其取值见表 2-12），利用专家估计法，通过对同一层指标相对重要程度进行两两比较，构造出比较判断矩阵。

表 2-12　u_{ij} 取值

标　度	含　义
7	u_i 比 u_j 至关重要
4	u_i 比 u_j 一般重要
1	u_i 比 u_j 同等重要
1/4	u_i 比 u_j 一般不重要
1/7	u_i 比 u_j 及其不重要

第三步：判断矩阵一致性。矩阵一致性的判断是为了在确定指标重要性时，使各判断协调一致，避免结果相互矛盾的现象出现。不一致现象在判断矩阵阶数较多的情况下极易发生，所以在分析过程中必须要保持判断思维的一致性，若判断矩阵不一致，则需调整判断矩阵。

作为衡量判断矩阵偏离一致性的指标，利用公式 $CR=CI/RI$ 来检测一致性，其中 CR 为随机一致性比率，$CI=(\lambda_{\max}-n)/(n-1)$，$RI$ 为平均随机一致性指标，RI 取值见表 2-13。

表 2-13　平均随机一致性指标

判断矩阵阶数	1	2	3	4	5	6	7
RI 取值	0.00	0.00	0.59	0.89	1.14	1.22	1.35

当 $CR<0.10$ 时，即认为判断矩阵具有满意的一致性。否则，需要调整判断矩阵，使其满足一致性。

第四步：确定指标权重。若要计算出某一层指标的权重，则需先计算出上一层指标的权重。由此，先求出第一层指标的权重。在这里给出一种简单的求最大特征值及其对应的特征向量的方法，以第一层指标为例：假设第一层指标判断矩阵为 A，矩阵元素为 a_{ij}，计算步骤如下：

(1)计算矩阵每一行元素乘积 M_i；

(2)计算 M_i 的 n 次方根 $\overline{W}$；

(3)对向量 $w=[w_1,w_2,\cdots,w_n]^T$ 正规化处理 $w_i=\frac{\overline{w_i}}{\sum_{j=1}^{n}\overline{w_j}}$，则 $w=[w_1,w_2,\cdots,w_n]^T$ 即为所求的特征向量；

(4)计算判断矩阵的最大特征根 $\lambda_{\max}=\sum_{i=1}^{h}\frac{(AW)_i}{nW_i}$，其中 $(AW)_i$ 表示向量 AW 的第 i 个元素，最终求出一级指标权重(见表 2-14)。

表 2-14 宁波市人的城镇化建设评价一级指标权重

A	B	C	D	E	F
0.18855	0.18855	0.23756	0.18855	0.14965	0.04714

依此，最终求出三级指标的权重(见表 2-15)。

表 2-15 宁波市人的城镇化建设评价三级指标权重

指标	权重	指标	权重	指标	权重
A_{11}	0.047	C_{13}	0.03583	E_{11}	0.0129
A_{12}	0.042	C_{21}	0.0315	E_{12}	0.015
A_{13}	0.0169	C_{22}	0.0311	E_{13}	0.0048
A_{21}	0.0307	C_{23}	0.0378	E_{14}	0.0086
A_{31}	0.0120	C_{24}	0.03763	E_{15}	0.0058
A_{32}	0.0120	D_{11}	0.0326	E_{16}	0.0058
A_{33}	0.02795	D_{12}	0.0327	E_{17}	0.0130
B_{11}	0.0302	D_{21}	0.0354	E_{21}	0.0133
B_{12}	0.0075	D_{22}	0.0104	E_{22}	0.0531
B_{21}	0.067	D_{23}	0.0364	E_{31}	0.0024
B_{22}	0.030	D_{24}	0.004	E_{32}	0.0024
B_{23}	0.067	D_{31}	0.01405	E_{33}	0.0024
C_{11}	0.0317	D_{32}	0.004	E_{34}	0.0096
C_{12}	0.0320	D_{33}	0.014	F_{11}	0.0377
		D_{34}	0.005	F_{12}	0.0094

2. 宁波市人的城镇化发展水平测算结果与讨论

(1)数据的标准化处理

由于搜集到的宁波市人的城镇化水平指标的数据在量纲、数量级和实际含义上均有差异,所以需要对数据进行标准化处理,即无量纲化处理。因为指标繁多,有正向指标与负项指标之分,所以对这两类指标需加以区分,采用不同的处理方法。

对正向指标数据的处理方法为:

$$Y_{ij}=(X_{ij}-\min X_{ij})/(\max X_{ij}-\min X_{ij}) \tag{2-1}$$

对负向指标数据的处理方法为:

$$Y_{ij}=(\max X_{ij}-X_{ij})/(\max X_{ij}-\min X_{ij}) \tag{2-2}$$

(2)宁波市人的城镇化发展水平测算

用以上计算得出的指标权重和标准化后的数据,计算出宁波各地区人的城镇化发展水平的具体结果:

$$F_{ij}=\sum_{j=1}^{n}W_{j}Y_{ij} \tag{2-3}$$

其中,F_{ij} 代表人的城镇化发展水平,Y_{ij} 代表标准化后的各指标数据值,W_{i} 代表各指标的权重。

(3)宁波市人的城镇化水平评价结果及分析

通过计算,宁波各地区人的城镇化发展水平的综合得分如表 2-16 和图 2-4 所示。

表 2-16　宁波各地区人的城镇化发展水平综合得分

(单位:分)

指标	宁波市	市区	鄞州	余姚	慈溪	奉化	象山	宁海
经济	0.0995	0.1879	0.1201	0.0528	0.0533	0.0217	0.0038	0.0019
人口	0.1267	0.2014	0.1113	0.0677	0.0642	0.0313	0.0461	0.0451
环境	0.1089	0.1291	0.0752	0.0813	0.0656	0.1376	0.0982	0.1379
生活	0.1171	0.1722	0.1587	0.0839	0.1096	0.0667	0.0159	0.0716
社会	0.0762	0.1031	0.1082	0.0659	0.0725	0.0483	0.0366	0.0442
城乡	0.0259	0.0138	0.0369	0.0423	0.0441	0.0068	0.0391	0.0238
综合	0.5543	0.8075	0.6104	0.3939	0.4093	0.3124	0.2397	0.3245

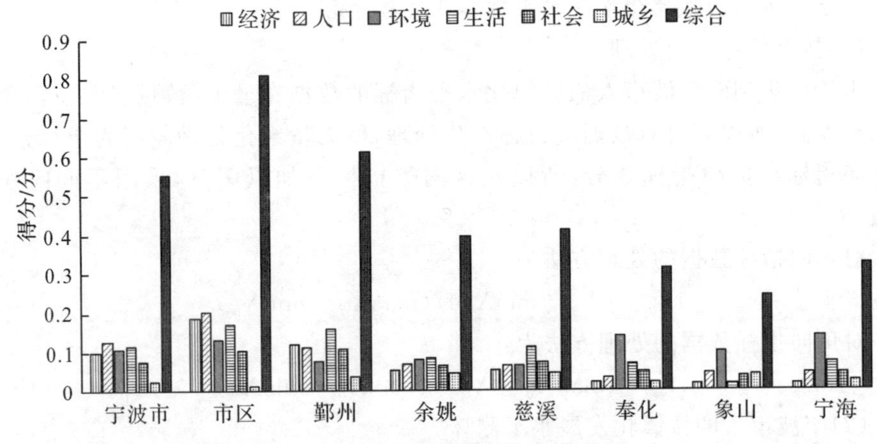

图 2-4　宁波市人的城镇化水平对比

3. 结果与讨论

(1)评价结果分析

从表 2-16 和图 2-4 可知，宁波市各地区人的城镇化发展水平差异较大，其中，宁波市区人的城镇化水平最高，综合得分达到 0.8075 分；而象山地区的综合得分最低，只有 0.2397 分，人的城镇化水平最低。两者的综合得分差值为0.5678 分，差异很大。由此说明宁波各地区人的城镇化发展水平极不均衡，主要由于各地区经济水平、人民生活水平、人口数量、环境基础、社会文明程度和城乡统筹建设等方面存在一定的差距。在宁波各地区中，只有市区和鄞州的人的城镇化发展水平综合得分要高于全市的综合得分，而其他地区人的城镇化水平皆低于宁波市整体的人的城镇化发展水平，这说明宁波人的城镇化总体水平不高，大部分县(市)、区的发展水平也较低。

(2)评价因素分析

为了能更清晰地阐述宁波市各县(市)、区人的城镇化水平的差异，根据上述综合得分，将宁波市市区和 7 个下辖县(市)、区分为 3 个等级：综合得分大于0.8 分，为发展水平较高的一类地区；综合得分在 0.4～0.8 分，为发展水平一般的二类地区；综合得分小于 0.4 分，为发展水平较低的三类地区。

一类地区：宁波市区

宁波市区人的城镇化水平综合得分最高，在评价体系的 6 个一级指标中 5 个指标都高于全市平均水平，尤其是在经济指标方面遥遥领先于其他县(市)、区。但是宁波市区需要提高城乡统筹方面的发展水平，其该项得分在宁波市 7 个县(市)、区中排名第 6。由此说明，宁波市区城乡差异较大，尤其是城乡居民收入水平差距较大。因为宁波市区在政治、经济、文化、社会生活等方面的发展都处于领先地位，尤其是城市居民，他们是既处于整个宁波经济最发达的地区，又是宁波社会各项改革的最先受益者，因而他们的收入较之农村居民要高出许多。因此，宁波市区应当切实提高农民收入水平，努力缩小城乡居民收入差距。

二类地区：鄞州、慈溪

鄞州人的城镇化水平得分为0.6104分，全市排名第2。社会指标方面得分第1，远高于其他县(市)、区。在经济指标、生活指标、城乡统筹指标等方面均高于全市平均水平。尤其是经济指标和生活指标仅次于宁波市区，均位居全市第2，其中城镇人均可支配收入、人均居住面积、城市公共供水普及率等多项生活指标均明显高于市平均水平。鄞州在人口指标、环境指标两方面均低于全市平均水平，但人口指标在除宁波市区之外的6个县(市)、区中排名第1。因为鄞州是宁波各区(县)市中经济发展最快，发展水平最高的一个，经济水平的高低直接影响着居民收入的高低，影响着政府对于社会各项福利措施的投入程度，故鄞州的经济、生活和城乡统筹指标都处于较高位置。但是，鄞州的高污染中小型企业较多，应当更加重视环保工作，扩大环境监测的范围，提高环境污染的处罚力度，同时加大对环保的投入力度，做好环境污染的治理工作。

慈溪人的城镇化水平排名全市第3。在社会指标、城乡统筹指标方面发展较好，均高于全市平均水平。经济指标、人口指标和生活指标和它的综合排名一样，均位列全市第3，可是在环境指标方面却位于全市最后一名。慈溪市有许多家庭作坊式的小企业，许多企业产生的“三废”不经处理直接排入自然环境，导致环境污染问题较为严重。2015年慈溪市入选国家中小城市综合改革试点地区，这意味着慈溪更要着力打好环境治理的攻坚战，持续推进生态环境的改善，让慈溪的环保工作迈上一个新台阶。

三类地区：余姚、宁海、奉化、象山

余姚综合排名第4，城乡统筹指标得分位于全市第1名，社会指标得分也超过全市平均水平，其他各项指标得分均处于全市中间水平。近年来，余姚市把城乡统筹发展作为城市建设的战略重点，加快基础设施完善，推进美丽乡村建设，科学规划人居环境，提高城市管理效率。因此，余姚在人的城镇化的各方面发展比较均衡。

宁海和奉化在环境指标方面的发展较好，分别排名全市第1和第2，且两市分数仅仅相差0.0003分，这与它们依山傍水、得天独厚的地理环境有很大的关系，同时也与其大力发展旅游业和大力加强生态环境保护有关。但在人口指标、社会指标等方面，宁海和奉化则与全市平均水平存在较大差距。这说明宁海和奉化在人的城镇化发展过程中，在人口素质、社会保障水平等方面需要有大幅提升。因此，两市均应当加大教育的投入力度，采取强有力的措施强化教育培训，提高高学历、高技能人口的比重，同时要努力构建公共服务均等化的社会保障制度。

象山只有城乡统筹指标超过全市平均值，其余指标都与平均值相差较大。象山经济水平远远落后于其他县(市)、区,人的城镇化建设受经济发展水平严重制约,人口指标、生活指标、社会指标等方面得分也较低。因此,象山除了要大力发展经济以外,还要重视教育建设,加大对城镇基础设施和社会保障的投入力度,努力扩大社会保障的覆盖面,加快推进人的城镇化建设进程。

三、宁波市人的城镇化建设的战略环境分析

(一)宁波市推进人的城镇化的优势

1. 国家政策支持

国家发改委、住建部等 11 个部委于 2014 年 10 月联合印发《国家新型城镇化综合试点方案》①,宁波市作为全国副省级城市、计划单列市、浙江四大都市区之一,成功晋升为国家级新型城镇化综合试点城市。2017 年 7 月,国务院批复同意《加快推进新型城镇化建设行动方案》,明确工作的五大重点领域及 25 项具体任务(曹敏和唐仁敏,2017),主要集中在促进农民工市民化、提升城市功能和宜居水平等方面。2017 年 12 月,国家发展改革委规划司召开国家新型城镇化综合试点东部地区经验交流会,浙江宁波等 17 个试点地区参与交流经验②。未来国家将加大对试点城市新型城镇化改革政策的扶持力度,也将投入一定的资金支持和技术支持,以促进试点城市积极探索与实践,为全国提供可复制、可推广的经验和模式。据此,宁波在人的城镇化建设方面将有更大的政策红利。

2. 经济基础较强

城市的经济实力是人的城镇化发展的源动力,同时也将为城镇化建设提供重要的物质保障。总体来看,改革开放以来,宁波市经济社会快速发展,综合实力和竞争力显著增强,人民生活水平日益提高。

2017 年宁波全市实现地区生产总值 9846.9 亿元,按可比价计算,比上年增长 7.8%。其中,第一、第二、第三产业分别实现增加值 314.1 亿元、5105.5 亿元和 4427.3 亿元,三个产业增加值之比为 3.2∶51.8∶45.0。按常住人口计算,全市人均地区生产总值为 124017 元(按年平均汇率折合 18368 美元)。2017 年宁波市全体居民人均可支配收入 48233 元,比上年增长 8.0%。其中,城镇居民人均可支配

① 国家发展改革委办公厅.关于印发国家新型城镇化综合试点方案的通知[EB/OL].(2015-02-04)[2019-10-25].中华人民共和国国家发展与改革委员会,https://www.ndrc.gov.cn/.

② 国家发改委.国家新型城镇化综合试点东部地区经验交流会在上海召开[EB/OL].(2017-12-04)[2019-01-10].新浪财经,http://finance.sina.com.cn/.

收入 55656 元，增长 7.9%，农村居民人均可支配收入 30871 元，增长 8.0%[①]。同时，从 2017 年中国百强城市排行榜中可以看出(见表 2-17)，宁波 2017 年 GDP 为 9850 亿元，比上年增长 7.60%，在全国百强城市中占据第 15 位。2018 年，宁波市 GDP 总量达到 10746 亿元，突破 10000 亿元大关[②]，GDP 增长率比上海和杭州分别高出 0.7%与 0.9%。由此可见，无论是从地区生产总值还是增长率出发，宁波的经济均处于前列和较快的发展阶段。

表 2-17 2017 年中国百强城市排行榜

城市	GDP/亿元	增长率/%	人口/万人	排名
上海	30133	6.9	2418	1
北京	28000	6.7	2171	2
深圳	22286	8.8	1090	3
广州	21500	7.3	1404	4
重庆	19530	9.5	3372	5
天津	18595	3.6	1547	6
苏州	17000	7.0	1065	7
成都	13890	8.1	1592	8
武汉	13400	8.0	1077	9
杭州	12556	8.0	919	10
南京	11715	8.1	827	11
青岛	11258	7.5	871	12
无锡	10511	7.4	653	13
长沙	10200	9.0	765	14
宁波	9850	7.6	788	15
佛山	9500	8.5	846	16
郑州	9003	8.2	1001	17
南通	7750	8.0	730	18
东莞	7580	8.2	832	19
烟台	7550	6.5	701	20

资料来源：2017 年中国百强城市排行榜节选。[③]

---

① 宁波市统计局. 宁波市 2017 年国民经济和社会发展统计公报[EB/OL]. (2018-03-28)[2020-11-10]. 中国统计信息网，http://www.tjcn.org/.

② 宁波市统计局. 2018 年宁波 GDP 达 10745.5 亿元[N]. 华夏时报，2019-01-25(A03).

③ 银联信. 2017 年全国城市 GDP 排名(100 强)[EB/OL]. (2018-05-30)[2019-04-15]. 中研网，http://www.chinairn.com/.

3. 公共服务水平较高

2012 年以来，宁波市的基本公共服务水平不断提升，基础服务设施建设、医疗卫生、基础教育等方面都有了大幅度的提高。财政民生支出连年加大，基本建成惠及全体城乡居民的社保体系，社会保障水平位居全国大中城市前列。推进被征地人员养老保障、低标准养老保险、外来务工人员社保制度与基本保险制度衔接并轨，完成居民医保城乡并轨，实施大病保险制度。户籍人员养老保障参保率从 82.0%提高到 93.6%，并启动机关事业单位养老保险改革。每百名老人养老床位达到 4.3 张，多种形式的居家养老服务蓬勃发展。义务教育均衡发展，普通高中特色多样化发展，新改、扩建中小学、幼儿园 800 所，成为国家级职业教育与产业协同创新试验区、国际教育综合改革试验区。实施“三医联动”改革，实现国家卫生城市“四连冠”。居民健康水平得到提高，人均期望寿命达到 81.2 岁①。中国社科院发布 2015 年《公共服务蓝皮书》，从交通、安全、住房、医疗、基础教育、就业、城市环境、文化体育、公职服务满意度等九个方面，对主要城市的基本公共服务水平进行全面评价。调查结果显示，在全国 38 个主要城市排行中，宁波市医疗卫生、公共交通、社会保障和就业的基本公共服务满意度位居第二②。

（二）宁波市推进人的城镇化的劣势

1. 基础设施建设有待提高

基础设施建设是保障民生的重要举措，完善城镇基础设施并扩大城镇公共服务范围，有利于促进人的城镇化建设。目前，宁波市公共基础设施建设不够完善，城市综合服务能力也有待提高。

第一，在交通方面，宁波轨道交通网络尚未完全建成。截至 2017 年 10 月，运营线路仅有地铁 1 号线与地铁 2 号线 1 期，总长 74.5km，在建线路超过 90km，给鄞州区、江北区等地公共出行造成不便③。部分公交线路班次较少，部分区域的公共自行车安置点较少，虽然共享单车给市民出行带来方便，但共享单车的集中停放点也多集中于轨道交通与公交车站等人群密集处附近，且摆放随意，城市市容管理力度需要进一步加大。

第二，在医疗方面，宁波市医疗卫生资源供给量不足，且分布不均衡，城镇居民和周边的县区市城镇居民更愿意前往大医院就医，而不去小医院。如此一来，便导致宁波市的公共医疗资源供给不足，十分紧张。

---

① 宁波市人民政府. 2017 年政府工作报告[N]. 宁波日报，2017-04-19(A02).

② 常红，杨牧.《中国城市基本公共服务力评价(2015)》指出——拉萨、宁波、厦门基本公共服务满意度居中国前三[EB/OL]. (2015-12-25)[2018-05-17]. 人民网，http://world.people.com.cn/.

③ 宁波市发改委. 宁波市城市快速轨道交通建设规划(2013—2020 年)[EB/OL]. (2013-08-26)[2018-09-03]. 宁波轨道交通网，http://www.nbmetro.com/.

第三，在农村基础设施建设方面，其覆盖率低，与城市的差距较大。城乡之间在医疗保险制度、公共服务体系、基础设施方面的二元结构问题依然十分明显，给宁波市推进人的城镇化建设造成了一定的阻力。

2. 生态环境问题持续突出

目前，宁波市水体、大气和土壤污染问题较为严重。从水体污染来看，2014年，宁波市慈溪河网呈现出重度污染趋势，部分近岸海域富营养化程度较高。2017年的一项调查研究显示，宁波市70%以上的地表水因重金属污染而会对人类健康造成危害（卢金，2017）；从大气污染来看，2017年宁波 $PM_{2.5}$ 平均浓度为 $35\mu g/m^3$，虽比上年同比下降5.1%，但空气优良率仍居全省中位，仅为85.2%，远不及台州市的94.2%[①]；从土壤污染来看，宁波市土壤质量总体呈下降趋势，重金属污染逐步向农副产品和水体迁移，对人体健康造成严重威胁。此外，不同功能区土壤中重金属含量也有显著差别，人类活动越频繁的区域，其重金属污染越严重（卢金，2017）。

这些问题不仅严重影响着人们的身心健康，而且限制了人民生活水平和生活质量的提高，进而将阻碍人的城镇化建设的健康发展。

3. 科技教育方面存在短板

宁波市的发展出现许多短板，如主导产业不够突出、科技教育明显不足等。在这些短板中，科技教育短板处于突出位置。

相较于其他长江三角洲地区，如上海、杭州、南京等地，宁波的优质高校资源存在明显不足，迄今为止只有宁波大学一所综合性高校，软件和硬件设施方面相较于高校和人才优势明显的城市来说都存在明显差距。例如：上海，拥有复旦大学、上海交通大学、同济大学、上海财经大学、华东师范大学等优质985、211高校，在一定意义上为上海城市建设提供源源不断的高层次人才。省会杭州虽然在经济发展上比不上上海，但其高校数目却远胜宁波，除浙江大学外，一大批省重点建设高校，如浙江工业大学、杭州电子科技大学、中国美术学院等高校为杭州的城市发展不断提供高素质人才支撑。加之省会城市的政策优势和经济地位，吸引源源不断的高素质人才聚集杭州，近年来以互联网为中心的大批“新经济”的蓬勃发展，助力杭州经济转型逐渐成功，就是人才建设的突出表现。

因此，反观宁波，亟须正视自己在教育科技方面的短板，在上海、杭州土地资源较为紧张的前提下，抓住契机，积极吸引上海、杭州等地区的高校来甬开设分校和研究所，积极引进高层次人才，为宁波的可持续健康发展贡献后备人才力量。

---

① 宁波市环保局.宁波市美丽宁波建设工作领导小组办公室关于2017年全年及12月份宁波市环境空气质量(PM2.5)情况的通报[EB/OL].(2018-01-08)[2019-01-25].宁波市人民政府信息公开网，http://zfxx.ningbo.gov.cn/.

（三）宁波市推进人的城镇化的机遇

1.城市发展处在战略机遇期

改革开放以来，宁波市经济得到高速增长，城市规模不断扩张。2017 年宁波市 GDP 为 9850 亿元，人均 GDP 也超过了 12 万元。另外，在国家“一带一路”倡议部署下，作为枢纽城市的宁波也在国家经贸合作领域崭露头角。2015 年，宁波市共在“一带一路”沿线的 18 个国家设立境外企业和机构 49 个，同比增长 81.5%。2016 年，宁波获批创建省级“一带一路”建设综合试验区，跨境电商进出口额达到 93.9 亿美元[①]。

因此，从经济建设发展的阶段来看，宁波市已经步入城镇化进程的高速发展阶段。所以，宁波市应抓住这个良好的机遇，在继续努力维持经济飞速发展的同时，不仅要让居民的物质生活更加丰富，还需重视将一定资源投入到公共基础设施建设领域中，扩大社会保障的覆盖面，进一步提升城镇居民幸福感和获得感。

2.国家和宁波市的政策支持

2014 年，国家发布新型城镇化规划（2014—2020 年）[②]，明确了未来我国城镇化的发展路径、主要目标和战略任务。2014 年宁波市委、市政府在下发的《关于全面深化农村改革，加快城乡一体化发展的若干意见》中描绘道：在未来 6 年，宁波将以人的城镇化作为主要发展方向，努力建设与现代化国际港口城市相适应、与基本实现现代化目标相契合的具有宁波特色的城乡发展一体化先行区[③]。2018 年，宁波市人民政府下发关于全面推进“标准化＋”战略的实施意见，文件中提出“标准化＋新型城镇化”的战略理念，对人的城镇化标准体系、卫星城和特色小镇、美丽乡村品质以及城镇建设可持续发展做了政策性规划[④]。

3.城乡融合发展的大势所趋

党的十九大提出实施乡村振兴战略，主张以农业、农村优先发展作为新时代实现农业、农村现代化的重大原则和方针，强调建立健全城乡融合发展体制和政策体系[⑤]。城乡融合发展是新时代推进现代化的根本要求，但城乡融合不是简单的“城

---

① 裘东耀.做强做大开放优势优化提升营商环境[EB/OL].(2018-03-14)[2018-11-18].浙江在线（宁波），http://nb.zjol.com.cn/.

② 潘颖秋.《国家新型城镇化规划（2014—2020 年）》发布会[EB/OL].(2014-03-19)[2017-05-18].国务院新闻办公室网站，http://www.scio.gov.cn/.

③ 孙吉晶，朱军备.宁波：加快城乡一体化发展若干意见出台[EB/OL].(2014-02-22)[2018-06-22].中国宁波网，http://news.cnnb.com.cn/.

④ 宁波市人民政府.宁波市人民政府关于全面推进“标准化＋”战略的实施意见（甬政发〔2018〕5 号）[N].宁波日报，2018-02-01(A04).

⑤ 习近平.决胜全面建成小康社会夺取新时代中国特色社会主义伟大胜利——在中国共产党第十九次全国代表大会上的报告[EB/OL].(2017-10-27)[2017-11-18].新华网，http://www.xinhuanet.com/.

乡一样化”，其关键在于破解城乡二元结构，拆除城乡之间的藩篱，实现生态环境共治、基础设施相通、公共服务共享等。

在推进城乡融合方面，宁波市始终走在全省前列。2012 年，宁波市率先实现“城乡一体、标准一致”的城乡居民最低生活保障制度；2013 年，宁波市实现基本养老保障制度城乡并轨；2015 年，宁波市全面消除 6000 元以下贫困人口现象；2016 年，宁波市全面实现城乡居民低保、基本医保和基本养老保障“三保”各自并轨[①]。同时，宁波城乡居民收入比一直呈现缩小态势，且在 2017 年缩小至 1.8∶1 的比例[②]。因此，宁波市人民政府要把握好城乡融合发展的趋势，积极响应中央决策部署，加快推进人的城镇化建设。

（四）宁波市推进人的城镇化的挑战

1. 公共服务差距仍然存在

需要认识到，随着宁波市经济的快速发展，尽管城乡在住房、医疗、养老、教育等公共服务方面的差距正在逐步缩小，但城乡公共服务差距依然存在。以教育为例，2017 年末，宁波市共有各级各类学校 2043 所，在校学生总数 131.7 万人。其中，在甬高校 16 所，在校学生 19.6 万人；普通高中 84 所，在校学生 8.7 万人；中职学校 39 所，在校学生 6.8 万人；初中 215 所，在校学生 19.9 万人；小学 440 所，在校学生 47.8 万人。这些学校呈现出明显的“城优乡劣”的分布态势，城镇的教学资源与环境都远远超过农村[③]。城乡公共服务差距问题若得不到妥善解决，将势必会给人的城镇化的发展造成阻力。此外，若长期以来附加在公共服务上的不平等制度未能得到有效化解，那么农民即使进城生活，他们在公平就业、平等就学、平等住房、医疗养老等社会保障机制方面的切实需求也无法得到满足，难以真正实现人的城镇化。

2. 城镇管理水平有待提升

城镇管理的水平决定着一个城市城镇化建设的水平。推进人的城镇化建设给城镇的管理者们带来了不小的挑战，它要求管理者们要正确深入了解人的城镇化的真正内涵，树立正确的政绩观，去认识和推进它。然而现实却是，个别地方人民政府以及相关部门的领导干部和管理者至今还保留着传统的思维方式和习惯，导致其难以正视新型人的城镇化建设和发展需要。其中，不乏某些政府管理者片面地认为城镇化就是城镇的物质建设、硬件建设，仅注重城市面积的扩张，而忽略城

---

① 何峰. 宁波：破除藩篱天地宽 城乡一体共享发展[N]. 宁波日报，2017-02-12(A02).

② 尤畅，方敏. 乡村振兴看宁波：城乡融合发展走在前列[EB/OL]. (2018-05-24)[2018-11-22]. 浙江在线，http://town.zjol.com.cn/.

③ 宁波市统计局，国家统计局宁波调查队. 2017 年宁波市国民经济和社会发展统计公报[N]. 宁波日报，2018-02-06(A01).

市功能的提升，同时，城镇规划和布局也缺乏科学决策和长远目标。他们重土地轻人口、重投资轻环保，坚持传统的“摊大饼”式和以大量土地资源投入为主的外延、粗放式发展模式。

3.农民退出机制有待完善

人的城镇化离不开与农村政策机制的良性互动，特别是农村宅基地退出机制和农村承包权退出机制（楚德江和韩雪，2016）。

在宅基地退出方面，宁波市仍未形成一套科学规范的宅基地退出机制，宅基地退出主要是依靠政府部门的政策推动和整体推进，缺乏农民主动的可选择性的退出途径和相应的补偿措施。在农村承包权退出机制方面，宁波市的做法是将农村合作社转变为股份经济合作社，将土地承包权折算，以股权的方式进行退出。但在实际操作过程中仍存在股权残缺、模糊，股权流转困难，土地承包权折算入股的价格难以确定等问题。因此，虽然宁波市在农村承包权退出机制方面有所创新，但仍需进一步完善。

第三节　城镇化经验借鉴及启示

一、城镇化的经验借鉴

（一）国外城镇化的发展经验

从历史和现实的角度来看，西方发达国家的城镇化已经相对完善，其发展方式和策略对于处在人的城镇化建设进程中的宁波市有着非常重要的借鉴意义。

1.英国城镇化：由放任向规制的转变

城镇化首先出现在英国并非偶然。18世纪正是第一次工业革命在英国蓬勃发展的时期，伴随着工业革命的持续推进，先进的工业生产技术和大量的生产资料开始陆续进入新兴市场。在生产力大幅提升的同时，各种超越传统生产方式的先进技术被投入到农业生产中（肖亦卓，2012）。

资本主义初期的城市化过程造成了两方面的结果。一方面，产业转型后乡村大量剩余劳动力开始涌向城市谋生，不仅为英国城市建设提供了大量劳动力，还形成了人口向城镇转移的大潮，使英国的城镇化率大幅提升；另一方面，农业发展大幅度提升了农产品供给能力，为英国城镇化提供了必要而充足的物质支持。与此同时，英国还利用各地区不同的自然条件，因地制宜，大力发展优势产业，依靠丰富的资源吸引劳动力向附近村镇集中。随着农业人口转变为非农业人口，城市景观开始在地域上延伸并且生活方式和思想方式也在农业人口中转变，就地城镇化逐渐实现，剩余劳动力大规模向大城市集中。

近代英国的城镇化无先例可循，在其推进过程中，无论是先进技术的广泛应用还是就地城镇化在地域上的实现，都是以“自由放任”的“激进式推进”为主。虽在其发展的前期有较高的成就，但是随着城市人口的激增，各种现代意义上的“城市病”日渐显现，例如环境污染、失业率高、居住条件差、贫富差距大等。为了弥补自由放任城镇化模式带来的诟病，当时的英国政府出台了一系列的法律法规，具体包括《济贫法》《公共卫生法》《环境卫生法》《城乡规划法》《工业分布法》《新城法》等（纪晓岚，2004）。通过行政或法律规制的手段强行抑制情况的恶化，控制社会进一步失范，同时积极推进城市生态的恢复重构、恢复城市绿化、规范城市建设等。并且向城镇居民提供基本生活保障，提供医疗服务，提供经济适用的住房，提供教育服务等公共物品。在政府制定公共物品供给规则的同时，积极引入市场分配机制，向社会提供更高效更优质的社会服务。

在处理现代社会的城镇化问题中，英国政府不可忽视地起到了主导作用，同时作为公共权力的执行者，英国政府尊重市场配置资源的能力，市场机制和社会力量在其中的辅助作用亦受到重视，许多公司企业在城镇化进程中亦积极参与公共物品和公共服务的供给，与政府一道为城镇居民提供高质量的公共服务。

2.德国城镇化：城市定位与制度保障

德国城镇化进程中，不同城市有着各自鲜明的定位，旨在突出个体优势，如柏林专注于政治和文化、法兰克侧重金融等（肖辉英，1997；周彦珍和李杨，2013）。德国的城镇化推进，得益于两件重要的历史事件。一是德国主导的第二次工业革命。技术的普遍推广以及生产资料的成本降低有效地加速了其城镇化进程；二是东、西德统一，稳定的政治局面给德国经济发展提供了良好的内部环境。现实环境为德国提供了难得的机遇，带动了经济的发展，尤其是工业的全面发展，让德国城镇化进程快速发展。

为避免出现类似英国城市病等城镇化问题，德国采用立法的方式应对城市发展进程中的问题。首先，在借鉴英、法等国先发经验的基础上，后发的德国制定了很多前瞻性的法律来规范城市的发展。例如，为保证“均衡发展”原则的彻底贯彻实施，德国宪法第106条规定，德国应追求区域平衡发展和共同富裕，区域之间、城乡之间，在公用设施投入方面一视同仁（蒋尉，2015）。宪法使得城市与乡村之间在公共资源的分配上基本没有太大的差别，可以享有大致相当的社会服务并获取基本同等的各类资源的支持。德国原本就存在着大量的小城镇，再加上各城镇在资源获得上区别很小，所以德国的农业人口并没有表现出向大城市迁移的强烈欲望，而是在众多被平等对待的小城镇中实现了城镇化(王伟波等,2012);其次,德国率先建立了便捷、系统的公共交通体系,让城市与乡村之间、城市与城市之间以及区域之间的互动交流非常方便(樊一江等,2011)。高效便捷却成本低廉的公共交通,不仅为人口的疏散提供了强有力的硬件支撑,而且为资源的转移和各地之间的相互取长补短提供了可能。经济发展亦因此得益,从资源的高度整合中寻找到了更低的成本和更好的发展前景;最后,德国的产业发展也以均衡发展为目标,在人力、物力和技术上的支持成就了德国农业和其他产业的平衡发展(刘永焕,2014)。

3. 美国城镇化:第一产业与自由市场

美国的农产品产量充足,不但为本国的工业化提供了基础保障,还通过出口的方式为工业化发展带来了大量资金(王海燕,2013)。城镇化的直接动力来自资本主义工业的发展和欧洲移民的涌入,可以说,美国工业发展与其城镇化推进之间存在正相关的关系。美国充分吸收并利用了欧洲第一、二次工业革命的成果,鼓励剩余劳动力积极向第二产业更集中的城市中转移,对美国的城镇化发展起到了巨大的推动作用。

作为典型的移民国家,并且移民群体中大多是年富力强的青壮年,美国一方面将这些人吸收到本土建设之中,成为其早年间经济发展的基石,另一方面通过低门槛政策将他们本土化,为本国的建设提供持续的动力。美国城镇化的另一大特色是注重市场,欧洲第二次工业革命以来,美国充分发挥农业和工业现代化的优势,利用市场机制,快速推动城镇化发展。然而,在美国的城镇化过程中也出现过一些问题,因为美国的国土面积巨大,但是却没有类似德国的发达的公共交通体系,所以无法支撑大量人口流动。随后,美国政府投入大量资金建设环城高速,将大量人口转移到城市郊区地带。但是,郊区住房建设缺乏必要的规范和管理,导致土地利用方式粗放、土地资源浪费现象严重。此外,美国的郊区城镇化也造成了居住相对分散,能源消耗大幅增加等问题。

4. 日本城镇化:政府主导与立法规范

日本作为国土面积有限的岛国,匮乏的自然资源难以支撑其城镇化进程,同时,地理位置特殊,处于太平洋地震带等自然灾害发生频繁的区域,非可抗力因素仍对资源的集中整合提出了挑战。为此,日本的城镇化发展便需要强大的公共力量将各种资源和要素集中。

历史地看,日本城镇化进程大多由政府主导,主要依靠政府公权力强大的组织动员能力和系统管理能力推进,而非如某些西方发达资本主义国家依靠市场的力量自我发展(汪冬梅,2003)。日本政府积极借助外生力量发展并且成效显著,如日本政府积极引进各国的投资资金来充实和活跃本国市场,同时发挥着内生动力的重要作用,内部流动人口和公平良好的政策环境也为城镇化的推进提供了基础而又重要的条件，激发各方的积极性。日本政府一方面通过顶层设计引导地方人民政府、市场和个人着力于科技创新，采用减免税收等方式扶植科技的发展，大大提升了生产力，为经济发展提供了持续的动力，也为城镇化的建设提供了良好的外部环境；另一方面，日本政府在城镇化过程中，特别注重对土地资源的规划和利用，对如何发挥出土地的最大化作用有着严格的法律规范，为此制定了《土地基本法》《国土利用计划法》《都市计划法》《农振法》《农地法》等法律法规（韦伟和赵光瑞，2005；徐雪，2018）。

此外，日本不同产业的合理定位对于稳步推进城镇化进程也有着不可忽视的重要作用。第一产业为城镇化提供了扎实稳固的基础，促使了各种基本要素的大量积累，为持续发力打下基础；第二产业开启城镇化进程，使城镇体系得以建立，吸引大量流动人口向城市的劳动密集型产业聚集；第三产业再次推进城镇化，加深城镇化的程度。虽然各个产业的定位不同，但是在城镇化过程中优势互补，相互配合，合力构成了各自独立而又完整的系统。与此同时，日本政府十分注重构建城市的综合功能，如日本公共投资政策的主要功能就有三个方面：一是缩小地区间发展的不平衡；二是促进企业集聚与分散；三是促进人口在城市定居。

（二）国内城镇化的发展经验

据2017年初的统计数据显示，上海、北京、天津和广东的城镇化率位居全国前列①。从发展模式来看，这些地区的城镇化建设各有特色，在一定程度上值得宁波在推进以人为核心新型城镇化建设上借鉴。

1. 上海城镇化：重视试点地区的先行先试

上海的城镇化率一直居于全国前列，2014年上海的城镇化率，按常住人口计算，已高达89%，位居全国第一②。上海主张从城镇化投融资机制、农村宅基地制度、行政管理模式等方面入手推进城镇化建设，十分强调推进试点地区试点工作的重要性③。

目前上海拥有6个国家新型城镇化综合试点地区：金山、松江、临港、奉贤、青浦重固镇和宝山罗店镇④。例如，在宝山区罗店镇，城镇化建设的一大特色在于提倡“安居乐业”（冯汉良，2013）。所谓“安居”，就是加强居住社区的建设与管理，而

---

① 国家统计局. 2017年中国城镇化率、全国城镇化率排名、全国各省市的城镇化率及各省市年末常住人口情况分析[EB/OL]. (2017-08-24)[2018-10-22]. 中国产业信息网，http://www.chyxx.com/.

② 商务部驻上海特派员办事处. 上海城镇化率位列全国第一[EB/OL]. (2014-08-01)[2016-11-03]. 中华人民共和国商务部网站，http://www.mofcom.gov.cn/.

③ 茅冠隽. 新型城镇化试点地区出炉：金山成上海唯一被纳入地区[N]. 解放日报，2015-01-19(A02).

④ 吴頔. 上海一区两镇，因何新列为国家新型城镇化综合试点区[N]. 解放日报·上观新闻，2016-12-13(A03).

"乐业",就是通过发展产业带动就业,让百姓实现就近创业就业。例如,罗店镇近年来致力于重点打造沿沪太路经济发展带,其中包含多个各具特色的产业圈,以此促进服务业集聚区发展,从而提升当地就业率;在金山区,城镇化主要以完善城镇体系与新型工业化为重点,推动形成金山新城、亭枫城镇带、中部生态圈的"一城一带一圈"建设格局,以此促进产业转型升级;在松江区,城镇化建设以农村土地制度改革和环境综合整治为重点,完成了农村集体经营性建设用地入市试点,并在环境治理上取得了一定成效;在临港地区,城镇化建设以投融资改革创新和优化发展环境为重点,出资设立产业发展基金促进重点产业发展,实现了商事和建设领域的行政服务功能全覆盖;在青浦区重固镇,城镇化建设的特色在于PPP模式的运用。2016年,青浦区重固镇政府与中国建筑第八工程局有限公司、中建方程投资有限公司签约共同推进24km^{2}的新型城镇化建设。这一举措一方面允许民间资本参与到公共事务的建设中,解决了城镇化过程中的融资难题;另一方面也可以让当地百姓共享城镇化发展带来的红利,达到双赢的局面[①]。

综上所述,从上海各区城镇化建设的试点工作中我们可以得出以下经验结论:第一,要加强居住社区的建设与管理,通过完善硬件设施来提高居民的生活质量;第二,要因地制宜打造富有特色的产业圈,以产业发展带动附近居民创业就业,进而提升当地的就业水平;第三,在推进城镇化的过程中要注意将城镇化建设与新型工业化建设、环境综合整治、投融资改革等相结合,达到正效应叠加的效果;第四,在城镇化建设中可适当引入PPP模式,缓解融资难题。

2.北京城镇化:加强特色地区建设

北京市城镇化率一直处于全国前列,具有起点高、速度快的特点。2015年初北京的城镇化率就达到86.5%。北京在吸收大量外来人口的同时,形成了较为稳定的城镇化结构。

《北京市"十三五"时期城乡一体化发展规划》进一步指出,北京推进新型城镇化建设,重点体现在五大方面的建设。一是推进城乡接合部建设。计划在2020年前后全面实现拆迁建设、农民身份转变和绿地规划,编制城乡接合部专项规划,探索城镇集中建设与城乡接合部改造的融合机制。二是加快新城建设。推进通州区、房山区、大兴区新型城镇化试点建设,积极发挥新城的带动作用,进而疏解北京的非首都功能,缓解首都城市压力。三是分类推进小城镇建设。北京致力于打造功能性特色的小城镇,如在平原地区的乡镇打造一批大学镇与高端产业镇等,在西北部山区的乡镇重点打造健康养老镇、休闲度假镇等,以此带动周边农民的就业,增加农民收入。四是推进美丽乡村建设。北京以新型农村社区、传统村落和美丽

① 迟腾.PPP来了,看中建八局如何"打包"投资建设青浦重固镇,参与新型城镇化建设运营[EB/OL].(2017-03-07)[2018-10-10].上观新闻,https://www.shobserver.com/news/.

乡村为重点,加强历史文化名镇名村建设和传统村落保护,以此保护中国优秀文化遗产。五是加快山区发展。北京计划至2020年加强退耕还林和流域治理,发展山水田园等生态友好型产业,在不破坏山区生态的同时促进当地的经济发展①。

除此之外,北京顺义区在城镇化建设的过程中通过科学规划,避免和解决了许多社会问题,对其他地区有很大的借鉴意义(韩友江,2013)。一是注重各要素整体协调发展,包括产业、人口、土地、环境等。从顺义区的城镇化发展经验来看,这些要素相互融合,相互促进。因此,人口规模的有效调控、土地资源的合理利用以及环境的良好建设都至关重要,具体包括提高人口文化素质,提高土地资源利用效率,改善百姓居住条件,改善大气环境质量等。二是坚持产业发展,贯彻以人为本的核心理念。顺义区在进行城镇化时融入工业化发展,提升城市综合服务功能,将居民工作、生活等功能区融为一体,并主张产业支撑是新型城镇化建设的基础,解决好农民利益问题是新型城镇化建设的关键。具体包括进行农村集体经济产权制度改革,允许农民在市民化后仍拥有集体权益、宅基地和土地承包权,以此解决农民的后顾之忧。同时建立城乡全覆盖的养老和医疗保障制度,缩小城乡社会保障差距。三是加强对流动人口的管理。通过产业发展吸引优秀人才,同时通过调控房地产业规模防止大量外来人口涌入。此外,顺义区已探索出一套精细化的流动人口管理模式,包括企业管理、村企联管以及出租屋房主自治管理,从多方位保障流动人口及其子女的权益。四是城镇化建设应遵循因地制宜的原则。顺义区能在推进城镇化的过程中,在借助首都资源优势的基础上,结合实际情况制订出适合自身发展的策略,以达到将资源优势转化为产业优势与城市优势同时促进产业体系完善的目的。五是科学制定城市发展规划。北京顺义区在科学制定发展规划的基础上,严格执行。一方面不盲目推进项目,为今后城镇化的发展预留了空间。另一方面加大对违法建设的处置力度,因此顺义区城乡接合部没有出现私搭乱建与土地利用混乱的现象。

综上所述,从北京城镇化建设的总体工作中可以得出以下经验结论:首先,要重视特色地区建设。第一,要推进城乡接合部建设,积极探索城镇化建设与城乡接合部改造的融合机制;第二,要加快新城建设,发挥新城的带动作用,疏解北京的非首都功能压力;第三,要推进小城镇建设,因地制宜打造特色小镇,增加当地居民收入;第四,要推进美丽乡村建设,在推进城镇化过程中也不忽视对传统优秀文化进行保护;第五,加快山区建设,在不破坏山区生态的同时促进当地的经济发展。同时,要注重产业、人口、土地、环境等要素的整体协调发展,在产业发展过程中坚持以人为本的核心理念,因地制宜推进城镇化建设,科学有效制定城市发展规划等。

---

① 北京市人民政府.关于印发《北京市"十三五"时期城乡一体化发展规划》的通知(京政发〔2016〕23号)[EB/OL].(2016-08-02)[2017-06-11].首都之窗,http://www.beijing.gov.cn/.

3. 天津城镇化:致力于新型特色小镇建设

天津的城镇化率在2017年初位列全国第三,仅次于上海和北京。天津市城镇化建设的探索主要经历了从“宅基地换房”到“三区联动”再到“三改一化”的变化,特色小镇建设是天津在推进新型城镇化建设中的亮点,天津的武清区崔黄口镇与滨海新区中塘镇还入选了国家级特色小镇(王晓霞,2013)。

天津的特色小镇能够得到健康发展可归结于两大原因,第一个原因是特色小镇都有各自的产业定位和特色:实力小镇具有强大的经济实力和完善的集成功能,旅游小镇依托于独特的生态文化资源,花园小镇主打“新型智慧城镇”等。第二个原因在于天津市人民政府在政策上给予了特色小镇很大的支持:其一,如果特色小镇的项目具有可行性、可操作性和回报性,在条件允许的前提下,可将农业用地转化为建设用地;其二,在建设特色小镇的背景下,天津市的企业和研发机构需要大量的人才。为了更好地引进专业人才,天津市人民政府在办理人员调津过程中,不仅承诺给予专业人才切实的生活保障,还为其家属开通了绿色通道;其三,天津市人民政府设立了市级特色小镇专项补助资金。列入市级特色小镇创建范围的基础设施建设项目,均可享受“两行一基金”贷款融资政策,在给予特色小镇经济援助的同时希望以此激励小镇的建设和发展。除此之外,天津市人民政府还成立了特色小镇联席会,用于统筹协调小镇的规划建设工作,对规划、融资、建设、运营等各方面全程把关①。

综上所述,从天津城镇化建设的工作中的成绩来看,要重视特色小镇建设,认清每个小镇都有各自的产业定位和特色,这一点与北京不谋而合。但与北京特色小镇建设不同的是,天津还强调政府应在特色小镇建设中扮演重要角色,如合理放宽建设用地的审批,加强优秀人才的引进以提高城镇化建设质量,设立专项资金以缓解融资难题等。

4. 广州城镇化:外来人才的引进、安顿与转移

广州的城镇化率在2017年虽然不及上海、北京和天津,但尚居全国前列。广州新型城镇化建设的具体措施可以归纳成以下几个方面:第一,引导外来人口向城市外围新城和潜力地区转移。近年来,广州计划逐步实现城镇稳定就业的外来务工人员与城镇户籍居民享受同等的社会身份和权利(袁泉,2016),但也严格控制人口发展的规模。广州政府致力于引导外来人口向城市外围新城和潜力地区转移,既为广州市区缓解了外来人口压力,也为外围新城和周边地区带来了新的劳动力。第二,引进优秀人才,特别是本科以上学历毕业生,同时加快推进异地户口子女优质教育资源共享。广州市全面放宽对本科以上学历毕业生的落户政策,旨在通过

① 参见《关于印发天津市加快特色小镇规划建设指导意见的通知》(天津市发展和改革委员会 2016年10月20日发).

完善异地人才落户政策，打造广州人才平台优势，吸引高质量高技能的人才。同时，广州计划在2020年前有序实现符合条件的随迁子女在接受义务教育方面与当地户籍学生享有同等待遇。第三，基本全面实现农民工群体医疗保障，推动异地务工人员养老保险关系省内无障碍转移和跨省转移接续。广州计划将农民工及其随迁家属纳入社区卫生服务体系，大幅提升基本公共卫生服务的覆盖面，逐步放开养老保险关系的户籍限制，允许其随务工人员的搬迁而转移。第四，建立多层次的住房保障体系，注重保障性住房建设，给予符合条件群体一定的租赁补贴。一方面，广州通过提供租赁补贴等方式改善异地务工人员居住条件；另一方面，广州市人民政府在外来务工人员较多的产业园区集中建设单元型或宿舍型公租房，希望以此减轻他们的后顾之忧①。

综上所述，人的城镇化发展需要重视外来人口的安置和外来人才的引进、安顿与转移。在人才引进方面，需要打造人才平台优势，给予外来人才及其家属极大的医疗教育保障，以此吸引高质量、高技能的人才进一步聚集；在人才安顿方面，需建立多层次的住房保障体系，从硬件住房设施入手减轻外来人才的后顾之忧；在人才转移方面，要注意在人才引进时合理控制人口规模。

二、对宁波市人的城镇化建设的启示

（一）完善体制机制

1.优化土地流转制度

充分利用国家的土地改革试点，积极推进宁波市土地流转制度的完善，为人的城镇化的发展提供土地保障。在宏观层面需着力做好以下三个方面：第一，尽快建立并完善统一的城乡土地市场，规范土地流转程序、简化流转方式、加强流转监督，全方位促进土地流转制度的不断完善；第二，逐步构建并完善统一的城乡发展规划，保证城乡建设用地统一规划、统一调整，提高土地的利用率，避免盲目、重复、无节制地利用土地；第三，牢牢坚持耕地保护政策，在土地流转过程中采取严格措施，禁止农用地向非农用地的转化，同时也要避免“弃耕撂荒”所造成的土地资源浪费现象（吴业苗，2017；张学浪，2018）。在微观层面需着力做好以下三个方面：第一，制定统一的农村宅基地流转制度，避免出现宅基地流转不畅等问题；第二，制定完善的农村集体用地制度，明晰集体土地的产权、加强集体土地保护管理，切实解决好农村集体用地流转收益的分配与管理，处理好农村集体建设用地和农户承包地

---

① 卜凡.广东户籍改革进行时：近期提出数项举措[EB/OL].（2014-06-29）[2017-06-11].搜狐新闻，http://news.sohu.com/.

的关系，落实好被征用土地补偿费的管理与分配问题，保护好农民的集体土地所有权、承包权和经营权；第三，建立土地流转信息平台，为土地流转双方提供及时有用的信息服务，尽可能减小土地流转双方的信息不对称性，维护交易双方的正当权益。

2.健全社会保障制度

构建公平可持续的社会保障体系是推进宁波人的城镇化建设的必要条件。为此，宁波要大力推进宁波市民全民参保计划，完善宁波社会救助体系，面向城乡居民全面开展重大疾病医疗救助工作，加强困难群众住房保障力度，改善其居住条件。

第一，需要循序渐进地提高宁波社会保险统筹层次，推进社会保险覆盖的广度和深度。既要进行统一的设计和规划，建立统一的管理体制和标准，又要及时根据上位法建立适合宁波本地区实际状况的具体办法和实施细则。第二，要继续不断提高社会保障服务水平，进一步加强社保基础建设，完善社保服务功能。从简化业务办理流程、完善基础信息管理、强化劳动保障监察等多方面着手，积极构建城乡一体的公共服务平台，以规范化、专业化、信息化的要求为基础，改进管理水平，提高管理效率，整合有限资源，以提高服务能力和水平为重点，积极主动为城镇居民提供高效、规范、均等、便捷的公共服务。第三，需要进一步完善社保内控制度，加强社保基金的内部管理，以管理促规范，用管理提效能，确保内部运作和基金管理正常规范运行。进一步加强社保基金的使用和管理，要在待遇审核和支付结算方面把好关，防止在待遇审核和支付结算中出现“不作为”和“滥作为”现象。第四，要加强就业服务体系，完善就业服务平台建设，要把提升农民工的职业技能作为一项重要的民生工程来抓。利用培训平台、招聘平台等对就业困难的农民工提供精细化就业帮扶，开发公益性岗位，落实扶持政策。加强现代信息技术运用、加大系统性专业化培训力度，全面扩大农民工的培训覆盖范围，并通过定期回访、结对帮扶等措施，加强对参训人员的跟踪服务和创业指导，促进培训成果的尽快转化。第五，完善宁波就业创业服务体系（赵振宇和丁晓斐，2017a），可以从两个方面着手：一是制定支持促进农民工自主创业的方案，健全相关制度，落实农民工自主创业的税收减免和小额贷款政策等；二是搭建创业基金平台，支持农民工创业，建立与产业发展相匹配的专业劳动力资源服务平台等（李美，2017）。

3.创新人才引进政策

在人才引进方面，广东省取得了较为不错的成果。为引进高层次人才，广东省政府设立了人才引进网上一站式服务大厅，并启动“千人计划”人才引进项目，旨在为广东引入高质量的优秀人才。结合宁波的实际情况，对宁波市健全人才引进机制提出以下四个方面的建议：

一是编制人才引进规划。提前规划好人才引进的顶层设计，会更有利于后续人才的引进。在编制人才引进规划时，需要落实人才优先开发战略，注意将人才引进与产业规划结合起来，基于人才需求，不断完善人才引进机制。

二是出台人才引进优惠政策。宁波市人民政府应出台人才引进优惠政策，打造区域优势，吸引高层次人才来宁波发展。优惠政策应该包括各个方面，如人才入户、子女入学、配偶就业、社会保险、特殊医疗等。只有出台完善的人才引进优惠政策，为人才提供优异的生活保障，才能提升宁波地区的品牌优势，在抢占人才资源时占据制高点，为宁波源源不断地引进优质人才。

三是打造一流人才引进平台。宁波市人民政府应打造一流的人才引进平台，为引进人才提供切实的保障。宁波可以效仿广东省设立人才引进网上一站式服务大厅的办法，利用网络在宁波政府和有意愿的人才之间搭建及时有效的沟通平台，提供详尽的人才引进保障信息，以便于有意愿的人才能够及时关注最新的政策信息。

四是加大政府宣传。宁波市人民政府应加大人才政策宣传力度，通过不同的渠道宣传宁波的区域优势。政府可以利用其强大的公信力和广泛的媒体资源，借助互联网、电视、报纸等平台，与当地企业联合加大宣传力度，向全国乃至海外高层次人才展示宁波的独特魅力。

4.建构统筹兼顾的发展模式

(1)市场主导与政府引导相互结合

人的城镇化的总体格局、结构应该采取“政府引导、市场主导”的模式。人的城镇化建设应遵循市场规律，发挥市场机制在资源配置中的基础性作用，促进产业之间、城乡之间的良性互动和互为支撑(张润泽和禹辉映，2014)。人的城镇化的发展也离不开政府在宏观调控方面的巨大优势，政府在城镇化进程中要努力创建一个良好的制度环境，创新管理方式。与此同时，积极引导城镇化主体，规范参与者行为，加大基础设施建设力度，建设全面覆盖的公共服务体系。

(2)经济、社会与生态效益统筹兼顾

经济效益、社会效益与生态效益统筹兼顾是人的城镇化发展的关键因素，也是人的城镇化最终的衡量标准之一。没有经济效益的人的城镇化是不可持续的，没有社会效益的人的城镇化是不稳定的，没有生态效益的人的城镇化是不健康的(牛润盛，2015)。为此，宁波市需要进一步调整产业结构，优化经济增长方式，在提升工业核心竞争力的同时，推进第一、二、三产业协同发展；二要走内涵式、集约型经济发展道路，积极构建环境友好型的生态产业体系，发展以低能耗、低污染、低排放为基础的经济模式，提高能源利用率(杨仪青，2013)；三要实现社会效益，进一步缩小两极差距，推进基础设施和社会保障体系建设，提升城镇居民的归属感和幸福感。

(3)实施区域协调发展战略

党的十九大报告提出:要以城市群为主体构建大中小城市和小城镇协调发展的城镇格局,加快农民工市民化进程。随着城镇化的建设与经济的发展,中国区域发展协调性显著增强,城乡区域发展差距呈缩小态势。因此,宁波市人民政府需认识到,实施区域协调发展战略,在各区域发展中补短板、强弱项,才能进一步实现宁波经济全面协调可持续发展,推进人的城镇化的建设。

(4)政府与市场之间的成本分担机制

建立政府与市场成本分担机制,既要避免政府的大包大揽,也要避免向企业、个人甩包袱的现象(胡拥军和高庆鹏,2014)。明确政府责任和市场责任,政府责任可划分为直接责任和间接责任,政府责任由中央和地方人民政府通过谈判协商解决,而市场责任则由企业(雇主)和外来务工群体共同承担。

(5)中央与地方人民政府之间的成本分担机制

调整和优化中央与地方人民政府的成本分担机制,既要考虑农民工劳动力的跨区性流动问题,也要考虑地方人民政府公共支出的外溢性问题。中央人民政府可以考虑通过实施与农民工市民化规模相匹配的财政转移支付、专项补助资金和税收返还等措施对农业转移人口市民化成本提供直接的资金支持。地方人民政府需要承担社会保障成本,并且通过各级财政预算资金、提取一定比例的土地出让收入、公积金增值收益、出租公租房回收的资金等对其提供经费保障(黎红和杨聪敏,2018)。

(6)流出地与流入地政府之间的成本分担机制

农民工劳动力流出地与流入地政府在其市民化成本分担问题上呈现出“非合作博弈”关系,流出地政府愿意让农民工退出宅基地、承包地,在这些土地流转过程中农民工却很少获得土地增值收益的分配权。反观另一面,流入地政府考虑到财政支付压力主观上没有动力为农民工市民化过程支付成本。因此,为了加快推进农民工市民化,亟须建立健全流出地与流入地政府之间的利益补偿机制。

(二)加强经济保障

1.推动经济转型升级

(1)转变经济发展方式

工业经济是宁波社会经济发展的重要支柱,其发展方式转型是宁波发展方式转型的主阵地。2016 年 10 月 8 日,宁波全面推进“中国制造 2025”试点示范城市建设。结合《“中国制造 2025”宁波行动纲要》、《宁波市建设“中国制造 2025”试点示范城市实施方案》以及《关于宁波市推进“中国制造 2025”试点示范城市建设的若干政策意见》三个纲领性政策文件,转变经济发展方式可考虑从三方面着手:

一是构筑特色现代产业体系。加快宁波信息化改造，把石化、高档纺织服装、电子电器、装备制造四大优势产业“做大、做优”。依照国际科技革命和产业发展的方向，重点培育和发展五大新兴产业，包括新能源、新材料、新光源、医疗及保健设备、软件及服务外包。这些产业发展前景广阔，而且已经具备一定的发展基础。此外，还要积极促进商贸、文化、物流和金融等服务业的发展。二是提升对外经济合作水平。对外经济合作水平不仅是宁波工业经济在全球价值链的地位和参与程度的重要体现，也是促进宁波工业经济转型升级的重要手段。因此，要及时关注国际贸易环境的变化，紧跟其发展趋势，充分重视并发挥保税区在对外开放中的重要作用，加快转口贸易和离岸贸易的发展速度，同时还要带动相关行业一同发展。三是激发内生动力。宁波部分乡村公共投入不足，存在城市老旧、设施落后、管理不足等问题，大量的棚户区、城中村也需要进行投入再改造。激发内生动力可以释放宁波的需求潜力，也是实现经济持续快速健康发展的客观要求。

(2)推动战略性新型产业发展

2015 年，宁波市新能源、新材料、节能环保、生命健康等八大战略性新兴产业总产值已超过 6000 亿元，成为宁波发展的支柱产业和先导产业[①]。为进一步推动其发展，可以采取四个措施：一是加大财税扶持力度。整合各种资金渠道和政策资源，建立稳定长效的财政投入增长机制，对战略性新兴产业发展投入专项资金；增加财政投入，创新支持方式，重点支持重大关键技术研发、重大产业创新发展工程、重大创新成果产业化、重大应用示范工程、创新能力建设等。二是鼓励金融机构加大信贷支持。鼓励金融机构建立与战略性新型产业相匹配的贷款管理及评审制度，积极发展中小金融机构和新型金融服务，加快建立并完善包括财政资金和社会资金投入在内的多层次担保体系，积极推进知识产权质押融资、产业链融资等金融产品创新(雷翔，2011)。三是推动产城融合，促进社会就业。积极开展产城融合，增加就业机会。产城融合需要实现产业与城市发展的相互协调，同步演进。利用产业升级以及产业结构调整的方式使得城市发展能够获得良好的基础，进而使得就业的岗位进一步增多，最终促进城镇化发展。同时，在这个过程中，城市公共基础设施也会得到较大的发展(齐大伟，2016)。四是推进产业融合，提高劳动生产率。充分发挥宁波各县(市)、区各种资源的关联性和互利性，实现它们之间新型产业的高度融合，形成区域规模经济效应，产生集聚效应和扩散效应，不断降低生产、交易和管理成本，显著提高劳动生产率。

(3)推动科技创新

为促进宁波经济实现长期平稳较快的发展，须仔细研究并掌握科技创新和产

---

① 宁波市委，市人民政府. 关于加快培育和发展战略性新兴产业的若干意见[EB/OL]. (2012-02-12)[2016-08-11]. 宁波市科技局，http://www.most.gov.cn/.

业转型升级的特点和规律,及时调整产业结构,提高科技创新的推进速度:一是提高科技创新资源利用效率,促进高技术产业发展。宁波作为计划单列市,科技创新财力投入更多依赖于国家的科技投入,虽处于全省第二,但明显落后于杭州(王聪,2015)。因此,要加强宁波高技术产业的技术创新能力,更应提高科技创新资源的利用效率。建立高技术产业化专项基金,统筹规划,优化科技创新资源配置,将有限的科技创新资源合理分配到所需要的高技术企业,避免重复投入或投入不足。二是依托科技创新,加速发展现代服务业。利用现代化的技术将科技创新与商业模式、服务流程创新相结合,对具有突出市场价值、能够满足公众服务及企业需求的项目进行重点支持,高度重视关键技术突破和技术的系统集成和综合应用。三是利用信息技术的进步,加速信息在生产者和消费者之间,生产者和生产者之间的沟通,提高服务业的效率。同时信息技术的进步还能够有效克服地域的局限,扩展自身的服务空间。

(4)推动宁波制造业发展

为了落实"宁波制造 2025"重要决策部署,推动宁波制造业发展,宁波市人民政府可从三个方面展开[①]:一是打造新型产业体系,鼓励引进大企业,建立特色产业示范园。一方面,宁波市人民政府要加大引进世界 500 强企业、中国制造 500 强企业,利用大企业的资源优势与技术优势,带动宁波本土企业发展,提升宁波经济发展水平。另一方面,宁波市人民政府需要建立特色产业示范园,重点培育行业龙头骨干企业,扶持小微企业,完善分工协作与配套设施,打造具有特色的产业链。二是推进制造企业智能升级,实施智能制造工程,打造"制造业互联网+"平台。一方面,鼓励企业在生产经营中自主研发或进口智能装备产品,对质量可靠、创新程度高的企业予以经费支持。另一方面,建设高水平的制造业技术研究院,开展技术研究,协同政府与企业打造制造业产业链。此外,还应该鼓励大数据技术在数据采集、建模、应用等方面的应用,完善信息化应用系统,致力于打造一流的"制造业互联网+"平台。三是支持制造业小微企业发展,促进小微企业转型升级。近年来,虽然宁波制造业中小企业贷款比重有了明显提高,但仍然难以满足快速发展的中小企业生产性需求,中小企业贷款覆盖率和融资规模比重较低,中小企业融资难的问题仍较为突出(李翠平,2011)。中小企业融资难的原因有很多,主要在于信息不对称、新型金融机构发展不足、政策性担保机制尚未充分发挥作用、中介服务不健全和政策效率低下等方面。因此,为了更好地支持小微企业发展,促进小微企业转型升级,宁波政府需要在融资方面给予小微企业扶持与帮助。

---

① 宁波市经济和信息化委员会. 宁波市推进"中国制造 2025"试点示范城市建设的若干意见的实施细则[EB/OL]. (2017-08-18)[2017-08-20]. 宁波市经济和信息化局网站, http://www.nbeic.gov.cn/.

2. 完善城镇发展基金规制

城镇发展基金作为城镇化进程中融资创新的一种模式，不仅具有股权融资的性质和以服务城市建设为对象的特点，还具有匹配城市建设项目中规模大、范围广以及周期长等特点的优势，其可以缓解地方人民政府城镇化建设中的资金紧缺问题，为地方人民政府提供长期的资金支持。同时，城镇化发展基金因有政府的信用做担保，对银行来说风险较低，所以成为银行、政府以及投资人较为青睐的一种方式。但是目前我国城镇发展基金总体尚处于起步摸索阶段，在发展和运行中存在一些问题，因此还需要更多的关注并加以妥善解决。

(1)积极引入社会资金参与

首先，推广公私合作模式，进一步放宽市场准入条件，建立健全税收优惠、财政贴息等政府补贴机制。广泛吸收民营企业、证券、基金等多种资本参与到城镇发展基金的建设中去。其次，在必要的时候允许开放基金的二级交易市场，加强基金的流动性，同时完善基金的退出机制，降低其因受市场风险冲击而造成资金无法回收的可能性。再次，完善多层次的金融市场，扩大金融市场规模，加速相关风险规避的金融工具创新，如适时地推出股指期货交易，进行风险对冲，从而为城镇发展基金的风险分散提供更多的选择。最后，优化城镇发展基金的股东结构，降低基金的募集成本和城镇化建设的项目成本，助力城镇基础设施和公共服务设施的建设。多重的资金支撑城镇发展基金，进而解决城镇发展基金资金来源单一的问题。

(2)及时掌握政策信息调整对应策略

在我国，国家政策导向对于城镇发展基金的发展具有至关重要的影响，政策变化是投资方向以及规模改革的风向标，逆向选择会给城镇发展基金带来较大风险，因此及时掌握政策信息，提前调度，未雨绸缪就显得至关重要(刘妍麟，2017)。降低政策的不可预见性所带来的风险需从两方面做起：对政府公权力来说，政府需要对自身有清晰的地位，明晰转变职能的迫切要求，主动调整僵化、顽固的行政组织结构，加强和便利中央与地方沟通，实时掌握城镇发展基金动态。努力对城镇发展基金进行宏观调控，适当调整社会服务部门，加强监督机制、政策透明化，鼓励广大人民群众参与到城镇发展基金的监督中去，对管理人员进行监督。同时，各地政府也需制定相应的合作指南等，为吸纳民间资本参与政府投融资提供具体的政策支持(温来成和苏超，2013)。这样既有利于清晰界定各方权利、义务、责任和风险，也能更好地为城镇发展基金奠定稳固的基础。从基金管理方面来看，建立相关小组，通过网络、电视、报纸杂志等渠道收集政策信息，通过及时学习和交流加深对国家相关政策的理解，在进行投资选择时能提前规划，避免出现投资选择逆风向而行的情况发生，同时又能实现国家鼓励相关行业发展的目的。

总之，完善城镇发展基金的管理方式需要及时关注政策的发展趋势，掌握先进的相关行业运作模式，对于城镇发展基金行业成功案例及时进行学习，对于失败案例应引以为戒，这样才能尽可能地降低政策风险(许可等，2016)。

(3)建立并完善相关法律法规

健全的法律制度环境是城镇发展基金赖以生存的基础，也是增强投资者信心、降低项目风险的有效措施(朱世亮和赵菁，2015)。城镇发展基金的发展须把投资者的利益放在第一位。完善相关法律规范，对城镇发展基金的操作进行相关规定，可以保证城镇发展基金的稳定进行，这样既能调动城镇发展基金投资的积极性、创新性和灵活性，又能规范城镇发展基金的操作行为。

(4)加强基金管理人员专业素质

首先，在基金的管理和所投项目上，选择资质良好、社会经验丰富、尽职尽责的专业人员作为基金的管理人员。其次，在对从业者的培训上，定期开办相关讲座或开设城镇发展基金从业者学习的相关课程，提升他们的专业素养、专业能力以及风险意识，提高其投资选择的准确性和合理性。关于城镇发展基金道德风险的预防，应该建立相对应的道德教育，培养相关基金管理人员约束自身能力以及为投资者服务的意识。最后，建立基金管理人员的声誉机制，加强城镇发展基金的内部控制制度。对于城镇发展基金管理人而言，他们的声誉是由道德水平、社会地位以及公众形象综合评定的结果。对综合评定优秀的人员进行奖章，较差的人员进行批评与处罚。良好的声誉机制不仅对基金管理人员而言是一种无形的约束力量，而且也能激励基金管理人员更好地为城镇发展基金服务，还能使基金管理人员产生保护基金声誉的动力，从而自觉规范自身的投资行为。

(5)完善退出机制

我国的基金退出模式主要有三种，分别是投资人私下转让、被投资人回购以及投资人上市。但就城镇发展基金的特点来说，投资人私下转让的模式会使投资人负担增加，同时这也不符合商业银行作为投资人的角色要求，不利于基金的退出。并且当前我国城镇发展基金通过被投资人上市退出的难度较大，而投资人转让在基金退出中较少涉及(林舒，2014)。所以，我国目前主要采用的是被投资人回购这个模式为主的退出机制来解决基金退出障碍。银行方面，商业银行应当根据不同的项目进行甄别，合理地把握项目的出资比例。适当降低对劣后级有限合伙基金的回购期限，以此来减少劣后级有限合伙人的回购压力。政府方面，应该加强对相关企业的管理和扶持，督促其进行稳定的经营活动，以此来增强企业自身的实力，增强资产的流动性。同时还要加强宏观调控，合理安排城镇发展基金的投资期限，协调银行与劣后级有限合伙人之间的关系，从而促进我国城镇发展基金的快速发展。

3. 积极引入 PPP 模式

公私合作模式(PPP，Public Private Partnership)从狭义上来说是指政府与社会资本合作项目融资的模式，在城镇综合开发、交通运输、医疗卫生、市政工程、教育、养老服务、农业、旅游、体育等方面都有运用。PPP模式的细分运作方式包括外包、特许经营和私有化等，在人的城镇化建设中大力发展PPP模式有利于全方位整合社会资源，盘活社会存量资本，激发民间投资活力，为城镇化建设带来可持续的资金来源(方达和张广辉，2017；杨渔樵，2018；张文明，2019)。

(1)完善相关法律法规

在人的城镇化建设中引入PPP模式，完善相关法律法规是必要前提。PPP模式的参与者主要包括政府部门和社会投资者，要想在融资方和投资方之间建立利益共享风险共担的机制，完善相关法律法规是必要前提。第一，需要通过成文的法律法规来厘清项目关联者的各项权利和义务，此举有利于建设层次分明、分工明确的PPP管理体系，不同项目参与者各司其职，全方位稳步推进项目建设。第二，在PPP项目建设中，如果投资者与融资者产生纠纷，则需要相关机制与法规来解决争议。因此需要建立PPP模式争议解决机制，专门负责处理参与者的利益纠纷。同时也需要完善相关法律法规，明确相应的争议解决方法，使解决争议时有法可依。

(2)营造良好的投资环境

在人的城镇化建设中引入PPP模式，营造良好的投资环境是关键。PPP项目能给投资者带来稳定的收益，但由于项目周期长，项目筹资方身份特殊等原因，导致PPP项目存在短期收益低、总体收益比一般金融产品低、投资门槛低等问题。因此，在人的城镇化建设中引入PPP模式，需营造良好的投资环境，为项目建设引入稳定的运营资金：一是应建立投资激励机制，探索社会资本的多途径盈利方式，提高社会资金的投资积极性。在给投资者带来稳定收益的同时，也尽量提高投资的效益。二是要加强对社会投资者资格的审核，将投资能力弱、风险抵抗能力差的投资者拒于门外。与此同时，也要降低投资门槛，从社会中引入优质投资者。

(3)加强融贷双方风险意识

在人的城镇化建设中引入PPP模式，需特别注意加强融贷双方的风险意识：一是政府部门需要明确采取PPP融资模式，并不意味着可以不受限制地利用社会资本，仍应考虑社会资本的回报问题。如果PPP项目未达到预期效果，原先投入的社会资本就无法取得预定的收益，最终会造成PPP项目的失败。因此，政府在人的城镇化建设中引入PPP模式，在前期需要对项目进行详尽的评估，提高项目可行性，将投资风险降到最低。同时在项目进行过程中需要加强对资金运用的管理，加强运营能力，切实推进项目建设。二是社会投资者需明确PPP模式并不是无风险的投资项目，仍应考虑风险防控问题。PPP模式因为有政府的信誉作为保证，因此会让许多投资者产生错觉，以为PPP模式不存在投资风险。事实上，与其他金融产品类似，PPP项目也存在无法偿付的风险。因此，社会投资者在参与PPP

模式时，需要加强自身的风险意识，同时应对项目建设进行监督，保障自有资金安全。

(4)引进专业管理人才

引进技术与专业人才是在人的城镇化建设中引入PPP模式的重要环节。PPP模式能为政府项目提供稳定的资金来源，解决政府资金短缺的问题，形成利益共享风险共担的双效机制。但同时，PPP项目的运营过程会涉及大量的金融知识，项目各部分环环相扣，对技术要求高，因此引进专业管理人才显得尤为重要。引进专业的管理人才，一方面可以保障社会资金的收益，防止项目失败时产生严重的挤兑危机；另一方面也有利于提高项目运营的效率，改善政府工作效率低、项目进度缓慢等问题。

4.提高思想认识

在人的城镇化建设中，"人"是最关键也是最重要的因素。然而，人们在思想观念方面的一些错误认识制约了人的城镇化的发展，因此必须要提高认识，解放思想，明确思路，选准宁波市人的城镇化建设的突破口，并制订符合宁波实际发展需要的切实可行的有效措施，大力推进宁波市人的城镇化建设。

(1)坚持科学规划，提升城市内涵建设

由于历史基础、自然资源、经济结构的差异，宁波各县(市)、区之间城镇化发展水平不平衡。因此，各地的新型城镇化建设需从自身的实际境遇出发，切不可千篇一律，须科学规划，提升城市文化内涵，构建特色城镇。可从以下三点考虑：首先，因地制宜。借鉴成熟地区的先进经验，制定适合自身禀赋特征、自然资源以及经济社会发展条件的城镇化发展规划，并严格实行控制性详细规划制度。其次，科学论证。改革、完善城市规划编制体系，实行开放式规划，尽可能让更多的不同学科背景的专家学者参与到规划编制，制定规划方案论证(张好军，2012)。同时，鼓励更多的社会组织和公民参与规划讨论，参与规划方案制定。最后，提高规划水平。在城市的发展建设中，城市设计师们不仅要考虑空间层面设计的合理性，还要考虑空间设计背后的各种利益机制。要做到"显性"与"隐性"空间的同步设计，这也就决定了科学地制定规划亟须规划学、景观学、经济学、社会学、生态学、政治学等学科联合，进行整体性、整合性的"大设计"，构建从宏观战略方向到微观战术操作环环相扣的"设计链"，从自然环境、经济产业、社会群体、商业模式、政策诉求等多方面进行联动考虑。

(2)坚持可持续发展道路，改善城乡生态环境

人的城镇化归根结底是要构建生态宜居的生活环境，提高人们的生活质量。因此，在宁波人的城镇化建设中，应坚持可持续发展道路，改善城乡生态环境。具体可以从以下三个方面着手：一是积极转变经济发展方式，注重绿色经济和循环经

济，加强绿色技术研发，建设绿色技术研发团队，提高能源资源的利用率，建立起生产和生活中可再生资源的循环利用通道，使环境效益和经济效益协调发展；二是普及生态意识，大力宣传环保知识，增强生态型城镇的建设氛围，通过公益广告、开展讲座、研讨会等方式宣传环境保护知识，积极引导广大人民群众深入思考可持续发展的重要性，提高大家的环保意识，使全民行动起来，保护自己的家园；三是城镇规划过程中要充分考虑到生态环境和人居环境，在规划选址、设计和建设过程中，从便民角度出发，为广大居民提供真正舒适宜居的生活空间，同时，也要加强城乡的生态旅游设施建设，促进宁波的生态旅游产业发展。

(3)坚持精神文明建设，促进人的全面发展

第一，提升宁波市民整体的精神文化素养。通过提升宁波市民整体的精神文化素养来促进宁波城镇化建设，可以通过积极开展基础设施建设和文体活动，引导人们改善生活方式，形成健康文明的行为方式，进而为精神文明的发展提供支撑。采取这些措施能够使人民主体性地位得到很大的提升，同时也将有效疏导社会情绪，为人的城镇化建设奠定思想基础(刘勇等，2016)。

第二，提升宁波市民的整体劳动技能涵养。在开展宁波人的城镇化建设的过程中，需要积极培育宁波市民的文化修养，最终达到改善和提高劳动能力的效果。结合宁波劳动力实际情况，很多外来务工者在不少方面缺乏现代社会生存所需的科学知识储备、技能培训和文化素质，因而只能采取传统的以体力劳动为主的方式维持生计，这造成了其难以适应现代工商业、信息化、快速发展的社会需要。因此，在宁波开展人的城镇化建设的过程中，需要注意推动教育，特别是职业教育和技能培训教育的发展，使现有和潜在的劳动力的科学文化水平得到有效提升，进而提高劳动技能，只有这样才能获取更多的就业机会，助力人的城镇化建设。

5. 构建城乡统一的土地市场，促进城乡融合发展

城乡融合发展是推进人的城镇化的根本要求，但城乡融合不是简单地将城乡交汇在一起，其关键在于破解城乡二元结构，构建城乡统一的土地市场，主要可以从改革土地产权制度、积极构建城市二级土地市场、加快集体经营性建设用地改革试点等方面出发。

(1)改革土地产权制度

在推进新型的城镇化建设，构建城乡统一土地市场的过程中，土地产权制度具有不可或缺的地位，起到了举足轻重的作用。

完善土地产权制度的关键在土地产权的完整性及其平等性得到充分保证。而当前我国的现实情况是农村集体建设用地的产权不完整，归属不清晰，制度不完善，地位不平等，农村建设用地在一定意义上被视为城市建设用地的附属品(张合林和贾晶晶，2013)。因此，急需对土地产权制度进行深入思考并做出相应的改变：

一是建立健全关于农村集体建设用地的产权体系制度。根据土地产权理论及2007年全国人大修订的《中华人民共和国物权法》等有关法律规定,"关于国家、集体、私人的物权受法律平等保护的精神,农民集体应该拥有完整的农村集体建设用地财产权利,该土地产权及其主体应该与城市国有土地产权及其主体享有同样的法律地位,将独立性、排他性和确定性赋予农民集体的建设用地财产权,使其受到保护而不受侵害"(张合林和贾晶晶,2013);二是土地产权的平等合理流动。农村土地所有权属于农村集体性组织,涉及乡、镇、村和村民小组,产权不明晰导致在农村土地所有权纠纷中,常见的争执形式主要包括两种类型:一类是关于农村土地所有权的争议,另一类是村委会与乡镇政府之间的土地所有权的纠纷(张合林和郝寿义,2007)。

所以,推进新型的城镇化建设需要着重考虑对于农村土地产权制度的进一步分析,使得失地农民成为市民之后不再有后顾之忧,地方人民政府也更有动力推动农民工群体的市民化转变。

(2)积极构建城市二级土地市场

积极构建城市的二级土地市场,建立完备的住房交易服务体系至关重要。培育一批中介机构,建立信息交流平台,同时完善相关的配套设施和设备,规范抵押物的流转。宁波可借鉴其他地区的经验,通过建立农村产权交易市场、依法登记产权交易有形市场主体、制定产权交易有形市场管理制度以及依法制定产权交易市场交易规则等方式,建立起市、县、乡三级农村产权交易服务平台,形成联动的价格信息发布网络。

第一,完善交易机制。以不动产登记、城镇数字地籍调查和建设用地供应动态监管数据为基础,明晰不动产权属,完善不动产登记数据库,保证土地二级市场交易的合法性和安全性。制定专门的国有建设用地使用权转让、出租、抵押的管理办法和细则,完善转让、出租、抵押管理机制,规范二级市场中土地使用权转让、出租、抵押行为,建立相关巡查发现、举报和查处机制,打击违法违规行为。加强国有建设用地使用权转让、出租和抵押的合法性、合规性、合约性以及价格审查。

第二,创新运行模式。建立健全国有建设用地使用权转让、出租、抵押,以及土地连同地上建筑物、其他附着物一并交易的管理体制和工作机制,在市、县(市)两级建立统一的土地二级市场交易有形市场,建设一站式办事窗口,汇集国土、不动产登记、住建、工商、税务、金融、消防、公证、测绘、评估、法律事务等相关部门或机构,为交易各方提供服务场所,提供信息发布,办理交易事务[①]。开发建设宁波市

---

① 宁波市人民政府办公厅. 市人民政府办公厅印发浙江省宁波市关于完善建设用地使用权转让、出租、抵押二级市场试点实施方案的通知[EB/OL]. (2017-08-12)[2017-09-13]. 宁波市人民政府网,http://gtog.ningbo.gov.cn/.

土地二级市场网上交易平台，提供信息发布、归集和查询服务，形成“网上交易、网上备案、网上监管”的模式。以宁波市建设用地全程监管系统为基础，建设土地二级市场交易管理信息子系统，实现对土地二级市场交易的交易监管，实现与部、省建设用地动态监管系统和不动产登记信息系统的互通共享。此外，规范交易流程，逐步建立土地二级市场“信息发布—达成交易—签订合同”的交易流程和全过程监管模式。

第三，健全服务体系。培育发展中介机构，规范中介机构管理，为交易提供咨询、估价、经纪等服务，充分发挥社会中介组织在市场交易活动中的作用。规范房地产和土地估价行业管理，打破评估地区分割，允许具备资质的估价机构依法进入市场开展业务。加强房地产经纪市场服务与管理，规范房地产经纪行为。加强中介机构信用建设，建立全市统一的中介机构信用记录及评价系统，制定信用评价标准和办法，实施惩戒和退出机制[①]。

第四，强化部门协作。建立部门联动机制，各级国土资源、住房城乡建设、城乡规划、财政税务、国有资产管理、工商、金融监管、司法等部门之间要建立联动机制，落实相关责任，形成“统一窗口受理、优化税费收缴、实行并联办理、互认办理结果、统计公布时限、信息自动交换”的协作机制。建立涉地处置的协作机制，对于司法处置涉及建设用地使用权转移的案件，各级地方人民法院要主动与自然资源部门沟通，征求意见，自然资源部门应主动提供所涉不动产的权利状况。对涉及国有建设用地使用权拍卖的实行预先备案制度。对国有资产处置涉及建设用地使用权转移的，国有资产等管理部门应事先取得规划、自然资源部门出具的意见，并如实告知当事人。

6. 实现土地二级市场的动态监测监管

(1)建立完善有形市场，便于实行动态监测

土地二级市场存在发育不完全、交易制度与规则不健全及监管不到位等问题。众多原因将导致土地二级市场的交易存在违规交易和隐性交易等问题，而这些私下的“灰色交易”也进一步给监管带来了难度。

由此应强化交易平台的功能和权威，让符合土地使用权转让、出租、抵押条件的土地，进入有形土地交易市场；实行挂牌公开交易，提供各种交易服务，提高二级市场交易的透明度；土地有形市场作为土地交易的专门场所，应接受主管部门的指导、监督和检查，以便有效地监管二级市场。而那些绕开土地交易市场的私下交易的土地，一律不予办理过户手续。同时出台相关规定予以处罚，使土地有形市场真正成为一个集中统一、规范有序的土地交易场所（自然资源部咨询研究中心课题

---

① 同上.

组,2012),为实现土地二级市场的动态监测监管提供渠道和路径。

(2)加强信息系统建设,实现有效监管调控

信息是调控的依据,但目前土地二级市场存在信息残缺不全、多头分散、无法形成信息系统等缺陷和问题。对此要加强土地二级市场交易信息的集聚,对于分散在各交易场所进行的土地使用权转让、出租、抵押等行为,通过将交易意向、公告、结果统一入市公示,同时在城市建立土地二级市场监管、登记、统计和分析系统,及时掌握二级市场的情况,由此做出分析判断,实现交易信息整合集聚。土地二级市场交易过程中受到多部门管理,而部门间缺乏沟通交流和信息汇总机制。这导致交易信息流通不畅,交易双方之间信息不对称,严重影响着土地价格机制的形成。因此要实现土地二级市场信息的多部门共享,通过建立信息平台,构架起多部门协同管理的工作机制,将各类用地的建设、功能等指标,土地使用条件和利用绩效等履约情况以及交易双方的基本情况等信息纳入信息平台。同时提供给企业、居民和用户,特别是二级市场交易主体的访问和查询,加大社会公众及媒体的监督力度。通过多部门信息共享、系统管理,建立动态实时的监测监管机制。

(3)融入"互联网+"技术,提高土地监测效率

在宁波土地二级市场的发展过程中,需完善监测监管信息系统,健全土地二级市场动态监测监管制度,在借鉴土地一级市场的发展经验的基础上,依托已有的土地供应动态监管系统和土地市场动态监测与监管系统,及时开展动态巡查。随着互联网技术的不断发展,"互联网+政务服务"给群众和企业带来了非常大的便利。尤其是不动产统一登记与互联网技术融合以来,群众在各个方面都享受到了便利。此外,也应将"互联网+"技术与发展土地二级市场相结合,建立网上土地转让系统,依托现有的土地一级市场交易平台,规范土地交易流程,加强交易管理与不动产统一登记之间的衔接,不断提高宁波土地使用权转让和监测效率,从而加快存量土地的入市节奏,快速盘活和有效利用城市存量建设用地(胡高等,2016)。

(4)积极推进集体经营性建设用地改革试点

目前全国正在大力推进土地征收、集体经营性建设用地入市、宅基地制度改革(又称"三块地")试点[①],浙江省参与国家此轮集体经营性建设用地改革试点的地区有两个:义乌和德清。

集体建设用地有偿使用试点是壮大村级集体经济和增加农民收入的重要途径,对于土地资源的节约集约利用和合理规划都具有重要意义。因此,宁波市可以总结学习改革试点的成功经验,积极推进集体经营性建设用地改革试点,具体措施可以集中在以下四个方面:一是加强多规融合,实现集体经营性建设用地与城镇建

---

① 王红茹.集体经营性建设用地允许直接入市,被征地农民纳入社保体系[N].中国经济周刊,2019-02-04(02).

设用地的协调使用。由于建设用地开发具有较强的不可逆性，因此，建设用地规划应当具有科学性和合理性。土地利用规划一旦制定，必须严格执行。确立农村整体规划和各项规划目标，统筹制定农村各项规划编制技术标准，做好土地利用总体规划、城乡规划和产业发展布局规划统筹协调与对接（何格等，2016）。注重城市、集镇和村庄规划的有机协调，建构城乡一体的建设用地利用格局（于建嵘，2015）。二是制定集体经营性建设用地增值收益分配和使用的指导性方案，切实保护农民权益。目前大部分试点地区已经公布集体经营性建设用地的收益分配办法，从公布的方案来看，各地的收益分配比例不尽相同。分配方案的差异直接影响到各个地区村集体及其成员的收入。因此，建议中央人民政府应当对地方人民政府参与分配的比例给予指导性规定，各地可以在指导性分配的办法内设定具体分配比例。在分配过程中必须明确"农民应为最大受益者"的原则，其他投资者（包括地方各级人民政府）则应根据各自在农村基础设施、公共设施、工业等方面的投资情况享受合理的投资收益（杨继瑞等，2011）。而对于村集体内部之间的分配应当充分尊重村民的意愿，分配方案需由大多数村民同意方可执行。集体经营性建设用地流转收益属于农民集体收益，应当纳入集体财务进行管理，在村民的监督下使用和分配。为防止村集体管理者滥用职权、以权谋私，可以明确规定分配给农民的最低比例，同时对集体分配到的收益限定用途，只得用于集体基础设施、公益事业或者偿还集体因发展本村经济、本村社会服务欠下的债务（张伟，2016）。三是加紧构建集体经营性建设用地收益分配的长效机制。集体经营性建设用地使用权转让可以在短期内增加村集体和村民的收入。但是从长远来看，这一方式难以从根本上改变村民的生活状态。村集体所获得的一次性收益若用于村基础设施建设固然是好的，但是基础设施的维护与再投入将会又一次遇到资金瓶颈。村民所获得的一次性收益应当如何使用，尽管从本质上说是村民个人的事情，但是一旦使用不当，在目前我国农村地区社会保障仍然不完善的情况下，村民今后的养老和医疗将会出现问题，对此村集体也不能完全坐视不管。因此，村民如何使用土地收益也并非与集体毫不相干。基于此，有必要探索集体经营性建设用地收入分配的长效机制，即尝试建立"一次性固定收益＋长期分红"的收益分配模式。"一次性固定收益"就是指转让集体经营性建设用地所获得的总价款，"长期分红"就是根据当地经济和社会发展的实际情况，采用土地入股、年租制或是建设物业收取租金等办法，将集体经营性建设用地的收益长效化。长期分红模式的优势不仅在于可以让村集体和村民从集体土地中获取长期的收益，更重要的是可以随着土地市场的变化，享受到土地价格的增值变化（陈红霞，2017）。四是应当建立集体经营性建设用地入市与农村宅基地流转的联动机制，实现农村集体经营性建设用地的可持续性入市。农村集体经营性建设用地入市对于提高农村建设用地使用效率、增加农民收益具有重要意义,应当使其成为一项长期的制度。这就需要农村集体建设用地有可持续的土地资源进入市场。要实现这一目标,必须与宅基地使用制度改革相结合,积极探索农村宅基地有偿流转或有偿回收制度,建立低效、闲置宅基地转化为集体经营性建设用地的通道,进而构建有效的农村就地城镇化土地资源配置机制,最终实现人的城镇化建设(陈美球和王庆日,2016)。

第三章　农民工住房保障现实考察及经验借鉴

农民工住房保障是人的城镇化建设的重要内容，以住房保障来满足流动人口的住房需求、促进城镇化的稳步发展是世界各国的通行做法。由于不同国家乃至同一国家的不同历史时期的经济发展程度、政治制度以及价值观存在诸多的差异性，从而使得在制定流动人口住房保障制度时的侧重点也不尽相同，但殊途同归，其着重点都是竭力于构建成熟的住房保障政策，以保障以外来务工者为主的流动人口更好地融入城市。

本章基于国内外流动人口住房保障模式的研究，通过比较国内外流动人口的住房保障政策，提出我国以农民工群体为代表的流动人口住房保障政策建设中需要优化的内容。我国住房保障政策几经调整与变迁，虽已经初步构建出以住房公积金、经济适用房、廉租房、公租房等制度为主的住房保障体系（杨菊华，2018），但相较发达国家，依然存在研究历程的"时间短、深度浅、配套差"等问题。因此，通过归纳总结中国、美国、德国和新加坡的住房保障政策，进行横向的比较分析，将对我国农民工住房保障政策的发展起到一定的指导作用。我国在住房保障政策的具体实施中，应着重考虑加强住房法律保障、扩大住房保障范围、提高住房消费能力、切实保障农民工住房权益，据此才能获得住房保障政策的最大效益，进而全面促进农民工的社会融合。

第一节　我国农民工住房保障碎片化问题

一、缺乏与户籍改革配套的住房保障体系

城市保障性住房主要是保障城镇低收入和住房困难的贫困居民，对于农民工而言，还存在很高的户籍门槛。以福州市为例，申请廉租房、购买经济适用房的条

件中明确规定，必须是具有福州市五城区城镇户口（农村村民和农村集体经济组织成员除外），并在福州市工作、居住的人。农民工无力承担高额房价却没有被纳入住房保障体系，政策使他们游离于城镇住房保障体系之外，住房问题必然得不到充分的解决。[①] 在解决农民工住房问题上，政府在建设用地、资金、税费减免方面缺乏强有力的政策支持，更没有与农民工安家落户相配套的户籍、养老、子女教育和医疗保障制度。同时，政府对用人单位解决外来务工人员住房问题的责任不明确，对用人单位没有强制性要求，也缺乏相应的政策引导，使用人单位对解决农民工住房问题缺乏社会责任感（杨华平，2011）。

二、一些政府担心财政负担会进一步加重

一些城市不愿分享资源，排斥农民工进城落户，主要是担心财政负担会进一步加重。以宁波为例，截至 2018 年底，常住人口 820.2 万人，户籍人口 603.0 万人。如果全部解决 138.1 万常住人口的户籍问题，仅在基础教育投入方面，地方财政支出便可能会增加 74%左右。且这部分常住人口往往为青壮年劳动力，家庭成员中未成年子女的比重远远高于户籍人口。对这部分人口的基础教育投入若完全由输入地政府解决，显然压力过大。卫生、医疗等相应的公共服务领域也存在类似的问题，尤其是主要由政府投入的社区卫生服务中心等医疗机构的财政负担会进一步加重。

据财政部门的统计结果显示，截至 2018 年底，宁波市地方人民政府债务余额为 1807.3 亿元，从债务用途来看，市政建设 527.4 亿元，占 29.2%；保障性住房 280.9 亿元，占 15.5%；医疗和社会保障 14.6 亿元，占 0.8%。因此，单方面依赖地方人民政府承担农民工住房保障责任显然是不可能的。必须厘清中央人民政府与地方人民政府的分担责任、移入地与移出地的分担责任，政府、市场与企业及农民工等所有参与主体之间的分担责任。

三、落户政策与相关政策衔接有待加强

虽然中央人民政府强调户籍改革的重要性，但是现实中法律层面的改革却滞后于政策。而法律相比于政策处于更高的地位，这就使得政策推行中出现违法现象。1954 年，我国宪法制定时有关于迁徙权利的规定，这一内容被认为是当时比较先进的。然而 1958 年颁布《中华人民共和国户口登记条例》后，明确限制了人的迁徙，出于对城市安全及承载力的考虑，宪法做出修正，删掉了关于迁徙权的规定。

① 黄跃建. 应逐步将农民工纳入城镇住房保障体系[J]. 人民政坛，2011(4).

此外，已出台的政策之间衔接性、互补性、后续性明显不足。农村承包地和宅基地“三权”确权后续、细化配套政策尚未及时跟上；市区社保缴费与补贴发放、农村房屋认证权、社会抚养费征收等政策权限未能及时调整导致实际操作困难；现行的宅基地政策与当前的户籍政策有断崖式的落差。以宁波为例，户籍制度改革之后，从2016年9月30日起不再区分农业和非农业户口性质，但宅基地政策没有相应的调整，宅基地审批仍然以农业户口作为必要条件之一。

四、成本分担主体责任不清晰

成本障碍是限制常住人口安家落户的关键因素，当前在执行落户政策的过程中，明显发现中央与地方各级人民政府在成本分担责任与财政保障能力上匹配失衡。农民工住房保障成本主要由各级地方人民政府承担，各级地方人民政府分担市民化成本的财政保障能力相对薄弱。中央人民政府对地方人民政府的转移支付是以户籍人口的公共需求为基础调适，目前尚未系统地建立起针对农民工及其随迁家属的转移支付调整机制(胡拥军和高庆鹏，2017)。此外，输入地和输出地政府在成本分担上缺乏利益补偿和协调机制。在土地利用方面若不在省外人口输出地建立“地随人转”的机制，就难以有效解决输入地的人地矛盾；在社会保障方面，外出农民工大部分只能选择在户籍地参保新农保、新农合，相应的社会保障支出由输出地政府承担，在输入地参保养老保险、医疗保险的比例仅有一小部分，实际上形成了经济发展水平相对较低的输出地补贴经济发展水平相对较高的输入地(胡拥军和高庆鹏，2017)。

第二节 国内外流动人口住房保障的基本模式

一、国外流动人口住房保障模式

早在18世纪末期，早发的现代资本主义国家就出现了大量的农村劳动人口向城镇流动和涌入的现象(蒋从斌，2017)。究其原因是各国城镇化、工业化的迅速发展引发国家社会结构的变化，迫使政府以引导农村劳动人口流入城镇的方式为城镇提供足量的劳动力。但由于相应保障措施的缺失，造成这部分人口的住房难、住房差等问题积重难返。为此，在19世纪末期，发达国家纷纷根据本国的经济发展水平、政治制度、文化与价值观陆续推行出各具特色的住房保障政策，几经修改，已形成多角度的、成熟的流动人口住房保障政策体系，其中较为典型的模式主要有以下三种。

(一)美国以供给与需求补贴相结合为主的住房保障模式

美国作为较早形成完善的住房保障体系的国家，在19世纪末便开始着眼于通过法律、补贴、金融等方式，从供给和需求两方面的角度构建起多层次的住房保障政策体系，服务于进入城镇工作的外来务工者，其中最具特色的便是对租金方面的补贴(张琪，2015)。从供给的角度看，一方面美国政府在利用直接的财政拨款大力开展公房建设的同时，还授权地方人民政府住房局进行直接的租金管理，然后根据外来务工者收入水平的不同进行差异化租金收取；另一方面利用税收抵扣等手段鼓励社会机构提供租金低廉的住房。从需求的角度看，美国政府利用租金证明计划和租金优惠计划，限定享受租金优惠的群体，对外来流动人口进行直接的、有针对性的补贴。如此既能确保流动人口保障性住房的充足供给，又能提高对他们的补贴效率(王喜梅和张桥云，2013)。

(二)德国以租房与购房补贴相结合为主的住房保障模式

据统计，基于房价高昂的问题和生活流动的便利性，德国约有3/5的人口租房而居，1/5的人口依靠银行贷款购房而居(周林洁，2003)。存在这样的现象，主要原因是德国政府在住房保障方面的货币补贴发挥出了重要作用。从租房补贴方面看，一方面德国政府针对缺乏租房资金的流动人口制定出了特殊的租房补贴制度，规定由联邦政府和州政府共同出资为他们支付租金差额部分；另一方面针对缺乏购房资金的流动人口制定出独特的购房优惠措施，其具体内容主要有两点：一是实行先储后贷模式，外来流动人口可依法签订储贷合同，待存足相应金额后即可享受低息贷款服务、储蓄奖励和贷款补助；二是实行先租后购模式，流动人口可申请银行代为购买某处住房由自己承租，待积蓄储备足够后再向银行购买。如此既能提升流动人口的租购房资金筹集能力，又能缓解住房压力(梁云凤，2011；郑云峰，2016)。

(三)新加坡以组屋计划为主的住房保障模式

新加坡作为典型的移民国家，在其建国初期由于未实行有序的移民管理政策，致使国家存在严重的“房荒”问题(张琪，2009)。因此在最初的住房保障政策设定上，新加坡便强调政府主导建设组屋，以组屋计划来确保完成户均一套住房的目标。主要做法如下：一是明确政府责任，采取法律、财政和金融等方式，通过为外来流动人口建设足量的组屋来提供住房保障；二是实行分级补贴制度，缓解流动务工者们的组屋租购压力；三是成立建屋发展局等专业性机构，对组屋的选址、结构、配售等工作进行专业管理。新加坡政府通过以上三种方法加大了住房保障力度，为外来务工者提供了优质的生活环境。

二、国内流动人口住房保障模式

相比于美国、德国和新加坡等发达国家，我国以农民工群体为代表的流动人口住房问题出现的时间较晚。20 世纪末，随着我国市场经济的高速发展，城镇化进程的不断推进，农村剩余劳动力流入城镇的状况也呈现出愈演愈烈之势。农民工的住房问题，引起中央和地方人民政府的高度重视。近些年来各地也陆续出现了多种解决措施和办法，在一定程度上缓解了农民工住房的矛盾(吕萍等，2007)。

(一)以重庆为代表的低租金公寓模式

进入 21 世纪以来，重庆市通过各项法律法规和财政计划等手段，逐步建立起了以公共租赁住房为主的住房保障体系，其范围涵盖了廉租住房、经济适用住房等不同类型(钱小利，2012)。

低租金公寓模式以政府为主要的提供者，再综合市场、企业等各方资源，通过改建或者扩建闲置建筑的方式向农民工提供低廉租金的公寓。这种模式有其优势，对于政府财政来说负担较小，有利于土地的集约式利用，同时对于农民工等外来务工者而言，低租金公寓模式既考虑到了其流动性大的突出特征，也解决了其支付能力较弱的问题。对于企业来说，也有利于增进农民工群体和企业之间的联系。

(二)以成都为代表的住房补贴模式

此种住房保障模式是由政府主导，利用市场运作的方式配置资源，采用整体推进城市建设和保障低收入群体住房需求并举的思路，将拆迁、改造、补偿、保障等相结合的住房保障模式(田焱和刘文杰，2010)。具体来说，住房补贴主要分为租房补贴和购房补贴两种方式(方蔚琼，2015)。其中，租房补贴是以资金补助的方式进行住房保障，将政府的相关补助直接补贴给租房困难的有关群体。而购房补贴则更多的是对购买某些特定房屋的城镇低收入者，例如农民工群体给予补助，从而达到鼓励、帮助其最终实现购房和安置的目的。

这种保障方式通过直接予以资金补助的模式，在提高低收入群体支付能力的同时，一定程度上促进了当地住房市场的发展。然而，正因为条件的严格限定和对政府财政的压力较大等因素，导致该种模式的发展受到了很大限制，受益群体也过窄，保障力度有限。

(三)以嘉兴为代表的保障性住房纳入模式

“十一五”以来，嘉兴市先后实施了廉租住房、经济适用住房、公共租赁住房、旧住宅小区综合改造等多种形式的住房保障工作，着力改善不同层次住房困难群众的居住问题（张建华和黄益良，2014）。保障性住房纳入模式就是将农民工等外来务工者群体纳入当地的住房保障体系，让其与市民同等享有住房保障政策。

这种模式较符合当前相关住房保障政策的发展方向，也能够极大促进农民工融入当地的城市生活。一方面有利于推进城乡住房保障服务体系的均等化，可以更好地体现公平性原则；另一方面把农民工住房问题也纳入当地政府的城镇规划政策中，有助于精确地计算出城镇常住人口的住房需求，帮助政府有效统计住房需求，提供足够的住房。但不可否认的是，该模式在政策的实施过程中会遇到地方保护意识的阻力，少数政府对这一政策抱有一定的抵触情绪，实施难度较大（方蔚琼，2015）。

第三节　流动人口住房保障政策的比较与启示

近年来，世界范围内城镇化趋势愈演愈烈、人口流动越加频繁，促使各国在改善城镇居民住房环境时必须协调各方利益诉求，在保障各个阶层住房权益的同时兼顾社会的持续健康发展。当前中国正处于有史以来最大规模的城镇化建设的进程中，有最大规模的外来流动人口，农民群体脱离农村土地，进入城镇工作与生活。因此，如何妥善安置以农民工为代表的外来流动人口在城市安定有序地生产生活，并制定相关住房保障政策，帮助更多农民工融入当下城市社会的发展已经迫在眉睫。根据国家统计局 2018 年 2 月发布的统计公报显示，截至 2017 年底，我国人户分离的总量已达全国总人口的 21.0%，超过五分之四为流动人口且数量已增至 2.4 亿人，其中农民工占绝大多数[①]。大量的农民工涌入城镇内，不仅带动了城市的消费，推动了城乡建设发展，优化了产业结构，随之而来的是对城市的管理者的执政能力和公共服务能力提出更高的要求。

然而，无论是与世界发达国家进行横向比较，还是与中华人民共和国历史的纵向比较，现如今囿于我国住房保障政策的不成熟，致使城镇化过程中出现许多严重的社会问题，甚至引发激烈的社会冲突。一方面，城中村和棚户区等现象普遍存在。由于农民工群体等流动人口的住房消费能力不足，多数人选择集中居住于租金低廉、环境简陋的房屋，这不仅不利于外来流动人口的人身安全，同时也阻碍了城市建设的进一步良性发展。另一方面，住房保障政策效用失灵。我国虽于 20 世

① 国家统计局. 中华人民共和国 2017 年国民经济和社会发展统计公报[EB/OL]. (2018-02-28)[2017-09-13]. 国家统计局官网，http://www.stats.gov.cn/.

纪60年代末就开始推行实物分配的住房福利制度，并逐步形成以公积金、廉租房、限价房、经济适用房、公共租赁住房等为基础的住房保障体系，但该体系对农民工等流动人口的覆盖度比较低。为此，中央人民政府提出提高农民工住房配置水平和切实保障农民工住房权益等措施[①]。2017年党的十九大报告提出，明确住房保障政策定位，加强住房市场管控，探索多主体、多渠道的住房保障模式，增强农民工的归属感和认同感。

因此，总的来看，我国仍需进一步审视农民工等外来流动人口的住房保障问题，且这种审视需建立在对典型国家有效的流动人口住房保障政策的分析和研究基础之上。

一、流动人口住房保障政策比较

基于发达国家已趋成熟的住房保障体系建设可以看出，各国政府为解决以外来务工者群体为代表的流动人口的住房保障问题进行了深入研究，并形成了全方位、多角度的政策制定和体系规划。因此，为更好提升我国农民工等城镇外来务工人员居住水平，以及促进社会和谐与稳定，有必要从住房保障法规、住房保障机构、住房保障控租政策、住房保障补贴政策、住房保障产权制度和公共住房制度六个方面对美国、德国和新加坡的住房保障政策体系进行系统而深刻的对比分析，深入了解发达国家住房政策有效缓解外来务工者等流动人口住房问题的根本原因。

（一）住房保障法规的比较

采取立法的形式为流动人口提供住房保障是各国落实住房保障政策的普遍做法。美国政府注重从供需两个方面着手进行立法，于20世纪初期先后分别颁发《联邦住房贷款银行法案》（1932年）、《全国工业复兴法》（1933年）、《国民住宅法》（1934年）、《住房法》（1937年）、《住房与城市发展法》（1965年）、《住房和社会发展法》（1974年）等一系列法案，对城镇居民的低租金公房、低利息贷款、房租补贴、房屋所有权等方面制定了具体的法律法规（蒋华福，2013）。这些法案推动了美国政

---

① 2000年出台《关于促进小城镇健康发展的若干意见》，鼓励农民在县城落户；2001年国务院出台《关于推进小城镇户籍管理制度改革的意见》，明确农民进城务工后的落户条件；2005年出台《关于住房公积金管理若干具体问题的指导意见》，指出进城务工人员可以缴存住房公积金用于房屋购买；2006年，国务院出台《国务院关于解决农民工问题的若干意见》，文件首次提出要改善农民工住房条件，促进了政府和社会各方面对农民工住房问题的重视；2008年《国务院关于解决城市低收入家庭住房困难的若干意见》规定用工单位需要给农民工提供符合条件的居所；2008年12月，住建委等5部委联合出台《关于改善农民工居住条件的指导意见》，指出各单位需要研究并为农民工提供符合要求的、安全的居住环境；2010年，住建部、发改委等7部门联合出台了《关于加快发展公共租赁住房的指导意见》，鼓励将符合一定条件的农民工群体纳入城市的住房保障体系之中。随后，中央人民政府继续持续关注农民工的城镇住房保障安置问题。

府加快住房建设的步伐，使其一直到20世纪80年代，每年兴建公共住房都在100万套以上，为保障性住房的供给提供了法律保障（陈成文和胡竹君，2008）。对于新加坡来说，作为典型的热带海岛城市国家，其国土面积小、人口数量多、人口密度大、民族多样等现实条件决定了其在解决城市低收入者住房保障问题时候的特殊性。新加坡注重构建强制性的法律体系，涉及住房问题的法律有《中央公积金法》《新加坡建屋与发展法》《土地征用法》《建屋局法》《特别物产法》等法案。其中1955年颁发的《中央公积金法》作为新加坡住房保障法律体系框架的核心层级，强制要求所有公民必须定期缴纳公积金，并对公积金的户头类型、缴交额、缴存年限以及适用范围都进行了详细规定；1966年颁布的《土地征用法令》，规定政府可以强制征用私人土地用于组屋建设、道路维修等公共事业。以此在为政府减轻负担的同时，又起到了对公民尤其是外来流动人口在住房方面的保障性作用（罗锐和邓大松，2014）。

总的来看，美国和新加坡都非常重视立法，已建立起成熟的住房保障法律体系，为其相应的住房补贴、银行贷款、土地供应、税收调控等方面提供了政策依据，使得外来流动人口的住房保障措施在正轨上稳步前行。而中国在住房法规方面，采取地方性法规、规章等形式保证住房保障体系的建设与完善。一定意义上，我国住房保障法规的权威性和规范性相较于发达国家均存在不足，未能有效确认和保障农民工等外来流动人口的住房权益。

（二）住房保障机构的比较

妥善处置外来流动人口和城市低收入者的住房保障离不开住房保障机构的支持，为改善这一群体的住房条件，一些国家建立了住房管理机构来实施其政策。美国基于自身发达的商业和金融市场，对抵押贷款保障机构进行多元化设置。除了规定政府自身负责提供贷款担保外，还设立全国抵押贷款协会、联邦住宅贷款银行委员会、联邦住宅委员会这类住房信贷机构负责提供保险和资金，以及设立信贷协会、互助储蓄银行这类私人金融机构负责提供低息贷款，以此构成联邦住房贷款系统，为城镇居民，特别是低收入者的抵押贷款注入充足的活力（张宇和刘洪玉，2008）。住房储蓄制度是德国金融政策的重要组成部分，对此，德国政府一方面设立住房储蓄银行，由国家直接领导管理住房储蓄业务，另一方面出台《住房储蓄银行法》等法律，规定有关住房储蓄、配贷等业务仅由住房储蓄银行专门负责，不得转交其他商业银行办理。德国政府在专业性机构和法律的双重作用下，帮助外来流动人口及低收入群体通过先储蓄后贷款的方式租购住房（蒋华福，2013）。而新加坡政府在住房保障方面不仅强调住房的规划和建设，而且同样注重住房机构的设立。一是于1955年通过《中央公积金法》设立中央公积金局，由其董事会指导开展住房贷款、融资工作；二是于1960年通过《新加坡建屋与发展法》，设立建屋发展局，由国家发展部指导开展组屋及配套建设、物业管理等工作。以此利用独立机构的专业管理，为城镇居民提供高标准的住房保障服务（罗锐和邓大松，2014）。

美欧等发达国家的城镇住房保障体系和住房机构设置既具多元性又具专业性，能够通过统筹管理有效发挥出住房保障政策作用、缓解住房问题。而我国覆盖常住人口的住房保障体系尚未建立，从事农民工住房保障工作的机构分散且缺乏统一的组织管理，且尚未建立独立的住房金融机构或执行机构。

（三）住房保障控租政策的比较

囿于政府财政压力，多数发达国家和地区都从制度、标准、方式等方面对保障房建设进行宏观管控。其中，德国政府实行严苛的房租管控措施，一方面规定各州政府将本地区3年内的房租涨幅控制在15%以内，房主将房租涨幅控制在平均水平的10%以下（贾冰等，2017）；另一方面要求各州政府按照本地区的房屋条件，制定相应的房租指导价格以供租赁者参考。但随着住房供求矛盾的进一步缓解，1960年起德国大部分地区取消了房租管制。

进入21世纪以来，由于各种体制性因素和国际环境的影响，市场经济改革后我国城镇的商品房交易市场呈现出明显的房价上涨趋势，如果城镇的外来流动人口试图在选择就业的城市定居，实现身份上的城镇化转移，那么持续上涨的高房价无疑是道无法逾越的门槛。为此，在2017年7月广州市人民政府发布的住房租赁市场工作方案中提出，扩大增值税减免范围、提高租赁住房房源供应效能、保障租购同权，实现租房和购房居民享有同等待遇（王一丁等，2017）。同期住房和城乡建设部等9部委通过立法，明确租赁当事人的权利义务，保障当事人的合法权益，并在广州、深圳、北京等12个城市试行，如江苏构建租购并举制度，北京提出开放教育福利，提供租房人子女区域义务教育①。如此类型的举措试图通过"租售同权"来盘活住房存量资源、缓解土地供应压力、增加房产租赁税收，重新激发城市人口红利。

基于此，我国财政政策专注于住房租赁市场的管理，在租金控制方面主要采取的做法有：上海市人民政府的"只租不售"管理模式，具体规定房型、限定租金涨幅、要求租约不得超过6年；长沙市人民政府的廉租房模式，为农民工专门建设住房，直接以低于租赁市场的平均价格出租等。但与国际相比较，我国限制租房价格上涨的措施有待商榷。当房屋租赁市场出现矛盾和冲突，难免控制失衡，仍需借鉴国际成功经验，加强对房屋租金的宏观调控（金朗和赵子健，2018）。

---

① 王心禾．时评：释放"租住同权"正能量，尚需配套措施[EB/OL]．(2017-07-27)[2017-09-13]．正义网，http://news.jcrb.com/.

(四)住房保障补贴政策的比较

在国际上,发放住房补贴是满足外来流动人口及低收入群体住房保障的重要手段。通常情况下,在国家处于住房短缺的情况时,政府会将政策制定的关注点更多地放在住房供给补贴模式上,通过免税、减税、加速折旧、税额抵扣等措施刺激企业和非营利机构投资建设保障性住房。当住房短缺情况稍缓,住房供需达到基本平衡时,政府又会将关注点转向住房需求方,给予低收入家庭直接的货币补助。

美国住房保障补贴政策在国际上是比较有代表性的。在住房补贴方面,美国一方面针对首付款问题,立法规定给予中低收入群体6%的首付款资助或一万美元的补贴;另一方面针对住房供给问题,通过采取低收入住房税收抵扣计划、对住房投资者减免抵押贷款收益债券利息,以及对购房者减免财产税和所得税等措施,鼓励社会机构提供租金低廉的住房。在租金补贴方面,采取住房证和住房券两种住房需求补贴的模式(卫欣和刘碧寒,2008),使得流动人口仅需将自身收入的1/3用来支付房租,再通过政府补贴的辅助,即可获得住房居住。德国住房保障补贴政策在国际上也具有一定的代表性。一方面于1965年立法,明确流动人口享有住房补贴权,并大力推行租房补贴制度,规定联邦政府和州政府需共同出资为缺乏租房资金的外来流动人口支付租金差额部分。另一方面推行特色的购建房优惠措施。一是允许建设住房的外来流动人口享受扣除应纳税收入中申请建房的贷款、免征10年地产税和地产转移税等优惠政策。二是利用先储后贷与先租后购相结合的办法,给予参加住房储蓄的外来流动人口每月最高10%的储蓄基础奖励和14%的贷款总额补助(周林洁,2003)。

自开始探索租售同权改革以来,我国各级人民政府大力强调租赁住房补贴管理制度。但是该制度的实行正处于初级阶段,各地对农民工等外来流动人口的具体补贴方式存在差异,如莱芜市人民政府将农民工群体归入住房保障辐射范围,提供直接的租赁住房补贴;晋江市人民政府实行农民工积分住房优待措施,按照所购住房面积提供相应的现金补助等。虽然各种激励措施为农民工带来了一定利好,但同时也导致政府财政负担进一步加重。

(五)住房保障土地产权制度的比较

土地制度是国家政策体系的重要组成部分,是实现农民工安家落户的制度保障。其中,土地产权制度是土地制度的核心,主要包括土地公有制和土地私有制两种形式。

第一种是以美国和德国为代表的土地私有制,两国的土地法律规定个人拥有土地所有权且能够自由地在市场上交易土地。但是,实行土地私有制,并非意味着政府完全丧失对土地的所有权。例如当前美国将土地分为三部分,由私人、联邦政府和州政府分别占据58%、32%、10%(张丽佳,2014);而德国作为较早展开土地整治的国家，则将土地分为四部分，由联邦政府、州政府、私人和教堂分别所有，其中私人所有的土地约占总体的80％。土地所有权受到法律保护，即便是联邦政府需要使用私人土地或州政府使用土地建设保障性住房，也须通过购买等有偿形式获得土地产权。

第二种是以中国和新加坡为代表的土地公有制，规定国家或集体拥有土地所有权，禁止个人进行土地的买卖、转让和占有。在新加坡，土地分为三部分，由私人、国家和建屋发展局等半官方机构分别占据20％、53％、27％(陈志刚，2014)。其中规定政府划拨给建屋发展局的土地属于无偿提供，为组屋计划的实施提供了便利，打通了外来流动人口及低收入群体的住房建设通道。在中国，土地则由国家和农村集体分别所有，国家出于住房保障需要时可依法申请征收集体土地。

据统计，目前美国保障性住房已达65％自有化率，每个住房单元拥有5.1个房间的居住水平，保障性住房实施效果较好(刘斌，2016)。相比之下，我国的土地征收模式虽限制了个人对土地的自由交易，但却更有利于地方人民政府对保障性住房的建设和分配，也有助于有效实现土地资源的合理配置，只是住房单元的规划效果和居住水平还有待提高。

(六)公共住房制度的比较

公共住房制度是一种通过建造廉价的公共住房为城市外来流动人口及低收入群体提供住房保障的制度，它可以达到扩大住宅供给量和控制住宅市场价格的双重作用(李薇辉等，2005)。

美国的低租金公房制度。20世纪30年代美国陷入经济危机，推动政府开始直接参与公共住房建设以增加就业量。首先在1937年《住房法》中规定联邦政府主导建设低租金公房，州政府严格控制具体的选址、分配、结构和质量。然而，繁重的工作任务使政府不堪重负，于是对《住房法》进行修改，规定低租金公房既包括政府承建，又包括私人修建，并辅以各种建房优惠措施以鼓励私人投资参与低租金公房的建设。但发展至20世纪70年代，低租金公共住房市场趋于饱和，随之住房金融问题逐渐显现，致使美国政府停止对低租金公房建设的财政投入，转向对公房维护和租金补贴方面的投入(马秀莲，2016)。

新加坡的组屋制度。新加坡人口少、地域狭小，除了建立强制性的住房公积金和补贴制度来鼓励外来流动人口及低收入群体购房外，政府还注重于对保障性住房的规划建设，即由政府主导对组屋的选址、结构、配售和建设等进行规划，以构成惠及全体国民的高标准住房保障政策体系。主要做法有：1960年，新加坡政府设立建屋发展局专门掌管公共住房管理工作；1964年，政府推行组屋计划，授权建屋发展局对组屋的规划、建设、租赁以及扩展等进行全方位的管理，以实现“居者有其屋”的政策目标；1966年，在政府颁布的《土地征用法令》中规定开放私人土地使用权,允许政府占用私人土地用于组屋建设,为新加坡组屋制度提供了土地保障(郭伟伟,2008)。

相比典型国家的公共住房制度,我国廉租房制度与美国低租金公房制度有很大的相似性,两者都强调通过提供科学规划和租金低廉的保障性住房来解决外来流动人口及低收入群体住房问题。但是后续管理中缺乏像新加坡政府对住房进行全面管理的措施,从而对廉租房的动态流转和健康发展造成一定的影响。

二、对我国完善流动人口住房保障政策的启示

众所周知,完善我国农民工等外来流动人口的住房保障体系建设是一项长期的、系统的工程。根据前文对流动人口和低收入群体住房保障政策的国际比较可以看出,目前我国农民工住房保障政策的研究历时尚短,在法律支撑、财政转移、住房供给等方面仍有不足,存在法规规范作用薄弱、住房管理机制落后、住房保障不均衡和住房建设管理不严谨等问题。因此,在结合国际的成功经验后,可以从以下四个层面展开,完善我国农民工群体的住房保障政策。

(一)提高法律法规效用

纵观发达国家低收入群体的住房保障,虽然在不同时期对住房保障制度的建设的侧重点不同,但都致力于以立法的形式明确住房保障政策目标,为其相应的住房补贴、银行贷款、土地供应、税收调控等方面提供法律依据和法规约束,如美国的《国民住宅法》、德国的《住房补助金法》和新加坡的《特别物产法》等。

相比之下,我国涉及农民工群体住房保障的法律法规,仅有一部处于摸索与探究阶段的《住房保障法》,可以说保障性住房问题的解决缺少强有力的法制保障,在法律法规方面存在明显的不足。欲弥补缺陷,确保政策措施落到实地,我国应借鉴美国、德国和新加坡的成功经验,根据不同时期的实际状况制定针对性的法律法规。首先,加快推进《住房保障法》的建立,从国家高度和立法层面出发,结合各省、市,自治区的特性,明确相应的农民工等外来流动人口等住房保障政策目标、住房保障资金来源、住房保障模式、住房保障规划等内容,引导和鼓励社会组织和企事业单位、公司和机构共同合作解决这一群体的住房保障问题。除此之外,需要逐级构建法律体系,由此建立起系统全面的住房保障法律规范;其次,在住房管理机构方面,学习德国针对住房储蓄出台《住房储蓄银行法》并设立住房储蓄银行,新加坡针对住房管理出台《新加坡建屋与发展法》并设立建屋发展局等办法。发挥法律法规的管理者和监督者的效用,在原来建立部分地区流动人口服务管理局的基础上,推进其余地区的流动人口服务管理局的设立进程,以统筹开展外来流动人口住房保障工作。

（二）深化户籍制度改革

在美国，政府对于人口的管理主要采取社会保障制度，合法的美国公民从出生开始即由联邦政府颁发固定的社会保障号码用于记录全面的个人信息，并依靠全国联网的信息系统，帮助各地区通过监测实时获取信息，进而有效避免因人口流动造成的信息混乱等问题。反观我国，在住房保障体系中仍因二元户籍因素使得大量进入城市寻求工作的农民工群体难以完全融入城镇社会发展，如何跨越户籍壁垒已经成为各地政府解决农民工群体住房问题的首要任务。

2017 年 12 月，广州市印发的《广州市人民政府办公厅关于印发广州市推动非户籍人口在城市落户实施方案的通知》中提出，将扩大人才引进范围、解除农业户口的枷锁、加强配套管理服务、完善户籍积分体系等①。其中取消农业户口和非农业户口性质区分是广州此次改革的重点，也是我国户籍改革的核心。2018 年 3 月，青岛市正式提出着手开展户籍制度改革，具体从五个方面展开：一是放宽人才落户准入限制，减免人才社保年限规定，开启先落户后就业的管理新模式；二是简化积分落户政策，规定只需积分达到 100 分、满足拥有合法固定住所居住证和缴纳社保一年年限、无不良记录的农民工即可申请落户；三是调整居住落户要求，分区域制定降低所购房屋面积、取消住房消费类型等规定；四是新建项目落户，依法对特定大型企业实施成建制落户；五是完善配套设施，取消户口迁移限制，提高农民工服务管理水平②。

更多的省份和城市已经逐步酝酿并开始推进户籍改革，预计会有更多的地方人民政府参与进来，将户口性质统一归为居民户口进行管理。如此政策的实施有利于推动落户工作稳妥有序地进行，也有助于促进我国建立起高效而全面的个人信息管理体系。我国虽已在多地开展了户籍改革并取得优异的成效，但实现全国范围内的户籍制度改革还有一定的距离，因此各级人民政府应加快改革力度，争取住房保障的全覆盖，使受限于户籍因素的公积金、住房等福利惠及农民工群体。具体而言，首先各级人民政府需综合分析城市的承载力与农民工群体的工作稳定度、务工年限、教育水平等因素，设置不同层次的入户条件，以助于对农民工群体的资格进行审核；其次学习美国的管理模式，加强信息化管理，利用我国每个公民都拥有的身份证号，运用信息科学技术建立起外来务工人员的网络数据库，帮助实现户籍管理的标准化、实时化；最后学习新加坡的全面服务管理和美国的租金登记管理，完善我国的户籍改革配套服务机制。一要健全教育保障、医疗卫生服务、就业

---

① 广州市人民政府办公厅. 关于印发广州市推动非户籍人口在城市落户实施方案的通知（穗府办函〔2017〕322 号）[EB/OL].（2017-12-30）[2018-11-13]. 北京大学法制信息网，http://www.pkulaw.cn/.

② 青岛网络电视台.《青岛市关于深化户籍制度改革实施意见解读》发布会[EB/OL].（2018-03-28）[2018-11-10]. 青岛之窗，http://www.qingdaochina.org/.

创业服务等，为农民工群体提供全面的便民服务和创建良好的服务环境；二要制定合理的积分登记监察制度和服务管理标准制度，为农民工等外来流动人口管理工作提供制度保障。

(三)加强住房租赁市场管理

1.制定多元优惠政策，稳定住房租赁市场

农民工保障性住房的建设往往受制于资金与土地限制，加强政府调控职能，通过住房租赁市场解决农民工住房保障显然是一个有效的解决方案。一是借鉴美国、德国兼顾供需双方补贴的财政政策。针对住房供给方，政府应通过扣除应纳税金额中的建房贷款、免征地产税等政策，同时激发非政府组织的筹款作用，加强住房建设资金筹备能力。针对住房需求方，政府首先应根据住房租金参考标准，制定出相应的租金补贴标准和申请标准，其次由特定机构依据标准对申请人进行资格审查和登记，最后由政府直接将租金补贴发放至房主；二是基于广州、北京等城市力推的“租售同权”政策经验，同等权利是稳定租赁市场的关键，中央人民政府需注意将租购房屋与公共服务联系在一起，从公共服务角度出发，去考虑如何鼓励地方人民政府推进城中村改造、商业住房改建、实行统一规划出租、落实国家对租赁相关人的优惠补贴政策。通过这些措施，既可以稳定房价，满足农民工的住房需求，也有利于人的城镇化的有序推进。

2.建立住房指导标准，规范住房租赁市场

有序地开展住房租赁市场管理需要信息与数据支撑，而当前我国住房租赁市场不仅缺乏制度监管，还缺乏数据管理，从而影响到农民工群体的租购房屋效率。对此，我国可以从两个方面着手进行改善：第一，在出租屋的相关指导管理上，政府可以对出租屋进行等级管理，借鉴桂林市的出租屋安全星级管理经验，定期根据出租屋的面积、配套设施、服务管理等指标将出租屋划分为一级、二级、三级，等级越高表明住房质量越高、环境越安全，而居住质量极差的出租屋将不赋予等级评定资格[①]。同时，政府还可以对租金进行控制管理，借鉴德国严苛的租金控制模式，定期根据当地的房屋条件，为农民工制定相应的住房租金参考标准。其中需注意的是，等级和标准的评定要切合市场的变化，定时、定点的开展才能真正有助于租房相关人的参考，从而降低租赁住房交易成本、增加租赁住房市场的流动性；第二，在出租屋的居住管理上，借鉴于新加坡建屋发展局的物业管理等职能，政府可以通过自主成立租赁住房管理办公室、聘请公共住房公司等方式，安排财政、人力社保、市场监管、国土规划等相关部门提供租金核定、设施规划、房源供应等方面的监督和

---

① 张苑.我市积极探索城中村综合治理新模式福隆园村星级出租屋挂牌[EB/OL].(2018-01-03)[2019-02-10].桂林生活网，http://news.guilinlife.com/.

指导，以加强租赁住房日常管理和服务，提高租赁市场流动性。温州龙湾区人才公寓管理模式为此提供了成功经验，其在运行上采取市场化管理，聘请物业公司定期对人才公寓进行检查、维修、保养等，并安排区委人才办、区人力社保局、区房管分局等有关部门为其提供指导和监管，以确保人才公寓的正常使用①。

（四）统筹规划住房建设工作

1. 发挥政企合作作用，科学落实住宅选址

不同于美国住宅选址要受到个人支配土地的土地私有制限制，以我国和新加坡为代表的土地公有制在一定程度上为保障性住房的选址提供了便利。但是农民工等外来流动人口与城镇市民相比，在工作和生活方式上都存在很大的不同，建设保障性住房除了要有土地保障，在选址时还需要有特定的安排，一是要避免贫民窟问题的出现，二是住房选址需考虑到农民工群体就业的便利性。因此，政府应当充分发挥土地公有制的制度优势，一方面学习德国政府积极鼓励社会机构参与保障性住房建设，减轻政府负担；另一方面参考新加坡政府对保障性住房进行科学选址规划，以工业园区、城乡接合部为重点建设区域，将农民工居住点进行分散布局，建设标准化的保障性住房。在具体规划上，江苏南通为此提供了成功经验，其一是利用土地、金融、财政等政策优惠手段，鼓励有条件的用工单位改建老厂房或自行组建员工宿舍区，为员工提供住房保障；其二是在城乡接合部，由政府组织协调，村集体提供土地支持，为农民工建立集宿区；其三是通过政企合作，建立规模化、集中化和规范化的农民工集聚区②。

2. 切合人口流动特性，确保住宅设计合理

推进保障性住房规划体系建设是解决农民工住房问题的重要途径之一，也是影响城市形态的重要内容。在政府规划建设保障性住房之际，切实根据农民工特性进行合理规划。充分保证保障性住房的选址、质量、布局等方面的科学性和合理性，才能整合有限资源，为农民工群体提供高效的公共服务与适宜的居住环境。

---

① 龙湾区委，区人民政府．龙湾区推进区人才公寓建设着力打造人才之家[EB/OL]．(2011-09-20)[2017-04-13]．温州党建，http://www.wzdj.gov.cn/.

② 南通市住房保障和房产管理局，财政局，民政局，物价局，总工会．关于公布南通市市区住房保障标准的通知[EB/OL]．(2017-06-07)[2018-05-15]．南通市住房和城乡建设局网，http://fgj.nantong.gov.cn/.

第四章　农民工住房保障成本分担的理论及实证研究

住房保障问题涉及农民工群体的基本生存权，是人的城镇化背景下亟待解决的现实问题。当前，如何保障农民工群体的住房需求已经日益成为新型城镇化建设过程中必须关注与正视的重点，而在农民工强烈的利益诉求下，成本问题显然是当前农民工住房保障所面临的最大困难，促成多元主体对农民工住房保障成本的合理分担格局，又成为解决问题的关键所在（杨世箐和陈怡男，2015）。因此，在城镇化加速推进的过程中，研究农民工住房成本内容、测算农民工住房成本、探讨农民工住房成本分担问题，有利于系统解决农民工住房问题，有利于缩小贫富差距和全面建成小康社会，有利于创建城市共建、成果共享的美好格局。

本章首先以人的城镇化背景下农民工住房保障体系建设的成本分担理论及相关概述为起点，包括成本分担的理论、内涵、主体、典型模式等内容，在此基础之上，以宁波为例进行农民工住房保障成本分担的实证研究，通过对宁波市安家落户、安家不落户和季节性三类农民工的住房保障成本进行测算，阐明当前存在于农民工住房保障成本分担中的阻碍及有效的解决途径。

第一节　农民工住房保障成本分担的理论基础

一、成本分担的内涵

（一）成本分担的缘起

成本分担起源于教育学研究领域，1986 年由美国著名的经济学家和教育学家约翰斯通（D. Bruce Johnstone）在高等教育领域创立。20 世纪 60 年代，美国加利福尼亚州在制定的高等教育发展规划中最早使用了“成本分担”这一说法。约翰斯通在研究政府可以通过什么样的措施和出台怎样的政策来资助大学生完成大学教育时首次将“成本分担”作为基本概念使用。1986年约翰斯通基于成本的视角，在教育资源需求越来越多、经费紧张、国家教育支出负担日益加重的情况下，研究高等教育成本的构成和分担机制时正式提出了成本分担理论（王晓红，2016）。之后，许多国家逐步使用该理论来解释和研究各国内部存在的教育现象和教育问题，我国教育体系的建立与教育制度的运行也使用和推广了这一理论。根据约翰斯通的成本分担理论，教育成本的分担需要有两个原则：一是获利者承担原则，是指谁获得收益，谁承担相应的成本，这是根据主体获利的多少来确定承担的成本数额。二是能力支付原则，是指在考虑主体的承担能力后，以其承担能力为限予以相应的成本承担。

2005年，中国科学院可持续发展战略研究组将成本分担应用于城镇化的研究之中，通过估算我国城镇化的成本规模，从政策性的角度提出有关城镇化问题的众多思考。此后，大量研究开始陆续从成本分担视角研究城镇化问题的解决方式，农民工住房保障成本分担问题也逐渐受到关注。人的城镇化的提出使得国家更加重视农民工等流动人口的住房问题，农民工住房保障成本分担也因此得到学界的进一步关注（傅东平等，2014）。

（二）成本分担的界定

从一般意义上来讲，成本分担解决的是确定成本应该由哪些主体来承担以及如何承担的问题。在本研究中是指以农民工群体为代表的城镇低收入家庭的住房保障成本应由哪些主体来分担，并如何在分担主体之间合理分配的问题。

从历史发展和现实境况来看，政府、企业和个人三方在农业人口转向城镇发展的历史潮流中不同程度地获益良多。因此，为了推进人的城镇化的进一步发展，就需要综合考虑上述三方责任义务关系和能力大小等因素，公平公正，合理合法地考虑合作并承担农民工等外来务工人员住房保障体系建设所带来的费用和成本（高拓和王玲杰，2013）。政府，作为国家权力的现实体现，其本质和内涵决定了它有责任和义务为其国民提供更好的服务，提高全体国民的生活水平和福利待遇，与此同时，民生问题的顺利解决也将会带动国家社会的进一步良性发展，因此在农民工住房保障成本的分担上，政府需要提供一部分的资金支持。而对于雇佣企业来说，作为农民工劳动力的需求方，中国特色社会主义市场经济的中流砥柱和解决就业的主要力量，雇员的素质和能力高低，直接决定了企业的发展潜力强弱和营收能力的高低，因此对于市场经济中的企业来说也理应关注其雇员的住房保障问题，解决雇员的后顾之忧，有力地推进企业进一步发展。最后，城镇住房保障体系建设的受益者是个人，住房保障政策让其能够享受到和城镇居民相同的福利待遇，因此农民工群体自身对于保障房体系建设的成本分担也需要着重考虑。

中央和地方人民政府可以通过财政拨款的方式予以分担，企业可以为农民工提供住宿或者给予住房补贴，而农民工群体则需要利用个人收入以及相关财产来进行自我分担。需要指出的是在农民工住房保障成本分担的过程中，既要保障地方经济发展的积极性，又要兼顾农民工所在企业的实际发展需求，还要注重农民工群体自身的获得感、满足感和幸福感在分担过程中得到合理的平衡，只有在三方面通力协作下，通过就业制度、社会保障制度、农村土地制度、公共服务制度和户籍管理制度改革等作为制度保障，才能共同构建科学的农民工住房保障成本分担机制。

（三）成本分担主体

以农民工群体为代表的外来务工者和城市的低收入群体的住房保障体系建立是动态调整的系统过程，涉及微观、中观和宏观要素，包括政府、企业、农民工群体等各个层次社会行动主体的互动过程。

因此，农民工群体的住房保障成本在这个意义上可以区分为政府（社会）成本、企业（市场）成本和个体（私人）成本三类，对应的成本分担主体也应具体落实到（各级各地）政府、用工企业和农民工三个维度来考虑。

1.政府机构

如何建立科学有效并且合理合法、符合我国国情的农民工城镇化成本分担理论及体系，是推进新一轮人的城镇化建设所必须考虑的关键问题。据相关数据显示，城镇化率每增加1%，将带动7亿元人民币的投资和消费需求（王琛，2015）。由此可见，农民工群体的市民化是一项确保经济持续发展的重要手段。政府作为政策和制度的设计者和执行者，在面临着全球经济增速下滑的今天，须从宏观视角推进新型城镇化建设，从而进一步提升城镇化的质量。

在农民工的住房问题上，结合我国国情，需要政府作为主导力量承担起落实住房保障工作的重任，以支持农民工等低收入群体在城市中安居乐业。在解决农民工住房保障问题时，在认识上，政府及各相关部门不仅需要积极地进行科学的顶层设计，而且在行动上更需多渠道提高财政供给能力，积极建设以公租房等为代表的保障性住房来分担农民工的住房成本，切实解决广大农民工的“住房之忧”。第一，在农民工保障房建设用地方面，政府应实行按成本划拨建筑用地，切实减轻房地产开发商负担，鼓励房地产开发商主动降低房价，积极建设保障性住房；第二，在农民工保障房贷款方面，可以通过给予专项的贴息贷款，鼓励支持企业进行专项贷款建造保障性住房；第三，在保障房的管理方面，应建立严格的保障性住房的准入和供给制度，实行动态监督管理，切实发挥保障性住房在解决农民工等低收入群体住房保障方面的最大作用。同时也可以结合实际情况，在农民工集聚区建造职工公寓，以相对低廉的价格向农民工出售或者出租。另外，政府还需健全和完善住房公积金制度，扩大公积金覆盖面，让公积金制度惠及更多的农民工群体，对于部分的优秀农民工，也可以制定特殊的优惠政策，如允许其购买经济适用房或人才房等。

2. 用工企业

企业是市场经济的主体，是吸收农民工群体就业的主要力量，因此在农民工住房保障成本分担上，企业也需承担相应的社会责任。“企业应在确保农民工享有合理工资待遇和福利保障的基础上，严格按照国家法律规定，为农民工办理养老、医疗、失业、工伤和生育等基本保险，分摊农民工市民化的部分社会保障成本”（单菁菁，2015）。对于企业来说，企业有责任、有义务为本企业的职工解决居住问题，为吸引优秀职工创造有利条件。企业在分担农民工住房成本时，需意识到“以房留人”对于企业经济效益的提高和企业的可持续发展有着重要的作用。多年来，在解决农民工住房问题上，宁波市一些民营企业的做法值得推广。一部分企业直接建造本单位职工宿舍或商品房提供给职员，此类以申洲国际、海天塑机、宁波钢铁、奥克斯等企业为代表；还有一部分企业建造宿舍或商品房，向周边园区或企业出租，此类以望春员工中心、力邦集团农民工集中居住园为代表；还有部分产业园区投资建设公共租赁住房，建成后向企业农民工出租或出售，此类主要以高新区凌云公寓、杭州湾新区大众公寓等为代表。

3. 农民工

农民工群体是城镇保障房体系建设的直接受益者，因此也须承担住房的成本。但受制于我国现阶段大部分农民工收入水平普遍偏低的客观条件，能够独立负担保障房建设成本的农民工数量十分有限，为了在农民工住房保障成本分担中发挥更大的作用，农民工群体自身需要做到以下两方面：第一，提高可支配收入。通过自身能力水平的提升和行业选择来增加个人收入，决定了其自身能否在城市中安居。当前，各地方人民政府在企业职工素质提升方面投入了较大精力，组织各种针对农民工群体的技能培训，举办各类技能大赛。农民工群体应积极参加，提升自己的专业技能，以在用工市场上获得更好的工作与就业机会。第二，更新职业发展观念。在竞争日趋激烈的今天，农民工要想扎根立足于城市，须对自己的优势和劣势有清晰认识，明确自身在城市中的定位，制订长远的发展规划。在人的城镇化建设中，农民工群体要积极主动地结合自身实际情况，努力实现从农民工到城镇市民的角色转换。另外，从长远角度来看，“浅尝辄止”的就业方式对农民工的个人职业发展非常不利，一则会影响收入的增长，二则也不利于提高农民工自身的从业能力。

二、成本分担的理论概述

（一）成本分担的理论基础

1. 罗尔斯分配正义理论

当代美国著名政治哲学家约翰·罗尔斯（Rawls，1971）的分配正义理论是一个内容丰富而复杂的政治理论学说。总的来说，它是基于正义的立场，探讨正义社会的基本原则及其相对应的社会制度设计。罗尔斯分配正义理论的核心是一种再分配的正义理论，是对财富和收入进行调整和再分配的依据，从而确保公平公正。对此，罗尔斯提出两条正义原则：一是平等自由原则；二是差别原则，它包括机会平等和补偿原则，其中机会平等原则高于补偿原则。

该理论的本质是再分配的正义论，其描述的正义是纯粹程序上的正义，其理论目的不是探讨"如何进行分配"，而是设计一套分配正义的原则和程序。理论本身提倡的是对弱势群体的关注，这点是可取的。不过，该理论也存在缺陷，最突出的是它仅关注再分配的公正性，而不考虑初次分配规则的公正性。如果初次分配的分配不公现象比较严重，那么再分配正义就难以实现。

该理论将市场和政府在分配正义中的相互关系及各自应当承担的责任进行了分析，对我国当前住房保障成本分担的科学化具有一定的参考价值。从罗尔斯的观点来看，市场和政府两者在资源配置、利益分配、提升人类对自身需求的满足度上都存在关联性。市场活动是一种自发的经济活动，追求经济效益是其基本目标。而政府活动是反映全社会集体共同追求的一项政治活动，追求公正是其基本目标。在实际生活中，市场和政府各司其职，又往往相互作用。市场是一种成本最小但是收益最大的分配方式，但是，公共利益的分配不是市场能解决的，它需要通过国家层面来指导分配。因此，市场和政府应当相互促进和协助（两者无法凭借一己之力实现社会分配正义），才能促进经济发展，做到社会公平正义，人们的整体福利水平才能提高。

罗尔斯关注的是社会制度和权益分配的正义合理性，强调将保护社会的弱者作为正义社会的基本条件，人人平等。这种理论构想在当代社会有着巨大的理论和实践价值，表明政治哲学的主题从"自由"到"平等"转换，为今后研究正义问题提供了新的理论基础。

中国共产党的基本执政理念是公平正义，它也是中国特色社会主义的内在要求。党的十八大报告指出："必须坚持维护社会公平正义"。当前，在经济社会全面发展和全体人民共同奋斗的基础上，遵照党的十八大要求，我国应当加快社会公平正义制度的建立和完善，逐步建立其保障体系，打造公平正义的社会环境，保证人人平等。

2.利益相关者理论与博弈论

(1)利益相关者理论

利益相关者理论已经成为管理学、经济学等学科的研究热点。1963 年斯坦福研究所将其定义为"企业没有他们的支持将不复存在"。早期，由于学术研究工作缺乏严密性，虽然有人对利益相关者进行了理论上的阐述，但没有受到学界关注与进一步应用。直到R.爱德华·弗里曼(R. Edward Freeman)出版了《战略管理:利益相关者方法》(*Strategic Management*: *A Stakeholder Approach*,1984),学界才开始重视利益相关者的研究。书中明确提出了该理论的具体内容,即为综合平衡各利益相关者的利益要求,经营管理者所进行的管理活动。利益相关者具有广义和狭义的概念。广义概念,弗里曼认为利益相关者是个人或群体,其一方面影响组织目标的实现,另一方面抑或受组织目标实现与否的影响。狭义概念,国内学者认为利益相关者对企业发展进行了投资,同时又承担相关风险,因此企业要考虑对利益相关者进行相应的报酬和补偿(贾生华和陈宏辉,2003)。利益相关者理论在经济全球化发展及社会责任意识兴起的背景下,被认为是管理方法的重要变革之一,逐渐应用于更广泛的研究领域。

结合中国现实国情,未来在对我国社会保障,尤其是住房保障方面,应当探索该理论的研究框架和体系,使其符合中国国情,从而促使政府、企业、个人参与到理论研究及实践中来以实现可持续发展。

(2)博弈论

博弈论是指研究多个个体(或团队)在特定条件约束下的对弈中的行为和优化策略。当某个主体的选择受到其他人或事物选择的影响,同时反过来又影响到其他人或事物的选择,此时的决策问题可以用博弈论来分析。住房保障政策的实施过程就是各个主体相互作用的博弈过程,在农民工住房保障政策实施的过程中,处处充满博弈。住房建设的多少、开发成本、住房质量等可以理解为政府与企业之间的博弈;庞大的资金供给是中央人民政府与地方人民政府之间的相互博弈;住房保障对象的确定则是政府和农民工之间的博弈。可见,农民工住房保障政策的制定以及该政策的实施方向就是各参与主体之间相互博弈的结果。正因为如此,把握博弈规则、参与者及其目的、决策及行为方式等对于农民工住房保障体系建立中的政策制定与实施相当重要。其参与者包括:中央人民政府、地方人民政府、农民工个人和企业等,由于他们在博弈中的地位、角色和目的不同,其博弈的目标内涵、策略及行动方式也就各不相同。总的来说,各利益相关者在博弈过程中寻求达到利益均衡点,才能使各方利益最大化。在对规制进行决策的时候,为了各自的目的和利益,政府、企业和被保障的对象将会进行博弈,从而表现出三方博弈的过程和状态,其中企业和被保障的对象都有可能使政府的规制决策随着它们各自对政府所施加的影响而发生动态的变化。利益相关者的博弈过程如图4-1所示。

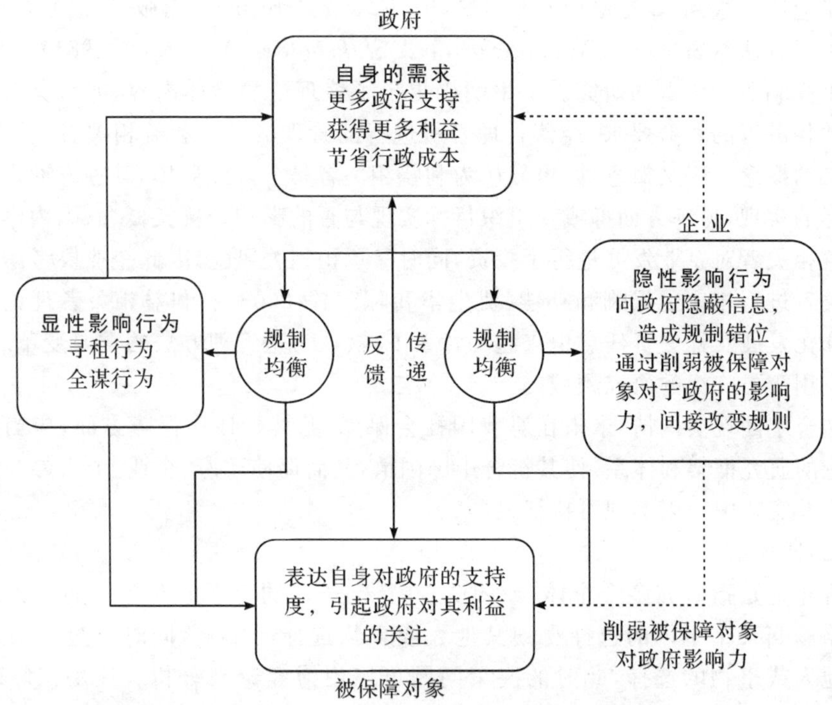

图 4-1 利益相关者的博弈过程

3.政府责任理论

学者们从不同角度研究了政府责任的内涵，研究认为：第一，政府责任理论是近代民主政治背景下产生的一种行政理念，其根本出发点是“民意”；第二，政府责任理论是基于“权责一致”的逻辑前提而存在的价值体系；第三，政府责任理论是从内在到外在进行约束的一个有机整体，对政府行政模式的转变具有重要作用。

该理论的主要目的是能够厘清政府责任的概念体系，并构建政府责任的理论框架。学者们大多在重点关注社会保障、教育、“三农”以及政府改革等方面的政府责任，为政府责任的分担提供了理论支持。在农民工住房保障的成本分担的研究中，同样有政府、企业、农民工三大参与主体，三者之间所要承担的责任不同，但又有交叉，故政府责任理论将有助于探讨政府部门所需承担的主要责任。

4.财政分担理论

改革开放初期，我国就进行了税制改革，之后的税制改革则进一步建立起分税制的财政分权体制，其中在统一税政的基础上赋予地方人民政府适当的税政管理权，便是《中央关于完善社会主义市场经济体制若干问题的决定》中的观点。财政分权又称财税分权，它建立在政府职能或事权的基础上，在法律保障范围内，本着经济效率与公平的原则，采取民主的方式，处理各级人民政府间的财政收支范围，以此处理中央人民政府与地方人民政府以及各级人民政府之间的关系，其具有财政职能与收支相对独立、效率与最优、民主与公平、规范与法律、激励相容性等特征。

不过，财政分权理论若想得到良好的实施效果，需要注意两方面的问题。第一，适度分权。无论是理论假说还是历史实践都已经证明了适度分权对于资源的有效配置和制度创新有着积极的促进作用。1994 年，我国的税改制度采取适当的财政分权制度，建立起分税制的财政分权体制，通过明确政府间职责、强化地方财政的预算约束等方式，调动地方人民政府的积极性，投入社会主义市场经济的建设中来。该理论实践对于我国实施住房保障的财政分担具有重要借鉴作用。第二，严格财政纪律。财政分权体制的理想与现实之间的差距主要表现在：财政资金的管理不严格，预算外的资金变成了监督的盲区，导致财政资金在中央预算之外，资金浪费严重，转移支付资金被挤占、挪用的现象严重。因此，严格财政纪律是我国财政分权体系健康发展的前提。当前，我国正处于社会转型期，各种矛盾和不平衡突显，只有加大审计和监督财政支出和转移支付资金使用情况，同时争取将预算外资金纳入预算内进行管理，才能确保经济持续、健康发展，对于住房保障的财税资金的监管，也是同样的道理。

（二）成本分担的基本原则

1. 分类、自愿、有序原则

农民工群体数量庞大，个人能力、就业需求和家庭实际情况不尽相同。如果对所有农民工均采用完全统一的标准和办法来考虑住房保障问题，而缺乏对农民工群体住房诉求的通盘研究，就无法建立起完善的可持续的住房保障成本分担体系。所以在对农民工住房保障成本分担问题的考量上，需要遵循以下原则：

第一，分类分担原则，即根据农民工的生活和工作特点等，对农民工进行分类。参考前文内容，依据课题组对农民工住房的调查研究，可以考虑把农民工群体分为三类：第一类农民工，其主要在固定城市的企业上班，自身具备较强的工作技术甚至是企业急需技能，他们不仅拥有较强的融入城市的意愿，而且因为劳动技能的水准较高，收入也较稳定。同时，在某个城市生活多年，生活习惯和当地市民相似，城镇化过程相对比较顺利。第二类农民工，主要是指在城市中已有工作，但是由于本身缺乏一定的职业技能，工作的可替代性较强，他们的收入水平不高，在城市中以租房为主。第三类农民工，他们主要是以农村为主要生活地，从事传统的农业生产，而为了增加可支配收入往往会选择在农闲期间到城市里打工赚钱，因此这部分群体的流动性最强，与此同时，安家落户的意愿也最弱。

第二，自愿分担原则。即尊重农民工自身的留城意愿和住房需求。按照轻重缓急原则，建构差异化的农民工住房保障框架。针对第一类农民工，因为其融入城市的意愿较强，收入来源稳定，可以鼓励他们自愿通过申请、审核等程序承担经济适用房，针对这部分人群，政府可将其直接纳入城镇住房保障体系。针对第二类农民工，因为其收入相对有限，基于现实考量，需要政府和企业一起发挥作用，提供符合其自身实际和条件的房屋。具体来看，政府可以通过税费减免等各项优惠政策补贴企业建造农民工住房，同时政府也可以通过发放农民工住房维修补贴资金的方式，支持企业或个人将废旧的房屋维修、改造成集体宿舍，并以低于市场的价格租赁给农民工。对于第三类农民工，因为其在城镇定居的主观意愿较弱，住房支付能力较低，可以考虑由企业提供便捷的职工居所来满足要求。

第三、有序分担原则。由于政府财政供给能力有限和地区差异等原因，我国农民工住房保障问题的解决难以一蹴而就，须通盘考虑，逐步建立健全住房保障体系，有序进行成本分担。根据前述罗尔斯的正义理论，应按照轻重缓急优先保障重点群体，满足最基本、最突出、最迫切人群的住房需求，同时高度重视农民工住房保障工作，明确该工作的重要性、长期性和复杂性。我国人口数量庞大，解决包括农民工在内的农村转移人口的住房问题复杂而艰巨，推进农民工住房保障工作任重而道远。农民工在收入水平、职业技能、就业地选择、流动性、市民化意愿等方面存在较大差异，这无形之中给各级人民政府间财政责任分担提出挑战，使农民工住房保障问题变得更复杂。因此，在农民工住房保障问题的解决上，政府需要明确农民工住房保障工作的责任划分，结合当下经济社会发展情况以及农民工自身意愿等，才能分步有序推进该项工作的进行。

2.政府社会共同参与原则

从公共经济学的视角来看，以农民工群体为代表的城市低收入群体的保障性住房建设是准公共产品，如果完全依仗公共权力承担建设保障性住房的所有成本，显然不切实际，学理上也难找到支撑。然而，如果完全由市场承担成本，则极可能造成住房不公平现象并持续恶化。如果完全由企业来承担全部的农民工住房成本，则将造成企业过重的负担，势必严重影响企业的经济效益，对企业的良性发展提出了巨大的考验。但是，如果完全由农民工承担保障性住房的成本，则将势必减少本就不多的农民工群体的可支配收入，更不利于住房问题的解决。

因此，切实解决农民工群体的城镇保障房问题，须合理划分政府、企业、农民工群体三方面的权利与义务关系，建立起科学合理的成本分担机制，充分发挥政府、企业以及农民工个人的作用。政府须履行统筹协调职能，企业则要为自身的长远发展考虑对农民工履行解决居所的义务，农民工群体需要杜绝“等、靠、要”的思想，通过提高职业技能等方式不断加强自身建设来提高收入水平。只有多领域、多主体的通力合作，才有可能妥善解决人的城镇化进程中农民工居所问题。

3.需求与能力相适应原则

制约农民工住房保障体系建立的关键因素是成本，而制约成本的根本因素是资金。现阶段，受制于财政压力，无论是中央人民政府还是各级地方人民政府都难以独立承担推进农民工市民化、建立保障性农民工住房的所有成本。因此，保障性住房的规划、建设与管理的思路、方法和根本途径是要建立起资金筹措体系。为了强化政府财政支付能力，提高政府履行包括住房保障在内的公共服务的能力，须从顶层设计出发，创新思维，按照人口特别是常住人口的城镇化率逐步推进农民工住房保障。

完整的农民工住房保障体系，首先需要解决的是农民工住房保障项目的建立，其次是解决覆盖群体的逐渐扩大问题，第三是房屋的质量和条件。因此，在解决农民工紧缺的住房保障项目的同时，还需根据政府的财政能力，科学推进住房保障规划。农民工住房保障应遵循救济性为主、改善型为辅的原则，并根据当地的经济实力和城市承载力大小来推进，待经济发展水平提高、财政较充裕和公共服务水平进一步提高后，再逐渐加大保障力度。

三、农民工住房保障成本分担模式比较

（一）成本分担的典型模式

1. 上海、重庆：农民工廉租房模式

农民工廉租房模式，主要是以政府为主导，综合利用各个方面的资源和条件，建造低价公寓。此类模式中，农民工住房保障的成本分担主要是由政府等公权力承担，其他资源起到补充和辅助作用，并且由政府进行调配。同时，建造起来的廉租房公寓大多都是在企业集中的区域，由用工单位承租然后提供给有需要的农民工，或者直接由政府出租，以低价租给农民工。这种农民工廉租房模式的典型代表城市有上海和重庆。

上海的典型模式是在工业园区内集中建造农民工宿舍，把一些愿意为员工建造集体宿舍的企业集中起来，这些企业建设的集体宿舍也集中规划，因此就形成了相对比较集中的农民工宿舍（董昕，2013）。上海首个农民工宿舍的土地来源于马陆镇工业园区用地，由政府出面将园区内用于建设农民工宿舍的土地集中起来，统一规划，其中马陆镇的永盛公寓就是典型代表。永盛公寓建于 2005 年，坐落在上海郊区嘉定区，因为其紧邻永盛大道，所以取名为永盛公寓。整个公寓占地面积为 73 亩，主要由 10 栋住宅楼构成，总面积大约有 6 万 m^2，总体可以容纳将近 1 万名农民工。永盛公寓的建设和管理模式比较特殊，主要是由企业出资建设，再承租给农民工收取房租，其中公寓的物业管理是由政府来负责，收取物业费维持运营，如果有不足的部分，则由政府进行补贴。永盛公寓的房间是由多数的单人间和少量的家庭房组成，经过计算，农民工入住其中的房租仅为 70 元/月，并且房租的绝大

部分由企业负责，农民工只需要承担一小部分即可。永盛公寓在解决农民工住宿的同时也成为马陆镇对外招商的一个重要条件，企业到马陆镇投资建厂，就无须考虑农民工的住宿问题，这也为企业解决了一项难题(袁中友，2008)。

重庆是中国比较早的一批考虑到需要解决进城务工农民在城市住房问题的城市之一。重庆在20世纪末就开始将一些分散闲置的楼房或者烂尾楼改造成农民工宿舍，这是其解决农民工群体住宿问题的早期探索。在重庆为农民工提供的低价公寓中，最具代表性的就是棒棒公寓。棒棒公寓共有9层，其中1—3层是农贸市场，4—9层是农民工宿舍。1997年，正值房地产市场的低谷期，市场上出现了很多闲置很久的楼房，重庆市就将其中一些闲置的农贸市场改造成棒棒公寓，低价出租给在附近务工的农民工。很多农民工居住在这里，一是房租便宜，每个床位每天仅需一元钱，另外一个原因是离工作地点近，楼下农贸市场就是他们的工作地点。"一天一元一床"的传统就这样一直延续下来，也成为棒棒公寓的特色，其每天的入住率最高达到100%，租客中9成以上都是进城工作的农民工。同时，在有了棒棒公寓的经验之后，重庆市人民政府也开始出资建造另外一个农民工公寓——阳光公寓，地址选在交通比较方便和农民工较为集中的重庆南岸区。阳光公寓共有8所，建设总面积高达2.0万平方米，共吸引了4000多名农民工入住，其运营模式是"政府投入，市场运行，社区管理"①。

2.湖州：农民工住房公积金模式

农民工住房公积金模式，是指将农民工纳入城市住房公积金体系，并且根据农民工群体的特点制定出符合其自身需求的住房公积金制度，如低门槛准入、优惠买房贷款和将公积金使用范围扩展到租房等，浙江省湖州市就是使用住房公积金模式保障农民工住房的典型城市代表。

2003年，浙江省湖州市率先探索和制定了符合农民工特点的住房公积金制度，首次将农民工这个群体纳入住房公积金的体系(方蔚琼，2015)。针对农民工收入比较低而流动性比较强的特点，对住房公积金制度进行了一定程度的调整，主要有降低住房公积金的准入门槛、将公积金使用范围扩展到了租房、农民工在辞职离城的时候可以随时将住房公积金取出、经济情况困难的农民工家庭享有特殊购房补贴、鼓励使用住房公积金去农村建房等，从而建立起了符合农民工需求的住房公积金制度。在具体的实施中，湖州市的住房公积金政策规定，用工单位和务工者个人每月需要缴存66元，连续足额缴存6个月后即可申请最高达60万的房贷额度。在此之后，湖州市又结合实际情况对农民工公积金政策进行优化调整，进一步放宽提取条件、简化提取手续。通过这种方式，湖州市已为十几万名农民工设立了住房

① 李国，赵潇.重庆数千"棒棒军"入住阳光公寓[EB/OL].(2007-06-14)[2010-11-10].中华全国总工会官网，http://www.acftu.org/.

公积金账户(方蔚琼,2015),进一步解决了他们的城镇住房问题。

3. 成都、莱芜:农民工住房补贴模式

住房补贴模式,简单地说就是在农民工解决住房问题时进行补贴,但具体的补贴条件和标准就要依据实际情况进行分析和设定,在具体的实施中主要是按照农民工进城工作时间的长短和购买房屋的面积大小来决定其享有的补贴额。农民工住房补贴模式可以分为购房补贴和租房补贴两大类,其代表城市分别是四川省成都市和山东省莱芜市。

成都市是住房补贴模式中购房补贴的典型城市代表,主要通过对购房的农民工进行补贴的方式鼓励农民工在工作地定居。早在 2003 年发布的《关于调整现行户口政策的意见》文件中,成都市人民政府就使用"是否在城市中有稳定的工作和稳定的生活来源"代替了原来的进城指标,这是农民工城市落户政策的一大重要突破。2004 年,成都市发布《关于推行一元化户籍管理制度的实施意见》,《意见》取消了进入城市的户口限制,通过将之前的城镇户口和农村户口全部改为统一的"居民户口"的方式,成功地在户籍准入方面接纳了农民工。2006 年,在城市落户的户口准入条件方面,成都市进行了进一步的放宽,将农民工在城市落户的前提条件由原有的购房扩大到了租房,打破了长久以来只有买房才能落户的情况。2008 年,成都市房产管理局联合市政局颁布了《关于我市进城务工农村劳动者进行补助有关问题的通知》,《通知》中明确规定了签订一年以上劳动合同的成都市进城务工人员和自主创业的农村劳动者,首次在成都市五城区和高新区范围内购买建筑面积 $90m^2$ 以下的商品住房可享受政府补助(方蔚琼,2015)。2010 年,成都市陆续出台有关在城市务工农民工落户方面的相关文件,持续从户籍角度解决农民工在城市中的住房问题,提出要彻底的消除城市居民和农民工之间的身份差异,继续将"统一身份"的工作进行到底,实行一元化管理,彻底抛弃以前的二元化差异,充分保障农民工在城镇的各项社会公共服务方面的权利。

山东莱芜市是住房补贴模式中租房补贴的典型城市代表,从 2006 年就开始对一些收入比较低的家庭进行补贴,最早采用的是按人数进行补贴的方式,由政府直接将资金补贴给困难群众,构建起以货币直补为主的廉租住房和经济适用房救助、联动和退出机制(方蔚琼,2015)。2007 年底,莱芜市已经对超过 1400 个经济收入水平较低的家庭进行了补贴,之后一年,市人民政府将补贴范围进一步扩大,农民工家庭也成功被纳入保障体系,以租房面积 $60m^2$ 保障标准为符合条件的农民工家庭提供每年 2856 元的租房补贴(方蔚琼,2015),也是农民工住房保障工作的一项重要突破。

4. 嘉兴:准市民化模式

准市民化模式是指通过城乡要素的合理交换实现对农民工角色定位的转变,

由原先的进城务工人员转变为城市居民，这是将农民工纳入城市住房保障体系的一个突破，这方面的代表城市主要有浙江嘉兴市。嘉兴市住房保障建设的经验，主要有以下三个方面：一是对现实情况的准确把握。在嘉兴市的人口构成中，外来人员占绝大多数。据资料统计，嘉兴市外来人员数目一直在不断增长，高峰时占据了总人口的 90%以上，为此政府还专门成立特定的服务小组为外来人员服务，并且视外来人员为城市新居民①，这无形中增加了外来人员的归属感。二是政策实施具有创造性。嘉兴市通过用农村宅基地置换城镇房产的方式为农民工解决城市住房问题，并且为自愿选择置换房产的农民工提供多种置换方式，如以农村宅基地换货币补偿、搬迁至安置区内的安置房以及产业功能区的标准产业用房等。以这种置换方式入住城镇聚集社区的农民工，原则上可将户籍关系迁入当地社区进行管理，享受与城市居民同等待遇，并继续享有原居住地村集体经济组织除申请宅基地以外的其他权利（方蔚琼，2015）。三是从实际出发，具体问题具体分析。嘉兴市的产业结构中技术密集型产业占据着重要位置，因此对用工的要求较高，需要其具备一定的技术和文化水平。为此，嘉兴市放宽市民准入条件，用发放居住证的方式吸引了有能力的外来务工人员，同时嘉兴市还通过多次改革逐渐消除了不同人员在户籍制度上的差异，让外来务工人员凭借居住证也可以享受到和城市居民一样的待遇，保障了他们在城市中的合法权益②。

5. 其他模式

佛山市探索分层分类、渐进式农民工市民化的住房问题解决方案，并提出建立多主体分担、多形式供给的住房供给模式。宁波市探索优秀农民工落户政策，将优秀流动人口纳入政府公益性住房保障范围。泉州市采取弱化户籍制度限制、优化住房保障管理模式、拓宽保障住房建设投融资渠道等手段，推进城市由“农民工聚集城市”向“农民工宜居城市”转变。一些农民工住房保障实践较理论探索具有一定的超前性，但是在分担责任划分、制度保障设计等方面仍有局限性：第一，成本分担责任主体不够明确，住房保障资金来源不稳定；第二，缺乏长期目标和城乡统筹的整体构想，住房保障整体表现为短期性、被动型、零散化的特点；第三，保障模式与现行户籍制度、土地政策之间存在矛盾。

随着房地产库存问题的加重，河南、河北、湖南、内蒙古等地开始探索扩大农民工市民化的住房需求，来实现“去库存、保增长”的策略。应该说，这一政策定位的对象是精准的。但若实现这一目标，必须从系统思维的角度去解决农民工住房保

---

① 参见《中共嘉兴市委嘉兴市人民政府关于加强嘉兴新居民服务管理工作的若干意见（试行）》（嘉委[2006]35 号）。

② 2008 年 4 月起，嘉兴市停止发放暂住证，全部改为发放临时居住证，具体参见《嘉兴市居住证申领工作实施意见（试行）》《嘉兴市居住证申领工作实施意见》《嘉兴市新居民服务管理和居住证改革考核办法》等。

障成本分担问题。显然,一些地区农民工住房保障政策仍然是单纯以经济增长为目标,缺乏以人为核心、统筹兼顾、责任明确、公平公正的成本分担机制设计。

部分城市农民工住房保障模式比较见表4-1。

表4-1 部分城市的农民工住房保障模式

典型地区	主要做法	服务情况	效果
成都	利用政府、社会和企业的力量,多渠道建设农民工集居点	配套设施、服务比较完善,租金低廉	保障了农民工的基本住房问题
嘉兴	以宅基地置换城镇房产,以土地承包经营权置换社会保障	将户籍关系嵌入社区管理,享受市民的保障权利	获得市民待遇,增强了归属感
佛山	以"户籍积分制"吸纳优秀农民工落户	积满60分且在当地政府落户规划名额之内方可落户	公积金使用存在限制
泉州	将符合条件的农民工纳入保障性住房申购范围,设置农民工住房公积金制度	用"居住证"代替"暂住证",享受本地户籍市民化的待遇	范围还需进一步扩大
上海	为工业园区的农民工统一建设公寓式集体宿舍	配套设施、服务比较完善,每个宿舍容纳8人以内	保障了农民工的基本住房问题

(二)成本分担典型模式存在问题与启示

1. 成本分担典型模式存在的问题

第一,多元主体之间的权责分配尚不明确。没有明确的权责关系便不能稳定保障性住房建设补贴的资金来源。由于农民工住房保障的资金来源主要依托于政府财政,为此保障资金支出就需要纳入政府的财政预算。但是在现行的财税体制之下,中央人民政府和地方人民政府之间在财权与事权的划分上存在不少亟待解决的矛盾,责任推诿现象频发,用于解决农民工群体保障性住房问题的款项不能及时得到拨付。公共财政职能的失灵导致地方保障性住房建设工作难以顺利地展开和进一步推进。

第二,从宏观上来看,针对农民工群体的保障房建设缺少系统的规划,呈现短期和分散的特点。从2005年开始,关于如何安置外来务工人员的问题就已被述及,确保农民工有房住的各项文件也相继出台。然而,这些政策的表述含糊不清,尚缺明确的目标规划和落地方案。

第三，我国目前的住房保障模式与户籍制度、土地制度之间存在一定的冲突。土地是保障农民工住房的基本条件，无论是建造农民工宿舍还是提供保障性住房，都需要大量的土地支持。然而近年来，我国地方人民政府形成的对“土地财政”过度依赖的现象，严重制约甚至削弱了地方人民政府对农民工保障性住房建设的积极性。如果将部分土地划分出来用于保障农民工住房，不仅会让政府失去出售土地带来的财政收入，而且还需要投入大量的资金来推进住房保障工作的进行。因此很多地方人民政府会“主动”地忽视农民工住房保障工作的开展，而将责任推给企业，企业又因为能力方面的限制导致单方面保障较为困难，所以也会忽视保障责任，从而致使农民工住房保障工作在很多地区举步维艰。此外，农民工迫切想要成为“城里人”，却没有应有的政策配套，户籍方面的限制成为农民工市民化的一大障碍。

2.成本分担典型模式带来的启示

在解决农民工住房难的过程中，如何进行合理的权责划分是首先需要考虑的问题。因此，亟须建立分担责任清晰、利益主体兼顾、公平公正的制度体系，确保农民工住房保障工作的顺利进行。

《国家新型城镇化规划(2014—2020年)》明确提出，政府、企业和农民工共同构成了实施住房保障工作的主体，并且根据成本的不同类型，需要承担各自不同的责任，但如何进行权利与责任的分配仍需考虑。从长远来看，如果按照当前城镇居民的养老金发放标准执行，面对庞大的农民工群体，意味着政府需要在城市规划支出中增加其比重。城市的基础设施建设、农民工子女的教育投资、公共卫生和养老保障等方面的资金需求，关键在于中央人民政府、地方人民政府、企业和农民工个人之间责任的分配。从责任分配的角度考虑，资金的筹集主要有四个方面：一是从政府视角出发，无论是政府的专项资金还是保障房建设的土地审核，都应从农民工群体的切实实际出发进行考量，避免过度浪费，同时也避免部门间互相扯皮的现象发生；二是制定农民工群体保障房建设的补贴标准；三是在资金筹集上，发起社会捐赠，积极倡导社会组织为农民工住房保障建立专门的资助资金，资助农民工住房保障工作的开展；四是从银行方面入手，发行债券等进行融资。

在资金的投入方面，需要明确清晰的权利与责任关系，以保证保障性住房建设的良好开展和落实，如资金投入过程的监督以及各个环节的投资比重分配等。中央人民政府需从宏观层面进行农民工住房保障政策安排，同时也要兼顾地方人民政府的经济利益，充分考虑农民工住房保障过程中的成本分担问题；而地方人民政府则应该积极贯彻中央决策部署，全力促进农民工住房保障。各级人民政府除了要承担农民工住房保障之外，还需考虑其在城市中安家、子女教育以及社会保障等方面的问题。

第二节　宁波市农民工住房保障成本分担的实证研究

一、宁波市农民工住房保障政策的历史及现实

(一)农民工住房保障政策的发展历程

随着我国城乡社会经济的发展和城市化、工业化进程的加快,大量农村剩余劳动力在政府逐渐放宽的人口流动和迁移政策的影响下开始向城市转移。然而,受制于二元户籍制度的障碍,在医疗、住房、社会保障以及子女教育等社会保障方面,以农民工群体为代表的外来务工者尚无法享有与城镇居民同等的权利。从近十年的政策来看,农民工住房保障问题愈来愈受到中央人民政府的重视,早在 2008 年,时任总理温家宝已经提出改善进城农民工居住条件的政策目标。2012 年,党的十八大报告指出,要充分发挥市场的作用,将其与政府保障相结合,全面推动保障性住房建设,满足困难家庭基本需求①。沿海经济发达城市的地方人民政府对农民工住房保障工作方面给予高度的重视,这不仅是党中央国务院对各级人民政府提出的要求,在一定程度上更是促进区域经济发展,解放掣肘经济发展所亟待解决的社会问题。

十一届三中全会后,宁波市成为外来人口流入的重要地区。为进一步落实中央关于农民工住房保障的决策部署,宁波市先后出台了一些关于农民工住房保障的政策,率先提出并启动实施限价房政策、公廉并轨的公共租赁房的保障模式,是全国首批为优秀外来务工人员定制落户政策的城市之一。2017 年 3 月,针对优秀农民工落户的"量化积分户籍制"在大市范围内开始施行。下面以宁波市为例对农民工住房保障政策以时间为轴进行分析。

1. 政策空白期

1978 年以前,由于国家实行的是完全的计划经济体制,人口流动极少,除了知青"上山下乡运动"等有组织的人口流动外,人口流动尤其是农村人口流动到城市务工受到很大限制。特别是在 1958 年,国务院颁布《中华人民共和国户口登记条例》,明确将城乡居民区分为"农业户口"和"非农业户口",对人口自由流动实行严格限制和政府管制(王红晓,2013;万海玲,2017)。当时的宁波也不例外,一切生

---

① 新华社.胡锦涛在中国共产党第十八次全国代表大会上的报告[N].人民日报,2011-11-18(A01).

产、分配都靠指令，即使有少数外来务工人员，其衣食住行等基本也靠自行解决。完全的计划经济体制使得针对外来务工人员的住房保障体系没有存在的空间，几乎是一片空白（王人扬和仇兵奎，2014）。

2. 自主发展期

1978年，我国实施了土地改革，实行家庭联产承包责任制，极大地提高了农业生产效率，释放出大量农村剩余劳动力，大量农村剩余劳动力开始从农村转移到城镇工作。而宁波作为首批沿海开放城市，吸引了周边小城镇大量农村剩余劳动力，这部分群体后来被称作“农民工”，主要从事建筑、制造、运输、装修等重体力劳动。农民工在保留原户籍、原供给分配制度的前提下在城镇务工，住房问题开始得到关注。多数农民工住房或者自行解决，或者由务工企业临时解决，更加体系化、精细化的农民工住房保障体系还未建立。

3. 启动探索期

1992年“南方谈话”后，我国经济开始迅速增长，大量农民工群体开始向城市流动。1997年，全国近400个小城镇进行户改试点工作，户籍制度进一步松动。宁波市加大对城市居民的住房改革，提出了城市居民可享受住房公积金、城镇低收家庭可享受廉租房政策，但没有提到关于农民工住房保障的相关政策（见表4-2）。为保障城市外来务工人员的住房问题，宁波市人民政府提出一种住房供应模式，虽然没有文件的正式出台，但使农民工有了暂时可以居住的地方。

表4-2　1992—2002年宁波市有关住房保障政策梳理

年份	相关政策	相关举措
1992	《宁波市市区住房改革实施方案》	推行住房公积金，制定出售公租房的操作方案
1995	《宁波市市区住房制度改革实施方案》	完善住房公积金制度、推进租金改革、出售公有住房、建设经济适用房、实现住房社会化管理；确立每年建房总量中，经济适用房占比20%以上
1998	《宁波市进一步深化城镇住房制度改革实施方案》	对不同收入家庭实施不同的住房供应政策，最低收入家庭可租住政府提供的廉租房，中低收入家庭购买经济适用房和普通住宅，其他收入较高的家庭按市场价购、租商品房
2002	《宁波市市区廉租住房管理暂行办法》	使用区域规定在海曙区、江东区和江北区，资金来源包括专项资金、社会捐赠和住房补充资金，并将共有住房作为市区配租的主要房源

资料来源：宁波市人民政府网，http://www.ningbo.gov.cn/.

4.快速发展期

2007年,中国城镇房地产市场与住房保障体系从封闭走向开放,不同的功能定位和价值取向满足了城镇居民差异化的住房需求。但是,农民工的住房问题日益加剧,绝大部分农民工都是通过租房、单位提供住宿和自购房解决住房需求,住房条件虽有一定的改善,但住房满意度不高。这一阶段的农民工文化程度提高,在外务工时间更长,不再是以前在城镇赚钱回农村花,而更多的是要融入城镇生活的市民化需求。2007年,建设部等五部委下发了《关于改善农民工居住条件的指导意见》,改变了以往我国在农民工住房保障上空缺的情况,是第一次站在农民工角度上为他们提出住房保障的文件。提到的一条基本原则是将住房房源落在用工单位上,政府只提供政策扶持。将农民工的住房问题交给用工单位负责,无疑给他们带来巨大的经济损耗,损耗自身利益的行为给了他们压榨农民工的理由,同时也带来了房屋安全隐患。

为响应国家号召,提供多层次的住房保障体系,宁波市结合2006年发布的《关于加强外来务工人员集中居住区建设的意见》(见表4-3),于2007年出台了《宁波市市区廉租住房管理办法》。此次受保障对象为中低收入群体,不仅将管理办法落实在海曙、江东、江北的老三区,并向鄞州、镇海和北仑扩展,结合各区的实际情况,各区人民政府分别制定可行的廉租房政策,建造或改建廉租房。廉租房有的是新建的,有的是老小区改造的,但都要求具备一定的配套设施,并且满足交通、教育、医疗等基本公共服务。

表4-3　2002—2008年有关宁波市农民工住房保障政策梳理

年份	保障方式	主要内容
2002	建立经济适用房领导小组和建设管理办公室,启动经济适用房建设	以中小户型为主,套型面积基本控制在50～80m²;销售中,严格建立审批、监管、摇号制度
2006	制定《关于加强外来务工人员集中居住区建设的意见》,提出"因地制宜、集约用地、管理为本、兼顾收益"	明确了连续三年的用地指标,专门用于建设外来务工人员集中居住区
2007	发布《宁波市市区廉租房住房管理办法》《宁波市优秀外来务工人员户籍登记管理办法》	全面建立廉租房、经济适用房和限价房一体的住房保障体系,为优秀外来务工人员落户提供支持

资料来源:宁波市人民政府网,http://www.ningbo.gov.cn/.

5.逐步完善期

2010年,宁波市人民政府第72次常务会议发布外来务工人员积分落户暂行办法，主要针对非本市的外来务工人员，按梯度原则实行户口迁移。办法针对在海曙区、江东区、江北区务工的外来人员，累计达到100分，其他区则到80以上即可。落户城镇使外来务工人员在宁波能享受城镇居民的福利，为在城市买房提供相当便利的条件。配合同年出台的公租房制度，两者互相配合满足申请公租房的条件后，统一分配房源。2011年《大力发展公共租赁住房　进一步完善住房保障体系》中指出，预计未来五年内，全市将建造保障房屋数量约5万套①。

2013年底，住房和城乡建设部等三部委联合发文，从2014年起全面实行公廉并轨机制(赵媛媛，2014)。2014年宁波市住建委等单位联合出台了《关于公共租赁住房和廉租住房并轨运行的指导意见》②，"公廉并轨"机制是将廉租房房源纳入公租房房源，统一成为一种针对收入困难、住房困难人群的住房保障体系。统一将廉租房称为公共租赁房。各市区可根据辖区内保障房屋数量，按申请人数、申请人家庭条件等情况，按照一定比例分配住房，条件审核过程有点繁杂，但对于农民工而言，这可以缓解在甬的住房生活问题，减轻经济上的压力。同时对之前已经住在廉租房的家庭，仍按之前的收费方式，对于新的家庭按照实际家庭条件给予85%、50%、15%的梯度减免③。

2016年宁波市人民政府深化住房制度改革，提出了购租并举的住房保障制度，鼓励农民工进城买房。各辖区按照宁波市文件可以根据自身辖区内的实际情况，适当调整购房与落户之间的关系，同时规划在甬务工的农民工也可以享受公积金政策。为了惠及大多数的农民工，宁波开始试行户籍积分制。宁波市是首批实行户籍积分制的城市之一，在2017年3月，宁波市人民政府发布了新的量化积分制度，鼓励流动人口进城落户安居，以配合2017年年初启动的流动人口居住登记制度。落户后的农民工可以凭借住房公积金买房，但是住房公积金只能在宁波大市范围内买房时用，不能取现，也无法异地使用。

(二)农民工住房保障政策的实施

1. 公共租赁房保障

公共租赁房是政府为新就业职工等住房困难群体，如新就业的大学生、外来务工人员提供的一类住房产品。这类住房的所有权并不归住房者所有，而是归政府或公共机构拥有。2008年宁波市在全国比较早地试点开展建设公共租赁住房(当时称作"经济租赁房")，2010年正式出台公共租赁住房政策并大规模启动房源建

---

① 吴旻. 鄞州涌现不少精品安置房[N]. 宁波日报，2017-02-10(A03).

② 宁波市住房和城乡建设委员会，发展和改革委员会，财政局.《关于公共租赁住房和廉租住房并轨运行的指导意见》的通知[EB/OL]. (2014-06-05)[2017-10-10]. 宁波市住房和城乡建设局网，http://www.nbjs.gov.cn/.

③ 同上.

设。自启动建设以来，2012 年是公共租赁住房配租规模较大的一年。为切实抓好公共租赁住房管理，宁波市人民政府以洪塘地块为试点，积极开展公共租赁住房管理模式的探索和实践。通过公开招投标，确定物业服务公司；与属地街道、社区成立共管机构，建立共管机制；开发了“宁波市公共租赁住房配后服务管理信息系统”，与住房保障信息管理系统、银行缴费系统、公积金管理系统、小区门禁系统进行数据对接，为保障对象入住手续办理、配后抽查、房租及水电煤气等公用事业费用交纳、小区物业管理等提供数字化管理和规范化服务。

2.“双限价”房保障

“双限价”房是政府为限制高房价和解决中低收入家庭住房困难，向有住房困难的群体提供的一种限价格和限面积的商品房。“双限价”房按照“以房价定地价”的运作思路，采取的是政府组织监管、市场主导运营的建设与分配模式。宁波市限价商品住房从 2003 年开始施行，并于 2009 年由政府制定了《宁波市限价房管理办法（试行）》，其中：限价房房源筹集可以有多种形式，如新建、公有住房转为限价房，将拆迁安置房的余房转为限价房，以及向市场购置住房作为限价房，等等。宁波市限价商品房实行项目法人制建设开发模式，建设用地实行有附加条件的招标出让，中标企业在取得土地使用权后必须按正常的开发程序进行开发建设，在建设用地上建设的住宅必须在建设标准、套型面积、销售价格、供应对象等方面符合招标方确定的要求。在套型面积上，限价房以中小户型为主，面积在 50～80m^2；在销售价格上，限价房以 3000 元/m^2 左右销售，上市年限为 5 年；在销售程序上，“双限价”房的销售实行申请、审批、公示、登记制度；在确定准购家庭方面，通过摇号来产生购买的先后顺序。

3. 外来务工人员集中居住区

为改善外来务工人员居住条件，宁波市人民政府专门研究决定建设外来务工人员集中居住区，并于 2006 年通过《关于加强外来务工人员集中居住区建设的意见》来予以强化。外来务工人员集中居住区以工业园区、开发区和城乡接合部为重点，建设规模适中的居住区，引导外来务工人员进入集中居住、统一管理和规范服务的范围。集中居住区主要由政府或企业投资兴建。目前主要以企业合作形式兴建的农民工公寓为主。到 2012 年末，宁波市已经建成外来务工人员居住区（点）3472 个，面积超过 3000 万 m^2，百万外来务工人员住进了安全舒适的公寓楼。

4. 经济适用房保障

经济适用住房是政府为解决住房困难的群体而出资建造的具有经济性和适用性的社会保障性住房。宁波市于 2002 年正式大规模启动经济适用住房建设，并且为此专门设立了建设领导小组和建设管理办公室①。实行严格的户型标准，一般以中小户型为主体，面积普遍少于或等于 $80m^2$。在经济适用房的销售方面，宁波大力完善阳光审批制度，加大监管与摇号的力度，做好公示工作。

2009 年，宁波市实施的《宁波市外来务工人员积分落户暂行办法》规定，年龄在 45 周岁以下，持有浙江省《居住证》或《暂住证》连续 5 年以上(含 5 年)，在现工作单位签有劳动合同，工作服务满 3 年(5 年)，并且依照规定缴纳社会保险满 3 年(5 年)，有居住地，信用良好的在职农民工，按规定分别对其综合素质和实际贡献进行积分评估，达到积分要求即可申请落户。符合经济适用房申请条件的落户农民工，可依照程序申请获得经济适用房。

(三)农民工住房保障政策存在的问题分析

农民工具有流动性强的特点，难以稳定在一个城市长期居住，这些住房保障政策主要适用于长期在甬务工的农民工，惠及人群有限。其潜在问题还有很多，需要我们进一步发掘。

1. 农民工住房保障政策存在的问题

(1)保障规模有限

对于在宁波市打工的农民工，公共租赁房制度只能针对其中一小部分的优秀外来务工人员，而大多数农民工因自身文化、素质等原因被排除在外。从外来务工人员年均受惠人数来看，宁波市外来务工人员年均享有住房保障率仅为 2.8%，这一比率还是以登记在册的外来务工人员为基础，如果再考虑在册外的外来务工人员，则外来务工人员住房保障享有率会更低(王人扬和仇兵奎，2014)。

(2)保障条件较差

从居住面积上看，农民工人均建筑面积不足 $7m^2$ 的占 47.0%，$8\sim10m^2$ 占 29.8%，人均居住面积不及宁波市户籍人口的一半。从居住条件上看，农民工住房居住密度大、通风采光条件差、集体宿舍和工棚居多。在所有被调查者中，少数租住民房，多数居住在集体宿舍或者工棚。这些住房设施限于面积、户型、位置等诸多方面因素，在住房质量上普遍低于城市平均水平，普遍存在阴暗潮湿、墙体开裂、渗漏严重、用水困难和安全隐患。

(3)保障责任缺失

在解决农民工住房问题上，地方人民政府在建设用地、资金、税费减免方面缺乏相应的政策支持，对用人单位解决务工人员住房问题的责任不明确，使用人单位对解决农民工住房问题缺乏社会责任感。城镇住房保障政策只针对城市居民，对农民工无法提供基本保障。一些地方人民政府认为若是实行两套住房保障政策，

① 王岚. 宁波住房保障大步走进“春天里”[N]. 宁波日报，2016-11-10(A02).

政府在监管职责上的任务更加繁重，不利于管理，在城乡规划上仍然坚持分开规划。在对待农民工住房保障问题上，实行排斥和抑制的政策多，鼓励和支持的政策少，无形中使得改善农民工住房保障需要付出大量的制度性成本。制度是公平的基础，如何通过制度建设保障城镇居民与农民工基本公共服务均等化是党和政府急需回应的重要命题。

(4)保障体系包容性差

公共租赁房政策的出现，使农民工正式成为了受保障的对象。对于租不出去的房屋，政府按“保本微利”的原则将廉价租给外来务工人员。剩余房源的安置对农民工来说，没有交通设施，使上下班很不方便；也有人为了上班方便，直接在附近工作。后来陆续将城中村、危房改造成安置房，但受众对象不包含农民工，只提供给城市户口、中低收入群体。单一的住房保障政策虽然针对性虽强，但是包容性弱。

2.农民工住房保障政策存在问题的原因

(1)对住房保障权益认识不足

地方人民政府没有把改善农民工住房保障作为保护农民合法权益的一项重要内容，一些地方缺乏对农民工住房的公共管理和社会服务，适宜农民工租赁的公租房市场供给严重不足。公租房主要是面向收入水平和居住水平极低的城镇居民中“双困户”群体，虽然针对优秀农民工政策有所松动，但烦琐的手续及苛刻的条件仍使多数农民工无法享受这一政策，只能租住在城郊的民房和低矮潮湿的工棚。政府对用人单位解决农民工住房保障的责任不明确，既无强制性要求，亦缺乏相应的政策引导。

(2)政府对住房保障监管不到位

单靠用工单位建造的集体宿舍，很难顾及大多数农民工。一种原因是政府监管不力，平时也没有对用工单位这方面的监管，让用工单位自己去落实。用工单位建造的集体宿舍一般是临时性宿舍，通常情况下最高建两层，基本配备公共浴室和厕所。然而调查中发现，相当一部分企业对农民工最基本的居住需求都无法满足，政府对其监管存在不到位和缺位的现象。上述问题一方面由于缺乏相关法规依据，大多数地方尚未明确解决农民工住房问题的主管部门，权利和职责不明晰，难以形成统一政策基础。另一方面，政府部门之间对农民工住房问题多头管理、缺乏协调，有的甚至处于管理的空白状态。没有明确主管部门和缺乏共同的政策研究，各部门之间难以形成相应的工作协调机制。

(3)住房保障规划方案缺乏系统思维

政府在确定廉租房房源上，没有合理选择建造区域，规划方案整体性差。为完成上级定下的目标，2010 年全市大范围建设廉租房，廉租房源一般定为老小区或危旧房，对周边地理环境要求也不是很高。在一些重大项目建设规划中，政府尚未将农民工的住房引入规划中，结果就会使得好的地方更好，不好的地方很难寻到突破口。全局观念弱化，导致了地理位置不佳的廉租房很少有人去租，政府只能将租金一降再降。后来采取公廉并轨的措施后，廉租房剩余房源问题得到缓解，但房源位置依然参差不齐。

(4)住房保障体系不完善

国家没有系统地出台关于农民工住房保障政策，导致农民工在住房保障上一直享受不到便利。对于是否要单独建立一个农民工住房保障体系，各界看法不一。农民工作为特殊历史时期的群体，建立与城镇居民住房保障政策相对立的农民工住房保障政策也不一定能解决农民工住房问题。关于农民工住房保障体系应该如何筹建，仍然没有可预期的落地方案。

二、农民工适度住房保障水平测度

(一)住房保障水平的内涵

住房保障水平是由社会保障水平衍生而来的，它也是社会保障水平的重要组成部分，反映了一个国家或地区保障居民住房条件的高低。住房保障水平不仅指的是一个国家或地区住房保障覆盖的广度，也指住房保障涉入的深度。可以看出，住房保障水平既是一个量的指标，又是一个质的指标。住房保障水平的高低，从量上讲，体现的是住房保障支出占相应区域经济总量的比重；从质上来讲，就是要使住房保障建设与当地实际情况相适应，即保障建设支出要与本地区经济发展水平、社会承受能力相一致。

住房保障水平可以从宏观和微观两个层面进行分析。从宏观层面来看，住房保障水平是指住房保障支出与国民经济发展程度两者之间的关系，即住房保障的绝对水平；从微观层面来看，主要体现在三个方面：第一，享受住房保障待遇的人口总量，代表了住房保障的规模条件。享有住房保障的人口总量越大，则住房保障的规模越大，住房保障需要的资金支出也就越大。第二，住房保障标准，主要包括收入保障标准、人均住房面积保障标准。收入保障和人均住房面积保障标准越高，则住房保障需要的资金支出也越大。第三，住房保障方式，多样化的保障方式可以使得住房保障体系更完备，更有利于满足多样化人群的居住需求。

(二)农民工适度住房保障水平测度模型建构

1. 适度社会保障水平的测度模型

本研究是在适度社会保障水平测量模型的基础上来计算住房保障水平。对于适度社会保障水平的测量，在学界广泛认可和引用的是穆怀中提出的适度保障水平测定模型。他认为,通过社会保障支出占经济总量的比重可以很好地反映一个国家或地区社会保障水平的高低,然而社会保障水平的高低并不能反映社会保障水平的适度性(穆怀中,1997)。过低的保障水平难以满足现有经济社会的发展需求,成为经济社会进一步发展的阻碍,但过高的保障水平势必不顾规律占有其他方面过多资源,使得社会保障水平显得急功近利而难以持续,容易造成保障水平的大起大落。

在人口结构理论和柯布—道格拉斯生产函数的基础上,穆怀中教授提出了社会保障负担系数和劳动生产要素投入分配系数的概念,后又正式提出了适度社会保障水平模型:

$$S=\frac{S_a}{W}\times\frac{W}{G}=Q\times H \tag{4-1}$$

式中,S 代表社会保障水平,S_a 代表社会保障支出总额,G 代表国民经济生产总值,W 代表全体居民的工资收入总额,Q 代表社会保障支出总额与工资收入总额的比重,又称社会保障负担系数;H 代表工资收入总额在国民经济生产总值中所占的比重,又称劳动生产要素投入分配系数。

2. 农民工适度住房保障水平的测定模型

住房保障是社会保障的重要组成部分,而农民工的住房保障则是住房保障体系的重要内容。因此对社会保障水平的测定模型也就构成了针对农民工住房保障水平测定的基础。首先,依据穆怀中教授提出的适度社会保障水平模型的思路来建立宁波住房保障水平测定模型,然后在住房保障水平测定模型的基础上建立宁波农民工住房保障水平的测定模型。由于住房保障是社会保障的有机组成部分,因此为构建适度住房保障水平模型,只需要将住房保障支出在社会保障支出所占的比例(即住房保障支出系数)添加到现有的适度社会保障水平上,即得到住房保障水平。因此,从数量上,适度住房保障水平就等于社会保障负担系数、劳动生产要素投入分配系数和住房保障支出系数三者的乘积,其表达式为:

$$S_H=\frac{S_{ha}}{G}=\frac{S_a}{W}\times\frac{W}{G}\times\frac{S_{ha}}{S_a}=T\times Q\times H \tag{4-2}$$

式中,S_H 表示适度住房保障水平,S_{ha} 表示住房保障总支出,S_a 表示社会保障总支出,W 表示工资收入总额,G 表示国民经济生产总值;T 代表的是住房保障总支出额在社会保障总支出额中所占的比重,又叫作住房保障支出系数;Q 代表的是社会保障支出总额与工资收入总额的比重,即社会保障负担系数;H 代表的是工资收入总额在国民经济生产总值中所占的比重,即劳动生产要素投入分配系数。

考虑到农民工住房保障是城镇住房保障体系的重要组成部分,我们在公式(4-2)的基础上,增加一个外来人员住房保障支出系数,改进后的公式为:

$$S_q=\frac{S_h}{G}=\frac{S_h}{S_{ha}}\times\frac{S_a}{W}\times\frac{W}{G}\times\frac{S_{ha}}{S_a}=\eta\times T\times Q\times H \tag{4-3}$$

式中，S_q 表示的是农民工适度住房保障水平；S_h 表示的是外来人员住房保障支出额；η 代表的是外来人员住房保障支出在住房保障支出总额中所占的比例，即外来人员住房保障支出系数；其他字母代表的含义与公式(4-2)相同。

(三)测度模型计算

根据穆怀中教授关于社会保障负担系数的计算模型，社会保障负担系数等于养老保障系数、失业保障系数、医疗保障系数、生育工伤保障系数和社会福利优抚保障等系数之和。依据浙江省人力资源和社会保障厅公布的近三年财务预算、决算数据和浙江省统计年鉴的相关数据，首先计算出浙江省农民工适度住房保障水平。对于农民工适度住房保障水平的计算分为五个步骤实现。

1. 社会保障负担系数的计算

本研究首先对于养老保障系数进行计算，它由两部分构成，即老年人口占总人口的比重和养老金替代比率。根据浙江省老龄办发布的连续 5 年浙江省老年人口和老龄事业统计公报的数据，浙江省近五年全省 60 岁及以上人口占全省常住人口的比例分别为 15.9%、16.2%、16.6%、17.0%、17.9%，求其近五年的平均数为 16.7%，并将其作为老年人口比例。如果从公平的原则出发，那么老年人也应该获得工资收入的 16.7%作为他们的收入额度。但事实上由于老年人已无工作能力，且对医疗保健、护理营养等要求较高，根据社会保障“激励与保护相统一”的原则和国际惯例，老年人一般可以获得工资收入的 60%左右。在福利比较发达的西方发达国家和地区，在职职工通常可以获得税后工资收入的 70%。浙江省经济发展水平较高，社会保障措施也比较完善，可以认为老年人的养老待遇在 60%是合适的。因此，可以得出养老保障支出系数为 10.0%。

根据国内外通行做法和国家颁布的相关社保法规，对于失业、医疗、工伤、社会福利等方面的支出通常都有一个法定范围。我国地方现行社保缴纳的做法，失业金支出占工资收入总额的比例在 1.0%～1.5%，医疗保障费用支出占工资收入总额的比例在 10.0%～12.0%，工伤、生育保障费用占工资收入总额的比例在 0.02%～1.5%，社会福利与优抚保障支出占工资收入总额的比例在 1.0%～1.5%，因此，总结起来浙江社会保障负担系数应该在 22.0%～26.5%。

2. 劳动生产要素投入分配系数的计算

劳动生产要素投入分配系数是根据柯布—道格拉斯生产函数中资本和劳动的贡献率得到。劳动生产要素投入分配系数即为劳动生产贡献率。柯布—道格拉斯生产函数的表达式为：

$$Q=A\times K^{\alpha}\times L^{\beta} \tag{4-4}$$

式中，K 代表资本投入量，L 代表劳动投入量，Q 代表产量，A、α、β 是相应的参数，取值范围在[0,1]。当 $\alpha+\beta=1$，α 和 β 分别表示资本与劳动投入的相对比例，也即生产要素的相对贡献率。

柯布和道格拉斯根据美国的经验数据测算，α 和 β 分别为 0.25 与 0.75。与工资收入相对应的是劳动取得的收入，因此劳动生产要素投入分配系数即劳动贡献率。柯布和道格拉斯获得的结论在广东、湖北等省的经验计算中也得到了验证。故本研究也认为劳动生产要素分配系数为 0.75 是合适的，即 $H=0.75$。

3. 住房保障支出系数的计算

根据浙江省近五年人力资源和社会保障厅发布的部门预算与决算数据计算，住房保障支出占社会保障支出总额的比例依次是 2.8%、3.0%、3.1%、3.2%和 3.8%，这五年的平均数为 3.2%，即 $T=0.0318$。

4. 农民工住房保障支出系数的计算

要计算外来人员住房保障支出系数也就是确定住房保障支出中用于农民工住房保障支出的比例，但从目前各方面的统计数据来看，没有针对此类的专门统计，而从其他的信息渠道来看，最多是将某些保障住房项目的申请对象扩大到农民工，作为一类申请对象。为了较为客观地估计这一比例，首先将浙江省有据可查的近 5 年推出的数据较详尽的住房保障项目做一总结，先计算总体可申请人数，然后再估算可申请的农民工数量，最后根据每个保障项目推出的保障房数量进行加权平均得到外来人员的住房保障支出系数。综合分析浙江省近年推出的有代表性的住房保障项目，根据上述计算思路得到浙江省近 5 年平均外来人员住房保障支出占住房保障支出总额约为 2.5%，即 $\eta=2.5\%$。

5. 农民工适度住房保障水平

在得到社会保障负担系数、劳动生产要素投入分配系数、住房保障支出系数和外来人员住房保障支出系数后，将相应数据代入公式(4-3)就可以得到浙江省农民工住房保障的适度性水平。由于社会保障负担系数有一个上下限，因此计算得到的适度住房保障水平也有一个上下限，即：

$$S_{\theta l}=0.2204\times0.75\times0.0318\times0.0253=0.00133$$

$$S_{\theta h}=0.26524\times0.75\times0.0318\times0.0253=0.00360$$

从上述结果可以看出，浙江省农民工住房保障的适度性水平应在 0.00133～0.00360。这为评价宁波农民工住房保障水平提供了基础，如果计算结果在这个范围内，则说明宁波农民工住房保障水平是与其经济发展水平相一致的；小于这个范围则说明外来务工人员的住房保障是滞后的；大于这个范围则说明农民工的住房保障是投资过度的。

(四)实证分析

根据现有宁波市农民工住房保障体系的构成，通过网络、数据库和报刊等途径查询相关数据，从三个方面对宁波农民工住房保障支出予以估算，然后将保障支出与宁波近年GDP均值相比得到农民工住房保障的适度性水平。

1.公共租赁房的支出估算

根据《中国统计年鉴》《宁波市统计年鉴》及国家统计局和住建部门提供的数据，近五年宁波市用于公共租赁住房的财政支出资金为521260万元，包括政府拨付资金438710万元，垫付资金82550万元。这些项目中，以现金拨付384630万元，以返还土地出让金形式拨付54080万元。垫付的资金主要用于象山、应家和陈婆渡三个项目的拆迁安置工作。据此，可以估算出宁波市近五年年均用于公共租赁住房的财政支出约为104252万元。而通过比例计算，近五年宁波市公租房提供给外来人员的数量占房屋总量的9.9%，故用于农民工公共租赁住房的财政支出约为10320.9万元。

2."双限价"住房的支出估算

数据显示，2008—2012年宁波市用于双限价住房的财政支出资金为629670.8万元，其中包括政府拨付资金391216.5万元，垫付资金238454.3万元。这些项目中，以现金拨付346736万元，以返还土地出让金形式拨付44480.5万元。据此，可以估算出宁波市近五年年均用于双限价住房的财政支出约为125934万元。而通过比例计算，近五年宁波市双限价房提供给外来人员的数量占房屋总量的6.5%，故用于农民工双限价住房的财政支出约为8185.7万元。

3.集中居住区的支出估算

根据宁波市人民政府、住建委等提供的数据，2008—2012年宁波市累计建设农民工居住区62.3万m^2，按建筑、用地等支出约3800元/m^2，用于集中居住区建设的财政支出资金为236750万元，包括政府拨付资金188967万元，垫付资金47783万元，主要项目有象山茅洋乡集中居住区、民联集中居住区、曙光集中居住区、镇海集中居住区等。这些项目中，以现金形式拨付117525万元，以返还土地出让金形式拨付71442万元。据此，可以估算出宁波市近五年年均用于农民工集中居住区建设的财政支出约为47350万元。

通过以上三个方面的计算得出，近五年宁波市用于农民工住房保障建设支出年均为65904.8万元，而近五年宁波地区GDP总量为8949.5亿元，两者的比例为0.00074，与省内平均水平相比，总体偏低。

三、宁波市农民工住房保障对象及分担依据

(一)宁波市农民工住房保障对象

1.安家落户农民工

安家落户农民工是指长期居住，收入稳定，具有强烈长期居住意愿的农民工。

这类农民工群体的市民化意愿和能力较强。他们外出务工时间较长，收入水平在外来务工群体中居于上层，自身经济状况较好。这部分农民工自身已经基本具备定居城市的经济和社会条件，主观上也愿意长期住在城市。从从业特征上看，这部分农民工主要是在城市中经商的个体户（批发零售、开设小生产作坊等）和有较强职业技能的农民工，他们的收入水平基本已经达到城市人均收入水准。扎根城市的经商个体户，长期居住在城市，事业扎稳脚跟甚至小有成就，可支配收入较高，住房支付能力相对较强。具有较强职业技能的农民工，其工作可替代性不强，甚至掌握了企业紧缺的职业技能，所以他们往往就业情况良好，就业前景乐观，收入水平在农民工群体中也较高。在大部分的城市，这类农民工已经可以享受和城市市民一样的制度和政策。

2.安家不落户农民工

安家不落户农民工是指长期居住，收入不稳定，具有较强长期居住意愿的农民工。他们虽然外出务工时间较长，但是由于自身能力的限制和专业技能的缺失，不具备定居城市的能力与条件。这类农民工群体在城市定居多年，价值观念、行为习惯、思维方式等已经具备市民化的条件，但是由于其经济能力所限，特别是对没有一定的专业技能和收入水平不高的农民工来说，生活成本较高的城市生活限制了其在城市安家落户。

3.季节性农民工

季节性农民工是指非长期居住，收入不稳定，长期居住意愿弱的农民工。这类农民工一年中大部分的时间是在老家从事农活，仅在农闲时才会来到城市务工，闲时城市务工与忙时农村务农使他们成为循环流动的季节性农民工。对于这类农民工来说，农业生产才是占据其生活与工作的主要部分，到城市工作的目的不是为了扎根城市，而是为了多赚钱回乡。由于其收入水平较低，市民化经济基础非常薄弱，所以这类农民工并没有将定居城市、实现市民化作为外出务工的奋斗目标，在心理上仍将农村作为最终归宿。

（二）宁波市农民工住房保障对象需求

由于二元户籍制度的长期存在，导致农民工的迁移决策被置于“农村推力＋城市拉力＝城市就业”与“农村拉力＋城市推力＝农村定居”两个各自封闭的体系之内（见图4-2和图4-3）。

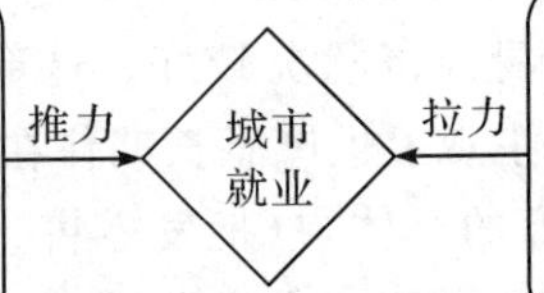

图 4-2　农村推力＋城市拉力＝城市就业

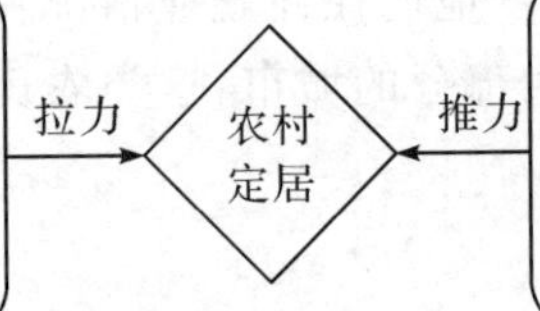

图 4-3　农村拉力＋城市推力＝农村定居

近年来，中西部地区跨省流入宁波的农民工数量和比重居高不下，人群的不同特征产生了迥异的住房保障需求(见表 4-4)。

表 4-4　宁波市农民工居住情况及住房保障需求比较

住房保障对象	收入梯度	时间梯度			消费水平			保障需求
		年龄段	生活意向	消费兴趣	消费观念	购买力	社会地位	
安家落户农民工	稳定的较高收入	青壮年	城市的认同感较高期望在城市定居	固定居住获得社会保障	品质生活兼顾消费能力	较强	追求良好的社会地位	购为主租为辅
安家不落户农民工	稳定的收入	壮年	习惯了与城市居民一样的生活方式	固定居住	尽可能选择配套齐全	一般	需要对应的社会地位	租为主购为辅
季节性农民工	不稳定收入低	中老年	没有城市生活的意愿	遮风挡雨	价廉为主	弱	没有强烈意愿	廉价租住

1. 安家落户农民工住房保障需求

根据上文的分析可知，安家落户类农民工群体具有进城时间久、收入水平较高、生活相对富足等特点，在城市中他们的工作相对稳定，多年的城市生活使他们接受并萌生了与城镇居民相近的价值观和生活模式。普遍来说，准备长时间滞留在城市中的农民工们更愿意将有限的资金投资在住房上。他们在内心上不希望被隔离在城市居民之外，希望能够与市民一样，享受平等社会保障，从而在这个城市中拥有归属感，安居乐业，实现市民化。但从客观的现实来看，由于经济实力相比城镇居民来说还是较弱，所以他们在经济条件上能够承受的主要还是政府提供的限价房和经济适用房。

2. 安家不落户农民工住房保障需求

安家不落户农民工因为受到“城市就业”拉力和“农村定居”拉力的双重影响，难以产生根本归属的转移和重新定位的想法。这部分农民工不落户城市的主要原因有三点：一是城市的生活成本相对较高；二是城乡差距逐步缩小，农村的公共服务明显提高，社会保障逐步完善；三是农村土地有较大增值潜力，国家对农民的政策保障力度较大。目前，有不少这一类农民工群体因为不符合申报条件被排斥于公共租赁房等住房保障政策之外，只好借助用工单位提供的公寓宿舍或依靠自己微薄的收入来解决住房问题。安家不落户农民工住房需求跨度较大，其中有些已经拥有了自购商品房的能力，但更多的还是希望得到政府或企业提供的租住房。

3. 季节性农民工住房保障需求

季节性农民工既受“城市门槛高”的推力影响，又受“农村定居”拉力影响，他们大多“在城市赚钱，在农村花钱”。所以他们对于城镇住房需求不及前两类农民工。此类农民工自己寻找住房并且大多居住在“城中村”里，有的甚至与郊区农民一样，自建棚屋，价格低廉，环境恶劣，食物与居住的安全无法得到保障。随着城市化加快，曾经可供其廉价居住的城中村正在逐渐消失，导致此类进城农民工群体的居住成本持续上升，影响了他们的实际收入。所以季节性农民工的住房保障需求主要是政府或企业提供的价格低、安全有保障的租住房。

（三）宁波市农民工住房保障成本分担依据

1. 必要性：基于社会公平、正义

住房是人类赖以生存的基础，住房权利是人类的基本生存权。如果农民工仅仅因为户籍而无法获得平等的包括居住权在内的生存权，显然有失社会公平。政府实行住房保障的根本目的就是确保包括农民工在内的城市低收入群体能够实现“居者有其屋”的目标。在市场经济条件下，市场在资源配置中发挥决定性作用，但是作为公权力的政府机构应根据城市发展境况和财政收支水平，积极地为包括农民工在内的城市低收入群体提供必要的住房保障，维护社会公平，缩小贫富差距，提高人民幸福感，实现国家长治久安。

2. 可行性：基于合理的财政分担

财政资金是推进农民工住房保障制度改革的基础和保证。近年来，各级人民政府根据城镇化发展的实际，致力于加强保障性住房建设，同时中央财政补贴力度不断加大。根据国家统计局资料显示，中央财政下拨2013年中央补助廉租住房保障专项资金80亿元，支持相关地区完成年度廉租住房保障任务。2006—2013年，中央对住房保障的财政补助增长了近27倍，这表明了国家对保障性住房建设的高度重视。各级政府也积极响应中央政策，在“三改一拆”、保障房投资建设等方面投入大量资金并取得一定的成效[①]。与此同时，企业和社会组织也踊跃参与保障性住房建设。宁波市近年来经济发展较快，经济效益提升、产业结构调整、经济发展势头良好，各项民生事业稳步推进。2016年，宁波地区生产总值达到8541亿元，2017年达到9846.9亿元，2018年地区生产总值更是达到10745.5亿元，成功跻身经济总量万亿城市行列，经济发展是宁波市推进农民工住房保障的有利基础。

四、宁波市农民工住房保障成本分担测算

(一)研究假设

1.基础数据：宁波市农民工数据

根据宁波市统计局、国家统计局宁波调查队共同发布的《2018年宁波市国民经济和社会发展统计公报》显示，2018年宁波户籍人口603.0万人，常住人口为820.2万人。根据国家卫生健康委流动人口服务中心等发布的《流动人口社会融合蓝皮书：中国城市流动人口社会融合评估报告No.1》中指出，宁波流动人口为430万人，排名全国第九位。宁波外来流动人口占总人口的比例，高达52%，排名全国第六位[②]。

综上所述，在宁波市农民工住房保障成本分担测算中，将按照宁波市农民工数量为430万人来测算。

2.对象界定：农民工及其家属

2015年5月，国家卫计委发布了《中国家庭发展报告(2015年)》[③]。根据该报告内容，当前中国家庭平均拥有家庭成员3.35人，其中农村家庭平均拥有家庭成员3.56人，城镇家庭平均拥有家庭成员3.07人。相对于农村家庭来说，城市家庭的规模更小，这主要是由近30年来经济、政治、社会、文化、计生等方面原因导致的，当然“民工潮”等人口迁移也是中国家庭规模缩小的重要原因，而生活质量的提高和生育观念的改变等因素则是家庭规模缩小的直接原因。农民工总体基本来自

① 李丽辉.中央财政拨2013年中央补助廉租住房保障资金80亿[N].人民日报，2013-05-16(A01).

② 肖子华.流动人口社会融合蓝皮书：中国城市流动人口社会融合评估报告No.1[M].北京：社会科学文献出版社，2019.

③ 李木元.国家卫计委发布《中国家庭发展报告(2015年)》[EB/OL].(2015-05-13)[2017-02-10].人民政协网，http://www.rmzxb.com.cn/.

农村转移人口，因此在住房成本分担测算中按照宁波市农民工户均家庭规模3.56人作为测算标准。

3.住房价格：接近经济适用房平均价格

根据国家统计局发布的《2016年农民工监测调查报告》显示，2016年，中国东部地区外来务工人员平均月收入3454元①，而2013年宁波市六区住宅成交均价达14000元/m^2，2016年更是高达15300元/m^2。因此，单纯依靠农民工自身的收入难以承担起城市的高额房价，所以农民工的住房需求需通过经济适用房等保障性住房予以满足。宁波市近年来按照"符合城镇中低收入家庭经济承受能力"的原则推出了相适应的住房保障政策，实行保本微利，对经济适用房采取成本价。2013年，宁波江东区推出鄞州陈婆渡地段经济适用房，共400余套，销售均价为5600元/m^2；2014年，宁波鄞州区推出鄞州蒲家一期、蒲家二期经济适用房，共1240套，销售均价为5470元/m^2。总的来看，宁波近几年经济适用房价格为5000～6000元/m^2。因此，在本研究中，按照农民工保障性住房的均价为5500元/m^2来测算。

4.人均面积：参照经济适用房人均住房面积

根据《国务院关于解决城市低收入家庭住房困难的若干意见》②（国发〔2007〕24号）文件内容，我国经济适用房的套型、标准等都有明确规定，即"经济适用住房套型标准根据经济发展水平和群众生活水平，建筑面积控制在60m^2左右"。《宁波市市区经济适用住房销售管理办法》③（甬政办发〔2007〕87号）还对经济适用房的申请对象、申请流程等内容做了具体规定，特别是对申请对象拥有的住宅或者租住房屋的建筑面积做了详细要求，申请经济适用房的家庭必须少于人均18m^2或者少于户36m^2。综上，在本节测算中，按照农民工住房保障人均面积18m^2来测算。

（二）成本测算

1.成本构成

（1）单位面积保障房工程建设成本（V_1）

单位面积保障房工程建设成本是指以单位保障房建筑面积（每m^2）计算的保障房工程建设成本，包含项目前期费用、建设安装成本、配套费、经营管理成本和税金等。

（2）单位面积征地拆迁成本（V_2）

---

① 国家统计局.2016年农民工监测调查报告[EB/OL].(2017-04-28)[2018-03-16].国家统计局官网，http://www.stats.gov.cn/.

② 国务院办公厅.国务院关于解决城市低收入家庭住房困难的若干意见[EB/OL].(2007-08-13)[2016-08-20].中央人民政府网，http://www.gov.cn/.

③ 宁波市人民政府.关于印发宁波市市区经济适用住房销售管理办法的通知[N].宁波市人民政府公报，2007-11-22(A04).

单位面积征地拆迁成本是指以单位保障房建筑面积(每 m^2)计算的保障房建设征地拆迁成本,具体由项目征地拆迁总成本按保障房建设总面积进行分摊。

(3)单位面积土地出让收益损失(V_3)

单位面积土地出让收益损失是指以单位保障房建筑面积(每 m^2)计算的因保障性住房建设用地未收取土地出让金而造成的土地出让收益损失。主要是根据当前宁波市土地出让市场的土地出让均价并计入容积率(小区的地上总建筑面积与用地面积的比率)的影响,以保障性房屋总建筑面积分摊后,扣除征地拆迁成本的实际收益。因为本部分收益并未实际发生,且没有造成地方财政收入损失,所以是地方财政分担保障房建设的隐形成本。

(4)农民工临时性住宿设施建设成本(V_4)

农民工临时性住宿设施建设成本是指农民工临时居住的企业职工宿舍、建筑工棚等临时性住宿设施的建设成本。

(5)保障房需求量(C)

保障房需求量是根据当前宁波市农民工总数和农民工住房保障人均面积确定的保障房需求总面积。

2.成本价格

(1)农民工保障房工程建设成本

根据课题组对宁波市万科、保利、银亿、绿城等房地产建设市场调查,宁波市当前住宅工程建设安装成本约为 3500 元/m^2,再加上需要考虑 5%工程建设管理费用和 11%税金,因此工程建设成本按照 4060 元/m^2 测算。

(2)农民工保障房征地拆迁成本

农民工保障房征地拆迁成本项目差异较大,根据宁波市经济适用房的定价原则,经济适用房售价主要依据工程建设成本和征地拆迁成本确定。因此,这里将经济适用房销售均价(5500 元/m^2)扣除工程建设成本(4060 元/m^2)作为宁波市保障房征地拆迁平均成本,即 1440 元/m^2。

(3)农民工保障房土地出让收益损失

因为农民工保障房建设用地属于划拨性质,政府不收取土地出让金,所以政府财政存在土地出让收益损失。根据宁波市国土部门统计,2016 年,宁波市出让宅地(含商住、住宅)有 122 宗,土地出让的总面积为 581 万 m^2,土地出让总金额高达 726 亿元①。按照平均容积率 2.5 计算,则平均土地出让金楼面价为 4998 元/m^2。

实际土地出让金包括征地拆迁成本和土地出让收益两部分,因此平均土地出让收益损失为平均土地出让金楼面价(4998 元/m^2)扣除征地拆迁成本(1440 元/m^2),

① 钟艳芳.土市狂欢年！2016 宁波宅地出让总金额破 700 亿元[EB/OL].(2017-01-04)[2018-03-23].腾讯房产宁波站,https://nb.house.qq.com/.

即 3558 元/m^2。

(4)农民工临时性住宿设施建设成本

本部分成本主要是由用工企业承担，列入企业经营成本，所以这里不另做测算。

(5)农民工保障房需求量

根据前文内容，假定按照农民工人均住房面积为 18m^2，农民工总人口 430 万计算，则宁波市保障房总需求面积为 7740 万 m^2。

3. 成本测算

根据以上的构成要素，建立宁波市农民工住房保障成本测算公式为：

$$\mathrm{Cost}=V\times C \tag{4-5}$$

根据成本要素价格调查成果，可测算各项成本如下：

(1)农民工保障房工程建设成本：

$$\mathrm{Cost}_1=V_1\times C=4060\times 7740=3142.4(\text{亿元})$$

(2)农民工保障房征地拆迁成本：

$$\mathrm{Cost}_2=V_2\times C=1440\times 7740=1114.6(\text{亿元})$$

(3)农民工保障房土地出让收益损失：

$$\mathrm{Cost}_3=V_3\times C=3558\times 7740=2753.9(\text{亿元})$$

(4)根据上述的结果，通过计算，可以得出农民工住房保障总成本如下：

$$\mathrm{COST}=\mathrm{Cost}_1+\mathrm{Cost}_2+\mathrm{Cost}_3=7010.9(\text{亿元})$$

各项成本占比如图 4-4 所示。

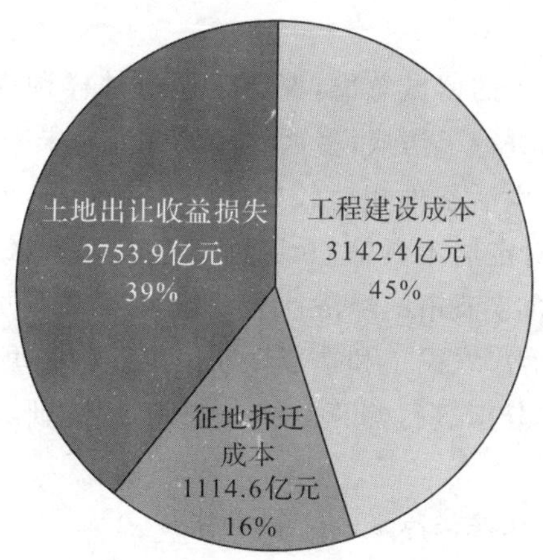

图 4-4　住房保障成本构成

4. 成本承担

以 2016 年为例，假设农民工住房保障成本由宁波市人民政府承担，则农民工住房保障总成本(7010.9亿元)占宁波市地区生产总值(8541.1亿元)的比例高达82.1%,是一般公共预算支出(1289.3亿元)的5.44倍。而在2016年宁波市住房和城乡建设委员会支出决算中,住房保障支出仅为1103万元。综上,无论是现实情况还是理论假设,宁波市人民政府都难以全部承担农民工住房保障总成本。

假设农民工住房保障成本由宁波市农民工承担,结合《2016年宁波市国民经济和社会发展统计公报》内容,2016年,宁波市农民工人均可支配收入为28572元,可支配收入总额为1228.6亿元(按430万人计),不足总成本(7010.9亿元)的18%,剔除农民工人均生活消费支出(19313元)后,实际农民工人均净收入为9259元,净收入总额为398.1亿元,不足总成本的5%[①]。因此,可以明显看出,农民工群体也无法承担全部的住房成本(参见图4-5)。

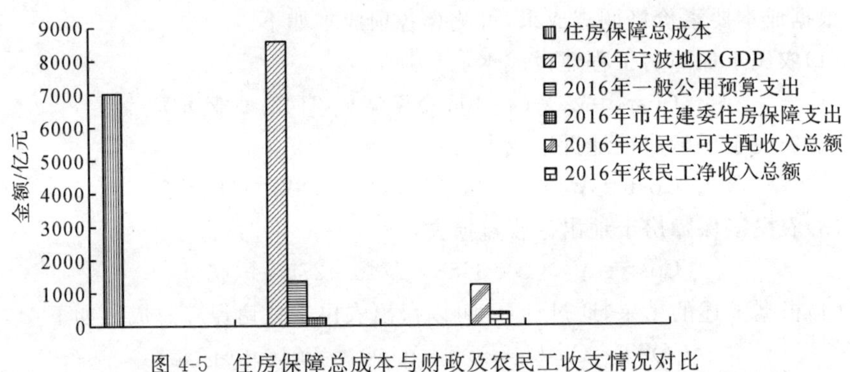

图4-5　住房保障总成本与财政及农民工收支情况对比

(三)分担测算

为了解宁波市农民工的留城意愿,课题组通过抽样调查的方式选取宁波大市范围内农民工及其家属进行了访谈,多数农民工并未对未来生活进行长远规划,近八成农民工表示希望在生活条件相对较好的宁波市定居,但受高生活成本特别是高房价的制约,农民工对定居不具信心,因而普遍表示未来回家乡定居更为合适。根据抽样调查结果,结合宁波市的经济社会发展实际,本研究将农民工群体分为安家落户农民工、安家不落户农民工和季节性农民工三种类型,接下来将对三种类型农民工的住房保障成本分担进行测算。结合调研结果,研究假设三类群体各占农民工总数的三分之一。

1.安家落户农民工住房保障成本分担测算

安家落户农民工是农民工群体中的特殊部分,潜在的在短期内可市民化的对象,所以他们的住房保障条件最为成熟。根据宁波市住房和城乡建设委员会的工

① 宁波市统计局.2016年宁波市国民经济和社会发展统计公报[N].宁波日报,2017-02-21(A03).

作数据显示，目前宁波市的住房保障制度主要是以公共租赁住房为主，再辅以其他保障手段，现已基本保障了收入低于全市平均水平的住房困难家庭、引进人才以及农民工等群体。宁波市在2015年实行公共租赁住房和廉租住房并轨后，为包括4.6万户农民工家庭在内的低收入群体解决了城市"安居"的现实难题。但是截止至今，宁波市还未建立农民工住房保障的专项政策①。

在安家落户农民工的住房成本分担中，宁波市人民政府可以尝试采取以配售型保障(限价房和经济适用房)为主，配租型保障(公共租赁房)为辅的方式，对此的测算成本为：农民工住房保障总成本(7010.9亿元)×安家落户农民工占比(1/3)＝2337亿元。对2337亿元的具体分担方式，考虑到该类农民工住房保障的解决方式主要为配售型保障，所以政府可以考虑将房屋以成本价卖给农民工为：农民工承担征地拆迁成本和工程建设成本为：(3142.4＋1114.6)×1/3＝1419(亿元)，而政府承担土地出让收益损失成本为：2753.9×1/3＝918(亿元)。

2.安家不落户农民工住房保障成本分担测算

根据宁波市住房和城乡建设委员会住房保障发展规划(2021—2035)，未来宁波市的年新增保障性住房需求基本保持在6000～7000套。此数据表明，现阶段宁波市仅仅只能解决安家落户农民工中部分群体的住房困难，而对于农民工群体中的绝大多数，当前宁波市的住房保障政策并未将其纳入住房保障体系。

对于安家不落户农民工群体，建议政府以配租型保障(公共租赁房)为主、配售型保障(限价房和经济适用房)为辅的方式将其纳入宁波市住房保障体系，这类农民工群体的住房测算成本为：农民工住房保障总成本(7010.9亿元)×安家不落户农民工占比(1/3)＝2337亿元。在这部分成本的具体分配上，可由政府建造统一的保障性住房，然后再让农民工承担公共租赁房的租金。目前宁波市公租房实行的是政府定价的方式，即按同类住宅市场租金的七成比例确定公租房租金。根据相关的市场调查，宁波市当前住房租赁市场平均租金为28元/(月·m^2)，公租房平均租金为：28×0.7＝19.6[元/(月·m^2)]，农民工承担租金为：19.6×12×18×430×1/3＝60.7(亿元/年)，而政府则需要承担土地成本918亿元和建设成本1419亿元(参见图4-6)。

3.季节性农民工住房保障成本分担测算

季节性农民工的住房需求带有明显的"寄居"性质，其大部分时间并非在城市居住而是在老家务农，只有在短暂的农闲时间才会来到城市工作，属于在城市短暂居住，因而不属于市民化的对象。这类农民工到城市的目的很明确，就是为了赚取更多的收入，因此在城市中他们会尽量缩小开支，而在住房方面，他们则较多选择

① 周科娜，吴培均.我市推进棚户区改造和住房保障体系建设[EB/OL].(2016-11-10)[2017-05-03].中国宁波网，http://gtog.ningbo.gov.cn/.

企业提供的简易工棚或租住条件比较差的城乡接合部的私有民房等。在城市中居住，租金是他们唯一的考虑因素，只要能够满足基本的生存需求，居住条件并不是着重考虑的标准。

对于这类农民工的住房保障，可以划入临时性租赁房，住房成本的分担以企业和个人为主，如企业建造临时工棚供其居住、农民工个人租住民房等，在此不做具体的成本测算。

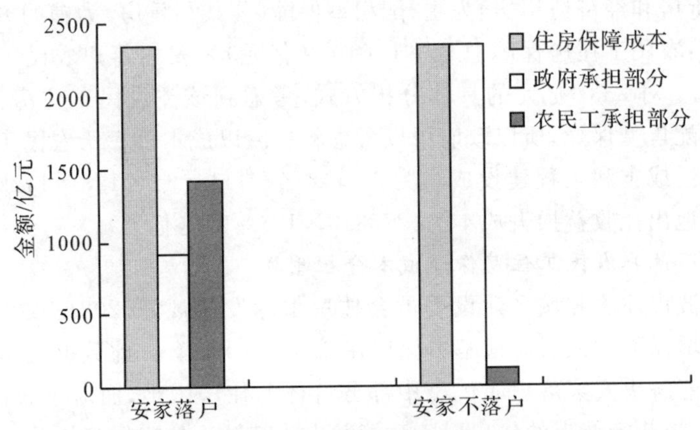

图 4-6　安家落户和安家不落户农民工住房保障成本分担

(四)结果与讨论

1. 农民工住房保障成本分担的艰巨性

由前文内容可知，农民工住房保障成本若完全由政府财政承担，则对政府来说财政压力巨大。宁波市农民工人口数量庞大，要解决安家落户、安家不落户农民工的住房保障问题，完全依靠政府承担保障性住房建设成本，则政府的直接财政支出即建设成本将达到 2838 亿元，而间接财政支出即土地出让收益损失成本也有 1836 亿元。根据官方统计数据，宁波市 2016 年 GDP 为 8541.1 亿元，一般公共预算支出为 1289.3 亿元，因此如若完全由市人民政府公共财政承担农民工住房保障的成本分担责任，宁波市财政将面临巨大的压力。保障性住房规划、建设与管理的根本解决途径是要建立起资金筹措机制和确保资金的长期来源，对于政府来说需对农民工住房保障进行长期、持续的资金投入，同时需要将保障性住房建设资金纳入年度财政收入的专项预算，并随着城市化的推进、经济的发展和财政收入的提升，进一步扩大保障力度。

因为宁波市农民工在行业、职业、收入、居住地、流动性和市民化意愿等方面差异较大，同时还存在着各地方人民政府之间的协调问题，所以宁波市农民工的住房保障相比户籍人口来说更为复杂。建立一个相对完善的农民工住房保障成本分担制度，首先需要解决农民工住房保障制度的从无到有，其次再解决保障制度覆盖群体的由少到多，最后解决住房保障的监管问题，这期间还会涉及一系列成本分担主体和分担方式的调整问题。因此，需要根据宁波市经济发展水平和财政支持能力，并结合农民工的实际情况，深入调查和研究政策措施，统筹安排健全措施，科学制订体系规划，多角度促进农民工住房保障成本分担的制度化和规范化。

2.农民工住房保障成本分担的多元化

(1)多元主体共同分担并兼顾市场机制。农民工保障性住房作为准公共产品，如果全部由政府承担其成本，那么政府将面临过重的财政压力而难以持续；若完全由企业承担其成本，将会大大增加企业负担，从而影响企业经济效益和长远发展，进而降低农民工收入水平，而收入又是吸引农民工向城市流动的主要原因，也是农民工在城市安家的关键因素；若完全依靠市场，则无法实现农民工安家落户的意愿，进而影响人的城镇化的战略部署。因此，要切实解决农民工住房保障问题，需要合理划分政府、企业、农民工的责任，并建立起完善的成本分担机制，充分发挥政府、企业、农民工以及市场的作用，而不是依靠单一主体来完成。

具体的责任分配上，政府必须发挥宏观调控职能，制定总体规划。企业需要对农民工履行住房关怀措施。而对于农民工群体来说，欲在城市中只有生活稳定下来，须通过主动学习来提升职业技能和就业竞争力，从而提高收入水平。

(2)引导有条件的农民工购买商品房。2016—2018年宁波市房地产投资连续三年增幅高于40%，商品房库存量较大。据统计，2016年，宁波市六区的住宅土地出让交易有75宗，出让面积共436万$m^2$①，再以建设容积率2.5进行测算，则住宅供应量可达1090万m^2。若能合理的调控宁波商品房价格，特别是郊区小户型商品房的价格，引导房地产市场健康发展，同时提高农民工收入水平，使更多农民工有能力、有机会购买商品房，那么将会大大减少政府和企业对农民工住房保障的成本分担，进而从根本上缓解宁波市人民政府财政压力，快速提高农民工住房保障的覆盖面。

(3)健全房屋租赁市场，拓展成本分担形式。有大量城市自有居住用房可供农民工租赁，如果能够进一步健全房屋租赁市场，推行租售并举、租售同权，规范住宅租赁市场，深入挖掘其潜力，将有利于进一步丰富农民工特别是安家不落户农民工的住房保障形式，成为外来务工人员住房保障体系的重要补充，从而丰富农民工住房保障成本分担的形式。

3.农民工住房保障成本分担的重要性

(1)建立农民工住房保障成本分担机制有利于扩大内需。从长远的角度来看，

---

① 钟艳芳.土市狂欢年！2016宁波宅地出让总金额破700亿元[EB/OL].(2017-01-03)[2017-09-16].腾讯房产宁波站，https://nb.house.qq.com/.

扩大内需能够为宁波经济发展带来巨大的推动作用。根据国家统计局的数据显示，城镇化率每提高1%，能够拉动消费增长1.8%。[①] 合理分担农民工住房成本，顺利解决农民工住房问题，在人的城镇化建设进程中具有重要的战略意义，同时也能增加城市的消费需求，带动城市的进一步发展。解决农民工"居者有其屋"的问题，能够增强宁波市430万农民工在教育文化、餐饮娱乐等各个方面的消费需求，为经济发展带来更充分的就业机会，形成宁波经济发展的持续动力。

(2)加大农民工住房保障投资是城市建设的重要推动力。根据国家统计局的数据显示，城镇化率每提高一个百分点，能够带来投资3.7个百分点的增长。在推进农民工住房保障的进程中，会进一步使宁波市区繁荣地带的产业逐渐向周边市县区扩散和转移，从而带动周边市县区固定资产投资的新建和扩建。因此，农民工保障性住房项目的建设能够极大地拉动宁波市各个区(县、市)的经济发展，从而进一步加快人的城镇化建设进程。

① 林琳，林丽鹏，时圣宇，叶琦. 转型升级进行时·动力篇⑤：城镇化激活经济内生动力[N]. 人民日报，2013-10-13(A02).

第五章　农民工住房保障成本分担的现实困境

随着新型城镇化进程的加快，包括农业转移人口在内的新增城市人口规模庞大，对住房的可支付能力更低，保障性住房的需求将不断提高，由此将给政府承担住房保障责任带来巨大的压力。传统的保障性住房基本由政府直接供给，政府财政负担加重，债务风险加剧，而且直接影响保障性住房供给的质量和效率。党的十八大报告提出，“建立市场配置和政府保障相结合的住房制度，加强保障性住房建设和管理”。因此，在保障性住房供给方面，要努力协调好政府和市场之间、政府和社会之间、中央和地方人民政府之间的责任关系。基于此背景，本章试图从户籍制度、土地制度、财政分配机制以及保障主体的博弈困境等方面，深入解析农民工住房保障成本分担的现实困境，为后续分担机制的建构提供更为科学的决策依据。

第一节　成本分担主体的博弈困境

一、农民工之间的博弈困境

由于文化和技术水平较低，农民工群体所从事的大多数工作是劳动密集型产业。行业准入门槛相对较低的特点决定了在有限岗位的条件下，势必造成农民工群体在求职市场上的高度竞争。群体中参与人同时选择行动，或虽非同时但后行者并不知道先行者采取了什么具体行动；每个参与人对其他所有参与人的特征、策略空间及支付函数并没有准确的认识。这种不完全信息静态博弈，可以用“贝叶斯纳什均衡”来解释。下面本研究通过“第一价格密封拍卖模型”分析农民工规模与用工单位需求之间的均衡关系。

第一价格密封拍卖模型。在用这个模型来解释之前，首先需要假定一种情况，即在农民工市场上，农民工的数量要远远多于用工企业所需求的数量，即供大于求，这样在农民工这个群体内部之间就会产生激烈的竞争。对于同一个职位，会有很多个农民工“一起行动”，符合“第一价格密封拍卖模型”的前提条件。根据模型的要求，还需对具体的条件进行假定。假定用工企业A，两位农民工B和C，在“供大于求”的市场中，这两个农民工同时竞争企业的岗位，那么两个人竞聘成功的概率我们分别假设为P_B和P_C，其中$P_B \geqslant 0$，$P_C \geqslant 0$。企业A是否承担农民工社会保障的概率用z表示，z的数值范围为$[0,1]$。另外，需要对农民工的工资报酬进行假定，用字母a来表示。如果企业为农民工提供社会保障，那么农民工从社会保障中获得的好处用b来表示。因为两个人竞选的是同一个企业，也就是说如果两个人竞选成功就可以享受到企业的相同社会保障。

一般来说，农民工希望的是在现有的基础上能够得到最大回报，即$a+b$，但是因为信息的不对称，所以不知道P_B和P_C的大小，对于企业而言，会选择付出少的情况，而对农民工来说获得工作机会是首要目标。但是，现实的境况是，因为农民工大多从事的工作可替代性强，劳动力市场的议价能力比较弱，所以最终在竞争过程中，农民工往往会尽可能地降低自己的要求，仅接受a的工资报酬，而“放弃”b的社会保障收益。根据第一价格拍卖模型可以得出，因为竞买人也就是农民工不知道参加竞拍的总人数及标的价格，往往会提出比自己的估价要稍低一些的价格，所以用工单位提供社会保障的概率z是随着农民工人数的增加而不断递减的。此外，若按照农民工都是“理性人”的角度来讲，当市场中呈现出农民工劳动力“供大于求”的现象时，为了能够确保获得工作机会，农民工对企业一般也不会“坚持”提出社会保障方面的要求。

二、农民工与务工企业的博弈困境

虽然我国目前的法律法规要求对劳动力一视同仁，即农民工和城市居民拥有相同的就业机会，但现实情况却并非如此，农民工与城市居民相比不仅在就业上处于不平等地位，而且整个群体都受到了不同程度的歧视，这样对于农民工来说既不公平也不正义，同时这也是农民工与务工企业之间博弈的结果。著名的经济学家麦格雷戈曾经提出过一个著名的理论：X-Y理论，接下来，本研究就利用这个理论中的X理论来解释农民工和务工企业之间的博弈过程。

X理论认为大多数的人在本质上都是懒惰的，会尽可能地去逃避责任，也就是宁可被批评、被责骂，也会逃避工作。那么在这种情况下，就要通过强硬的手段来规范他们，让他们按照要求完成工作。因此，在这样的假设前提下，用工企业会倾向认为被雇佣的职工不会主动完成工作，所以要通过强制的手段进行监督，这就需要企业付出额外的成本，即监督员工的成本。同时农民工为企业工作也会有收入，主要包括基本工资、奖金、福利津贴等。在这里，假设有一个员工为企业工作，他的收益用 A 来表示，成本用 B 来表示，用工企业付出的成本用 C 来表示，员工偷懒被发现的概率用 P 来表示，那么就可以得到支付矩阵（如表 5-1 所示）。

表 5-1　农民工与用工企业的博弈矩阵

员工	用工企业	
	发现	没发现
偷懒	PA^1，　$A-PA^1-C$	$A(1-P)$，　$PA-C$
工作	$A-B$，　$-C$	$A-B$，　$-C$

根据上面列出的矩阵可以进行进一步的分析，先假设一个简单的静态模型，即员工的支付函数为：$U(A,B)=A-B$。在这里，因为员工的成本是 B，当 B 等于 0 的时候，也就是员工成本为 0，就意味着员工并没有付出任何的劳动成本，所以表明员工在偷懒。同样的，当 B 等于 1 的时候，就说明员工付出了劳动，也就表明员工没有偷懒，这里假定 B 只有这两个数值。这时再对另外一个条件进行设定，就是员工偷懒时是否被企业发现，如果偷懒了没有被企业发现，那么员工收益就是 A，同时没有任何的劳动付出。如果没有偷懒，那么员工的收益也是 A，相应付出的成本就是 $B(1)$。此外，用 P 来表示偷懒被发现的概率，如果员工偷懒被发现，之后就会被企业辞退，那么员工的收益可以用 A^1 来表示，这时候员工的支付函数就为 $U(A^1,0)=A^1$。但是如果没有被发现，那么他的收益就是 A，支付函数则为 $U(A,0)=A$。综上，可以推导出，员工偷懒的时候企业所需要的支付成本为 $PA^1+(1-P)A$，相应的员工不会偷懒为 $A-B(1)\geqslant PA^1+(1-P)A$，即 $A\geqslant A^1+B(1)/P$。

从上述推导结论可以看出，要想让员工尽力去工作，企业所需要支付的成本要大于员工不努力工作的保底收益和他们的成本之和。而且还要考虑在内的是对员工的监督会有一定的成本支出，所以企业需要付出的成本会进一步的增大。因此，可以根据上述的博弈模型来寻找一个最优点，既能让企业的收益达到最大化，又能让员工尽心尽力去工作。

此外，农民工和务工企业还在报酬的给予方面存在博弈。根据当前的法律法规，凡是我国的公民都应该享有劳动后获得报酬的权利，但是就目前的农民工劳动力市场来说，存在较多农民工被拖欠工资和应享受的社会保障没有得到落实的现象。农民工的劳动没有得到应有的尊重，农民工应享有的权利也没有得到保障。农民工群体利益没有得到保障的原因有很多，主要原因在于这个群体所从事的工作可替代性强，在就业市场中供给和需求双方的权利不平等和信息不对称，这就“帮助”用工企业“自信”即便选择付出较低报酬也能招到人。同时，农民工群体的维权意识普遍不高，并不懂得如何维护自身的合法权益，这也会造成企业与农民工之间博弈的进一步加剧。

农民工和务工企业之间关于报酬的博弈符合不完美信息的动态博弈的特征，所以可以用比较著名的“双价格二手车交易博弈模型”来解释。因为在“双价格二手车交易博弈模型”中将信息处理进行了分块，所以这里也将农民工市场分为四个部分，分别是部分成功市场、完全成功市场、接近失败市场和完全失败市场。

第一，部分成功市场。首先假设企业为农民工提供社会保障的概率为 P，那么企业不提供社会保障的概率就是 $1-P$，因为前提是部分成功，所以这里 $1-P$ 的数值在[0,1]上分布。企业为农民工提供社会保障的成本我们假设为 A，不提供社会保障的成本为 B，同时 $B<A$。再进一步假设，在企业不提供社会保障的情况下，如果农民工自己争取，那么这个成本为 C，且 $A>C$，所以对于农民工可以自己去争取社会保障的情况，就要满足 $(1-P)A+P(A-C)>0$。当然我们不能忽略的是，就算有法律意识的农民工懂得为自己争取合法权益，用工单位仍然有拒绝提供保障的可能性。

第二，完全成功市场。在这种状态下，用工单位会百分之百为农民工提供社会保障，所以企业提供社会保障的概率 P 等于 1，成本的比较就是 $B\geqslant A$，这个时候的预期效用为 $1\times A+0\times(A-C)>0$，也就是 $A>0$。

第三，接近失败市场。接近失败的市场就是用工单位可能为农民工提供社会保障，但是可能性比较小，也就是 $1-P$ 较为接近 1，成本之间的比较是 $B\leqslant A\leqslant C$，农民工为自己争取保障的效用是 $(1-P)A+P(A-C)<0$，但是因为企业只有一小部分的可能为农民工提供社会保障，如果从理性人的角度出发，农民工一般也不会为自己争取。

第四，完全失败市场。完全失败意味着用工单位不会为农民工提供社会保障，也就说 $P=0$，这个时候有维权意识的农民工为自己争取社会保障的效用为：$0\times A+1\times(A-C)<0$。在完全失败的市场下，农民工争取的结果也就是用工单位不会提供的结果，当然还存在农民工自己不争取的情况。

农民工与务工企业的博弈结果如图 5-1 所示。

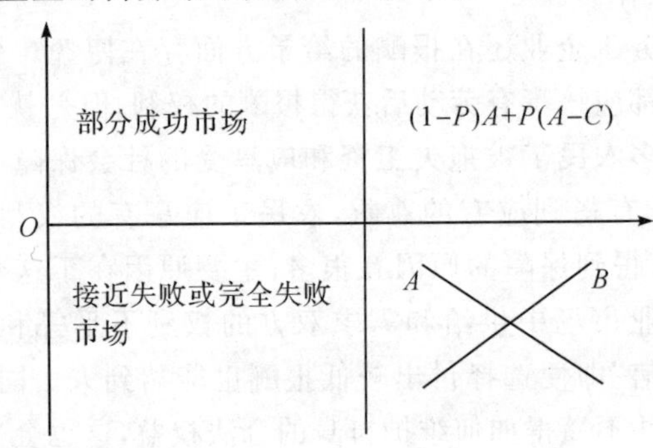

图 5-1　农民工与务工企业的博弈关系

三、企业和当地政府的博弈困境

因为企业追求的是利润的最大化，而对农民工提供社会保障会增加企业的成本支出，所以大部分情况下，企业在主观上不愿意为农民工提供社会保障方面的福利。又因为为农民工提供社会保障是企业应该承担的责任和义务，所以政府会对企业进行监督，在这个监督的过程中，政府和企业之间就产生了博弈（见图 5-2）。在这个博弈中，假设用工单位为农民工提供社会保障的成本为 a，为农民工提供社会保障后企业得到的收益为 b，这里的收益主要是指企业的信用和形象方面的收益，政府为了监督企业所要付出的成本为 c，可能会重视监督这个过程的概率为 d，政府如果接受了企业的贿赂而选择忽视企业不提供社会保障的概率为 f，而企业贿赂政府的成本为 g，企业贿赂政府的概率为 h，政府发现企业不提供社会保障之后对企业的惩罚为 j。

（1）企业的预期效用为：

$$d\{(1-h)(-a)+h[f(-g)+(1-f)(-a-j)]\}+a(1-d) \tag{5-1}$$

（2）政府的预期效用为：

$$d\{(1-h)(b-c)+h[f(g-b-c)+(1-f)(b-c+j)]\}+(1-d)(-b) \tag{5-2}$$

（3）用回溯法分析上述博弈过程可以看出：

对于企业来说，当 $d\{(1-h)(-a)+h[f(-g)+(1-f)(-a-j)]\}+a(1-d)>(-a)$ 时，企业的最优选择为“不提供”；反之，选择“提供”。

对于政府来说，当 $(1-h)(b-c)+h[f(g-b-c)+(1-f)(b-c+j)]>(-a)$ 时，政府的最优选择为“重视”；反之，选择“忽视”。

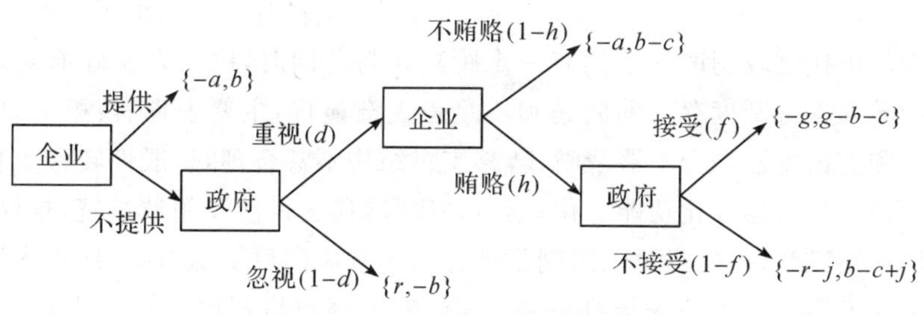

图 5-2　企业与政府间的博弈树

第二节 政府在成本分担中的政策阙如

一、单次投入与动态分担相对割裂

农民工住房保障成本分担是一个长期的、持续的、动态的系统工程，但由于农民工群体在各个城市之间流动性较大，成本分担的一次性投入难以与动态的人口流动相同步。

（一）中央人民政府侧重静态的转移支付和专项资金支持

从当前实际情况来看，无论是在理论上还是在实践中，地方人民政府主要关注的是静态的一次性成本投入，希望通过对某个时间节点农民工住房保障成本的测算来获得中央的财政转移支付。中央财政就是按照此分配方式对各个地方人民政府财政进行静态的转移支付和专项资金支持。

当前中央对各级人民政府财政的转移支付方式主要分为一般性转移支付和专项转移支付两种。其中，一般性转移支付是指中央人民政府按照相关政策规定对财政不足的地方人民政府给予补助，一般性转移支付不限制资金的用途，具体由地方人民政府根据本地区的实际情况进行统筹安排使用，通常情况下，这些转移支付资金主要用来解决地方人民政府在基本公共服务方面的缺口问题；专项转移支付是指中央人民政府为了实现特殊的经济和社会发展目标，给予地方人民政府的特定资金补助，由地方人民政府按照中央人民政府的规定安排使用。

现阶段，中央人民政府对地方人民政府的转移支付管理已取得了一些成效，但距离完善的现代财政制度体系仍有一定距离。与此同时，中央人民政府对地方人民政府的转移支付制度存在的问题和不足也逐渐显现，主要表现有：第一，中央和地方事权和支出责任划分不够清晰，转移支付结构不甚合理，一般性转移支付项目种类多、目标多元，均等化功能弱化；第二，专项转移支付涉及领域过宽，规模较大，分配使用不够科学，一定程度上限制了地方人民政府的可支配财力，地方人民政府财权与事权不匹配的矛盾未得到解决[①]；第三，部分项目行政审批权限较重，与简

① 郭永斌，宋伟健.《国务院关于改革和完善中央对地方转移支付制度的意见》点评——转移支付结构调整有利于增加地方政府可支配财力[EB/OL].(2015-03-02)[2018-09-10].中债资信，http://bond.hexun.com/.

政放权改革要求不相符，地方人民政府的配套压力较大，财政统筹能力较弱；第四，转移支付的操作管理漏洞较多，信息不够公开透明。转移支付存在的问题，既不利于财政资金使用效率的提高，影响财政管理的可持续发展，也不利于市场机制的正常运行和政府职能的适当履行①。

（二）流出地政府忽视持续输出的优化

对于农民工群体流出地的地方人民政府来说，普遍认为，在本地劳动力向外输出后，便不再需要承担相应的住房保障成本。而且，农民工群体流出地政府在主观上“不愿意”将中央的划拨资金以转移支付的方式输出到对应劳动力的流入地。然而，农民工在流入地较难享受到与原有户籍制度相关联的公共服务，因此其相应的社保以及留守家庭成员的各项公共支出则不得不先由流出地政府承担。显然，传统的分担机制有失公允，必须出台更加体系化、精细化的结构性政策来规避这一问题。

农民工流出地的基本诉求主要体现在以下三点：第一，劳动力流出地政府前期花费了大量资源投入在那些已经落户到流入地的农民工身上，这些农民工的流出造成了流出地劳动力和人才的缺失，应对流出地政府给予一定补偿；第二，流出地政府需要承担未在流入地落户的农民工以及他们家人的公共服务支出，而这些农民工更多的是在为流入地的经济增长做贡献，所以中央应该补偿流出地政府；第三，流出地政府需要承担未在流入地定居而返回的农民工的公共服务支出，这对流出地政府来说存在财政压力，故应该补偿流出地政府新增的社会保障支出。

（三）流入地政府忽视住房保障的均等化

由于受到城乡二元结构的长期影响，农民工群体流入地政府在思想观念上缺乏对农民工住房保障成本分担的重视，甚至还存在农民工群体大量流入挤占城镇公共资源和耗费财政资金的思想，因此流入地政府对农民工住房保障成本分担往往很消极。长此以往，将导致农民工等外来务工群体的住房保障均等化严重滞后，已经在流入地长期工作和生活的农民工，现阶段仍然难以享受到来自流入地政府的公共服务支出补偿。而且因为地区自身户籍人口增长和行政权限的限制，使得流入地政府较难平衡当地城乡之间的住房保障均等化，更无暇顾及农民工群体的住房保障问题。

---

①　郭永斌，宋伟健.《国务院关于改革和完善中央对地方转移支付制度的意见》点评——转移支付结构调整有利于增加地方政府可支配财力[EB/OL].(2015-03-02)[2018-09-10].中债资信，http://bond.hexun.com/.

二、政策实施与责任分担存在冲突

在农民工住房保障的成本分担过程中，需着力考察并加强政府、企业、农民工、社会组织之间的协作和配合。但在实际操作中，以上不同的利益主体间存在博弈，就政府主体来讲，中央与地方人民政府、流出地政府与流入地政府之间分别存在利益博弈（杨世箐和陈怡男，2015），博弈的结果必然导致一方受损，另一方得益，难以达到整体利益的最大化，实现帕累托最优。

（一）中央和地方权责分配失衡

根据现行的财税体制，中央人民政府在保障房建设的成本分担中发挥着引导作用，而住房保障的资金筹措和配套设施的建设则由地方人民政府完全负责。在农民工群体的保障性住房成本分担上，中央与地方并未达成一致，呈现出地方人民政府与中央人民政府之间的博弈、甚至是“相互扯皮”现象。在这种博弈状态下，财政的转移支付与配套的政策措施很难完全、“不打折扣”地落地实施，从而导致农民工住房保障成本核算与分担责任难以明确。

农民工群体的住房保障是一项需要政府给予强有力财政支持的系统工程，但是在实际操作过程中却存在着资金方面的巨大困难以及财权与事权上的不匹配现象。中央人民政府与地方人民政府财权、事权之间的矛盾纠葛，限制了地方人民政府对于保障房建设的热情。同时，转移支付制度缺乏更细致的执行条件和准则。从利益的角度来看，中央人民政府无暇顾及每个地区的局部利益，其政策的目的是总体利益的最大化。而地方人民政府制定的政策往往是从当地的实际情况出发，力求自身利益的最大化，在政策的执行过程中难免与中央人民政府的政策之间存在利益冲突，甚至是矛盾纠纷，这种现象无疑将导致中央政策落实的困难，导致中央与地方人民政府间博弈的失衡。

要处理好中央与各级地方人民政府在住房保障成本分担上的责任关系，关键要做到三点：一是要对两者之间具体的成本分担责任进行划分；二是要构建起与实际所需住房成本相关联的财政转移支付机制；三是要修改以往主要由地方人民政府来承担住房成本的制度安排，中央财政需要对农民工常住地进行相关经费的拨付。农民工住房保障成本的分担无疑是复杂并且烦琐的过程，在这个过程中会涉及公共设施建设和社会保障等方面更具体的问题，完成这些工作需要各级人民政府之间明确分工、权责清晰，紧密配合、齐心协力，在资金支出等方面需要明确各方的权利范围，并将责任落实到具体的责任主体。首先，需要考虑的就是中央人民政府和地方人民政府在农民工住房保障中责任如何分担的问题，解决这个问题的要点就在于明确中央人民政府和各级地方人民政府之间的责任分隔线，避免出现责任粘连以及相互推卸责任的情况。其次，应该按照主体能力的大小匹配责任，中央人民政府因为在权力和财政收入等方面要远远高于地方人民政府，所以在农民工住房保障问题的解决中需要承担主要责任，并提供政策上的指导和方向上的把控，同时也不能忽视在农民工子女教育问题上的资金支持和政策导向。

根据课题组前期数据调查显示，在解决农民工住房保障的问题上，中央人民政府的住房保障支出与其收入不成比例。在中央人民政府和地方人民政府的总收入中，中央人民政府的收入约占总体收入的一半，但是住房保障支出却仅占总支出的十分之一，所以在农民工住房保障问题的解决上，地方人民政府是资金支出的主力军。这种大量的资金支出让地方人民政府在财政上入不敷出，“吃不消”成为资金支出的常态。2018 年全国农民工总量 28836 万人，其中外出农民工 17266 万人。若将近 1.73 亿外出农民工一次性转成市民，则新增财政支出至少达到 1.9 万亿人民币以上，将对中国的财政支出带来更大的压力。[①] 显然，农民工市民化不能一蹴而就，需要分层次、分阶段、分步骤进行。更需要考虑的是中央人民政府与地方人民政府之间、流入地政府和流出地政府之间以及大、中、小城市之间，对财政支出要合理分担（杜涛，2013）。

如若突破财政支出困局，需要将责任的分担模式重新优化，明确中央人民政府和各级地方人民政府的责任分配。中央人民政府承担基础设施建设和社会保障支出等方面的责任，而地方人民政府则需着力解决农民工进城之后的就业和农民工职业技能培训等工作。对于一些跨省务工农民工所产生的支出，中央人民政府应该作为分担主体，至于省内流动农民工所产生的支出，可以由地方人民政府作为分担主体。一些必需的公共服务性支出，比如医疗卫生和教育等，则可以成立专门的资金项目进行承担，同时需要贯彻落实专款专用的原则，坚决抵制相互推诿，努力建构“钱随人走”“钱随事走”的保障机制。

在住房保障方面，美国有着较为完备的成本分担体系，可为我国解决农民工住房保障问题提供一定的参考。具体可以从美国住房补贴的构成看出，住房保障政策中的住房补贴是以联邦政府为主导地位。联邦政府在住房补贴上的支出主要由两个部分构成，一是直接用于住房补贴的资金支出，二是有关住房的相关税收减免政策。首先在资金支出方面，联邦政府会根据住房补贴项目进行估算，然后将资金划拨给地方人民政府，再由地方人民政府在联邦政府估算的基础上将分配的资金层层下拨，直到将住房保障落到实处，补贴资金落到保障对象；其次在税收减免政策上，与直接的资金支出类似，先由联邦政府制定出总体的税收减免政策，然后地方人民政府根据自身的情况，在此基础上进行调整，再将政策落实下去。可以看

① 参考国家行政学院一项关于城镇化成本的研究报告，经济观察报，2013-05-13(A02).

出，无论是在住房补贴的资金支出还是税收减免上，都是由联邦政府把握大的方向，再由地方人民政府根据具体的地区特点进行调整，只有这样才能保障政策的可行性和准确性。据不完全统计，在美国的住房补贴体系中，联邦政府在直接的资金支出方面是地方人民政府的4倍，而在税收减免的间接支出方面则是地方人民政府的5倍，总体上由联邦政府承担住房保障责任。

(二)流出地政府与流入地政府缺乏成本分担机制

从理论上来说，农民工流出地政府应当与流入地政府加强沟通、协调合作，承担农民工住房保障问题上的成本分担责任。但在现实中，两地政府对农民工住房保障的成本分担存在政策上的不统一、不协调，直接阻碍了农民工住房保障成本在政府间的有效落实和分担。

从利益博弈的角度分析，地方人民政府是本区域利益的追求者和受益者。在“竞争锦标赛”的理论假设下，地方人民政府为了能够得到更多的资源，实现利益最大化，往往相互之间存在竞争关系。农民工在流入地的经济发展中扮演着重要的角色，但所享受的公共服务却远不及流入地的城镇居民，其大部分社会保障成本支出仍继续由劳动力流出地政府承担，在无形中就形成经济发展水平相对较低的流出地政府的财政补贴流入经济发展水平相对较高的流入地政府。加快推进农民工市民化进程，处理好两地政府在住房保障成本分担上的责任关系，关键是要将流入地住房用地的增加量按照本地农民工的落户新增数量来确定，为农民工的住房保障建立充足的房屋存量基础，同时也要注意两地间的博弈均衡和利益补偿。

上述矛盾广泛存在于农民工的流出地和流入地之间。其中一些人口大省是主要的农民工流出地，如河南、四川、湖南、湖北、江西等地，而一些经济比较发达的地区则是农民工的主要流入地，如广东、浙江、上海、北京等地。据不完全统计，跨省务工农民工数量大约在7000万人左右，同时这部分群体在城市中的生活状况也没有得到相应的保障。农民工在为城市的发展建设做出贡献的同时，却因为没有城市户籍而在流入地无法享受到相应的社会保障，因此这部分保障支出只能由户籍所在地也就是流出地政府承担。迁移流动的农民工群体给流出地政府财政造成了极大负担。所以，中央人民政府应该正视两地之间存在的保障—责任—成本分担纠缠不清的问题，在农民工流出地和流入地之间建立协调机制，进而合理地分担因农民工劳动力外出务工而产生的相关财政支出。

在农民工的相关社会保障支出中，虽然企业和农民工自身也负有一部分责任，但是只是很小的一部分，在整体的保障支出中占比也较少，真正的主要承担主体还是政府。中央人民政府是负责方向的把控和政策的制定，而地方人民政府则需要落实细节和开展工作，所以要协调好地方人民政府特别是农民工流出地政府和流入地政府之间的责任分担，这样才能保证保障工作的有序展开。但是实际情况并不是很乐观,大多数政府部门都没有认识到自身在农民工住房保障工作中的重要责任。中央人民政府没有及时出台符合现实情况的政策,而地方人民政府也不会积极主动开展工作和承担责任,导致的后果是中央人民政府不能根据现实情况对方向进行及时的调整,地方人民政府又因为难以承受农民工在城市安家落户的巨大支出而有意识地忽略这方面的保障,所以整体工作难以推进和开展。同时在各个主体的成本分担中,相互推卸责任的情况也较为常见,各级人民政府和企业对于自身的责任采取逃避乃至不承担的做法。

农民工群体住房保障工作的推进是一个不断变化的过程,各类农民工进城务工的人口数量在不断变化,各地的具体情况也在不断地更改,所以政策的制定需要紧跟实际情况不断地调整侧重点和方向。农民工群体的流动性特点比较突出,承担农民工保障房建设整项工作的前期投入大、见效慢,因此要明确各方的责任分配。农民工从原来的地区外出打工谋生,流出地政府难以负责农民工在流入地的住房和生活保障,而流入地政府因为是根据原来的城市发展情况制定发展规划,所以难以将外来务工的农民工群体纳入到城市的发展规划之中,同时也因巨大的财政支出选择"主观上"逃避责任,面对涌入的农民工群体对于保障性住房的需求显得没有积极性。这就造成了流出地政府因为农民工的外出而不对其生活进行保障,流入地政府因为没有将其纳入城市的发展规划而不进行保障的尴尬局面。

其实,要想明确农民工流出地政府和流入地政府之间的责任分担问题,需要尽可能利用农民工群体在流出地的资源,形成农民工和土地相关联的机制,让土地在农民工进城务工之后转化为其他可以利用的便利和资源,比如可以抵扣农民工进城之后在住房保障方面的部分支出,这样或许能在一定程度上减轻流入地政府的社会保障与公共服务供给的负担。同时也要将农民工的流入规模和城市规划的预设支出紧密相连,充分考虑到流入人口的数量,提前将建设土地的指标进行规划,以便更好地开展城市建设。

第三节　成本分担主体的逻辑困境

一、成本分担主体供给不足

基于现代政府官僚体制的复杂性和政府公权力的特殊性,囿于今天中国政治体制和财政体制的结构性安排,导致当政府面临社会问题时,各职能部门常各自为政,缺乏有效的沟通与协调,进而导致社会治理效果呈现“碎片化”的特征。在农民工住房保障过程中,同样存在参与主体过多而合作不足的情况。

当前,在农民工群体的住房保障政策制定过程中“政出多门”的现象明显,从现实来看,大多改善农民工居住条件的政策法规不免多有临时性和应急性的色彩,缺乏统一性和整体性的制度安排(周建华和刘建江,2014)。农民工保障房供给的相关政策形式大多表现为“通知”“指导意见”或“暂行办法”等,并且时常出现政策前后不一致和连续性缺乏等问题,政策效力的发挥受到严重制约(许莲凤,2013)。同时各职能部门也没有具体措施来解决农民工群体的住房保障问题,大多只做了模糊、笼统的规定。不同部门依据自己的职能范畴来制定政策,缺少先期统一的规划,导致政策形式单一、主体间配合不足和政策的可执行性弱等问题。而且在问责制的约束下,中央与地方人民政府之间缺少“相容激励”,地方人民政府可能会通过各种方式来应付中央的相关政策考核,如通过选择性执行、替代性执行、象征性执行等方式来应对中央颁布的保障房相关任务,结果常常会导致政策的执行力度严重不足(谭羚雁和娄成武,2012)。

(一)政府对农民工住房保障供给滞后

为了落实农民工的住房保障职能,在“十一五”及“十二五”期间,中央人民政府及各部委陆续制定了相关政策,通过这些政策规定各部门的职责范围,并指导地方人民政府对农民工的住房保障工作(见表5-2)。

表5-2 中央人民政府及各部委出台的农民工住房保障政策

发布时间	政府主体	文件名称	主要措施
2006年3月	国务院	《关于解决农民工问题的若干意见》	提出将农民工的居住问题纳入到城镇规划中,有条件的地区可为农民工缴纳住房公积金
2007年8月	国务院	《关于解决城市低收入家庭住房困难的若干意见》	鼓励多渠道改善农民工居住现状
2007年12月	建设部等五部委	《关于改善农民工居住条件的指导意见》	将农民工的住房问题纳入城镇规划
2009年9月	国土资源部	《关于切实落实保障性安居工程用地的通知》	提出要确保保障房建设用地的供应
2009年12月	中共中央、国务院	《关于加大统筹城乡发展力度进一步夯实农业农村发展基础的若干意见》	提出多渠道、多形式改善农民工的居住条件,鼓励逐步将农民工纳入城镇住房保障体系
2010年6月	住建部等六部委	《关于做好住房保障规划编制工作的通知》	加快建设公租房等住房体系,重点解决进城农民工中中等偏下收入者的住房问题

（续表）

发布时间	政府主体	文件名称	主要措施
2010 年 6 月	住建部等七部委	《关于加快发展公共租赁住房的指导意见》	鼓励有条件的地方将符合一定条件的农民工纳入公租房供应范围
2011 年 9 月	国务院办公厅	《关于保障性安居工程建设和管理的指导意见》	加大保障房的建造和管理，让农民工群体的居住条件能够得到明显改善
2013 年 12 月	住建部、财政部、发改委	《关于公共租赁住房和廉租住房并轨运行的通知》	将公租房和廉租房并轨运行，明确提出要将农民工纳入公租房体系
2014 年 3 月	中共中央、国务院	《国家新型城镇化规划（2014—2020 年）》	建议有序推进农民工的市民化，把进城落户的农民工完全纳入到城镇住房保障体系中

资料来源：参考《农民工住房保障供给机制存在的问题及其解决路径》（娄文龙等，2016）。

从表 5-2 可以看出，参与农民工住房保障的主体已有十多个，包括国务院、住建部、发改委、财政部、自然资源部等各个部门。这些部门都从各自的职能角度出台了农民工住房保障的相关政策，有单独颁发的，也有联合颁发的，一定程度上体现了多元政府部门间的相互协作，这些政策也构成了农民工住房保障的大体框架。但是当前的农民工住房保障仍存在进入门槛高、覆盖面小的缺陷，住房保障的分配以区域分配为主，而且还设定了收入水平、居住年限等要求，使得大部分农民工被排斥在住房保障体系之外，这也就导致了农民工的住房保障仅仅只是一种理论层面上的政策，并没有发挥出应有的效力（王俊杰，2017）。农民工居住情况见表 5-3。

表 5-3　2009—2014 年农民工居住情况

（单位：%）

住宿类型	2009 年	2010 年	2011 年	2012 年	2013 年	2014 年
单位宿舍	33.9	33.8	32.4	32.3	28.6	28.3
工地工棚和生产经营场	17.9	18.2	16.1	16.5	17.6	17.2
租赁住房	34.6	34.0	33.6	33.2	36.7	36.9
乡外从业回家居住	9.3	9.6	13.2	13.8	13.0	13.3
务工地自购房	0.8	0.9	0.7	0.6	0.9	1.0
其他	3.5	3.5	4.0	3.6	3.1	3.3

数据来源：《2010—2014 年中国农民工监测调查报告》。

2009—2014年,从农民工的实际居住情况来看,能够被纳入到城镇住房保障体系中的农民工只占全体农民工群体的少数,他们的住房需求多数是依靠劳动力雇佣方或自己解决,由此可见政策层面上的住房保障体系还远未得到完善。

据此可以看出,农民工住房保障的成本分担多是理论性探讨,而符合我国国情的成本分担机制及操作措施还尚待探索。同时,各主体的责任划分及分担行为也缺少法律约束,相关的政策未得到有效实施。

从政府的角度来看,在农民工住房保障过程中,政府各部门间的成本分担责任与财政保障能力存在匹配度失衡现象。同时,政府各部门间的利益博弈,也导致各级人民政府及部门间的财权与事权的分配度失衡,因此无法提供公正、公平的农民工住房保障。

(二)企业农民工住房保障成本分担不足

市场经济中企业为了使利润最大化,主观上不愿意承担超出用工生产报酬之外的成本,因此企业承担农民工住房保障成本的力度极为有限。为了追求自身盈利,企业往往会"选择性忽视"农民工的住房需求。在某些农民工密集的行业,比如建筑业,甚至存在管理者拖欠工资、恶意延长工作时长、不按正常程序签订劳动合同以及不按法律规定缴纳社会保险等情况,这些都造成了农民工利益的重大损失。

我国中小企业因为原材料、能源、土地等成本上升,企业利润持续下滑。2018年,中小企业主营业务收入利润率为5.91%,比上年下降0.19%,比同期规上企业主营业务收入利润率(6.49%)低0.58%,比同期大型企业(7.26%)低1.35%。如果企业按照法律规定为农民工缴纳社会保险和公积金,参照城镇职工标准的话,单单此项支出就将近占到农民工工资总额的一半,这将大幅度提高中小企业的生产成本,进而削减企业利润率,造成市场竞争力下滑。因此,在农民工住房保障成本分担上,企业往往难以维续,动力不足,意愿不强。

(三)农民工自身承担住房成本的资本和能力缺乏

农民工住房成本的合理分担既要厘清各主体的成本分担责任,又要综合考虑和了解不同主体各自的分担能力。农民工因为收入和能力等方面的限制,所以自身承担私人成本的能力较弱。据统计,2012年外出务工农民工的平均月收入为2290元,其中扣除生活成本等开销后平均月结余1557元[①],此外农民工部分工资还要用于缴纳社会保险和公积金的费用,因此可灵活支配的剩余收入已难以承担其住房成本。根据《2016年农民工监测调查报告》显示[②],相较于以往,2016年农

---

① 顾梦琳.统计局:农民工人数超2.6亿人均月收入2290元[N].京华时报,2013-05-28(A03).

② 国家统计局.2016年农民工监测调查报告[EB/OL].(2017-04-28)[2017-08-09].国家统计局官网,http://www.stats.gov.cn/.

民工月均收入的增速有所回落，相比 2015 年增长了约 6.6%（见表 5-4）。

表 5-4　分行业农民工月均收入及增速

行业	收入/元		增速/%
	2015 年	2016 年	
制造业	2970	3233	8.9
建筑业	3508	3687	5.1
批发和零售业	2716	2839	4.5
交通运输、仓储和邮政业	3553	3775	6.2
住宿和餐饮业	2723	2872	5.5
居民服务、修理和其他服务业	2686	2851	6.1
均值	3072	3275	6.6

数据来源：《2016 年农民工监测调查报告》。

从表 5-4 中可见，相较于当前中国各地城市的高房价，农民工群体的收入即便没有去除生活开销也难以独自承担其住房成本。从总体上来看，外来务工者的文化程度和专业技术水平普遍偏低，导致其在用工市场上难以找到高收入的工作。所以当他们流入城市后，大多仅能从事以体力劳动为主的工作，而这些工作一般环境恶劣、报酬低廉、福利不佳，在这样的生活环境中，外来务工的农民工群体将更缺少提升自身职业及专业技术水平的机会，最终导致与城镇居民的收入和身份地位的差距逐渐扩大，阻碍其市民化进程和人的城镇化的推进。城市中商品住房的价格较高，对于那些本身需要负担较高生活成本的农民工来说，安家置业较为困难，而保障房政策又没有覆盖所有的农民工，因此也不容易获得，这些都是农民工真正融入城市生活的不利因素（王晓红和张吉恒，2015）。虽然保障农民工群体权益的土地及惠民的政策正逐步实施，比如在流出地被征地的农民工，得到出让土地的补偿后，可以利用这部分资金解决其流入城市后所要负担的相关成本。但是从长远来看，城镇外来务工的农民工群体真正实现市民化后，由于未来的城市发展情况和相关的政策因素，土地对农民的保障效果会越来越显著，所以农民工放弃土地的机会成本在增加，这也会造成农民工利益受损。

总的来看，虽然新型城镇化的推进给农民工带来了前所未有的发展前景，但是当前无论从哪个方面进行评估，建立合理、有序、高效的农民工住房保障成本分担机制都需要各方利益相关主体的联动协同，通过对现有的制度缺陷进行变革和创新，构建良好的成本分担机制，积极推进农民工住房保障体系的完善和人的城镇化建设。

二、成本分担主体激励缺失

(一)地方人民政府激励缺失

地方人民政府作为农民工住房保障政策的实际实施者和主要的成本分担主体之一,其在农民工住房保障成本分担制度的建立中所发挥的重要作用是毋庸置疑的。以我国目前的情况来看,农民工住房保障的成本主要集中在社会发展成本层面,也就是城市基础建设成本和农民工群体的社会保障成本,这两项成本的分担主体是地方人民政府。受制于科层官僚体制的特点,并受我国特殊的央地关系、财税体制和官员晋升机制等方面的影响,基层管理机构的不作为、相关部门机构的职能交叉,"政出多门,无人负责"等政府管理乱象频出。比如中央人民政府为解决农民工的住房问题,曾经多次强调各地政府在城市的建设用地中需要预留一些土地作为公租房、廉租房以及经济适用房的建设用途。但在地方人民政府的实际建设中,由于利益的驱使,很多地方官员和企业会有意识地忽略这一群体。地方人民政府对农民工住房保障成本分担的积极性不高,缺乏激励机制,具体体现在以下两个方面:

一是地方人民政府在政策的实施过程中事权过大而财权过小。一般来说,地方人民政府有关项目资金投入的申请都需要通过中央人民政府的审批,中央人民政府对地方人民政府的项目资金审批流程较慢,甚至在一些具体地方项目的实施上缺乏资金支持,这就导致一些二、三、四线城市政府财政较为紧张,仅能勉强维持政府的日常运转。因此,在缺乏财政支持的情况下,地方人民政府在城镇化建设中更多关注的是能给地方带来经济收益的土地城镇化和城市工业化发展,对于农民工住房保障等人的城镇化建设的关注度普遍不高,也缺乏主动性(佐赫,2018)。此外,我国现存的官员晋升体制和考核制度也是这一现象产生的主要原因之一。一些官员仅对主政期间看得见的"面子"工程大为关心,而对城镇化建设中的"里子"也就是农民工群体等城镇低收入者的住房保障却视而不见。二是在农民工人口流动过程中缺少对农民工劳动力流出地政府的激励。不能忽视的是其流出地政府还在承担这部分流出人口的社会保障支出,而中央人民政府对此缺乏有效的制度安排,往往削弱了流出地政府在农民工住房保障成本分担中的积极性。

(二)用工企业激励缺失

企业作为农民工在城市中的主要载体,也应该为农民住房保障的成本分担肩负起一部分责任,首先企业应该保障农民工获得劳动收益的权利,其次是承担农民工各项社会保障的必要支出,最后还需要为农民工支付劳动技能培训等成本开支。然而在现实情况中,用工企业对承担这些责任的积极性不高,存在逃避责任的现象，一方面这固然是由企业追求利益最大化的本质所决定，另一方面也与缺乏相应的企业激励机制相关，承担了农民工的住房保障成本却没有得到即时的回报，同时还会因为成本过大利润率过低而被市场所淘汰。根据我国《劳动法》等各项法律规定，企业在雇佣农民工时，有义务承担其劳动力保障的成本，但是对于各项福利政策则是在企业自愿的情况下选择性地提供，这样的说辞就不利于激励企业承担农民工住房保障成本。从现实情况来考虑，当前有关农民工权益的各项法律政策有待重新修订，执行细则有待重新制定。

(三)农民工激励缺失

进城务工并有意愿市民化的农民工是农民工住房保障政策的主体和直接受益人，因此其在住房保障成本分担中理应肩负起自己的责任。然而现实往往事与愿违，农民工参与住房保障的主观能动性并不强烈。

尽管大部分农民工是在非农产业部门就业，但他们却无法摆脱农民身份。除了少数城市化进程较快的沿海发达地区对省域内农民工部分实现了真正意义上的农民到市民的变迁外，大部分地区特别是省域外农民工只是作为商品的劳动力本身的空间位移，和劳动力转移相关的其他因素并没有发生变化。例如，居住地仍然在农村的农民工在农忙或在城市中找不到工作时依然要返回农村(特别是前文提及的安家不落户农民工和季节性农民工)，仍然将土地作为最后的生活保障，农民工身份不能使他们和城市居民进行平等的劳动竞争，更无法享有同等的市民待遇。农民工作为游离在城市社会与农村社会之间的特殊群体，在没有可靠的就业及社会保障的情况下，依然依靠农村原居住地的承包地、宅基地提供现实的生活保障及心理上的归属感和安全感(这就是为什么党中央反复强调保持土地承包关系稳定并长久不变的主要原因)，农民工不愿或不能为改善自己在城市的居住条件而投入更多的生存资源。

三、成本分担监管力度不够

(一)政府的监管机制尚不完善

有法可依是保证住房保障制度能够正常运行的前提条件，住房保障较成功的国家，往往都具备较为全面的住房保障法律体系。比如在德国，社会保障方面的法律条款并不区分外来务工人员和城镇人口，而是将所有群体视为一体。目前，我国并没有相关的法律法规明确将农民工这一特殊群体的住房保障包含在城镇居民住房保障之内，农民工群体住房保障的政策多数是以相关部门出台的“指导意见”或“通知”等形式出现，缺乏制度支撑，农民工在城市中的居住权很难得到法律保障(李晶，2008)。2014 年 5 月，国务院法制办发布《城镇住房保障条例》(征求意见稿),征求意见稿明确城镇住房保障范围为城镇家庭和在城镇稳定就业的外来务工人员,并规定城镇住房保障对象的住房、收入、财产等条件的具体标准,由直辖市、市、县人民政府制定、公布。在城镇稳定就业的外来务工人员是城镇经济社会发展的重要力量,但住房支付能力较弱。无疑这一法规将对未来人的城镇化背景下农民工住房保障提供重要的法律框架,但是这一政策始终没有出台。

因为现行法律并没有允许经营性住房可以在宅基地上建设,所以建造农民工公寓(利用农村集体土地)的做法合理但不合法(董昕和张翼,2012)。同时在出租屋的租赁行为上的法律保障也存在不足,由于多数农民工在租房时并没有签订租房合同,所以一旦发生经济纠纷,他们的合法权益就较难得到法律的保护(丁成日等,2011)。

长久以来,由于我国政府在保障房相关法律法规的构建以及确立方面存在较大的缺失,所以在保障房的建设上也就存在许多不稳定和不确定因素。目前我国在保障房体系方面的立法还不够全面,只能考虑到部分环节,例如在保障房的分配方式、审核、准入等环节就缺乏法律的支撑,同时也缺少相应的处罚法规,对相关部门在保障房的管理和分配行为上进行约束(马万里和陈玮,2008)。在我国保障房的建设中,法律的缺失衍生出了牟取私利的行为,当前在保障房方面的法律法规的制定及问责机制尚不完善,这是保障房管理行为的缺陷。因此要确保保障房能够健康持续发展,前提是要建立起完善的监督体系和法律基础进行着实有效的制度保障。由于政府主导保障房的建设,故需要政府建立监督机制,除了要以立法的形式外,还要在监督的各个环节明确责任和问责机制,具体可以通过设立专门负责规划、建造监督和分配管理等事项的住房保障机构,以此来促进保障房体系的公平公正,进而提高管理效率。

(二)地方人民政府成本分担的监管缺失

政府政策的制定必然涉及既有利益格局的调整,政府对农民工住房保障政策的制定和调整是对中央利益、地方利益以及城镇农民工群体利益等各方面利益博弈的再一次分配。虽然中央人民政府一直鼓励地方人民政府在农民工市民化的过程中对其进行住房保障,但在实际执行中,地方人民政府作为具有理性的“经济人”,处于自身利益考虑进行有选择地执行。

地方人民政府普遍认为,对农民工进行住房保障会增加其本就“紧张”的财政开支,造成“不必要”的财政压力,进而影响地方经济发展,同时,解决农民工的住房问题也不能带来地方人民政府的即时收益,所以他们在对接纳农民工和分担农民工住房保障成本上的积极性不高。同时,地方人民政府官员内部的绩效考核重点一般是地区的经济发展状况,其中最具代表性的就是地方 GDP 增长指数,为了促进 GDP 的增长,很多地方人民政府会把工作重心放在招商引资、发展地方工业化、促进企业发展等方面，有意或无意地"忽视"外来务工人员的住房保障问题，自然缺乏有效监管(王晓红，2016)。

缺乏相应的部门机构对地方人民政府接纳农民工以及为农民工提供住房保障进行监管，这就导致地方人民政府在对农民工住房保障的成本分担方面严重缺失，同时农民工市民化进程中必不可少的环节就是政府为其提供以住房保障为代表的基本社会保障，而对地方人民政府分担农民工住房保障成本的监管不足将会直接影响农民工在城市中住房问题的解决，从而阻碍了其市民化的进程。

(三)用工企业住房保障的监管缺失

课题前期调查中发现：不少企业认为，对农民工群体进行社会保障方面的开支与企业自身的发展处于背道而驰的矛盾对立状态，解决农民工等外来务工人员的住房保障问题、分担他们的住房保障成本，将进一步加重企业负担，降低企业市场竞争力，因而多数企业会逃避这方面的责任。在企业的实际经营中，他们会无视或刻意避开国家颁布的有关农民工住房保障的法律法规，往往采取不与农民工签订劳动合同或者签订临时劳务合同的方式，逃避农民工住房保障的开支。

各级人民政府部门作为监管机构，时常因为信息不对称而难以完全掌握企业实际情况，因此在对企业的监管过程中往往需要其自行申报农民工的相关信息，这就为企业虚假报告提供了可能，也给监管带来了难度，降低了监管效果和监管力度。此外，我国对企业保障农民工住房的刚性约束不足，对这种违法行为的惩治力度不够，企业一旦被发现缺少这方面的保障，仅需缴纳少量的财产性处罚即可，违法成本较低，所以企业较多存在侥幸心理，不履行保障义务。同时，对于地方人民政府来说，其监管的主观意愿乏力，企业的这种行为恰恰契合了地方人民政府的发展理念。因此在对企业的监管过程中，有些地方人民政府"有意识"的监管不到位，甚至部分还会与企业合谋，为企业逃避责任提供便利条件，忽视农民工住房保障，拒绝成本分担。

第四节 户籍制度改革滞后

以农民工为主体的流动人口快速增长是户籍制度改革的主要动力，户籍制度改革是推进以人为核心新型城镇化战略的制度基础。在中国现行的行政体制和财政体制的双重作用下，中央人民政府敦促甚至要求地方人民政府开展户籍制度改革的阻力仍然不小。

一、户籍改革的关键是重塑利益分配格局

归根结底，推进以人为本的新型城镇化建设，关键在于处理各群体间的利益分配和成本分担问题。而当央地之间在支出划分和事权责任上出现结构性失衡的时候，户籍制度改革的推进势必将十分缓慢（张光辉，2019）。2014 年 7 月《关于进一步推进户籍制度改革的意见》颁布，历经 2014 年 9 月《关于进一步做好为农民工服务工作的意见》和 2015 年 11 月《居住证暂住条例》，直到 2019 年 4 月《新型城镇化重点建设任务》出台，中央人民政府要求各地政府出台相应的户籍制度改革性文件和实施纲要、步骤，对于不同等级的城市逐步放开户籍制度对于农民工落户的限制，同时多数城市制定新的落户政策，响应国务院的文件号召，扩大农民工城市落户的条件，降低落户门槛，支持迁移流动人口在城镇落户。然而，就像前文所言，在现行的财税体制之下，在今天推进户籍改革的背后必然是地方人民政府辖区内社会公共服务和相应的福利待遇等利益的再分配和地方财政支出的陡然上升。当前户籍制度改革面临的主要问题，或者说是在推进户籍制度改革缓慢的主要症结是，如何逐步揭开缠绕在户籍上的各项福利束缚，从城乡二元架构走向真正的城乡一体化，进而有效地为实现人的城镇化发展创造良好的制度环境。基于农民与市民之分的户籍制度，附加在上面的是各项显性与隐形的福利与社会保障的差异，这些社会保障和公共福利的支出包括义务教育、养老保险、医疗工伤保险以及住房保障等方面。

对于农业转移人口市民化所需的公共服务供给，由于短期内难以推动经济增长，且财政包袱沉重，地方人民政府往往缺乏充分供给的积极性（马万里和刘胡皓，2018）。对于农业人口转移城镇人口等户籍制度改革而言，在今天中国行政体制和财政体制的大背景下，不仅如前述地方人民政府将会面对改革背后带来的各项支出，而且这些支出大多有着资金投入大、见效周期慢等特点，最终迫使地方人民政府在得不到中央人民政府的补充和支持下，主动地选择规避甚至放弃推进农业人口在城市落户的工作进程。略显僵化的体制和机制双重作用，导致地方人民政府没有动力主动地承担起外来务工人员本地化，即农转非的所有责任。所以，为了维护甚至保持地方发展的各项资金，地方人民政府将不主动地考虑户籍制度的变革，而是通过大兴土木，大搞城市基础建设等方式，提高地价，增加各项投资和税收。换句话说，户籍制度改革需要政府在医疗、社保、教育、就业等公共服务方面有巨额的公共财政支出，且直接、短期的效益又不明显，还可能因为人员外流出本辖区，使地方人民政府这方面的付出无法得到回报。在这种情况下，地方人民政府自然是继续秉持资源汲取的国家建设理念，视户籍制度为资源汲取的工具，而按照中央人

民政府意愿推进户籍制度改革的动力则不足(别红暄,2019)。尽管新一轮的城市户籍制度改革是由中央与地方双重驱动,但是地方人民政府依然在此轮改革中表现出了较强的自主性(陈波和张小劲,2019)。流动人口带来的聚集效应给城市特别是大城市和特大城市带来区位比较优势,比较优势越强,户口含金量越高。一方面,城市户籍的含金量高,意味着城市对于外来务工者、农民工群体等城市建设劳动力的吸引力比较强。大量的非常住人口涌入城市生产、生活,势必给城市的治理水平提出了很高的要求,同时社会治理成本高。另一方面,城市户籍的含金量高,同时意味着城市对于涌入城市的劳动力提供必要的公共服务时候需要支出的财政更高,从另一个角度也说明了城市户籍的含金量,对于政府来说,需要更多的资金去维系现有的公共服务不降级,甚至稳步提升。但是,户籍制度改革的动力,将会随着城市人口的扩张而逐渐降低。

二、户籍改革的主要阻力是制度性障碍

户籍制度改革的目的在于剥离公共服务的提供与户籍之间的关系,而剥离公共服务的提供与户籍之间的关系又意味着地方支出责任将会面临更大的不确定性,也意味着地方调控支出责任工具的消失(甘行琼和刘大帅,2015)。因此,在地方财政支出数与户籍人口数正相关的体制性大背景下,地方人民政府有着强烈的动机不去推进户籍制度的变革。户籍制度基础上的公共服务提供,在当前的体制背景下,必将呈现非均等化的现象。同时,地方人民政府在执行中央决策的过程中,地方人民政府灵活地以“户籍制度”作为自己摆脱部分公共服务提供责任的说辞和屏障,进而减轻自己在辖区内的公共服务提供责任。以宁波市为例,宁波市中心城区常住人口 820.2 万人,户籍人口 603 万人[①],如果全部解决 200 多万常住人口的户籍问题,仅在基础教育投入方面地方财政可能会增加一半左右,这还不包括养老、住房保障、就业、医疗等其他公共服务,这也导致部分地区因为担心本地公共资源不足,把积分落户条件提高。同时,从另一个角度来看,积分落户政策也是地方人民政府既想维系“发展型政府”形象,又试图完成中央改革任务的折中手段。换句话说,在推进土地价格升高,房地产开发,财政税收增加的同时以购房或者积分落户,同时完成对涌入人口的筛选,保持城镇户口的含金量。大量外来流动人口涌入,确实为各种公共服务资源的供给提出了不小的挑战。以教育资源为例,宁波大幅降低落户门槛,使得城区优质教育资源紧缺问题愈发突出。在优质教育资源相对集中的宁波市海曙区,2018 年初就有 7 所小学发布生源爆棚预警,生源爆棚

---

① 宁波市统计局.宁波市 2018 年国民经济和社会发展统计公报[EB/OL].(2019-03-19)[2019-11-10].中国统计信息网,http://www.tjcn.org/.

的主要原因有两个：一是放宽落户导致生源增加，有的学生家长新购住房仅有 $20m^2$，很明显就是为了购房落户读书；二是二胎政策放开后的那批孩子已经到了入学的年纪。

综上所述，户籍制度和由户籍制度衍生的教育、养老、医疗等一系列政策和制度形成了农民工市民化的制度性障碍。这种障碍主要表现在角色转换与身份转换的分离。从角色看，农民工已经完成了从农民到工人的转换，劳动方式由务农转变为务工经商，劳动地点由农村到城市，由野外到工厂，劳动性质由纯体力到体力与脑力结合。转换角色可以通过个人努力来实现，但转变身份则需要制度与社会的认同。尽管外来务工人员已经基本像城市居民一样生活、工作，但就身份而言，他们仍然未被制度认可。因此，人的城镇化背景下的农民工住房保障必须置于更加开放包容的户籍制度改革之下。

第五节　农民宅基地退出意愿被忽视

随着非农户口的取消，很多配套政策需要跟上，但目前依然存在农村“三权”确权后续、细化配套政策尚未跟上，市区城乡社保缴费与补贴发放、农村房屋认证权、社会抚养费征收等政策权限未能及时调整导致实际操作困难现象。随着我国城镇化、工业化进程的加快，农村人口大规模向城镇转移。他们的就业与生活大部分依赖城镇，却在农村继续保有住宅，有的甚至“旧房未倒，新房照立”（许恒周，2012）。这使得我国农村宅基地面积不仅没有同步减少，反而在不断扩大，从而导致闲置浪费现象严重。1997 年至 2007 年的 10 年间，我国农村人口减少了 13%，而农村宅基地却增长了约 4%，人均用地高达 $229m^2$，表现出明显的逆向发展趋势。韩康对于农村宅基地及房屋的闲置状况进行了估算，结果是我国宅基地的闲置率大致在 10%～15%（韩康，2008）。也就是说，在全国 2 亿亩农村宅基地中，至少约有 2000 万亩处于闲置状态。这对于中国这样一个人口多、发展快、建设用地资源紧缺的国家来说，不能不说是巨大的浪费。2014 年，中央政治局常委会审议通过《关于农村土地征收、集体经营性建设用地入市、宅基地制度改革试点工作的意见》。2015 年 2 月，十二届全国人大常委会第 13 次会议通过了《关于授权北京市大兴区等 33 个试点县（市、区）行政区域暂时调整实施有关法律规定的决定》，使农村土地制度改革获得了法律保障（陈美球和王庆日，2016）。2015 年 7 月，自然资源部审批通过 33 个试点地区的改革方案，宅基地使用制度改革试点正式启动。农村宅基地退出作为盘活农村存量建设用地、集约节约用地、破解耕地占补平衡难题的重要手段，成为改革的试点内容之一。

一、农民宅基地退出研究现状

农村宅基地退出是指农户在政府政策引导下放弃其所获得的农村宅基地使用权。农村宅基地退出是一种政府引导行为，政府或村集体经济组织通过支付一定的对价或者采用另行安置办法，以诱导农户退出其所占用的宅基地（彭长生和范子英，2012）。

对于如何解决农村宅基地闲置的问题，学者们在研究中逐渐形成了两种观点。一种观点认为应启动农村宅基地市场化改革（韩康，2008）。另一种观点则认为应建立宅基地有偿退出机制（岳永兵，2008；张秀智和丁锐，2009；吴康明等，2011）。根据我国正式制度和非正式制度的相关规定，农村宅基地退出方式可以分为两类：一是正式制度规定下的宅基地退出方式，主要包括土地征收下的被动退出和农村集体内部的相互转让；二是非正式制度下的退出方式，主要指由政策推动的退出，如城乡建设用地增减挂钩政策下和新农村建设过程中的农村“宅基地置换”“宅基地整理”“拆村并点”等形式（黄贻芳，2014）。由于农民分化、经济水平差异、地理位置不同等因素的影响，各地在推行宅基地退出过程中呈现出不同的特点，使得宅基地退出具有很强的区域差异，从而形成不同的模式。可将宅基地的退出模式划分为宅基地置换、宅基地流转和宅基地指标“虚拟化”交易（蔡国立等，2012）。也可以根据宅基地退出的组织主体，将退出方式划分为政府主导型、村民自发型、企业推动型、市场配置型四类。在这四种类型中，政府主导型占有绝对比重（徐小峰，2012）。

为实现宅基地的合理利用，地方人民政府不遗余力，通过“拆村并点”“集中新建”“进城上楼”等政策引导农民自愿退出宅基地。然而，在这一过程中也出现了地方人民政府借助于公权力侵害农民土地权利的问题。2011 年，国务院发布通知，要求必须充分尊重农民意愿，严禁强拆强建、强迫农民住高楼。尊重农民意愿是开展宅基地退出工作的基本前提。影响农户宅基地退出意愿的因素较多，而且较为复杂，不同地区的农户因区域经济条件、思想意识等因素的差异，关注的焦点也有差异。有学者认为影响农户宅基地退出的因素大体上可以归纳为四类：农民自身特征、农户家庭特征、农户现有居住特征、区域社会经济（陈美球等，2009）。在宅基地流转决策中，生存、经济和社会效益是农户们关注的焦点。

从既有研究可知，虽然学者们对宅基地退出意愿已有一定的分析，但由于其较强的区域差异，研究仍不充分。而充分掌握农户意愿，构建科学合理的宅基地退出机制，对于推动宅基地退出、推进宅基地使用制度改革具有重要意义。基于此，本书通过问卷调查的方式了解并量化分析浙江省农民宅基地退出意愿的影响因素，希望对我国农村宅基地退出政策的制定提供地方样本和决策参考。

二、数据来源与样本基本情况

(一)调研区域概况

浙江省地处中国东南沿海长江三角洲南翼。截至2014年12月31日,浙江省各类土地总面积15828.2万亩,其中建设用地1899.2万亩,仅占12.0%[①],建设用地资源十分短缺。2015年,浙江省农村居民人均住房建筑面积61.3m²,比我国农村居民人均住房面积多出24.4m²。[②] 随着城市化进程的加快,居住在乡村的人口日趋减少。浙江省农村人口数量每年以平均49.2万人的速度在减少(见表5-5)。按照农村人均住房面积61.5m²计算,浙江省每年因农村人口数量的减少而释放出的宅基地面积达3023.3万m²。

表5-5 浙江省农村人口数量变化情况

变化情况	2014年	2013年	2012年	2011年	2010年	2009年
农村人口数量/万人	1935.0	1979.3	2015.5	2059.6	2088.6	2180.8
占总人口的比重/%	35.1	36.0	36.8	37.7	38.4	42.1
与上年相比人口减少数/万人	44.3	36.2	44.1	29.03	92.2	—

数据来源:2009—2014年浙江省人口变动抽样调查主要数据公报;2010年数据来源于浙江省2010年第六次全国人口普查主要数据公报。

(二)样本选择

为了能够全面、准确地反映调查区内农民宅基地退出的真实意愿,我们采取分层抽样与随机抽样相结合的方法进行选点。首先,采取分层抽样的方法选择不同社会经济发展水平和城市化水平的地区。然后,在各个地级市中根据产业结构比例、人均收入水平等再选择不同的乡镇和村民小组。最后,在选定的村民小组中随机抽取调查样本,由调查员进行入户访谈并发放调查问卷。

根据以上原则,本次调查选取的样本点最终确定为杭州市萧山区、宁波市余姚市、温州市苍南县、绍兴市新昌县、嘉兴市嘉善县、金华市东阳市、台州市温岭市和

---

① 浙江省国土资源厅.浙江省2014年度土地利用变化情况[EB/OL].(2015-08-17)[2015-11-10].浙江政府服务网,http://zrzyt.zj.gov.cn/.

② 根据中国统计年鉴,2012年我国农村居民人均住房面积为37.1m²,此后统计年鉴未再对此项进行统计。

丽水市遂昌县。每个乡镇的样本数量按住户规模比例确定，每个区域随机选取二至三个村进行入户调查。各样本区分别代表了浙江省不同层次的城镇化水平和经济发展水平。各个样本区都不同程度地存在“一户多宅”、宅基地面积超标、宅基地闲置等问题，具有较大的宅基地退出潜力和空间。

在进行预调查后，我们对调查问卷和调研实施方案做进一步修改。于 2016 年 7—8 月和 2016 年 12 月开展正式调查。正式调查共发放问卷 1100 份，共得到有效问卷 1025 份，问卷有效性为 93.2%。

（三）样本基本特征

课题组调查了萧山区 239 个农户，余姚市 132 个农户、苍南县 210 个农户、新昌县 70 个农户、嘉善县 88 个农户、东阳市 132 个农户、温岭市 192 个农户、遂昌县 37 个农户（见表 5-6）。8 个调查区域中，样本农户的地域分布于浙东（萧山区和新昌县）、浙西（东阳市）、浙南（温岭市、苍南县和遂昌县）和浙北（嘉善县、余姚市），调查区域基本覆盖浙江省全省，可以反映出浙江省的总体情况。在被调查农户的中，近郊或城乡接合部农村的农户有 539 户，约占总户数的比例为 49%，远郊农户有 561 户，约占总户数的比例为 51%。被调查农户人均宅基地面积 49.92m^2，户均宅基地 1.07 块。

表 5-6　调查样本的地区分布、户数和占比

区域	浙东		浙北		浙西	浙南			全省
县（区）	萧山区	新昌县	余姚市	嘉善县	东阳市	苍南县	温岭市	遂昌县	总数
户数/户	239	70	132	88	132	210	192	37	1100
占比/%	21.73	6.36	12.00	8.00	12.00	19.09	17.45	3.36	100

在调查的有效样本中，男性 545 人，女性 345 人。被调查农户中，年龄最小的 18 岁，最大的 76 岁，被调查农户年龄大多集中于 30～65 岁，平均年龄为 41.46 岁。在文化层次上，被调查农户具有初中文凭的最多，其次为高中和大专及以上，小学文化最少。被调查农户家庭人均年收入在 9000～21000 元。在家庭收入构成上，除少数以农业为主家庭外，其他农户家庭收入中非农收入占有绝对比重，约为 50%～80%。

三、农户宅基地退出意愿的基本情况

（一）对宅基地权利的认识与态度

通过农户对于宅基地权属认识的调查发现，多数农户不清楚宅基地所有权权

利归属。有 21.84%的农户认为宅基地所有权归国家，21.36%的认为归集体，51.46%的认为归农户个人，剩下 5.34%的农户表示不清楚。在回答农户对宅基地有哪些权利(可多选)的问题时，有 65.02%的农户认为宅基地权利可以继承，有 57.14%的农户认为可以有偿转让，有 38.42%的农户认为可以租赁，甚至还有 46.31%的农户认为宅基地权利可以抵押。对于农村宅基地(或住房)是否可以允许农户转让给城镇人，37.31%的农户认为应当允许，42.29%的农户认为不应当允许，剩下 20.40%表示无所谓。

(二)宅基地政策的执行情况

对于国家关于宅基地“一户一宅”的政策，38.7%的农户回答不了解。在宅基地取得的方式上，15.0%的农户认为有钱就可以多买，4.8%的农户认为权力大、地位高的人可以多得。对于所在地区“一户一宅”政策的执行情况，有 60.9%的农户认为当地该政策执行情况比较宽松，有 8.4%的农户认为完全不执行，仅30.7%的农户认为该政策在当地得到严格执行。对于当地是否对闲置宅基地做收回处理时，有 4.4%回答有很多，有 36.6%有一些，有 16.6%回答少数几宗，而有 42.4%的农户表示几乎没有。对于当地农村是否有宅基地转让或租赁的情况，表示有很多(13.9%)和有一些(49.0%)的农户占被调查农户的 62.9%，选择几乎没有的农户仅占 37.1%。

(三)对宅基地退出的态度

当被问到是否有意愿流转宅基地时，有 63.4%的农户选择了不愿意，只有 46.4%的农户表示愿意退出宅基地。可见，对于农民来说，对于宅基地退出仍持有较多的担心和顾虑。浙江省县域经济发达，在农民的收入结构中，直接来自农业生产的收入所占比重不大，进厂打工收入比重较高，约占家庭收入的 40%，部分农户家庭此项收入的比重更高，约在 60%～80%。而进厂做工的农户也主要选择在本村或是本县，占 71%；部分在省内，占 20%；到外省从业人数较少，仅占被调查对象的 9%。因此，大多数农户对于自己目前的收入以及生活状态比较满意，不愿意改变。虽然部分农户为了孩子能够受到更好的教育或是为了工作更加便利在城镇购置了住房，但若要他们放弃村里的宅基地完全脱离家乡，他们多数人是舍不得离开故土的。

(四)宅基地退出时关注的条件

在回答促使您愿意退出宅基地的影响因素中，农户对几个因素的重要性进行了评价。通过表 5-7 可知，农户们对于出行和周边基础设施更为看重，认为重要的占被调查农户的 90.9%和 94.8%。房屋本身的条件也是影响宅基地退出的重要原因。

表 5-7　促使宅基地退出的影响因素及其重要程度

（单位：%）

影响因素	非常重要	比较重要	一般	不重要
位置较偏远，出行上学不便	39.9	21.7	29.3	9.1
周边基础设施较差	29.3	22.0	43.5	5.2
所处位置容易发生泥石流等地质灾害	28.0	27.4	15.1	29.6
房屋年久需要翻新	22.1	32.0	39.2	6.6

被问到宅基地退出后，你最担心生活会受到怎样的影响时，91.0%的农户担心旧房补偿太低，利益受损。92.7%的农户担心新房取得成本过高，家庭难以承担。还有 78.6%的农户担心宅基地退出后生活水平下降。76.2%的农户担心宅基地退出后会对农业生产带来不便。农户具体回答情况如表 5-8 所示。

表 5-8　宅基地退出时比较担心的因素及其重要程度

（单位：%）

影响因素	非常担心	比较担心	一般	不担心
旧房补偿太低	32.8	35.6	22.6	9.0
新房获取成本太高	32.8	36.7	23.2	7.3
农业生产不方便	23.8	24.3	28.1	23.8
生活水平下降	27.8	34.8	16.0	21.4

（五）宅基地退出后的居住意愿

表 5-9 调查了农户在退出宅基地时，哪些因素会影响他们选择集中区居住。各因素的重要程度选择情况如表所示。从重要程度排序来看，农户认为基础设施和公共服务设施对于促使他们搬迁起到重要作用，所占比重分别为 100%和 99.47%。

表 5-9　促使您愿意到集中区居住的因素及其重要程度

（单位：%）

	非常重要	比较重要	一般	不重要
学校、医院、超市等公共服务设施齐全	59.9	30.0	9.6	0.5
道路、给排水管道等基础设施更完善	50.0	36.3	13.7	0
有休闲广场、电影院等休闲娱乐设施	35.5	28.5	32.0	4.1
邻近高速、国道等，交通便捷	36.4	29.9	29.9	3.8
与亲戚朋友住得更近，便于交流	38.6	21.2	37.0	3.3

(六)对于社会保障政策的期望

无论是否愿意退出宅基地,被调查的农户都表示出对社会保障政策的关注。担心社会保障政策不配套,不能保证今后基本生活的农户占被调查农户的94.52%,对此表示非常担心的农户比例更是高达到54.31%。如果宅基地退出,有60%的农户希望政府能够提供养老保险,有50.73%的农户希望提供医疗保险,25.37%的农户希望能够有最低生活保障,还有41.95%的农户表示应当有其他的一些社会福利。

四、农户宅基地退出意愿的因子分析

因子分析的基本思想是,在保证数据信息丢失最少的原则下,利用降维的思想,通过研究众多变量之间的内部依赖关系,从原始变量的相关矩阵出发,找出真正相关的变量。把相关性较强的变量归为一类,最终形成几类假想变量;不同类变量间的相关性则较低。这里的假想变量表示不可预测的潜在变量,即公共因子,反映原来众多变量的主要信息(吕慈仙等,2014)。

假定有 m 个隐藏的、影响事物发展的公共因子,它们共同影响着 p 个可观测变量,且这些公因子与观测变量间呈线性关系。因此,因子分析可由数学模型5-3表示。

$$\begin{cases} X_1 = a_{11}F_1 + a_{12}F_2 + \cdots + a_{1m}F_m + \varepsilon_1 \\ X_2 = a_{21}F_2 + a_{22}F_2 + \cdots + a_{2m}F_m + \varepsilon_2 \\ \cdots\cdots\cdots\cdots\cdots\cdots \\ X_p = a_{p1}F_1 + a_{p2}F_2 + \cdots + a_{pm}F_m + \varepsilon_p \end{cases} \tag{5-3}$$

其中,$\varepsilon_1, \varepsilon_2, \cdots, \varepsilon_p$ 是特殊因子,是不能被前 m 个公因子包含的部分,代表公因子以外其他因素的影响;F_j 称为 X 的公因子;α_{ij} 称为因子载荷,反映了 X_i 与 F_j 之间的相关程度。因子分析的主要任务是求解因子载荷,从而根据其值做进一步的求解公因子 F_j 对 X 的累计贡献率 S_j:即为公式5-4。

$$S_j = \sum_{i=1}^{p} a_{ij}^2, j = 1, 2, \cdots, p \tag{5-4}$$

为进一步得出农户宅基地退出意愿的影响因素,将问卷中影响宅基地退出的因素整合(见表5-10)。

表 5-10　促使宅基地退出的相关影响因素

宅基地		新建住宅	
X_1 农业生产不便 X_2 生活水平下降 X_3 担心补偿太低 X_4 担心新房成本高昂	X_5 交通闭塞 X_6 基础设施差 X_7 自然灾害 X_8 经久失修	X_9 就业机会增加 X_{10} 农业产业化高 X_{11} 环境改善 X_{12} 生活成本增加 X_{13} 耕作距离增加 X_{14} 生态成本增加	X_{15} 公共设施完善 X_{16} 基础设施完善 X_{17} 文体活动丰富 X_{18} 交通设施完善 X_{19} 亲戚交流融洽

为确保方法的可行性，因子分析还需通过适当的数据检验。其中，KMO 检验值为 0.793，显著性水平为 0.001，说明本研究数据适合因子分析。

当主成分的累积贡献率达到 85%以上时，则承认他们基本包含了全部测量指标所具有的信息。因此，需要从 19 个变量中提取 11 个主成分。而这 11 个主成分中因素分布零碎散乱，难以提取集中、有效的信息。所以，我们进一步考虑对这 19 个变量进行适当的删减。由于原有变量的方差包含两部分信息：第一部分为共同度，用以描述全部公因子对变量方差解释说明的比例，体现因子对变量的贡献程度；第二部分为特殊因子对变量方差的贡献，也就是变量的方差没有被全体因子解释的部分，变量的方差越小说明变量丢失的信息越少。从变量方差出发，删减掉方差较小的变量，即不能被公因子很好地解释的变量，从而使得剩余变量更利于因子分析。公因子的方差如表 5-11 所示。

表 5-11　公因子方差

变量	X_1	X_2	X_3	X_4	X_5	X_6	X_7
提取	0.816	0.648	0.789	0.787	0.829	0.821	0.727
变量	X_8	X_9	X_{10}	X_{11}	X_{12}	X_{13}	X_{14}
提取	0.776	0.710	0.753	0.702	0.753	0.745	0.696
变量	X_{15}	X_{16}	X_{17}	X_{18}	X_{19}		
提取	0.833	0.802	0.693	0.799	0.714		

经过多次尝试，当删减掉表 5-11 中方差较小的 5 个变量时，因子分析的结果较好。删减掉变量 X_2、X_9、X_{11}、X_{14}、X_{17}。简化后的相关影响因素如表 5-12 所示。

表 5-12　促使宅基地退出的相关影响因素

宅基地		新建住宅	
X_1 农业生产不便 X_3 担心补偿太低 X_4 担心新房成本高昂	X_5 交通闭塞 X_6 基础设施差 X_7 自然灾害 X_8 经久失修	X_{10}农业产业化高 X_{12}生活成本增加 X_{13}耕作距离增加	X_{15}公共设施完善 X_{16}基础设施完善 X_{18}交通设施完善 X_{19}亲戚交流融洽

通过数据检验后，得到 KMO 检验值为 0.784，显著性水平为 0.002，说明简化后的数据依然适合因子分析。借助 SPSS 软件求解因子载荷矩阵。经多次试验，最终因子数取为 7 时累计贡献率达到 85.230%。其中，方差贡献率越大说明该成分的影响力越大。具体贡献率（已按方差贡献率大小做了排序）见表 5-13。

表 5-13　方差贡献率

序号	特征值	方差贡献率	累计贡献率
1	4.210	30.072	30.072
2	1.882	13.446	43.518
3	1.805	12.890	56.408
4	1.581	11.291	67.699
5	1.140	8.140	75.839
6	0.700	5.001	80.840
7	0.615	4.390	85.230
8	0.463	3.305	88.535
9	0.424	3.026	91.561
10	0.339	2.419	93.980
11	0.319	2.277	96.257
12	0.290	2.072	98.329
13	0.234	1.671	100.000

在做 Kaiser 旋转后，得到因子载荷矩阵，整理后得到每组公因子的因子载荷、具体指标的简表。其中，因子载荷越大说明该因子对公因子的影响力也越大。根据表 5-12 所述的具体因素的意义，将公因子重新命名。结合主成分贡献率可得这 7 个公因子的影响力排序由 1—7 依次减小，具体如表 5-14 所示。例如公因子 F_3 在“生活成本提高”“农业生产不便”“耕作距离增加”这三方面的因子载荷较大，可称其为“生产生活因素”。

表 5-14 因子载荷矩阵简表及公因子命名表

公因子 F_i	因子载荷	具体指标	公因子名称
F_1	X_5:0.865	旧宅交通闭塞出行不便	交通因素
	X_6:0.855	旧宅周围道路基础设施差	
F_2	X_3:0.914	旧房补偿太低	经济因素
	X_4:0.852	新房获取成本太高	
F_3	X_{12}:0.914	生活成本提高	生产生活因素
	X_1:0.832	农业生产不便	
	X_{13}:0.626	耕作距离增加	
F_4	X_{15}:0.896	新房公共设施完善	设施因素
	X_{16}:0.849	新房基础设施完善	
F_5	X_9:0.777	旧房年久失修	安全因素
	X_7:0.765	旧宅的潜在自然灾害	
F_6	X_{10}:0.847	农业产业化程度更高	潜在因素
	X_{18}:0.607	新宅交通设施	
F_7	X_{19}:0.869	新宅亲戚交流融洽	社会交往因素

从分析结果上来看,"交通因素"是农民决定是否退出宅基地的最重要的影响因子。说明了随着社会开放,农民生产生活的需要和对外交流的频繁,交通出行便利显得越来越重要。这也是政府能够把握、鼓励农民退出宅基地的有效的外部条件。排名第二的是"经济因素",且在其中,农民对旧房的补贴更为重视。这说明科学、合理地对宅基地进行价值核算,允诺农民以恰当的补贴,避免因经济纠纷产生冲突、暴力,是政府能够消除农民经济方面的顾虑,安心顺利地退出宅基地的有效方式。

另外,"生产生活因素""设施因素""安全因素"和"潜在因素"都体现了农民对新生活的向往,是涵盖交通、经济、劳动、基础设施建设、公共设计建设、住房安全等多方面、多角度的综合因素,在客观的外部环境中又带有强烈的主观评价,是政府难以把握的复杂因素。因此,本研究建议政府可以加强集中区房屋的建设以及周边环境的公共设施、基础设施、交通设施的建设,创造良好的外部条件,以更好的生活品质吸引农民退出宅基地,在集中区开始新的生活。

最后,"社会交往因素"体现了农民社会交往的需要,即便农民改变了原有的居住方式,其社会交往网络依然保持着农村人际交往的内倾化、同质化特征,与城市社会以业缘为基础的开放式、多样化交往存在较大差距(王彩芳,2013)。政府可以从文化建设出发,以丰富的文娱活动吸引更多的农民退出传统闭塞的宅基地,在开放发达的集中区创造多姿多彩的新生活。

综上所述,政府应当统筹规划、严格监督新建住房及其基础设施、公共设施、文体设施等的建设,美化社区环境、丰富文娱活动、增加就业机会。让农民内心中对城市生活的向往这种“拉力”与政府良好政策的“推力”相结合,从根本上吸引农民退出宅基地,聚居于此,安家落户。

五、研究结论与政策启示

第一,农民对于宅基地产权具有较强的私人所有的愿望较强。在调查农户中,51.46%的农户认为宅基地归农户个人所有,有65.02%的农户认为宅基地权利可以继承,有46.31%的农户认为宅基地权利可以抵押。

第二,目前有关宅基地制度的执行和宣传都存在着很大的偏差。根据《浙江省农村宅基地管理办法》第二章第九条明确规定,平均每人的宅基地面积限额最大值为25m^2。然而根据调查计算,被调查农户人均宅基地面积为49.92m^2,超过规定近一倍。有38.73%的农户对于国家关于宅基地“一户一宅”的政策不了解,有近20%的农户认为只要有权或是有钱,宅基地可以多买。有近70%的农户认为所在地区“一户一宅”政策的执行情况比较宽松或是完全不执行。

第三,新建住宅对农户宅基地退出具有较大影响,主要是新建住宅的品质和配套设施情况。

第四,在补偿方式中,农户更倾向获得安置性住房。农户对于社会保障非常关注,完善的社会保障体系对于宅基地的退出具有积极的推动作用。宅基地不仅是农民生存的基本条件,也是农户家庭的一项重要资产。因此农户家庭对于宅基地退出问题持谨慎态度,其退出行为受到多种因素的影响。

第五,全国范围内的确权、登记、颁证,不仅给农民颁发了具有法律效力的新的土地承包权证和经营权证,内有更加明确的土地面积数和“四至”(一宗地四个方位与相邻土地的交接界线)图示(孔祥智,2016),对广大农村干部、农民都是一次实实在在的基本制度教育,他们不愿意变,也不能变。只有承包关系稳定了,那些考虑在城镇安家落户的农民工才有可能采取有偿或其他方式退出土地承包经营权甚至集体成员权。

第六章　人的城镇化背景下农民工住房保障成本分担机制

人的城镇化不仅需要将农业人口转移为非农业人口，由主要从事农业生产向主要从事工业和服务业生产转型，更需要农民工城镇市民的身份认同，并享有与市民均等的公共服务和社会保障。从前文可知，传统的城镇化更加注重的是城市范围的扩张，然而对于人的城镇化而言，人在城市生活与工作的尊严感、公平感、获得感和满足感显得更为重要。换句话说，从传统的城镇化建设到人的城镇化推进，需要更加注重的是身在此中的、现实的人的变化，而不仅仅是对于城市建设硬件上的盲目追求。从这个意义上考虑，新型城镇化需要重视农民工在城市的社会保障问题，更加关注公共服务均等化等方面，更多的是在“软”的方面实现人的城镇化，而不仅如过往一般将所有的注意力放置在“硬”的物质条件建设方面。为此，低质量的、极速扩张型的城镇化建设，是否还能满足新型的多元化的城市外来务工者的需求，各级地方人民政府管理者能否有效应对不断加深和多元化的城市公共服务需求，特别是本研究的农民工群体等外来务工者的保障性住房需求，实则是一件迫切并且棘手的问题。从另一个方面来看，转变思路，推进以人为核心新型城镇化建设，将进一步释放潜在的消费需求，这无疑对于经济发展下行压力巨大的中国经济来说大有裨益，进而有效推进新型的国家治理体系和治理能力现代化。

不可否认的是，从当代中国城镇化建设的历史角度来看，城镇化推进主要依赖于行政力量，市场经济、社会企事业单位和各种非政府组织、非营利组织的参与度远远不足。受制于城乡二元结构的存在，农村农业户籍和城镇户籍之间，劳动力自由流动的渠道至今并未完全畅通。同时，二元差异的困境在新的时代又有了新的体现，即在极速推进城镇化的时代，各级地方人民政府对于城镇化的认知完全受到“大开大建”的思路引领，导致城镇化在硬件方面的推进，无论是在速度上，还是在广度上，都远远超过了人口城镇化。换句话说，城镇化推进至今形成的土地城镇化速度远远快于人口城镇化速度，从而已经形成了新的“二元”结构，导致各项城市病更需要新型城镇化建设中各级地方人民政府的重视与解决。随着新型城镇化进程的加速推进，包括农民工等农业转移人口在内的新增城市人口规模逐渐增大，无疑对流入地保障性住房的需求、流入地城市的住房供给能力都带来新的挑战，由此给各级地方人民政府承担住房保障任务，分担社会保障和公共服务供给都将带来巨大的压力。如前文所述，传统的保障性住房基本由政府直接供给，多年来形成的顽疾便是政府财政负担加重，地方人民政府的债务风险加剧，这样反过来直接影响了保障性住房供给的质量和效率。党的十八大报告提出，“建立市场配置和政府保障相结合的住房制度，加强保障性住房建设和管理”。

因此，在农民工的保障性住房供给方面，要重新审视并努力协调好政府和市场之间、政府和社会之间、中央和地方人民政府之间的权责关系。

第一节　成本分担机制构建的目标及原则

一、成本分担机制构建的目标

当前农民工住房保障成本分担中存在着诸多问题，导致农民工群体难以融入城市生活，更难以完全享受到城市中的各项社会保障。有效的农民工群体的住房保障，既是历史发展的必要性保障，也是我国社会主义制度优越性的体现。

从历史发展的必要性来看，解决进城务工的农民工群体的住房保障是他们融入城市的前提，为此需要构建一个有关农民工住房保障的成本分担机制。通过设计合理的成本分担机制，推进其有效运行来促进分担主体之间的积极承担和相互配合，使各项资源尽量实现最优配置，最终实现农民工住房保障成本合理分担。现有的农民工住房保障成本分担机制尚不明确，更不完善，存在运行效率不高、主体责任划分不明确、资金投入机制不合理、筹融资功能不全面、对主体的激励作用不显著以及监管审查力度不够等问题。

分担机制设计的合理性不仅取决于其解决问题的有效性，同时也得益于该机制中主体参与的积极性和收益预期，因此构建合理的农民工住房保障成本分担机制应实现以下三个目标：一是通过机制中的职责优化功能，明确各分担主体的责任划分，对于当前成本分担中不甚合理的地方进行改进和完善，使优化后的主体成本分担更加符合其职责，即财权与事权相匹配。此外，还要解决因农民工工作地与户籍地不同而引发的主体责任逃避问题，明确其中各主体的责任划分。二是通过机制的构建来提高政府、企业以及农民工分担住房成本的能力，让各主体能够有实力去承担应有的责任。在现实情况中，分担主体很多时候都是因为资金等方面的限制，逃避责任的承担，所以在农民工住房保障成本分担机制的构建中需要着重加强政府、企业以及农民工的成本分担能力。三是通过机制的合理运行，协调政府、企业以及农民工各分担主体的职责和利益，在农民工住房保障的成本分担过程中，使政府、企业以及农民工群体自身能够积极主动去分担各自应当承担的住房成本分担责任。同时通过一系列措施保障农民工住房保障成本分担机制的有效运行，为农民工解决融入城市生活的最大障碍，促进人的城镇化的有序推进。

实现普遍住房保障，让每个公民拥有能够体面生活的基本居住条件，对于增强社会的凝聚力、公民的社会责任感有重要意义。我国是社会主义国家，人民当家做主，土地全民共享，让人民享有本属于他们自己的那份土地使用权，从而拥有基本居住条件是政府的职责所在(郑玉歆，2017)。马克思曾经说过，人的全面发展与社会发展是同一过程的两个方面。人与社会是不可分的，社会是人的集合体，人是社会的人，社会是人的社会；人是社会的主体，社会是人的存在方式。而一个国家的发展，既包括社会的发展，也包括人的发展，两者不是直接的同一或简单的包含关系，而是相对独立、相互联系的两个方面。同样，人的全面发展与社会的全面可持续发展又是相互促进、同步实现的。基于此，我国现有社会保障制度应秉持人的全面发展与社会全面发展相统一的原则，将社会保障纳入国家经济与社会发展规划中(刘奕，2012)。

对于居民来讲，家或住宅所具有的现实意义不仅是庇护所。美国沃伦·哈丁总统曾指出，家或住宅提供的不仅是庇护所，它也是“发展最佳公民身份的绝对基本的要素”，公民的住宅“既是居住的场所又是他们的产业中心”(郑玉歆，2017)。这也就意味着，解决广大人民群众的住房保障问题，便是历史发展给予的我们任务，同时也是本质的要求。换句话说，在现代的社会主义国家，培养具有公共精神的现代公民，切实做好住房保障问题，是政治经济社会稳定发展的平衡器和减压阀，也是促进人民群众公民意识提升的重要物质基础。换言之，在经济上，只有有效地解决中国土地上广泛的外来务工人员的城镇保障问题，才能够有效地促进经济发展。

综上所述，构建城镇外来务工人员的住房保障分担机制，从政治学的角度来看，不仅有利于全社会公平正义感的上升，提升中国共产党的执政的合法性地位。从政府管理的角度来看，也有利于维系社会稳定，倒逼我国现行的各项体制性变革，推动各项制度进一步发展，完善社会治理，提高政府的治理水平。从经济发展的角度来看，构建合理的农民工群体住房保障体系也是推进经济进一步发展的重要手段。

二、成本分担机制构建的原则

(一)成本收益相匹配原则

成本收益相匹配原则即常见的“谁受益，谁承担”原则，根据各主体的利益得失，分配相匹配的成本份额。农民工住房保障成本分担过程就是对各成本承担主体的权责分配和利益得失进行考虑和划分的过程，直接关系到农民工市民化以及人的城镇化建设(胡雯等,2016)。

改革开放以来，以农民工为代表的广大进城务工人员为中国当代城市建设、社会发展和经济腾飞做出了卓越的贡献，作为公权力的政府在其住房保障方面有理由也有义务肩负解决其保障性住房问题。首先，对政府而言，过去饱受诟病的城乡二元户籍制度直接阻碍了城乡之间的和谐发展。前文已述，农民工群体住房得以保障能够促进其加快市民化进程，有利于我国政治、经济与社会的繁荣稳定与发展，同时农民工群体在工作与生活方面的妥善解决能够带来城市中住房和公共服务需求的增长(胡秋阳,2012)，由此引发的土地出让和房屋开发给政府带来了大量的投资收益，增加了其财政收入；其次，对企业而言，住房得以保障的农民工能够给企业带来更多优质的劳动力资源，满足企业对人力资本的需求，拥有一定技术水平的农民工加入还能填补企业在技术方面的一部分空缺，有利于企业的长期发展。因此企业是农民工住房保障的受益人，理应承担相应的保障房建设成本；最后，住房问题的解决能够减少农民工在城市中的生活开支，有利于其融入城市生活，因此作为直接受益人，农民工需要承担部分成本。另需注意，农民工住房保障成本分担应结合主体的承担能力大小，在坚持成本收益相匹配原则的基础之上，应当平衡各主体的分担责任。

(二)财权与事权相统一原则

各级人民政府在为辖区内农民工群体处理保障性住房问题的时候，关键要处理好中央和地方人民政府之间的财政关系，保证政府的财权与其所处理的事务相匹配。如前文所述，农民工住房保障不能、也不可能一蹴而就，其过程需要大量的调研和大规模的资金投入，投资时间长，见效慢。

因此，各级人民政府在理顺财权和事权关系、明确解决农民工住房保障问题的重要意义后，需加大相关的财政支出来确保农民工群体合理的住房保障需求得到满足。1994年，中国进行了分税制财政管理体制改革，初步规范了中央和地方的财政关系(李梦倩,2017)。随着后来经济形势的变化，中央人民政府的财政收入占比逐渐上升，2018年全国一般公共预算收入183352亿元，中央财政收入为85447亿元，占总收入的46.6%；同年全国一般公共预算支出220906亿元，中央财政支出32708亿元，仅占总支出的14.8%[①]。由此可以看出，中央人民政府的财政收入无论是绝对值还是相对值都要远远高于财政支出，按照财权与事权相统一原则，中央人民政府在农民工住房保障的成本分担中应当承担更多的责任，发挥中央人民政

---

① 参见财政部2019年1月23日发布数据.文汇报,2019-01-24(A02).

府在解决农民工群体住房保障中的主体和引导作用。与此同时，还要降低地方人民政府的分担比例，并且在地方内部也要明确省市县各级人民政府之间的财权与事权划分，遵循相匹配的原则。

总而言之，在农民工住房保障成本分担的过程中，既要体现财政收支的经济公平，又要协调各方的分担能力大小，在解决农民工住房问题的同时也要保持地方人民政府的财政活力，从而促进地方经济与人的城镇化建设的协调共进。

（三）政府主导，多方参与原则

农民工住房问题的解决是人的城镇化建设中的必要环节，同时住房保障又属于社会保障的一部分，农民工的住房保障是一个复杂而又长期的过程，农民工人口众多，其住房保障成本较高，若仅靠政府来一力承担，在违背财权与事权相统一原则的同时还减慢了其进程。因此，应当在明确责任划分的同时，设计以政府为主导，多方参与的成本分担原则，多渠道筹集住房保障资金，联合社会、企业以及农民工共同参与住房保障成本的分担，合理划分各主体的责任。同时还要扩大筹融资渠道，在设立农民工住房保障建设资金的基础之上，进一步创新政府与社会组织之间的合作模式，适当降低民间资本参与市政建设的门槛，打开企业、民间资金的进入通道，通过 BOT、TOT、PPP 等方式寻求政府与市场、政府与社会的合作，多渠道解决农民工住房保障的资金问题，从而实现政府、企业、农民工和社会资本的共赢局面（冯俏彬，2013）。

（四）整体规划和因地制宜相结合原则

建立和完善农民工住房保障成本分担机制，才能切实推进政策的开展，促进人的城镇化建设。为了避免政策实施过程中的随意性和冲突性，成本分担机制在整体上应是统一的（万大珂，2017），即由党中央和国务院相关部门主导，宏观规划，从顶层设计的角度权衡主体在对农民工住房保障过程中的得失利弊，明确多元主体的分担责任和权利，为主体制定分担目标、筹融资手段、权责界限、分担原则等方针政策。此外，考虑到我国不同地区间的发展状况不尽相同，东中西部地区在政府经济收入、财政负担能力、城镇化水平、企业和农民工收入水平等方面存在较大的差异，不同地区的地方人民政府在成本分担机制上的利益诉求也不尽相同，有的地方人民政府希望中央以优惠政策的方式给予支持，有的地方人民政府则需要大量资金扶持，所以地区之间差异较大，不宜实行一刀切的政策（佐赫，2018）。

基于此，中央人民政府在规划农民工住房保障成本分担时也需考虑地方差异，明确区域之间的承担责任与承担能力。各级地方人民政府需积极配合中央政策，根据自身的实际情况，区分事务的轻重缓急和难易程度，有规划地解决问题。在具体的实施过程中，可以以渐进方式推进，采取“先试点，后推广”，在政策的实施有利于问题解决的情况下再推广，稳妥建立并推进农民工住房保障成本分担机制。

第二节　农民工住房保障成本分担机制建构

一、人的城镇化背景下农民工住房保障框架

(一)人的城镇化背景下农民工住房保障内涵

第一,人的城镇化背景下农民工住房保障不是被动的、零散化的,而是要建立和户籍制度、教育、医疗保障制度以及财政、税收、信贷制度多方协同配合、系统化的政策体系。传统城镇化背景下农民工住房条件普遍较差,既有社会经济制度等因素的影响,也受各主体自身特点的制约。尽管在农民工住房保障问题上中央和各级人民政府都在探索,社会舆论也高度关注,但是依然是“头疼医头、脚疼医脚”碎片化的保障模式。目前,在解决农民工住房问题上,国家在建设用地、资金、税费减免方面缺乏相应的政策支持,更没有与农民工安家落户相配套的户籍、养老、子女教育和医疗保障制度。同时,政府对用人单位解决外来务工人员住房问题的责任不明确,对用人单位没有强制性要求,也缺乏政策引导,使用人单位对解决农民工住房问题缺乏社会责任感。这些问题直接导致农民工角色转换与身份转换的分离。一方面,农民工进入城市从事非农劳动,作为产业工人为城市的发展做出了巨大的牺牲;另一方面,城市居民身份不被认同的过客心理,使农民工缺乏对城市的认同感和归属感。

第二,人的城镇化背景下农民工住房保障是以人的发展为核心理念、城乡统筹发展、城市积极反哺的住房保障。传统城镇化速度很快,但是质量不高,已经成为限制新型城镇化建设的发展约束。人的城镇化不是一个量的概念,而是一个质的概念,不是片面追求经济高速发展、城市快速扩张、居民大批进城的城镇化,而是追求人与自然、人与人、人与环境和谐共处的城镇化。要充分考虑城市的人口承载力、公共服务供给能力,因地制宜地确定农民工安家落户的规模,有效引导农民工人口合理分布,积极促进农民工融入城市经济社会,逐步建立起大中小城镇有机结合、职能分工互补、空间分布合理的现代化城市群。

第三,人的城镇化背景下农民工住房保障是致力于内需长期稳定增长与国家长远发展的住房保障。当前全球经济下行压力较大,使我国出口型经济受到影响,需要扩大内需来拉动经济增长。而人的城镇化的推进,将带来更多的人口流动和消费机会,也是推动我国经济增长的必然选择。中央和地方人民政府应该将农民

工住房保障作为国家经济社会发展战略的重要组成部分，通过解决农民工住房保障加快推进人口城镇化。

（二）人的城镇化背景下农民工住房保障原则

第一，自愿、分类、有序的原则。自愿，即充分尊重农民意愿，充分尊重农民工自主定居的权利；分类，即从顶层设计上做出整体部署，各地区、各级人民政府要因地制宜做出具体政策安排，由各地根据不同城市公共服务与环境承载能力，完善、细化安家落户标准；有序，即优先解决存量、合理引导增量，优先解决进城时间长、就业能力强、适应城镇产业需求和市场竞争环境的农业转移人口在城镇安家落户问题（陈锡文，2015）。

第二，政府与社会共同参与、兼顾市场机制的原则。农民工住房保障需要强调政府的主体地位与责任，但这并不是说政府对其承担无限责任。需要划清政府与市场的边界，需要理顺政府与市场的分担责任。人的城镇化背景下农民工住房保障应遵循市场规律，发挥市场机制在资源配置中的基础性作用，促进农民工在产业之间、城镇之间合理流动。人的城镇化背景下农民工住房保障更离不开政府在宏观调控方面的巨大优势，政府要努力创建一个良好的制度环境，积极引导城镇化主体，规范参与者行为，加快基础设施建设，建设全面覆盖的公共服务体系。

第三，经济效益与社会效益统筹兼顾的原则。人的城镇化背景下农民工住房保障，不单是从经济效益角度出发，去考虑推进供给侧结构性改革，打通供需通道，化解房地产库存，实现内需长期稳定增长；更多是从社会效益角度出发，去考虑如何以人的发展为核心、实现农民工与城镇居民享有同等住房权利，推进户籍人口城镇化进程，致力于社会和谐与国家的长远发展。

第四，农民工住房保障与人口城镇化率、公共服务能力相适应的原则。人的城镇化背景下农民工住房保障是一项复杂的系统工程，不能搞一刀切的集体进城运动，各地区应该根据自身的人口城镇化率水平和公共服务能力制定接纳农民工的规模，当然也要不断对现有公共服务能力进行升级改造，使安家落户的农民工尽快融入城市社会。

第五，政策可逆性原则。在考虑允许农民工到城市落户时，也要考虑可否让市民到农村去购房、生活。迁徙应当是一个自然过程，必须保持其路径的通畅。“出得去，也退得回”，才能让农民自愿到城市落户，而不是被动式的政策推进。在制度安排上，要充分考虑常住人口农民工虽安家落户，但是在城镇工作或生活失败后，是否可以考虑退回原籍。农民不愿意放弃农村的权益，进城落户仍要享有在农村的权益。而市民却不能到乡下置地，这会造成市民的心理不平衡，“农民不愿、市民不服”。在制度安排上，也要鼓励条件成熟的常住人口在扎根城镇后，有偿退出宅基地和集体土地使用权。

二、人的城镇化背景下农民工住房保障层次

(一)以住房保障为目标的农民工群体划分

根据进城时间长短、有无稳定工作和安家落户的意愿大致可以将受访对象分为三类(如图 6-1 所示):第一类,准市民型农民工,即长期在城市居住,有稳定的工作和住所,缴纳社保半年以上(占 16%)。第二类,徘徊型农民工,即长期在城市居住,但是没有较稳定的工作或不缴纳社保,且居无定所(占 21%)。第三类,候鸟型农民工,即农忙的时候在农村从事农事活动,农闲的时候则外出务工补贴家用(占 63%)。调查发现,三种类型的农民工对于未来工作、生活、养老等预期不同,他们在城市中需要的住房保障也明显不同。

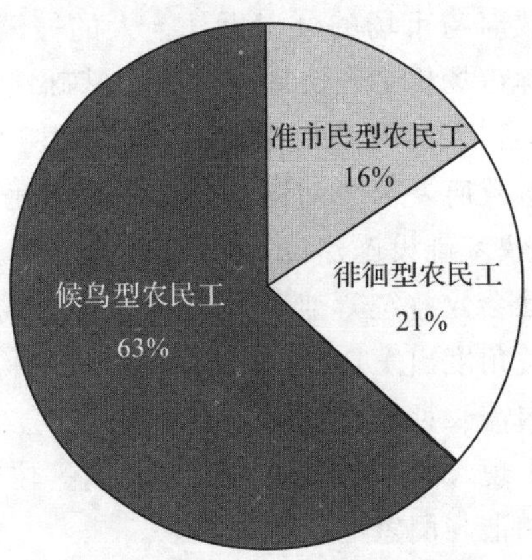

图 6-1　农民工工作和缴纳社保情况

(二)农民工住房保障层次

1. 将准市民型农民工纳入经济适用房的范围

准市民型农民工这一群体在城市中长期居住,收入水平较高、文化程度较高、技术水平较高、工作比较稳定、在城镇居住生活时间较长、留城意愿比较强烈。针对这一类群体,首先应该解决的就是他们的落户问题,其次是与落户配套的住房保障问题。政府应该鼓励此类农民工通过商品房、二手房市场自主购房,并相应出台优惠政策降低其购房成本。

政府可以动员企业和农民工,与开发商谈判,使其将存量房降价,低价供应给农民工,以解决其住房需求。同时,对于无意再回到农村生活,想要在城镇长久居住的农民工,应该降低保障房准入门槛,将其纳入经济适用房的范围。有的城市已经取消经济适用房,但可以在准市民型农民工购买商品房时考虑在成本构成中的

地价成本由政府补贴。

2.将徘徊型农民工纳入公租房计划

徘徊型农民工这一群体在城市中长期居住，但是，没有稳定的工作和收入来源。由于个人支付能力有限，他们通常只能租住一个相对便宜，条件较差的地方，而住房租赁公司很少考虑这一群体的利益并提供与其支付能力相当的可租赁的房源。因此，政府可以为其提供相对便宜的公共租赁住房。

政府应采取多渠道的供给模式，最大限度地利用社会资源。鼓励社会捐赠和企业自主建设等方式，增加此类住房的有效供给，但更主要的是要从市场中探索闲置的住房资源。这就要求政府设立一个公共租赁机构，以住房市场中介的身份进行市场化经营，购买城市的空置房屋使用权，对其进行改造或者翻新，作为建设保障房的储备资源（崔阳，2013）。另外，公租房可以考虑建在农民工就业比较集中的地区，同时对于符合要求但是难以享受到公租房的农民工，政府适当发给一些租房补贴。

3.采取有效措施，改善候鸟型农民工居住环境

候鸟型农民工主要从事于劳动力密集型产业，他们并不想永久居住在城市，也很难有能力购买住房。他们有的居住在企业提供的员工宿舍或在城乡边缘租房，有的安家在广泛存在于郊区的“城中村”。对于候鸟型农民工，解决他们的住房问题，必须充分考虑这一群体的阶段性、季节性及流动性的特点。可以考虑由政府和企业共同合作，企业自建，政府给予一定的财政支持，建立员工宿舍，满足住房保障的基本需求。为了更好地保障农民工基本生活权益，对当前农民工宿舍存在的各类问题和隐患进行调查和科学分析，再有针对性地给企业制定一系列规章制度，指导他们为农民工建设或提供标准宿舍。另外，还需要提供一定数量的“家庭房”“情侣房”来满足不同类型农民工的居住需求。

三、人的城镇化背景下农民工住房保障成本分担

（一）成本分担利益相关主体责任分析

成本分担利益相关主体由中央人民政府、地方人民政府、企业（雇主）、农民工构成，其在成本分担过程中有不同的利益诉求。当前经济下行的背景下中央人民政府有意愿放宽农业转移人口落户条件，加快户籍人口城镇化率，实现内需稳定增长和促进国家的长远发展。地方人民政府为释放房地产库存也有意愿解决农民工安家的问题，但是苦于财政和公共服务的压力，不愿意解决农民工落户的问题。往往因政治地位差异，中央选择集体理性，保障农民工住房权利，而地方选择个体理性，针对中央决策采取变通博弈策略，影响了农民工住房保障的效果（谭羚雁和娄

成武，2012）。主要原因在于我国实施分税制后，财权主要集中在中央，事权主要下移到地方，一定程度上加重了地方人民政府尤其是基层政府的财政压力，2015 年中央本级财政收入占全国财政收入总额的 45.5%，而中央本级财政支出占全国的比例仅为 14.5%，中央与地方各级人民政府在成本分担责任与财政保障能力上匹配失衡。因此，应调整中央人民政府和地方人民政府支出责任，适当增加中央人民政府的支出责任。

由于企业本身的角色定位是经济人，一切出发点均为企业利益最大化原则，一定程度上回避承担农民工住房保障成本分担责任。企业利用信息不对称和不平等的劳资关系，可能不给予农民工住房公积金或有选择性地给予住房公积金保障；也可能减少用工数量或增加农民工的工作强度。然而，企业作为市场经济的重要组成部分，在政府、企业、个人“三位一体”的成本分担结构中，应该担负相应的责任。一方面，政府要加强对企业的政策规范，监督其与农民工劳资关系中对农民工权利的保护（如住房公积金、“同工同酬，同工同时，同工同权”等）；另一方面，政府也可以相对降低企业部分税费，减少企业压力，促进企业积极承担农民工住房保障成本分担责任。

1.政府承担社会成本

作为公权力的政府肩负着推进政治、经济、文化与社会发展的主体责任，因此政府有义务构建农民工住房保障体系并支付相应的成本。这就要求建构由中央财政和地方财政共同分担、流入地政府与流出地政府相互配合的住房保障成本分担机制。以下所提及的农民工住房保障的成本应当视不同情况由地方人民政府和中央人民政府共同分担。

(1)提高住房保障承载力所需的成本

为提高住房保障承载力所需的成本，中央人民政府可以通过专项资金补助和税收返还等措施，对农民工的保障性住房供给提供直接或间接的资金支持。中央人民政府在完善专项转移支付制度的同时，要正确处理自身与地方财政的支付关系，要以农民工住房保障的各项成本支出为重点，优化财政支出结构，不断增加投入资金。按照常住人口安排财政转移支付，激励地方人民政府吸引外来人口。同时，构建事权与财权相适应的财政与税收机制，以此提高城市财政能力，增加城市公共住房保障政策的资金投入力度，最终逐步实现城乡之间住房承载力的大体均衡。

(2)扩充住房保障覆盖面所需的成本

长久以来，农民工虽然为其工作地的城镇建设和经济发展做了巨大贡献，但是却未能公平地享受到流入地政府提供的公共产品和公共服务。因此，地方人民政府应当承担农民工住房保障的相关责任。首先，地方人民政府可以通过免费提供建设用地等措施来承担保障房建设的部分土地成本；其次，可以通过利用各级财政预算资金、出租公租房回收的资金等来提供资金保障，并做到专款专用。此外，还可以鼓励有能力的企业为其职工提供保障房，政府则可以减免相关企业的税费，给予优惠出让土地等以资鼓励。例如，采取出租、销售、补贴相结合的方式，多途径筹集房源，以此扩大住房保障的覆盖面，实现住房保障的提供。通过调整租房补贴的准入政策，使住房保障受益者的范围扩大。采取多种措施加快服务水平高、居住品质优的公租房分配使用。

(3)提升住房保障水平所需的成本

统筹安排保障房和配套设施建设，保证住房质量，方便生活和出行。制定相关政策将居住证持有人也一同纳入住房保障的范围。同时，完善支持政策，例如税费、土地、信贷等方面。多途径筹集公租房的房源，逐步增加租赁补贴的补给力度，抑或实行"实物"与"补贴"并行的制度。另外，还需健全保障房的投资、运营、准入、退出等管理机制。

解决我国"三农"问题的关键在于农民工市民化的顺利实现，农民自身要持续发展，就要求农村剩余劳动力能源源不断地流入到城市中。其中，合理分担农民工住房保障等制度体系的成本，将有助于提升其住房保障水平。比如广东的农民工可申请廉租房，重庆和武汉的农民工可申请公租房(林晨蕾和郑庆昌，2015)，浙江湖州已经将农民工纳入公积金范畴(刘双良，2010)，这些都将有助于提升住房保障水平。

2. 企业承担市场成本

鉴于当前农民工自身的收入低、社会保障欠缺、住房情况差，作为用工企业，应为农民工的市民化分担一部分的成本。既能起到稳定就业市场秩序，也能起到吸引优质的农民工劳动力的作用，是企业现代化发展，履行社会责任的本质要求。此外，从法律层面看，用工企业也需承担相关成本。

(1)承担购买劳动力及相关保障的成本

企业要分担的农民工住房保障成本内含在企业的生产成本中，对农民工的个人发展和其市民化进程有着深远影响。因此，根据《劳动法》等法律法规，企业理应承担购买劳动力进入企业所要支付的法定成本，确保农民工能够得到应该享有的工资待遇和福利保障，严格依法为农民工缴纳社会保险等费用，承担购买农民工的劳动力及提供相关劳动保障的成本，以满足农民工基本的生存所需，为进一步完善住房保障体系提供环境支撑。

(2)支付农民工住房保障供给的额外成本

企业竞争的关键在于优良的人力资源的竞争，吸引优秀的、企业需要的人才是企业维持自身可持续发展和社会道德责任的共同要求。对此，企业可根据自身的经营发展状况自愿支付用于住房保障供给的额外成本。企业可在能力范围内选择性地发放住房补贴,有条件的企业可以自建集体宿舍,也可以积极跟政府配合,利用自有土地,自筹资金建设保障房,以此最大限度地参与建设社会集资房和保障房,从而改善农民工的住房条件,同时也能缓解政府在解决农民工住房保障方面的压力。例如:农民工若在集体宿舍居住,则收取少量的房屋租金,有的甚至可以免费提供或只收取水电费;企业适当对选择租房或者买房的农民工给予补贴,同时部分农民工可利用企业为其缴纳的公积金支付房租(牛丽云等,2013)。

3.农民工承担私人成本

作为住房保障政策的主体和受益人,农民工应承担自身生存发展的主要责任,即承担个人及家庭的生存和发展成本。农民工应支付必要的日常生活成本、人力资源投资成本、教育成本和社会保障中需要个人缴纳的部分成本及购买成本等。

其中,住房成本是农民工市民化个人成本中最难承担的部分,有效途径之一便是要充分发挥市场机制,利用政府的有形之手提高农民工的承担能力。比如,政府可构建土地承包及宅基地使用权、房屋所有权等产权流转机制,通过土地征收提高对农民的补偿,以便农民工自身有能力分担私人成本。企业可以帮助农民工缴存公积金,支持农民工用公积金租赁公租房居住,同时通过提供购买中小户型、中低价位的普通商品房的公积金贷款等来促进农民工在城市购房落户。

(二)成本分担机制

第一,政府与市场成本分担机制。根据萨缪尔森对公共物品的解释,农民工住房保障属于具有非竞争性但非排他性并不充分的准公共产品。准公共产品一般由政府和市场混合供给,分担成本既包括政府需要承担的公共成本,也包括企业、个人需要承担的市场成本。建立政府与市场成本分担机制,既要避免政府大包大揽,也要避免向企业、个人甩包袱的倾向,明确政府责任和市场责任。政府责任又可以划分为直接责任和间接责任,政府责任由中央和地方人民政府通过谈判协商解决,市场责任由企业(雇主)和农民工共同承担。

第二,中央与地方人民政府成本分担机制。调整和优化中央与地方人民政府的成本分担机制,既要考虑农民工跨区性流动问题,也要考虑地方人民政府公共支出的外溢性问题。对于省内农民工住房保障成本主要由地方人民政府分担,省外农民工住房保障成本主要由中央人民政府分担。中央人民政府应该通过与住房保障规模相匹配的财政转移支付、专项补助资金和税收返还等措施对农民工住房保障提供直接的资金支持。地方人民政府承担保障房的土地成本,并且通过各级财政预算资金、提取一定比例的土地出让收入、公积金增值收益、出租公租房回收的资金等提供经费保障。

第三,输入地与输出地成本分担机制。农民工输出地与输入地政府在住房保障成本分担问题上属于非合作博弈关系，输出地政府愿意让农民工退出宅基地、承包地，在这些土地流转过程中农民工很少获得土地增值收益分配权，输入地政府考虑到财政支付压力不情愿为农民工住房保障支付成本。因此，为了加快推进人的城镇化背景下的农民工住房保障，亟须建立健全输入地与输出地之间的利益补偿机制（胡拥军和高庆鹏，2014）。可以考虑输出地农民工退出宅基地后通过宅基地整理或者指标置换进行建设用地出让，为输入地农民工住房保障提供部分资金。

第三节　农民工住房保障成本分担的运行机制

一、投入机制

农民工住房保障成本分担的投入机制包括资金投入主体的投入结构、规模和方向等，还要根据主体、经济以及社会等不同情况设定与之配套的投入模式。考虑到农民工住房保障的投入主体有政府和企业，因此农民工住房保障成本分担的投入机制从这两个主体展开：

一是政府的投入机制。第一，设置专项资金，加大对农民工住房保障的投入。中央和地方人民政府可以设立一定规模的政府专项资金，这部分资金专款专用，只能用于农民工住房保障。其中，中央人民政府的专项资金可以用于解决农民工跨区域流动造成的流出地政府和流入地政府之间的利益矛盾。地方人民政府的专项资金既涵盖了中央对地方的补贴部分，又包含地方人民政府自筹部分，应专门用于农民住房保障的成本分担，具体可以通过住房补贴、租房补贴等方式刺激农民工租购商品房，以解决农民工在城市中的住房问题。第二，建立政府的长效投入，充分保障农民工的住房需求。在农民工住房保障成本分担机制的构建中，政府居于主导地位，充分发挥政府的引领和带头作用，建立住房保障的长效化、制度化是促进农民工住房保障的成本分担和人的城镇化建设的必要条件（佐赫，2018）。中央和地方人民政府需要规划好一个较长时间段的资金预算方案，包括总体资金投入和每个年份的资金投入，并根据农民工群体情况的变化及时修订方案，确保资金预算方案的及时和有效。

二是企业的投入机制。企业作为农民工住房保障的分担主体之一，其重要性不言而喻。第一，在农民工的社会保障方面，虽然政府是主要的建设者，但是企业作为农民工的主要承载体，也需提供部分的资金支持，具体可以通过为农民工缴纳住房保障等社会保障所必要的开支，从而在推进农民工融入城市的同时也促进了企业自身的发展。第二，“授之以鱼不如授之以渔”，企业需要增加对农民工的培训投入，提升农民工的劳动技术水平，这样既能保证劳动力资源的充足，又有利于农民工的稳定就业，还为企业降低了用工成本，大大促进了人的城镇化的建设（张元庆，2016）。

二、融资机制

农民工住房保障建设是一个长期且复杂的工程，其过程涉及多个主体间的利益协调和大量的资金投入，为此需建立筹融资机制，为农民工住房保障成本分担机制提供资金支持。

一是构建长效增长的地方税收体系，增强地方的财政实力。我国实行的是分税制财政管理体制，中央的主要税种是增值税和企业所得税，地方财政的主要税种是营业税和个人所得税，自 2016 年实行“营改增”开始，地方人民政府就失去了主要的财政来源，在地方性问题如农民工住房保障方面也缺乏资金的支持（王虹等，2016）。为保证地方人民政府有稳定的税收来源，应培育地方性的税种，调整地方人民政府的税收结构，给予地方一定的税收自主权。适时将财产税、消费税、遗产税、资源环境税等税种划入地方，同时对其进行改革，调整税收的征税范围和税率，从而增强地方的财政实力，确保地方人民政府有能力解决农民工的住房问题。二是推进国有企业进一步改革，提高国企税收上缴的比例和范围，真正发挥国有企业收益为全民所享的目标。目前，相比欧美等地国家来说，我国国企的利润上交比例偏低，企业仍旧保留着较多的资产收益。适当提高国企的上交比例，一方面凸显了国企的国有性质，另一方面也增加了政府的财政收入。将这部分收入用于民生支出，促进社会发展的同时还有助于政府解决民生问题。三是引入社会资本，发行农民工住房保障专项债券。正如前文所述，农民工住房保障资金需求较大，故需要政府与社会资本合作，吸引社会资本参与到农民工住房保障的一部分建设之中。可以尝试通过设立专项债券的方式，对农民工的住房建设发行债券，解决其中的资金缺口，偿债资金主要是政府的自有资金和税收。为保证政府的偿债能力，在健全政府信息透明化和债务管理的同时还要量力而行，不能发行超过政府承担能力的债券金额。四是改革农村土地流转制度，提高农民工农村资产的流通性。对于来城市务工的农民工来说，农村土地的作用并不能得到体现。对此，可以加快农村的土地流转制度改革，创新土地所有权、使用权以及收益权分离的形式，采用“以地换地”“以房换房”的方式换取在城镇中的住房，从而盘活农民工在农村所拥有的固定资产（娄文龙等，2016）。同时也可以将农村资产股份化，做到“地随人走”“按份享有”，最大限度增加农民工的财产性收入，一定程度上提高了其城市购房能力。

三、激励机制

建立农民工住房保障成本分担机制，本质上是中央人民政府与地方人民政府、地方人民政府与企业的一场利益博弈。中央人民政府如何采取有效的激励手段，引导地方人民政府配合实施以及指导地方人民政府激励用工企业，是解决问题的关键。

一是关注民生，将农民工住房保障纳入各级人民政府的绩效考核。农民工的流入对于流入地来说利大于弊，不仅有利于当地经济的发展，还为企业提供了很好的人力资本。因此各级人民政府应该把农民工住房保障的成本分担作为绩效考核的一部分，并量化具体的考核指标，将其与各地官员的晋升、惩罚相挂钩，对于完成较好的官员给予一定的表彰或升迁，反之，则处以一定的惩罚和降职。通过这样的措施，来激励官员对农民工住房保障的关注度，促进政府的考核制度更多地与民生领域挂钩。二是“人钱挂钩”，提高地方人民政府提供基本公共服务的能力。以税收返还为代表的中央转移支付，能够激励地方人民政府的积极性，有利于地方人民政府解决相关问题（李永友和张子楠，2017）。因此，在激励机制的建立中，可以探索将需要住房保障农民工的数量列入中央转移支付的分配标准之中，建立两者相关联的机制，以此来提高地方人民政府对农民工住房保障的关注度。三是以人定地，调动地方人民政府分担农民工住房保障成本的积极性。改革中央建设用地指标分配制度，构建地方人民政府建设用地规模与农民工住房保障挂钩的机制，做到“以人定地、地随人走”。在具体的实施中，需要通过精确计算和有效统计来合理分配地方人民政府城镇新增建设用地，并给予地方人民政府一定的建设任务，督促解决农民工保障性住房的建设等问题，同时以其完成情况作为下个年度建设用地指标的考核标准。四是税收减免，鼓励企业为农民工缴纳社会保障。企业作为农民工在城市的主要集聚体，本该为农民工住房保障的解决提供一部分力量，但在实际中却是各种的责任逃避。对此，政府可以通过税收减免来增加企业的经济实力，也可参考慈善抵税政策，将农民工社保的缴纳与税收的减免相关联，建立有效的评估机制，从而增强企业参与农民工住房保障成本分担的积极性。

四、监督机制

由于保障性住房是一种准公共物品，具有很强的外部性，因此很容易存在较多的“责任推诿”现象。对此，政府需要建立监督审核机制，为农民工住房保障成本分担机制的建立提供政策支持、法律支持以及制度保障。

一是审核地方人民政府对农民工住房保障专项资金的使用情况。专项资金是中央人民政府为解决某些特定的问题，划拨给地方的专项支出，由地方人民政府按照中央人民政府的政策目标和管理规定有条件地使用，其根本目的是实现公共服务的均等化(付文林和赵永辉，2016)。农民工住房保障专项资金是主要用于解决农民工住房问题的资金，其使用的合理性将直接影响地方人民政府在农民工住房保障问题中的解决能力。所以，在实际使用中，中央人民政府要对划拨给地方人民政府的这部分资金进行监督，做到专款专用，杜绝资金被挪作他用现象的发生。此外，还需对资金的使用进行效益评估，制定更加合理的分配方法，保证资金的效益最大化，为更多的农民工解决住房问题，促进其融入城镇生活，实现人的城镇化的建设目标。二是监督企业对农民工社保的缴纳情况。第一，加强监管企业雇佣农民工时劳动合同的签订，规范企业工资的发放行为。企业与农民工之间的劳动合同是一种法律凭证，保证其有效的签订，有利于政府对企业进行审查，从而为保障农民工相关利益提供法律支持。第二，严格审查劳动合同的履行状况，监督农民工社保的缴纳情况。按照劳动合同以及国家相关法律法规的要求，针对企业未缴纳社保的行为予以处罚，追究相关人员的责任。同时可以利用互联网，建立和完善用工企业的网上监管系统，将企业关于农民工的雇佣以及社保缴纳透明化、信息化，加大企业的惩戒力度，并给予违规企业在银行贷款、政府补贴、税收减免等方面一定的限制。

上述运行机制如图 6-2 所示。

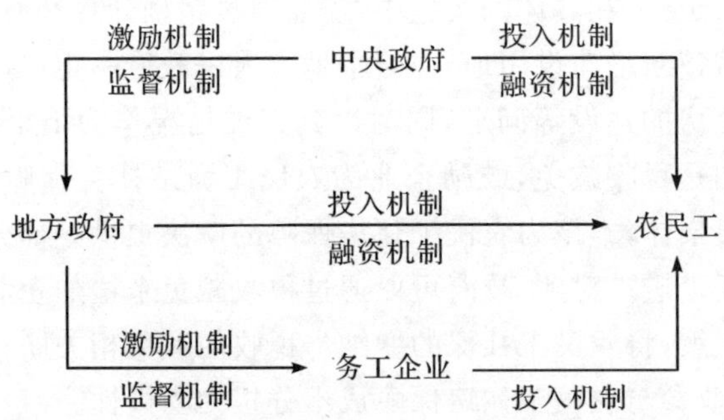

图 6-2　农民工住房保障成本分担运行机制的总体框架

第四节　保障性住房供给创新：以政府购买公共服务为例

随着新型城镇化进程的推进，包括农业转移人口在内的新增城市人口规模庞大，对住房的可支付能力更低，保障性住房的需求将不断提高，由此将给政府承担住房保障责任带来巨大压力。传统的保障性住房基本由政府直接供给，政府财政负担加重，债务风险加剧，而且直接影响保障性住房供给的质量和效率。国内外公共服务创新实践证明，由政府购买公共服务，其质量和效率远高于政府直接供给。然而，政府购买保障性住房的相关研究在国内外的学术界明显滞后，存在较多的不足。因此在理论体系构建与政策体系设计方面还有很大的研究空间。

一、研究背景

国外早期保障性住房主要由政府直接供给，特别在第二次世界大战结束以后，各个国家的住房需求极度膨胀。到了20世纪90年代，政府探索与社会组织合作提供保障性住房，比如：英国与社会组织合作成立住房协会，其作为民间住房互助组织，管理和建造保障性住房用于出租。政府购买保障性住房的实践从20世纪末开始，但理论研究远落后于实践探索。

大多数学者将政府购买保障性住房作为政府购买公共服务的个案开展研究，从今天的学术发展意义上来说，缺乏系统和深入的理论思考。学者们认为，政府购买保障性住房是公共服务合同外包的一种，即政府通过与营利或非营利组织签订承包合同的形式来提供住房保障。比较有代表性的当属罗宾・托马斯、Mark 和 Briggs 的研究，他们对政府购买保障性住房的分类和阐述有着重要的指导意义(Thomas & Davies，2005；Considine，2003；Briggs，2007)。总的来看，在政府购买保障性住房的理论问题研究上，国外学者们主要秉持着两种观点：第一种观点侧重以公共物品理论作为政府购买的理论依据，主要代表者有萨伊(1963)、文森特・奥斯特罗姆(2004)等人；第二种观点侧重从新制度经济学和新公共管理的相关理论的角度出发论述政府购买保障性住房的动因与可行性，主要代表者有洛韦里(1999)、唐纳德・凯特尔(2009)等人。较之其他方面，政府购买保障性住房选择机理、绩效评价等方面的理论和实践研究明显阙如。

国内研究中，近年来，湖南省湘潭市、衡南市，辽宁省沈阳市、抚顺市等少数地区开始尝试政府购买中小户型商品房、二手房、小产权房等作为保障性住房出售，政府购买非政府、非营利组织或者企业提供的保障性住房租赁服务两种形式。至此,国内学者开始关注政府购买保障性住房这一保障性住房供给创新。相比国外学者对保障性住房合同外包的表述,国内学者更强调政府采购或者政府购买。虽然国内外对政府购买保障性住房的表述上存在差异,但其核心思想却是一致的(王春婷,2012)。与国外一样,政府购买保障性住房的研究发端于政府购买公共服务的研究。而这一领域的研究在国内发展较快,无疑得益于陈振明、王浦劬、周志忍、郁建兴、王名等学者对国外政府购买公共服务理论批判性地引入和再造过程(陈振明,2003;王浦劬和萨拉蒙,2010;周志忍,2002;郁建兴,2011;王名,2008)。在政府购买保障性住房的理论问题上,国内学者侧重从新公共服务理论论述政府购买保障性住房的必然性。主要代表学者有张汝立和陈书洁(2010)、程大涛(2010)、邓宏乾等(2012)、高培勇和汪德华(2012)对保障性住房并轨问题的论述也为政府购买保障性住房提供了理论基础。

然而,国内学者对政府购买保障性住房的选择机理、绩效评价及保障机制等方面有价值的研究却十分鲜见。对政府购买保障性住房的研究比较侧重于理论化与一般化的评论与总结,大多缺乏系统研究和科学性的深度思考。

二、理论概述

(一)保障性住房的政策体系

保障性住房是与商品房的概念相对应的,一般指代由政府为家庭经济困难、住房困难("双困户")群体提供的具有一定标准和适用对象的社保性质住房。我国的保障性住房政策大体分为两个方面:消费补贴政策与住房配置政策。

消费补贴政策,是居民通过审核具备申请资格,自行去市场购买保障性住房后,由相应机关依市场价给予一定货币补贴的一种补助性政策。包括住房公积金和租房补贴政策。住房公积金是机关企事业单位在职职工缴存的具有互助性质的长期住房储金,可在购房时一次性提取和还房贷过程中多次提取,考虑到大城市职工购房困难,部分城市允许住房公积金用于租房时提取。租金补贴是专门针对城镇低收入群体租住廉租房或者公共租赁房时申请的一种租金补贴,各地依据地方财政收入、土地出让价格、商品房市场租金、家庭可支配收入等确立补贴标准。

住房配置政策,是政府根据不同收入群体的住房支付能力提供的住房实物保障政策,主要为中等收入或中高收入群体提供的限价商品房,为中低收入群体提供的经济适用房,以及针对低收入群体,主要由政府直接提供的,以租住为主的廉租房、公共租赁房这三部分构成。为了房地产业的可持续发展,限价商品房逐步退出城镇住房保障体系。经济适用房、廉租房和公共租赁房仍然在保障性住房配置体系中发挥重要的作用。毋庸置疑，在住房分配制度取消之后，经济适用房作为出售型保障性住房，很大程度上满足了城镇中低收入群体急剧释放的住房需求。但是经济适用房依托的土地属政府无偿划拨，严格意义上讲，经济适用房权属关系属个人和国家共有财产。产权属性的复杂性，使得经济适用房在流通和管理中存在许多的弊端，许多城市已退出或即将退出经济适用房的建设。廉租房是政府以租金补贴或实物配租的方式，向符合城镇"双困户"（住房困难、收入困难）的居民提供社会保障性质的住房。从 2014 年起，各地公共租赁住房和廉租住房并轨运行，廉租房正式并入公共租赁房并改变其产权归属，保障性住房的建设重点已从出售型住房转换到出租型住房上。①

我国目前的保障性住房主要有限价房、经济适用房、公共租赁房和廉租房四类（见表 6-1）。

表 6-1　保障性住房类型

类型	开发模式	土地	利用率	用途
限价房	开发	土地出让	10%～15%	销售
经济适用房	开发	土地出让	3%左右	销售
公共租赁住房	代建	土地划拨	3%以下	租用
	开发	土地出让	3%以下	租用
廉租房	代建	土地划拨	3%以下	租用

资料来源：中国指数研究院数据信息中心。

1. 购买市场商品房

商品房是指经政府有关部门批准，由房地产公司经营开发，建成后用于市场出售或出租的房屋，包括住宅、商业用房以及其他建筑物。商品房主要是针对大众群体的，而对于农民工来说其价格相对较高。从供给侧角度进行房地产市场的结构性改革，之后便释放出巨大需求，同时政府应当充分考虑农民工的需要，制定配套的购房优惠政策，农民工可根据自身的购房能力购买合适的商品房。

2. 购买限价房、经济适用房

限价房主要是为了解决中低收入家庭的住房问题，它是一种限价格限套型（面积）的商品房，一般由政府直接出让土地，再委托开发商建造，由于毛利润不低，故房地产企业在这种类型的住房建设及管理中的积极性很高。在土地挂牌出让时，

① 住房城乡建设部，财政部，国家发展改革委. 关于公共租赁住房和廉租住房并轨运行的通知[EB/OL]. (2013-12-02)[2015-02-19]. 中华人民共和国住房和城乡建设部官网，http://www.mohurd.gov.cn/.

限价房就已经被限定价格、建造标准和对应的销售对象，故主要由政府进行监管和运作，是一种政府力求从根源上解决房价高的对策（申兵，2012）。在限价房方面，政府应该主动将农民工纳入到限价房的销售对象中去，并给予一定的购买优惠，从而促进农民工住房保障问题的解决。

经济适用房是以微利向中低收入家庭出售的住房，一般由政府出让土地，由房地产开发商进行建造开发，投资需求短暂，出售后一次性回收成本，但因为经济适用房的利润率低于限价房，故房地产企业的积极性难以调动。经济适用房是具有保障性质的商品房，是国家计划的有关住房保障的一种政策性安排。对农民工来说，经济适用房的质量有保障，而且购买价格要低于市场价。建设部等部门曾就经济适用房的建造开发、价格的确定、准入优惠政策、交易监督管理等联合颁发相关文件，为了能促进其进一步发展。但目前在申请经济适用房时，依然需要本地户口，这就不利于解决外来农民工的住房问题，故政府需要改革户籍制度，降低农民工购买经适房的门槛，以此提高农民工的住房水平。

3.承租公共租赁住房、廉租房

农民工市民化最迫切的就是住房问题的解决，就农民工个人而言，多数以租房为主，部分单独租住，部分则选择群租。在租金方面，政府可以根据农民工的经济实力和支付能力实行差别化租金，确定公租房的合理租金标准，确保农民工能真正承受起承租公租房的成本。另外，可尝试把公租房纳入“租改售”试点，以减少农民工购买产权型保障房的阻碍。

廉租房是政府通过租金或实物的方式提供的一种补助，其对象是符合最低生活保障标准的居民或家庭，目的是为这些经济困难居民或家庭解决住房问题。廉租房主要针对的是最低收入家庭，故成本难以回收，需要政府持续投入资金，房地产企业积极性不高。廉租房也是由政府规划土地，由房地产企业代为建造，政府在其建成后具有一段时间的使用期限，租金是这类保障房的主要利润来源。经济适用房主要是通过销售的方式提供保障房，购房者在居住一定年限后可获得产权，而廉租房的形式更加多样，但只租不售，租赁者不能拥有该住房的产权。廉租房的补贴主要以实物配租的方式为主，部分学者认为可辅以租金补贴的方式，但目前来看，这两种补贴方式各有各的优势，若能结合起来共同应用，或许将更有利于建立廉租房保障体系。

（二）保障性住房的公共物品属性

进入21世纪，特别是党的十八大以来，党中央、国务院提出当前我国经济发展过程中必须处理好政府和市场的关系，处理好政府和社会的关系，处理好政府和企业的关系（赵振宇和丁晓斐，2017b）。城镇住房保障体系参与主体包括中央人民政府、地方人民政府、雇主企业、社会组织和保障对象。保障对象特别是外来流动人口支付能力有限，如果没有政府扶持和社会组织参与，安家落户的困难显而易见。雇主企业如果没有政府配套的税费减免等激励政策，往往缺乏住房保障参与的积极性。中央与地方人民政府作为住房保障的主体，亦存在责任边界模糊等问题。社会组织参与保障性住房供给作为保障性住房供给创新，主要通过房屋租赁平台或者出租公寓等形式，为外来流动人口及低收入群体提供住房。由于其融资渠道比较狭窄，风险诊断能力有限，参与住房保障意识不足。因此，提升保障主体参与意识、明确参与主体责任关系的关键是要厘清保障性住房的产权属性，即核心问题是要厘清保障性住房的公共物品属性。

萨缪尔森认为公共物品供给是将利益不可分割的产品扩散给社会全体成员，无论个人是否想要购买这种产品（保罗・萨缪尔森和威廉・诺德豪斯，2013）。这意味着，公共物品是指产品和劳动的利益由社会成员共同享有。正因为公共物品的这种利益不可分割性以及社会全体成员的利益共享性，决定了公共物品同时具有非排他性和非竞争性两个基本特征（汪全胜，2008）。其实绝对非排他的和非竞争性的纯公共物品范围是比较狭小的，大多数公共产品属于具有非竞争性特征，但非排他性并不充分的准公共产品。显然，保障性住房作为社会保障体系的一部分，具有公共产品属性。住房本身是一种特殊的商品，是具有排他性和竞争性的私人消费物品和私人财产。但从社会层面分析，住房是人类赖以生存的基本条件，居住功能是住房的根本属性。《住宅人权宣言》（伦敦，1981）就提出："有良好环境适宜人的住处，是所有居民的基本人权。"[①]在此背景下产生的保障性住房与完全由市场形成价格的商品房有着本质区别，较之商品房等私人产品，保障性住房具有以下特性：第一，保障性住房具有国家政策性。加强保障性住房建设是在国家政策推动下进行的，行政干预性十分明显，这也是保障性住房与商品房最大的区别。第二，保障性住房具有社会公共性。保障性住房是全部或部分利用了政府财政提供的社会产品，权属上具有一定"公有"属性，其所要保障和解决的也只是居民"住"的问题而不是要保障居民"有"的问题。第三，保障性住房消费的有偿性。保障性住房依附的土地是无偿划拨的，土地征收、整理与开发以及保障性住房建设与维护过程中，政府投入了大量的经费保障，在运行过程中需要消费者承担部分使用成本，有偿消费。第四，保障性住房的外部性。政府财政收入和配置资源的有限性以及企业的营利性都决定了无论是单纯依赖政府还是单纯依赖企业都会导致"失灵"，最优的解决方案就是由政府保障与市场配置相结合，最大限度发挥社会组织参与保障性住房供给。

---

① 1981 年 4 月在伦敦召开的国际住宅和城市问题研讨会上，通过《住宅人权宣言》，而后逐步得到国家社会认可。

三、保障性住房供给面临的压力

(一)保障性住房供给缺乏社会参与

我国从 2011 年到 2015 年已开工建设保障性住房 3970 万套,加上棚户区改造,累计资金投入超过 5 万亿元,大部分资金主要来源于政府财政支出。根据国务院发展研究中心的推算,经济增长速度在今后比较长的时间内将维持在 6%～7%,部分城市甚至会更低。GDP 增速放缓直接影响政府财政收入的增加,单靠政府建设保障性住房,不仅力不能及,更不利于刺激社会财富的提高。

如前文所述,比较世界各国的保障性住房政策,大多都有社会组织的参与,或参与供给,或负责运行、管理与监督。比如,1985 年英国《住房协会法》建立了完整的住房协会制度,住房协会成为英国民间住房互助组织,其管理和建造的住房用于出租且只收取成本租金;1988 年和 1989 年的《住房法》规定,允许住房协会引入私人资金来修建住房,1988 年的《住房法》还引入了住房信托制度。在这种政策背景下,大量地方人民政府管理的社会住房逐步转到住房协会,住房协会成为新的社会租赁住房的供给者(汪文雄和李进涛,2010)。德国、瑞士等很多欧洲国家都有类似的住房协会,很多住房协会还承担着维护弱势群体住房权利的职能。相比之下,我国保障性住房供给几乎完全依赖于政府。

(二)保障性住房供给范围有待扩大

2018 年末,我国总人口达到 14.0 亿人,常住人口城镇化率达到 59.6%,户籍人口城镇化率达到 43.4%,这意味着有 2.3 亿进城农民工因户籍等因素限制没有享受平等的市民化待遇。党的十八大提出,"有序推进农业转移人口市民化,努力实现城镇基本公共服务常住人口全覆盖"目标,即首先解决 1 亿多农民工常住人口城镇化问题。在"放宽农业转移人口落户条件"的同时,着力解决农民工住房保障是推进人的城镇化的关键。当前,农民工住房问题主要表现在:一是农民工买不起、租不起城市商品房。据建设部调查,目前 74.1%的农民工能承受的购房单价在 3000 元/m^2 以下,76.2%的农民工能承受的月租金在 100～300 元。二是现有城镇住房保障体系保障对象未包括农民工。农民工不能享受经济适用房、廉租房等保障性住房。三是现行用地政策制约了针对农民工的保障性住房供给(文尚卿,2011)。

国外城市化进程中,农业人口城市化规模提高与住房供给不足的矛盾逐渐显现。由前文所述可知,英国、德国、新加坡、美国探索以提供社会住房或公共住房的形式解决移民人口的住房问题。具体做法可归纳为:政府直接出资,开发廉价住房模式;政府间接出资,补贴住房模式;政府间接援助,配套优惠租售模式。为移民人口提供社会住房或公共住房，随之形成了大量的贫民窟，产生了一系列社会问题。近几年，我国不少地区开始探索以农民工市民化为目标的住房保障创新实践，为成本分担提供了很好的案例研究样本，比如：成都市和嘉兴市通过城乡要素的交换来转变农民工的农民身份，实现一体化的住房保障框架。佛山市探索分层分类、渐进式农民工市民化的住房问题解决方案，并提出建立多主体分担、多形式供给的住房供给模式。宁波市探索优秀农民工落户政策，分层次、分步骤纳入城镇住房保障体系。泉州市采取弱化户籍制度限制、优化住房保障管理模式、拓宽保障住房建设投融资渠道等手段，推进城市由“农民工聚集城市”向“农民工宜居城市”转变。一些创新实践较理论探索具有一定的超前性，但是在分担责任划分、制度保障设计等方面仍有局限性。

随着房地产库存问题的加重，河南、河北、湖南、内蒙古等地开始探索扩大农民工市民化的住房需求，以实现“去库存、保增长”的策略。应该说，这一政策定位的对象是精准的。但若实现这一目标，须从系统思维的角度去解决农民工住房保障成本分担问题。显然，一些地区农民工住房保障政策仍然是单纯以经济增长为目标，缺乏以人为核心的，统筹兼顾、责任明确、公平公正的成本分担机制设计。这些政策在城市发展理念上存在着偏差，忽视城市化发展规律和区域动态比较优势，简单追求为城市“增肥扩容”，搞“全能城市”，往往“重产业、轻城市”，造成了工业园区大量建设，多数周边却没有城市功能依托，致使产城脱节。不同于传统城市化路径，新型城镇化的发展理念是追求产城人相融合。既要有优美的居住环境，也应具备产业支撑，为人的发展提供就业保障。

四、从直接供给到保障性住房供给创新

（一）保障性住房政府直接供给

公房分配政策取消之后，商品房价格偏高，保障性住房需求瞬间激发出来。政府改“货币安置”为“实物安置”，通过多种手段提供现房，最大限度满足“双困户”的住房需求。

1. 回购

政府通过在全社会公开招标，将这部分土地交给开发商建设房屋，初期资金由开发商垫付，后期全部建设完成后，政府将其全部购买并负责销售，并付给开发商相应的代建费和利润。这种模式一般适用于经济适用房和安置房的建设。

2. 委托代建

政府委托有实力的开发商进行建设，土地由政府划拨，资金由政府筹措，建设完成后支付开发商相应的委托费，政府通过项目完成后的租金收入来回笼资金。

这种模式一般适用于廉租房和公租房。

3.搭配建设

政府在土地招标过程中，出让一部分的土地，由开发商建设保障性住房，其余土地归开发商自行建设商品房。这种模式适用于经济适用房、限价房、廉租房和公租房。

上述三种保障性住房供给模式由政府直接供给，从建设到分配，其产权性质不变。在一段时期内，很大程度地解决了保障性住房供给不足的矛盾。但是由于监督不力，房屋质量得不到充分保障；委托发包过程中的寻租行为造成公共资源大量的浪费；低收入群体或外来流动人口成片居住，人为造成了社会割裂的状态。因此，在当前房地产结构性过剩的前提下，传统大包大揽、大拆大建的保障性住房供给模式已经不再适应当前经济形势。

(二)保障性住房政府直接购买

政府购买保障性住房主要包括政府直接购买小户型商品房、二手房、小产权房等作为保障性住房出售。例如，北京市崇文区为了安置搬迁危改户，采取和社会资本联手的方式，收购了千余套商品房作为保障性住房，涉及搬迁的危改户可以提出购房申请。[①] 辽宁省抚顺市人民政府通过具备相应资质的招标代理机构，按照政府采购办法，采取向社会公开招标、公平竞价、公示程序的方式回购商品房，解决保障性住房，并对房源、房价和运营模式进行了详细的规定。[②]

首先，政府购买保障性住房房源主要是闲置商品房，在建设过程中由市场监管，房屋质量监管和维修成本明显降低，另外除去土地和部分交易成本，总供给成本也会大幅下降。政府还可以选择在商品房市场低迷的时候买进，分配不出去的部分房源也可以在必要时逢高卖出，实现政府购买保障性住房体系的良性运行。其次，政府购买保障性住房可以使保障群体特别是外来流动人口有效实现社会融入。

(三)保障性住房政府购买及租赁

政府购买非政府、非营利组织或者企业等社会组织提供的保障性住房租赁服务。该模式可以分为两种形式：

1.“包租婆”模式

即政府购买社会组织改造存量商品房为公共租赁住房并提供保障性住房租赁服务，形式不同于政府直接购买保障性住房。例如，宁波市奉化区力邦投资公司改

---

① 翟烜.北京政府部门首次购千套商品房做保障房[N].京华时报，2009-01-01(A01).

② 马驰.抚顺12万户家庭圆了安居梦[EB/OL].(2014-12-22)[2016-11-25].东北新闻网，http://fushun.nen.com.cn/.

造存量商品房为外来农民工打造集中居住区，政府不仅在税收上扶持而且投入10%股份入股。①

2.“管家婆”模式

即政府购买社会组织为现有公共租赁住房提供的保障性住房服务。例如，2014年，湖南省开始探索政府购买保障性住房租赁服务，明确了政府购买保障性住房后续管理服务的购买主体、基本原则、基本流程，重点体现市场竞争、服务内容、履行监管、绩效评价，湘潭市和衡南市随后依据文件出台了具体操作办法。②

党的十八大以来，经济、社会、政治体制的转型压力越来越大，政府必须界定好管理边界，引导和鼓励社会组织参与公共服务供给。因此，作为制度创新，政府购买非政府、非营利组织或者企业等第三方提供的保障性住房服务更符合未来保障性住房发展趋势。

（四）购买保障性住房租赁服务的运行流程

1. 公布购买服务清单

明确政府需要向社会组织购买保障性住房租赁服务，界定社会组织可提供的保障性住房租赁服务范围，包括房源和物业等。然后公布购买服务清单，使社会组织了解政府购买需求，凭借组织专长提供服务。

2. 向社会公开招标

以招投标方式在社会广泛寻求保障性住房租赁服务提供者，扩大社会组织可选择的范围，可利用媒体、网络等平台，公布招投标的相关信息，同时保证招投标过程透明性、信息公开性。

3. 对社会组织资质审查

只有符合准入标准的、具有资质、信誉好的社会组织才能够被选择，进行下一轮竞标。政府提前制定社会组织准入标准，评判者严格按照标准进行筛选，对社会组织进行资质审查，审查完毕公示准入的社会组织名单。

4. 评估竞标方案

已通过资质审查、获得准入资格的社会组织分别递交其竞标方案，由政府专业评估人员进行评估。在评估过程中隐去社会组织名称，评估人员不被告知竞标方案归属。公正、公开地进行评估。

5. 选择组织

评估完竞标方案后，政府对社会组织进行最终选择。最终选择结果接受质询，

---

① 王岚．宁波住房保障大步走进“春天里”[N]．宁波日报，2016-11-10(A02)．

② 湖南省人民政府法治办公室．湖南省人民政府关于推进政府购买服务工作的实施意见[EB/OL]．(2014-06-30)[2017-07-25]．湖南省人民政府官网，http://www.hunan.gov.cn/．

若无异议则确认选择结果;若有异议则需重新对社会组织进行资质审查,重新评估选择;若无合适选择,则重新向社会招标,开始新一轮竞标。

6.公示中标组织

在政府网站等信息平台公示中标社会组织及其承接的保障性住房服务,做到信息公开。

7.签订合同,购买服务

政府与最终被选择的社会组织签订合同,规范地向其购买保障性住房租赁服务。

政府购买保障性住房租赁服务的全部流程应当坚持透明性、公正性、科学性原则。选择社会组织的每一个步骤都影响着最终保障性住房租赁服务的质量和社会效益,必须严格执行。

五、政府购买保障性住房的政策支撑

(一)厘清保障性住房供给主体的分担责任

过去很长一段时间内我国城镇住房保障体系是封闭的运行体系,全部房源都依靠政府投资建设,市场和社会参与意识不强。通过前文的论述可知,未来继续推进新型的城镇化建设,城镇住房保障体系和房地产市场理应是开放和联动的关系。

一方面,政府等公权力不应过多干预和妨碍房地产市场的发展,特别是商品房市场的发展。另一方面,对于常年积压的存量商品房完全可以通过政府采购平台加以引导,根据采购的特点将其改造成经济适用房或者是廉租房和公共租赁住房。因此,需要对政府和开发商之间的利益分配关系进行调整。单让房地产开发商让步,不仅不利于市场经济下运行的房地产行业的健康发展,甚至会影响经济社会的全局发展;但是如果将所有压力单让政府救市,不仅公共财政支出大幅增加,也会造成资源的极大浪费,造成其他公共服务供给水平的下降。所以,一方面需要在政府购买保障性住房过程中厘清中央人民政府和地方人民政府之间的分担责任,中央人民政府应对地方人民政府所面临的保障房建设的困境有着清晰的认识,可以适时地对地方人民政府转移支付,向政府购买保障性住房绩效评价好的、安置规模大的予以倾斜。另一方面,需要厘清政府和市场、社会之间的分担责任。政府要逐步退出保障性住房市场,引导社会组织成为保障性住房供给主体,即“包租婆”。政府要做的就是委托第三方对“包租婆”进行等级评价,择优购买服务;为其营造良好的发展环境,包括立法保障、基础设施的改造和税费上的优惠政策。

（二）引导社会组织参与保障性住房供给

截至2017年底，我国民营企业超2700万家，民营经济占GDP比重超过了60%。① 具有一定资金、技术和管理优势的民营企业已经具备参与保障性住房供给的物质基础，但是民营企业缺乏为农民工等用工对象提供保障性住房，归根结底是在这件事情上缺乏强有力的政策支撑。2010年国务院提出，鼓励民间资本参与政策性住房建设，支持和引导民间资本投资建设经济适用住房、公共租赁住房等政策性住房，参与棚户区改造，享受相应的政策性住房建设政策②。

政策在引导社会组织参与保障性住房供给方面迈出了坚实一步，但是整体来讲，由社会组织提供保障性住房或者保障性住房服务，今天还处在探索阶段。因为投资回报率低，提供保障性住房或者保障性住房服务的社会组织总量不足。此外，社会组织规模化、专业化、规范化水平不高，风险识别、诊断等危机管理能力较低。因此，各级人民政府如果试图引导社会组织参与保障性住房供给，必须在税收以及土地方面予以社会组织一定的政策扶持；必须制定合理的风险防范和危机管理机制；进一步构建政府与社会组织间相互信任的合作伙伴关系；合理界定购买范围，明确政府职责；建立健全相关法律制度，引入外部竞争和第三方评价机制；建立有效的监督体系，营造良好的政策环境；并且加深公众对于政府购买保障性住房的理解。

（三）加强政府购买保障性住房的绩效管理

1. 加强立法保障

首先，应制定政府购买保障性住房管理条例，明确政府向社会组织购买保障性住房的购买范围、服务标准、购买方式及服务提供机构的准入资质、规范合同内容和购买流程、完善监督制度、健全纠纷解决机制等。地方人民政府也可以根据具体条件制定地方性法规，弥补立法的不足。其次，政府购买社会组织保障性住房的资金来源主要是预算外资金，往往受政府主管部门负责人的意志影响，不确定性比较大。因此，建议起草政府购买保障性住房资金使用专门规章，规范购买服务资金的使用。

2. 建立完善的监督体系

完善的监督体系是从社会组织提供保障性住房服务之初到绩效评价结果完成之后的全程的、动态的监督。首先，在提供保障性住房服务过程中应该建立实时反

---

① 李楠桦，仝宗莉. 截至2017年民营企业超2700万家，民营经济占GDP比重超60%[EB/OL].（2018-09-06）[2018-12-10]. 人民网-财经频道，http://finance.people.com.cn/.

② 国务院办公厅. 关于鼓励和引导民间投资健康发展的若干意见[EB/OL].（2010-05-13）[2013-04-16]. 中央人民政府网，http://www.gov.cn/.

馈机制，掌握保障性住房服务提供情况，对过程中任何一个环节的监督缺失，都有可能导致最终绩效评价的失败。其次，在完善监督机制中，监督对象不仅仅是提供保障性住房服务的社会组织，还应包括对政府相关部门的监督。不但要成立专门的绩效评估小组，还要引进第三方评价机制，引入会计事务所、审计事务所、社会调查公司以及相关专家等组成独立的第三方评价机构。第三方机构独立于政府与提供保障性住房服务的社会组织之外，能够更客观、公正地起到监督作用。此外，在制度层面，要建立一套相应的验收制度，与资金相挂钩，从而起到监督的作用。

3.建立绩效评价结果奖罚机制

获取绩效评价结果不是评价的最终目标，而是制定下一步决策的重要依据。对评价结果中发现的问题和不足之处提出整改，使绩效评价目标得以落实，评价结果才不至于流于形式。因此有必要建立绩效评价结果奖罚机制，对评价结果做出反馈（丁冰雪，2017）。要在绩效评价结束后的规定时间内形成反馈文件，正式通知被评价组织，同时，绩效评估组应对该文件建档保存，作为下次绩效评价的参考依据。在形成反馈之后，则要对被评价单位进行奖罚处理。

第七章　农民工住房保障成本分担的制度保障

民生保障是国家经济发展的出发点和落脚点，农民工住房保障作为民生保障的重要内容，是一项复杂的系统性工程，不仅涉及政府、企业、农民工等利益主体之间的利益均衡，还与土地、户籍、教育、就业、社保以及医疗卫生等各项保障制度改革密切相关。当前我国农民工住房保障成本分担的制度保障体系还相当不完善，在设计与执行环节存在明显缺陷（吴宾等，2016）。因此，在人的城镇化背景下建立农民工住房保障成本分担机制，必须从系统思维的角度去进行制度安排，这也正是本研究努力的方向。

农民工住房保障成本分担的现实困境源于制度体系的不完善，必须从根本上打破既有的户籍、土地、社保等制度约束，从源头上为农民工住房保障成本分担奠定制度保障基础。传统住房保障制度与户籍制度等对农民工形成社会排斥的研究，为系统化的政策设计指明了方向，在此基础上提出四点建议：第一，改革和完善住房保障体系：一是改革准入制度，打破原有保障壁垒，重新安排空间与财政分配格局；二是改革供给机制，由新建保障性住房转为消化房地产库存为主。第二，建立持续的经费保障机制：建立和完善农村住房财产权抵押和农民工住房公积金制度；进一步加强政府在税费、信贷、补贴等方面的扶持力度；鼓励以商业银行为主，募集社会闲散资金建立城镇化发展基金；建立利益补偿机制，鼓励利益相关主体参与成本分担的热情。第三，建立健全利益均衡机制：为利益相关主体的利益表达和博弈设立制度安排，保障利益博弈能够健康有序地进行，以促进和谐的利益关系和利益格局的形成。第四，加强系统化的制度设计：进一步加快土地和户籍制度改革；加快与住房保障相适应的农民工就业、收入、子女入学、医保、社保、养老等同步政策改革。

第一节　改革和完善住房保障制度

解决农民工住房问题不是新建一套住房保障体系，而是逐步将农民工纳入城镇住房保障体系。当然这个过程需要对现有城镇住房保障体系进行改造，一是改造准入标准，要给予农民工与城镇居民同等的住房保障待遇，打破原有保障壁垒，重新安排空间与财政分配格局。二是改造供给机制，由新建保障性住房转为消化房地产库存。对于有意愿在城市安家落户且满足一定条件的农民工，比照城市居民收入标准，以现有房地产库存为主为其提供廉租房、经济适用房、限价商品房。对于其他层次的农民工，鼓励改造存量房为其提供适合租赁的社会化公寓，培育农民工住房租赁市场。

一、改革准入制度：事权与财权的合理分配

随着社会的进步和经济的发展，现行"分税制"的弊端开始逐渐显现出来。为此，党的十八大和十八届三中、四中、五中全会提出建立事权和支出责任相适应的制度，适度加强中央事权和支出责任，以及推进各级人民政府事权规范化和法律化的要求。2016 年 8 月，国务院就推进中央与地方财政事权和支出责任划分改革颁布了《国务院关于推进中央与地方财政事权和支出责任划分改革的指导意见》（以下简称《指导意见》）[①]。该文件为中央与地方财政事权和支出责任划分提供了纲领性的指导意见。

随着外来务工的农民工群体规模越发庞大，地方人民政府对其进行社会保障尤其是解决其住房保障问题的时候，面临着"财权少、责任大"的问题，这导致地方的财政难以支撑。为此，国务院于 2018 年 1 月发布了关于中央与地方事权、财权划分的进一步细化文件，即《国务院办公厅关于印发基本公共服务领域中央与地方共同财政事权和支出责任划分改革方案的通知》[②]，这一文件的颁布将中央与地方的财政事权准入制度改革的进程向前推进了一大步。

（一）财政转移支付制度不完善

人的城镇化是"中国梦"的重要组成部分，其建设过程也是对政府资源进行重新分配的过程。中国地域辽阔，不同地区之间经济发展存在较大的差异，不同地方人民政府之间的财政收入也存在较大的差距，有相当一部分地方人民政府的财政开支主要依赖于中央人民政府的资金支持。在这种情况下，地方人民政府在解决农民工住房保障问题及相关配套措施的建设上，会经常性存在资金困难，为了解决这一问题就需要完善政府的财政转移支付制度。

---

① 国务院.关于推进中央与地方财政事权和支出责任划分改革的指导意见[EB/OL].(2016-08-24)[2017-09-22].中央人民政府网，http://www.gov.cn/.

② 国务院办公厅.关于印发基本公共服务领域中央与地方共同财政事权和支出责任划分改革方案的通知[EB/OL].(2018-01-27)[2019-03-19].中央人民政府网，http://www.gov.cn/.

1. 税收返还效应的不平衡

在我国目前的财政体系中，一旦对税收返还政策进行调整，那么中央人民政府就要在经济和政治上做出巨大的变动，这对于改革已经进入"深水区"的中国来说无疑将会是一项巨大的挑战。此外，就税收规模而言，其在国民收入中所占的比重依旧处于较低水平，再加上中国地区之间经济发展存在差距，所以地区之间的税收收入也就存在着不同，因此中央人民政府还担负着平衡地区间因税收收入差距而导致税收返还不同的责任。从资金供给和需求的角度来看，由于地方人民政府没有充分的财政资金，所以无法保障农民工群体的切身利益。特别是在住房保障问题上，地方人民政府保障本地居民公共服务的资源尚且不足，很难利用紧缺的资金去解决流动性较大的农民工群体的城镇住房保障问题。

2. 资源分配的局限性

面对当今较为复杂的发展形势，中央人民政府对各项资源的分配无不时时考验其执政水平。若对现有的财政转移支付制度不加以改变的话，将造成因税收等方面的差异而导致的中央对地方财政转移支付资金的区别对待，使得不同地方人民政府的可用财政资金出现不平衡的局面，进而对其解决地方问题产生影响。对农民工群体而言，其流动方向多数是从经济不发达的中西部流向经济发达的东部地区，中西部地区是农民工的主要流出地，东部地区是农民工群体的主要流入地。农民工群体流动性强的特征也给政府的资源分配带来了一定的困难，例如农民工社会保障尤其是住房保障究竟应由哪方负责，对此目前尚无统一定论。中国的农民工群体体量庞大，若不能妥善处理好其社会保障问题，那么将会给经济社会的稳定性带来严重的威胁。因此，中央人民政府有必要从制度上加以改变，采取相关政策对农民工群体住房保障问题加以重视。

以上两方面问题皆因地方人民政府财政支出困难所致。从更深层次上讲，其本质基本上都是当特定区域出现危机时，为了维护社会经济发展的稳定大局而产生的困境。但从另一个角度来看，这些必要的财政支出也在很大程度上对中央人民政府相关措施的出台造成了限制。总之，由于目前不同地域、不同级别政府间财政诉求的冲突和矛盾，使得地区之间尤其是城市和农村之间的经济差距不断增大，其带来的问题亦是愈演愈烈，种种问题倒逼中国财权和事权的划分必须尽快做出重大调整。

(二)财政事权和支出责任划分的原则

结合目前中国的实际情况及《指导意见》的有关内容，在中央与地方财政事权和支出责任划分改革的推进中，建议应遵循以下原则：

1. 统一性与多样性平衡原则

自 1978 年中国召开十一届三中全会并实行改革开放以来，中央与地方之间的关系就发生了巨大的变化。中国改革开放运行模式较为独特，其并不是完全伴随着国内多元化的意识形态和分权化的权力运行，并且与市场化的经济发展也不同步。从经济发展的角度来看，事权的下放对中央人民政府和地方人民政府之间的关系产生了一定影响，在城镇化这一关系中国发展的重大问题上，中国走的是“由上而下”的改革路线，事权的划分和权力的行使多集中在中央层面，但具体实施则大部分依靠地方人民政府。这就造成了中央层面有权力进行顶层设计但难以在政策落实上亲力亲为，而地方人民政府在根据当地具体情况对农民工群体进行针对性管理上的空间过小，其住房保障政策的施行难以实现因地制宜。因此，20 世纪 80 年代中央人民政府分三次逐步实行“财政包干”的改革措施，地方人民政府开始有了相对独立的财政权力，能以充分的主观动力和客观条件全力发展当地经济，增加地方人民政府的财政收入。20 世纪 90 年代，中央人民政府着手进行分税制改革，1994 年开始在全国范围内大面积施行，中央人民政府将部分财政事权下放给地方人民政府，扩大了地方人民政府的收入范围，极大提高了地方人民政府的积极性，使得地方人民政府更加注重当地经济效益的发展。

事实证明，分税制改革在调整中央人民政府与地方人民政府的分配关系、调动中央和地方积极性、加强税收征管、保证财政收入和增强宏观调控能力等方面都产生了积极作用。但是，随着社会经济的发展，分税制改革使得中央和地方之间的财政关系从以往的地方为强变成了中央为强，地方人民政府财政对中央财政的依赖性加强，中央人民政府与地方人民政府之间形成了新的关系。因此，在处理中央与地方事权与财权划分问题上，需坚持统一性原则与多样性原则相结合。统一性原则主要针对的是中央人民政府，要求其在对农民工群体进行全国性的政策制定和实施时要坚持全局性、统一性；多样性原则则主要针对的是地方人民政府，地方人民政府有义务也有责任在维护地区稳定、保障当地农民工生产生活以及促进当地社会经济发展时接受中央人民政府的统一领导和指挥，而且要充分意识到不同地区之间的差异性，在顾及宏观层面的同时更要着眼于地方的需求和利益。

2. 法治化与科学化融合原则

《中华人民共和国宪法》第 2 条第 3 款中规定，“人民依照法律规定，通过各种途径和形式，管理国家事务，管理经济和文化事业，管理社会事务”，第 3 条第 4 款中规定，“中央和地方的国家机构职权的划分，遵循在中央的统一领导下，充分发挥地方的主动性、积极性的原则”（李桂久，2019），这些宪法条款为中央与地方之间的财权和事权划分提供了最根本的法律依据。在具体实施层面上，各组织法和预算法也都在下级法律层面进行了阐述，但深入探究后则发现，上到“母法”，下到规章，我国对中央人民政府与地方人民政府之间财政事权的划分并没有进行直接规定，划分方式描述得较为模糊，主要从权利划分、转移、预算制定程序层面进行阐述。

因此，中国需要制定具体的法律来对中央人民政府与地方人民政府之间的财政事权进行明确的划分。若要明确中央与地方人民政府之间的财政事权尤其是关系到农民工利益事项上的责任划分，那么就必须依法办事。第一，在立法层面上，宪法以及相关法律、行政法规以及地方性规章等应该对中央与地方财政事权的划分做出具体而明确的规定，让有关农民工利益保障各项政策的出台做到有法可依；第二，在守法层面上，应该在中央人民政府的领导以及各级地方人民政府的配合下，将法律中的规定落到实处，做到有法必依，避免"良法"在施行时被扭曲为"恶法"。

3.职能和效率兼顾原则

实现人的城镇化，加强农民工的住房保障建设，应当充分发挥中央人民政府的统筹功能。然而，在此过程中还必须充分尊重地方人民政府的多样性与特殊性，充分发挥地方人民政府的自主性和能动性。

中国各地区之间的经济社会发展存在显著差异，过于依赖中央统一领导，就会忽视各地经济社会发展实际而实行差异化的社会管理和公共服务。若想在人的城镇化背景下农民工住房保障问题上实现中央和地方人民政府之间的通力合作，就需兼顾各级人民政府的职能和行政运行效率，这点在《指导意见》中也有明确体现。结合中国现有中央与地方人民政府职能配置和机构设置，充分利用地方人民政府尤其是县级政府较强的组织能力，更好地发挥地方人民政府贴近基层、获取信息便利的优势，将基本公共服务优先作为地方的财政事权，农民工政策尤其是住房保障所需的信息量大、信息复杂且获取较为困难。因此，将其作为全国性基本公共服务的一部分列入中央财政事权范围，将有助于提高行政效率，降低行政成本①。

4.权责利统一原则

坚持权责利统一原则，意味着政府的权力、责任以及利益应该做到"相互统一"，即政府具有相应的权力就应该承担相应的责任，同时也享有相应的利益回报。将中央与地方、地方与地方之间关于农民工群体利益保障的权力、责任、利益进行明确划分和界定，给予其足够的空间对农民工问题进行因地制宜的管理服务，这样不仅使农民工住房有了充分的保障，也给予了各地区和各层级更多的自主权推进城镇化进程，同时对各地区和各层级进行了制约和监督。一方面，农民工住房保障及其相关配套项目涉及大量的工程建设和项目施行，在财权和事权不相对应的情况下，地方人民政府为了获得更多的利益，一般会采用较为激进的做法，经济效益和社会效益大打折扣；另一方面，若要使各方主体责任落到实处，监督必不可少。中央人民政府与地方人民政府之间的事权和财权划分不仅要在立法上进行明确的划分，更要明确一旦出现滥作为或不作为时所应当承担的后果。

---

① 国务院.关于推进中央与地方财政事权和支出责任划分改革的指导意见[EB/OL].(2016-08-24)[2019-03-19].中央人民政府网，http://www.gov.cn/.

上述四项原则是中央与地方人民政府在重新划分财权和事权中所应当坚持的,其顺利的实施对推进人的城镇化建设非常重要。但同时也要意识到社会发展较为迅速,而法律以及政策的制定和执行则具有滞后性,所以要不断地对相关法律政策进行改革与完善。在中央与地方人民政府对财权和事权的重新划分方面,《指导意见》中的表述体现基本公共服务收益范围,兼顾政府职能和行政效率,实现权责利相统一,激励地方人民政府主动作为、做到支出责任与财政事权相适应。可以发现,《指导意见》的精神和内涵充分体现上文所述的四项原则。因此,在依据《指导意见》对中央与地方人民政府的财权和事权进行划分时,需要综合考虑多个因素并结合实际情况,从能够真正维护农民工住房保障权利、推进城镇化进程的视角对其进行明确细致的判定。

(三)税制改革的路径选择

1.分阶段增加地方主体税种

选择地方主体税种一般有两种办法:即在现有税种中选择合适的税种作为未来地方主体税种;或是开征新税并将其培育成未来的主体税种(刘天琦等,2017)。对于未来主体税种的选择,主要思路有以下几种方案:一是选择消费税+车辆购置税的混合税种;二是选择零售税+个人所得税的混合税种;三是选择房地产税+个人所得税的混合税种。

比较而言,第一种方案操作较为简单,未增加新税种,改革阻力相对小,而且基本能弥补地方财力缺口。但目前争论焦点在于,消费税是否具备地方税的性质,以及消费税划给地方是否会影响中央宏观调控能力。第二种方案的优势主要是零售税的征收范围广,且消费市场较为活跃。但缺点为零售税属新税种,纳税人认为会加重税负,改革阻力较大(刘天琦等,2017)。第三种方案的优势在于房地产税的征收能提高直接税的占比,缺点在于房地产税需立法先行,房产登记制度、房产价值评估等牵扯面大、程序复杂,近期开征难度大。

综合分析三种方案,我们认为近期内可优先采取第一种方案,即消费税+车辆购置税。但从长远来看,地方税主体税种可考虑以消费税、房地产税、城市维护建设税等多个税种为主体税种的选择项。应看到,无论采取哪一种改革方案,都需要一个长期的过渡过程,现阶段地方收支缺口还需中央对地方的转移支付和地方债予以弥补(刘天琦等,2017)。

2.赋予地方一定的税收立法权和税政管理权

我国是单一制国家,也是世界上最大的发展中国家,为保证政治经济的稳定,需要中央人民政府集中财权进行宏观调控。但是,我国还存在区域经济发展不平衡、收入差距大等问题,需赋予地方一定的税权,因地制宜地培育地方税体系(刘天琦等,2017)。本研究认为,税权集中固然对国家集中力量办大事有一定优势,但是基于公共产品的供给有分层的特点，还是要给予地方一定的分权。通常，宏观的、全局性的、普惠全国的公共产品一般由国家财政供给，而中观的、局部性的、受益相对限定一定区域的公共产品一般由地方财政供给，这样更能提高税收使用的效率以及给予地方更多的自主性，从而激发地方人民政府履职的积极性。在立法权方面，同样要给予地方一定的权限。当然在这儿要注意一个“度”的问题，中央税、中央地方共享税的立法权及税种开征停征的权限，仍应由中央集中管理，对一般性地方税种，还是要给予地方一定的政策自由度，如一些税目、税率的调整，税权的减免等。如果把一些小税种的立法权下放，地方有权力开辟一些新税源，这样就更能调动地方人民政府涵养税源的积极性，也能解决小税种由中央统一立法难以适应地方实际情况的矛盾（刘天琦等，2017）。

3.科学设置地方税制，强化地方税功能

一是加快资源税的推进。开征资源税一定程度上能够限制企业单纯通过消耗资源来攫取利益的行为，提高资源利用的合理性，同时增加地方财政的收入。从增加地方财政收入和保护当地资源可持续利用的角度，国家应加快鼓励、引导地方根据自身情况，适时试点开征以保护本地资源为目的的资源税，同时，地方税务机关还应加强与财政、水利、林业、住建等部门的多方合作，推进资源税的征收（刘天琦等，2017）。

二是把房地产税的出台提上议事日程。从理论上来说，在众多地方税中，最适合作为主体税种的应该就是房地产税，因为其符合诸如税基不具流动性、按受益原则征收、税源充足且相对稳定的特点。从各国现行的房地产税征税范围来看，基本都是实行统一的房地产税，我国现行的政策制度名目繁多，牵涉到房产税、契税等“税”以及土地出让金等“费”，有必要进行改革。国家可出台指导意见，具体实施时由地方人民政府依据城市规模、人均面积、总套数、房产位置等因素细分要求，使房产税逐渐成为地方财政的重要组成部分。

三是逐步改革城市维护建设税。在地方税体系改革方面，被广泛关注的是即将颁布的《中华人民共和国城市维护建设税（草案）》。《草案》“通过城建税按纳税人所在地的不同，设置三档地区差别比例税率，即纳税人所在地为市区的，税率为7%；纳税人所在地为县城、镇的，税率为5%；纳税人所在地不在市区、县城或者镇的，税率为1%。”。[①] 本研究建议将差异化税率统一为5%，将销售收入、营业收入作为新的计税依据。统一税率有助于保证企业公平竞争、提高税收征管效率和统筹城乡发展，是未来改革的主要方向；尽管一些纳税人增加了税收负担（刘天琦等，2017），但随着我国直接税收比例的提高，城市维护建设税收入也会随增值税比重

① 参见2019年11月20日由国务院常务委员会通过的《中华人民共和国城市维护建设税法（草案）》。

的下降而减少。

二、完善供给机制:城镇差异化与农民工住房保障

(一)改善一、二线城市农民工居住环境

1. 大力发展公租房建设

中国的保障性住房制度主要由四部分组成,分别是:租赁房、限价商品房、廉租房和经济适用房(李福华,2012)。住房保障制度构建层面上的完善,可以从基础上为大量农民工住房问题的解决提供支持。当前随着社会的发展,农民工的数量急剧增加,逐步发展成为社会中有着自己鲜明特点并且数量庞大的群体。一、二线城市作为农民工的主要流入地,在农民工住房保障方面承受着巨大的压力,这些地方的政府一方面要保持当地经济持续健康稳定发展,另一方面还要保障农民工的各项权益,这些都给地方人民政府带来了巨大挑战。农民工的经济实力有限,凭借其现有的支付能力根本无法在普通住房租赁市场中租赁住房,更没有经济实力购买商品房,同时他们也不符合经济适用房的准入条件。在这样的背景下,大力发展公租房建设就显得很有必要。

2007 年,住建部发布了《国务院关于解决城市低收入家庭住房困难的若干意见》,提出要积极发展住房租赁市场,鼓励房地产开发企业开发建设中小户型住房面向社会出租(孟庆瑜,2011)。2014 年,住房城乡建设部、财政部、国家发展改革委联合下发《关于公共租赁住房和廉租住房并轨运行的通知》[①],明确提出从 2014 年起,将各地的廉租住房建设计划调整并纳入公共租赁住房年度建设计划,各地公共租赁住房和廉租住房并轨运行,之后统称为公共租赁住房。中国的住房和城乡建设部对公租房给出了一个框架式的定义,即公租房是指由政府投资并提供一定政策支持建设的、限定户型面积、并按优惠租金标准向符合条件的家庭供应的租赁型保障性住房。2017 年,国土部、住建部印发《利用集体建设用地建设租赁住房试点方案》[②]的通知,将公租房制度的发展向前推动了一大步,实行租购并举,多维度地稳定房地产市场,从制度上解决了农民工住房保障的土地供应问题,这一措施将增加超大、特大城市的住房供给,缓解供不应求的状况。同时,也将为城市郊区、周边地区带来发展机会,带动周边地区的商业发展,促进周边地区经济的发展,提供更多的就业机会,为农民工带来财产性收入。

---

① 住房城乡建设部,财政部,国家发展改革委. 关于公共租赁住房和廉租住房并轨运行的通知(建保〔2013〕178 号)[EB/OL]. (2016-08-24)[2019-03-19]. 财政部信息网站,http://www.mof.gov.cn/.

② 国土资源部,住房城乡建设部. 关于印发《利用集体建设用地建设租赁住房试点方案》的通知[EB/OL]. (2017-08-27)[2018-03-20]. 中央人民政府网,http://www.gov.cn/.

目前，无论是在发展中国家还是发达国家，公租房作为缓解社会压力、维护社会稳定的有力措施一直被广泛使用。公租房为当地居民提供了适当房源并供他们租赁，不仅可以减小中低收入者的住房压力，也对抑制高房价有着积极作用。在中国，公租房虽然也被政府广泛提倡，但其适用范围和相关制度设计与世界上其他国家相比还存在着较大差距。除此之外，因为农民工流动性强，中国又处在社会发展的转型时期，住房保障建设的干扰因素较多且较为复杂，因此，中国目前尚未出台针对性解决农民工住房问题的相关法律。各地区关于公租房的建设要求、申请条件、补贴发放标准不甚相同，管理模式粗放，中国也没有相关法律对公租房的分配程序予以明确。在此背景下，公租房建设的推行仅仅依靠行政手段，其效力和影响力远远不及依靠法律手段来得高效。

综上所述，中国当前亟须制定相关法律法规以确保农民工住房保障有法可依。首先，全国人民代表大会应当加快有关农民工住房保障方面法律的制定。同时构建和完善公租房制度，从上至下共同推进农民工住房保障制度的确立。其次，由于各地区农民工群体的具体情况具有差异性且较为复杂，各地政府、人大应当充分考虑到农民工群体在各地的实际发展现状，在中央集中规划指导下结合地方特色，制定地方性法规，从而对中央颁布的相关法律进行补充。最后，各级人民政府还应主动、积极地调动地方团体、相关企业和行业协会的积极性，充分发挥其在农民工住房建设活动中的作用。总而言之，上位法和下位法是良性互动的关系，两者只有相辅相成，才能在农民工住房保障建设中充分发挥作用。

2. 多种途径实现农民工住房保障

以公租房为主导的保障房虽然原则上可以向所有住房困难的城市居住者开放，但事实上，这个开放是有限度的(赵晔琴,2015)。外来农民工在公租房的保障中处于不利地位，其申请准入过程并不顺畅，这主要是由两方面原因造成：第一，对地方人民政府而言，政府是公租房申请标准和分配程序等相关制度的制定者，因此在这个过程中，地方人民政府处于主导地位。积极将外来农民工群体纳入城市公共住房体系，涉及对有限的城市空间和财政等资源进行重新分配，其阻力可想而知，这对当地政府的执政水平提出了很大的考验。第二，将农民工群体纳入当地社会保障将会带来一系列问题。对本地原有居民而言，在当地建设公租房需要占用本地资源，这往往意味着对其原有可获取资源的占用，并且其公共服务等诸多与住房相配套的福利设施都要有一定程度的对外开放，这极易引起当地居民的排外情绪，在客观上加大了农民工融入城市的难度。因此，在保障公租房建设之外，还需要在其他层面对农民工的居住现状加以改善，这不仅是对公民的权利保障和人文关怀，也是改革开放成果普及大众的重要一环。在具体的实施上可以参考以下三种模式：

一是建设蓝领公寓。蓝领公寓又叫农民工公寓，是专门为外来务工人员提供的住所。伴随着全国各大经济技术开发区和经济特区的发展，如何解决大量产业工人的住房问题非常重要。蓝领公寓的建设主要针对的是工业生产领域的农民工住房问题，建立蓝领公寓的主要目的是使农民工更好地投入生活和工作，让他们的生活更加便捷，同时也便于企业对其进行统一管理和服务。在蓝领公寓建设方面，天津滨海新区的蓝领公寓建设走在了其他城市的前面①，其不仅在公寓环境、公寓设施等客观可量化方面达到了应有标准，而且还注重从主观体验方面提升农民工的满意度，也就是"幸福指数"。这些公寓除了配备电子监控、智能门禁、周界防范系统等现代化硬件设施外，还建立了一整套包括流动舞台、流动影院、菜单式培训等模式的服务体系。除此之外，天津蓝领公寓还实现了工会覆盖，在工会的统一组织下，形成品牌效应，极大地促进了其在农民工群体中的铺开推广。

二是对非居住住房进行改建。一方面，随着一、二线城市地价房价的增长，对于像北上广深这样的一线城市，"群租"现象日趋严重，不仅对居民的正常生活造成影响，还导致了治安、消防、卫生等方面的隐患。此外，一、二线城市的土地和建筑也并非实现了完全利用，都会存在一些厂房、仓库等非居住性建筑闲置，并基于城市规划等原因将在一段较长时间内无法拆迁。另一方面，市场上的一般居住性房屋价格较高，对农民工而言负担过重，如何让农民工在"乐业"之前先"安居"，就需要开发新的保障途径。基于此，上海市人民政府在 2007 年出台了《关于闲置非居住房屋临时改建宿舍的规定试行》(以下简称《规定》)②，从遵循原则、房屋要求、使用条件、办理程序、管理要求、准入人群等七个方面对非居住房屋临时改建宿舍进行了系统规范。根据《规定》，拥有前文中闲置厂房、建筑等非居住房屋的单位和个人，经过有关部门审批后可以对其加以改建，在符合国家规定的建筑和安全标准的前提下可以实现对外出租，为农民工提供更广泛的廉租房房源。上海市此种尝试还能为其他一、二线城市提供可供参考的范本，为其他城市借鉴参考。

三是建设工人村。工人村是 20 世纪 50 年代由国家拨款建设的工人住宅建筑项目，它集中体现了中华人民共和国在成立初期的建设能力、居住状况和人民的生活水平(李思漫，2015)。20 世纪 50 年代，徐州作为典型的矿业城市得以飞速发展，吸引了众多外地人员来此工作，这也是农民工的最初雏形。当时工人们被安置在矿区附近，由于是计划经济年代，这些工人住所附近配套有医院、学校、食堂等设施，环境良好。但随着中国城镇化进程的加速和社会经济的不断增长，工人村的负

① 马明. 天津滨海新区建 15000 余套蓝领公寓[EB/OL]. (2011-05-24)[2015-03-20]. 中国新闻网，http://www.chinanews.com/.

② 上海市人民政府. 关于印发闲置非居住房屋临时改建宿舍规定(试行)的通知[EB/OL]. (2007-11-23)[2013-05-20]. 上海市人民政府网，http://www.shanghai.gov.cn/.

面影响日益加剧，在徐州等资源型矿业城市的发展中显得尤为突出（井渌等，2010）。资源型城市的过度开采造成了资源的日渐枯竭，随着矿产资源市场需求的变化和地区产业结构的调整，工人村对城市的负面影响进一步加剧，甚至成为当地城市生活中的不安定因素，同时工人村建筑危房化、社区环境脏乱化也成为当地城市现代化建设的困扰，工人村建设和城市发展产生了冲突。随着城市边缘理论的逐渐发展，学术界对其研究的日益深入，工人村作为历史的遗留产物受到了关注。在新形势下，结合当代社会的发展需求，发挥工人村自身的优势，成为解决农民工住房问题的一个新思路。结合当今对农民工住房保障的要求，工人村有了新的改造措施：第一，在环境层面上，需要改善社区环境，结合当代农民工的住房需求，提高农民工生活质量。工人村是历史的产物，当时社会物质生活条件比较艰苦，各项设施配备并不完善，而如今在社会经济快速发展的背景下，以及考虑到农民工生活刚需的前提下，应该增加套间数量，在农民工住所设置独立的卫生间和厨房，重点对工人村进行功能方面的完善。第二，在建设基础上，改造工人村主要是改善农民工的住房条件，其基础是“民生”，住房保障的目的之一也是吸引适应城市发展的农民工融入当地。第三，在主导力量上，政府是工人村建设的主导力量，此项政策的实施是自上而下的，顶层设计在先，部门配合在后，工人村的改建在实现农民工诉求的同时，也要考虑到工人村建设对当地城市居民的影响，所以应当加强公众的参与度。具体操作上，政府可引入听证程序，以确保政策能够顺利有效实施，使政策的制定和实施更加公开化和透明化。

（二）结合去库存完善三、四线及以下城市农民工住房保障

为了更好地解决农民工住房问题，中央经济工作会议对 2016 年经济工作的部署，直接指向了要达到的目标，即去产能、去库存、去杠杆、降成本、补短板，而房地产市场的去库存则是五大任务中的重中之重。中国房地产供给侧结构性改革是借助三、四线及以下城市房地产去库存的趋势和政策，在三、四线城市居民的住房需求得到满足的情况下，为一部分需要解决住房需求的农民工提供住宅产品，满足其居住需求。房地产供给侧结构性改革不仅解决了农民工住房问题，同时也为农民工住房提供新的来源，成为新的经济增长点（易宪容，2016）。当前，中国房地产市场在三、四线及以下城市过高的库存，使得商品房严重供过于求，这不仅成为当前中国经济增长下行的压力，也将影响到未来中国经济的走向。

结合三、四线城市去库存趋势从而完善农民工住房保障，是当前促进社会经济发展和解决农民工住房问题的最好途径与方式。就目前情况来说，中国城市化进程处于初步阶段，各方面的建设尚不完善。由于户籍制度、社会福利保障、教育等方面条件的限制，农民工即使在城市里工作，也无法真正融入城市生活，难以实现市民化（贾显维，2014）。虽然户籍问题是阻碍农民工市民化的首要障碍，但根本原

因还是经济原因——自身收入和房价的差距。因此,结合去库存趋势增加住房供给量是解决农民工住房问题的重要途径。

1. 鼓励投资者购买住房出租

农民工普遍收入偏低,但城市商品房住宅价格相对较高,与城市居民相比,农民工要承受更大的购房资金压力。而解决城市过高住房库存的有效途径是让有实际购买力的投资者进入住房市场购买住房再用于住房租赁(雷禹,2016),不仅能拉动当地经济的发展,同时也能满足部分农民工的住房需求。但是在实施的过程中也要注意两点问题:第一,在政策实施层面,为了确保投资目的是用于租赁,而不是房地产投机炒作,需要通过相关政策以及法律对其加以规制。如果仅仅是通过对购买住房进行出租者实行税费减免、财政补贴等制度以区分投资者和投机者,而不用契约或房地产证等书面证明的方式加以配合,则会使这项政策措施落入空谈,形同虚设。第二,在住房出租即农民工租赁住房后,如何保障农民工居住的可持续化,同样需要法律加以保护。严格对房屋租赁市场中的中介机构加以规范和管理,对农民工租户这一弱势群体的住房权利加以倾斜保护,这不仅有利于当地房屋租赁市场的良好运行,而且可以加快农民工的市民化进程,并促进当地房地产市场实现住房的供需平衡。

2. 建议房产企业改变住房销售模式

为了解决三、四线及以下城市房地产库存问题以及实现加快农民工市民化进程的目的,可以通过政府财政资金将当地积压的房产库存购入,再以低价出卖或者福利分配的形式分配给农民工。这不仅能够加速农民工融入城市,而且可以直接达到去库存和改善农民工住房问题的目的。在市场经济的大环境背景下,农民工进城与市民化的过程中,既要完成三、四线城市的住房供给侧结构性改革,又要解决部分农民工的住房问题,同时满足大量农民工的个人意愿,符合市场经济运行的一般规律,这就需要政府力量的介入。可以以政府指导而非政府行政手段强硬主导的形势,改变房地产企业原有的住房销售模式,通过国家政策和政府财政补贴、税费减免等手段间接对房地产企业销售住房进行引导。刺激收入较高、支付能力较强、购买住房意愿较为强烈的农民工进行购房,在不干预市场经济规律的前提下,将农民工纳入现有房地产购销体系,避免通过政府直接干预的手段进行强刺激,防范潜在风险。

第二节 建立持续的经费保障制度

户籍改革是人的城镇化农民工住房保障的关键,此外,更为关键的是资金。首先,要建立和完善农村住房财产权抵押和农民工住房公积金制度,帮助农民工解决购房难的问题。由于宅基地使用人的限制,使宅基地抵押存在还贷困难时农村住房抵押难以变现的问题,应该进一步探索房地分离的顶层设计,鼓励农房所有权自由交易,进一步盘活农房的资本力量。其次,进一步加强政府在税费、信贷、补贴等方面的扶持力度,减轻农民工购房经济负担。第三,鼓励以商业银行为主,募集社会闲散资金建立城镇化发展基金,为农民工住房保障持续提供经费支持,不仅可以缓解地方人民政府的财政融资压力,同时因为政府信誉保障,鼓励了利益相关主体参与成本分担的热情。

一、建立和完善农村住房财产权抵押制度

农村住房是指在农村集体经济组织所拥有的土地上建造的属于农民的房屋,不包括农村集体经济组织和乡镇企业等所拥有的房屋(高聪,2016)。宪法规定,我国土地的所有权归国家和集体所有,农村土地归集体所有,农民个人对住房所占的土地并无所有权,对农村住房的建造要依照其法律程序进行申请。因此,与城市住房相比,农村住房的财产权流转尤其是在抵押财产权方面难度较大,抵押权难以实现。在过去,因为中国经济发展主要集中在城市地区,农村处于边缘地带,所以对于农村资产的盘活和利用便少为人所提及。然而伴随着社会环境的改变和经济的发展,尤其是在中央和地方大力倡导人的城镇化建设的大背景下,农村和农民成为城镇化进程的重点。促进农村经济发展,引导农民融入现代化进程,共享改革开放发展成果,尤其是需要对农民工的权益进行保障,重视其户籍地农村住房的重要性,据此农村住房财产权抵押制度也就被提上了国家发展规划的日程。

随着《国务院关于开展农村承包土地的经营权和农民住房财产权抵押贷款试点的指导意见》的出台①,2015 年 12 月经第十二届全国人民代表大会常务委员会第十八次会议决议,授权国务院在天津蓟县等 59 个县开展农民住房抵押权的试点工作,这是中国农村住房抵押权在法律制度中里程碑式的前进,对于农村住房财产抵押工作的开展以及法律制度的完善都具有十分重要的作用。在试点工作开展的几个月时间内,试点地区农村住房财产权的抵押带来了农村金融市场明显的变化,这足以说明农村住房财产权抵押的重要意义(高聪,2016)。

毋庸置疑,农村住房财产权抵押工作的开展对农村经济的发展十分重要。对于农民工来说,这一政策的落实能使其在本就微薄的收入中增加一份收入,提高农民工的收入水平和实际购买力,从而促进其有效融入城市生活。但迄今为止,该项

① 国务院.关于开展农村承包土地的经营权和农民住房财产权抵押贷款试点的指导意见[EB/OL].(2015-08-24)[2017-11-13].中央人民政府网,http://www.gov.cn/.

措施在实践中并未在全国全面铺开，在制度上也没有以法律的形式固定下来，更没有进行内容细化和程序规制，总而言之，目前还在试点探索阶段。针对农村住房财产权的抵押，无论是在法律制度的制定上还是在实践过程中都有着诸多难题需要解决，因此若要对其进行完善，还需有关部门完善相关的制度建设。

(一)加强农村住房房产登记监管

根据中国《物权法》第 187 条规定，不动产抵押以抵押登记为成立和生效要件。而抵押登记的前提和依据是要证明对该不动产拥有所有权，体现在农村住房问题上则是农民对其所居住住房的产权证明和房产证，这是相关法律进行明确规定的。但是在当下的农村，因为农村经济在社会发展的进程中一直被边缘化，物权保护也未被真正提上日程，对其规定相当模糊，故农民住房的无证现象相当普遍。21 世纪以来，农民人均收入飞速增长，生活水平不断提高，农民对其住房的客观需求也在不断增加。从宏观来看，国家为了维持粮食的正常供应，明确规定各省份尤其是粮食大省的基本耕地面积要予以保证，国家土地政策逐渐收紧，对农村房基地的审批和住房管理日益严格，这就导致很多农民在建设住房时不能通过行政审批，也就是说，合法性基础不牢固。在如今的中国农村，此类现象大范围出现，虽然在制度的建立上有一定的问题，但考虑到对客观现实的尊重和以农民利益为本的立场，农村住房管理部门对农村住房的审批和相关房产证明管制的疏松也是主要原因之一。集体土地使用权证和房屋所有权证双证齐全的并不多见，增加了农村住房财产抵押权的实现难度。

加强农村住房的房产登记监管，保证农村住房能够实现集体土地使用权证和房屋所有权证的双证齐全，为农村住房财产权的实现奠定基础。第一，对于已经存在的问题现状要做好妥善处置，对于已经建造完毕的农村住房，但缺证的原因并非村民而是由于被申请方过失的情况，应当对其进行补证，做到一房两证。若缺证的原因是村民本身，其未提出申请或当初申请不符合条件但仍然自行建造住房的，应当按照有关法律规定，对其进行处罚。第二，对正在或将要进行住房建造申请的村民，应当按照审批程序严格进行，根据相关规定进行判断做出回复，并做到相应的说明。

(二)完善农村住房抵押登记制度

根据《物权法》相关规定，中国不动产抵押权的成立以登记为基本要件，但是根据中国《房屋登记办法》第 87 条，“申请农村村民住房所有权转移登记，受让人不属于房屋所在地农村集体经济组织成员的，除法律、法规另有规定的除外，房屋登记机关应当不予办理”的条文可以看出两点：第一，在内容上，中国对农村住房物权转让方面只涉及了所有权，并未对抵押权等进行规定，农村住房抵押权的实现在法律中属于空白；第二，在受让主体上，中国法律原先对农村住房涉及产权转让的受让人只限定在同一农村集体经济组织内部，这就极大地缩小了农村住房转让的市场空间。诚然，该条法律的设计目的是保护农村集体经济组织利益，对农民土地和财产加以保护，但随着新政策的出台和实施，原先的保护却变成了今时的限制。

农村住房财产权的抵押，虽然从表面上看并不涉及土地所有权问题，仅仅只是对住房进行处置，但住房和土地在实质层面上是一体的。而在现行法律制度下，对农村住房财产权进行抵押并不是违法行为，且在该政策所代表的国家利益和社会公共利益下，应当对其进行灵活处理，对农村住房进行抵押登记。在这一共识达成的前提下，试点地区可以将政策进行逐步细化，从抵押登记的条件、抵押合同的内容、抵押程序的设置等多方面入手，在登记层面上为农村住房财产权抵押奠定法律基础。

(三)明确农村住房价值评估标准

无论是加强农村房产登记监管，还是完善农村住房抵押登记制度，都是从制度层面进行的分析。但从该制度实践的过程中看，目前各试点地区都遇到了在进行抵押时如何对农村住房进行估值的问题，其具体的价值评估标准严重缺乏。城市住房的销售和购买已经形成了较为成熟规范的市场体系，在各方面都有其明确的标准，如标价、年限、折旧、地段评估等。但农村的住房政策才刚开始实施，农村住房的抵押评估市场也尚未形成，还在探索阶段，很难有明确的标准，所以负责农村住房抵押贷款的金融机构在住房抵押的处理方面较为谨慎，农民所能贷到的金额较小。此外，农村远离经济中心，其地理位置较为偏远，周边的配套设施不够完善，且农村住房多为村民自建，房屋的建造材料和质量并不相同，难以制定统一的标准。这些因素都会影响农村住房的量化和估值，从而阻碍了农村住房财产权抵押的推进。

虽然对农村住房进行价值评估确实存在一定的难度，但确定其评估标准是实施该制度的前提，经过大量的资料借鉴和实践经验的总结之后，可以在定量和定性两方面设定评估标准。首先在定量方面，可以从房子年限、材料、面积等可以明确测量计算的因素着手；其次在定性方面，可以从房屋的构造、地理位置、周边环境等方面进行综合判断，提出指导性意见。评估的过程中，在相关标准的讨论和核心方面达成共识十分重要，可以促使抵押人和抵押权人建立起和谐互信的关系，保护农民的合法权益。

(四)建立农村住房买卖流转市场

根据中国《土地管理法》规定，农村宅基地属于农民集体经济组织所有，能享有宅基地使用权的必须是集体经济组织内部的成员，且一户只能享有一处。若法律允许将农村住房自由销售转让给集体经济组织之外的人，依据“房随地走，地随房走”的原则，农村住房所依靠的土地即农村宅基地的实质性将不复存在，农村集体所有的土地将被转化为市场中可交易的土地,此举违反了《土地管理法》中关于宅基地使用权身份限制的规定。即使农村住房能够顺利抵押,但抵押之后势必存在债权人能否实现抵押物价值的可能性问题,这又会涉及农村住房产权的转让问题。

随着中国城镇一体化进程的加快,人的城镇化建设也在逐步推进,同一农村集体经济组织内部很少有成员没有房屋宅基地和相应住房,组织内部进行抵押的可能性很小,而将集体经济组织外部尤其是城镇居民纳入农村住房财产权抵押范围内则是对现有法律制度的极大挑战。因为一旦抵押权实现,农村住房的所有权就要转移给组织外部的人,而中国一向是"房地一体"的原则,即使在形式上作了区分,农村土地也将难以保证在实质层面上属于农村集体所有。

针对上述抵押权实现过程中遇到的问题,其主要的解决途径是扩大农村住房买卖流转市场,具体措施如下:第一,扩大农村住房买卖的适用范围,修改《土地管理法》中关于农村住房只能在本集体经济组织内部对无房人进行流转的规定,农村住房只限于本集体经济组织内部交易的规定具有很大的局限性,应该扩大其交易范围,对符合条件的同村有房村民、无宅基地村民允许其进行住房买卖活动,同时将范围逐渐扩大,引入城镇居民;第二,合理引导农村住房买卖行为,充分探索农村房地分离的顶层设计,这不仅仅需要从法律层面对其进行规定,更重要的是在现实层面将两者区分开来,实现功能和意义两方面的分离;第三,加强对农村住房买卖的监管,农村住房抵押的目的是加快城镇化进程,维护农民工的利益以及农民住房的合法权益,对于一些可能出现的恶意抵押进行房屋买卖或者趁机进行垄断控制价格的行为要予以坚决抵制,在多个法律层面进行管控,坚决打击不法行为,切实保证农村住房财产权抵押的合法性和实效性。

(五)完善农村农民宅基地退出机制

农户家庭对于宅基地退出问题持谨慎态度,其退出行为受到多种因素的影响。政府在推进农户宅基地过程中,应当注意以下几点:

第一,加强我国宅基地使用制度的宣传工作。目前,很多农民对于我国"一户一宅"等宅基地使用制度和政策并不清楚,自然地认为个人对于宅基地拥有完全所有权。对于宅基地所有权和使用权的错误认识会使得农民在宅基地退出过程中期望过高,容易引发矛盾。因此,必须加强宅基地制度与政策的宣传工作,并通过法律形式对宅基地产权的各项权利予以确认。这样做可以明确农民的基本权益,让农民对宅基地退出的补偿预期更加合理,减少宅基地流转和退出进程中的矛盾和纠纷,有利于土地集约利用工作的顺利推进。

第二,建立完善的宅基地退出制度。在工业化和城市化进程中,大量农业剩余劳动力转移进城务工经商，农民分化为非农农民、务农农民和兼业农民三种基本类型。[①] 部分农民存在宅基地退出的愿望，政府可以对这部分农民进行引导。宅基地退出对于提高土地利用效率以及经济发展的意义自不必说。但是经验证明，以强制力为后盾的工作机制往往都缺乏耐心（周其仁，2013）。实际操作中，强迫农民上楼、强迫农民集中的情况比比皆是。为此，在实施农村宅基地退出过程中，必须制度先行。应当制定完善的宅基地退出补偿、安置制度，使得宅基地退出工作有法可依，并加强监督，避免出现地方人民政府的强制推进。

第三，宅基地退出工作中要把新宅建设放在首位。由六个影响因子的分析可知，农民对于新建住宅的生活品质和生活保障关注度非常高。这说明农民对于良好的居住环境和居住条件的追求与渴望是非常强烈的。因此，在推进农民宅基地退出工作时，要充分重视新建住宅建设，合理设计住宅结构，完善新建住宅的配套设施，包括休闲空间、文娱场所等。让退出后的生活较退出前拥有较大的改善，以实现宅基地退出工作的顺利实施。

第四，加大就业和社会保障政策力度。就业和社会保障是宅基地退出的前提和基础。从调研情况看，有很大一部分农户对宅基地退出的态度较为犹豫的原因主要是担心就业和养老问题。对于县域经济较为发达的浙江省尚且如此，那么对于其他省份来说这更加会成为宅基地退出时农户主要的思想顾虑。只有让退出宅基地的农户有了就业和社会保障，才能保证农户有持续稳定的收入，农村土地的保障功能才能逐步弱化，宅基地退出才能顺利推进。

第五，构建宅基地退出的联动机制。一方面，要建立促进进城农民稳定就业的长效机制。根据双重劳动力市场理论，城市中存在两种劳动力市场：正规部门的主要劳动力市场和非正规部门的次要劳动力市场。由于主要劳动力市场大都被人力资本相对较高的本地居民占据，从其他地区迁入的劳动力只能在次要劳动力市场寻找工作机会，弥补当地劳动力市场的结构性空缺（杨琳，2016）。目前，进城务工的农民在城市中主要从事工作环境差、劳动强度高、工资收入低的行业。2012 年，54.1%的农民工从事的主要行业为建筑业和制造业。[②] 因此，必须通过加强对进城农民的培训、增加城镇就业岗位等，稳定并不断提高进城务工农户的收入，让其在城镇的工作和生活更加稳定。另一方面，要加快户籍制度改革，解决进城农民子女在其父母打工所在城镇入学与教育、医疗保险和养老保险等问题，消除进城务工农户市民化的制度障碍，让“两栖化”和“半城市化”的务工农民们真正转变成城市

---

① 傅雷．调查：农民身份和职业分化为不下七种[EB/OL]．(2014-05-30)[2016-06-13]．经济评论，http://jer.whu.edu.cn/.

② 国家统计局发布 2012 年全国农民工监测调查报告[EB/OL]．(2013-05-27)[2016-06-13]．人民网，http://politics.people.com.cn/.

的市民，彻底实现城市化。此外，还要尽可能在保障性住房方面为进城务工的农民和自愿退出宅基地的农民提供政策支持，以便“退有所居”。

二、完善农民工住房公积金制度

自1999年发布《住房公积金管理条例》以来，全国已有2亿多人参加了住房公积金缴存，其中一半的缴存职工通过该模式解决了住房问题。2014年国务院提出城镇住房公积金制度应当覆盖农民工群体①，这一提议是解决农民工城镇住房问题的重要举措之一。

改善农民工在城市的住房问题，首先要解决的就是有适宜的住房来源并且与农民工的住房消费能力相匹配，而住房公积金制度则是解决这一问题的重要途径(郑小晴和胡章林，2008)。对于农民工而言，住房公积金是一项全新的制度，将公积金纳入对农民工住房保障的政策措施中，为农民工在城市中安家就业提供新的经济支持。在具体政策上，中央颁布了若干条款，住建部在2007年发布《2006年全国住房公积金缴存使用情况》中，首次明确提出：应依法扩大住房公积金制度的覆盖范围，使住房公积金制度覆盖范围逐步扩大到包括在城市有固定工作的农民工在内的城镇各类就业群体。这是中国第一次提出要将农民工纳入城镇住房公积金的保障范围②。2014年，国务院发布《关于进一步做好为农民工服务工作的意见》指出：到2017年，将劳动关系稳定的农民工基本纳入住房公积金制度覆盖范围。政策宣传和舆论支持力度进一步加大，农民工对住房公积金知晓率、参与率明显提高(赵利梅和陈红霞，2016)。为贯彻落实农民工住房公积金政策，山东省出台了农民工住房公积金贷款新政策，初步考虑将符合条件的农民工纳入住房公积金体制，浙江省杭州市2015年4月发布《关于为农民工建立住房公积金制度的通知》，明确提出要扩大农民工住房公积金制度的覆盖面，促进农民工平等参与住房公积金制度，支持符合条件的农民工租赁和购买住房。因此，建立和完善农民工的住房公积金制度，是农民工住房消费的迫切需要，是实现社会分配公平的必要手段，也是农民工住房得以保障的要求。

(一)扩大住房公积金覆盖人群范围

我国住房公积金的覆盖范围并不全面，其行业性特征明显，主要是面向城镇职

---

① 国务院农民工工作领导小组办公室．关于印发国务院关于进一步做好为农民工服务工作的意见宣传提纲的通知[EB/OL]．(2015-08-24)[2017-11-13]．中华人民共和国人力资源和社会保障部，http://www.mohrss.gov.cn/.

② 建设部．关于公布2006年全国住房公积金的缴存使用情况[EB/OL]．(2007-03-17)[2010-06-13]．中央人民政府网，http://www.gov.cn/.

工。现阶段政府机关、事业单位和国有企业已基本建立起住房公积金制度，而在部分外资企业、私营企业中，住房公积金制度并没有得到普及（彭加亮和罗祎，2016）。在《全国住房公积金 2016 年年度报告》中显示，全国实缴住房公积金的职工主要集中在行政机关、事业单位和国有企业，其约占总缴纳人数的 2/3，而城镇私营企业、民办机构等私营单位的整体缴纳情况并不理想（彭加亮和罗祎，2016）。事实上，农民工几乎很少就职于行政机关、事业单位、国企等行业部门，大都就职于私营单位，且多为中低收入者，所以并不能真正享受到住房公积金制度所带来的切实利益。

在大力推进人的城镇化的背景下，我们有理由相信农民工住房公积金保障制度终将会推向全国，而不是仅仅局限于如今的试点地区。依据《住房公积金管理条例》，应当将在城镇具有稳定工作的农民工纳入到公积金保障体系之中，但鉴于众多企业不规范的农民工用工行为，要切实保障农民工的权益，具体可从两方面着手：一是规范企业用工劳动合同的签订。从政府、企业等多角度对劳动合同进行规定，严格依照《劳动法》和《劳动合同法》对企业用工尤其是使用农民工方面进行多方位的劳动保障。同时在法律之外，还要根据各地经济发展水平的不同制定相关政策，如上海目前对尚不具备保障条件的单位，可以通过降低其缴存比例以及允许其缓缴等政策措施为进城务工人员（农民工）缴存住房公积金。二是赋予农民工一定的自主权。考虑到多数农民工并未与用工单位签订正式劳动合同的现状，将一定的主动权赋予农民工个人，比如允许农民工自行凭借身份证等信息到住房公积金管理中心自行缴存。重庆市 2016 年农民工缴存公积金试点制度提出农民工可自愿参加公积金缴存，买房贷款实行多缴多贷、少缴少贷以及可以随时参加和退出。[①] 然而，对于农民工这一特殊群体而言，因为其所从事的行业分散，收入差距大，工资水平不高，所以有相当一部分农民工对缴纳住房公积金的兴趣并不高，若要求其强制缴纳，反而会侵害其权益。因此，对于农民工住房公积金的缴存，应当以强制性和自愿性相结合的原则来推进，以强制性来要求用人单位，以自愿性来引导农民工。

（二）建立全国性的住房公积金账户管理体系

不可否认，当前中国的住房公积金制度存在众多的不足之处，如利用效率较低、覆盖范围窄以及保障范围有限等。在地域层面上，中国公积金的缴纳发放和管理呈现地区性的特点，中西部地区作为农民工的主要流出地，其住房公积金账户大量资金闲置，利用效率不高。目前来看，中国尚未形成全国统一的住房公积金流转机制，这无疑在总体上降低了住房公积金的利用效率。在工作层面上，农民工群体流动性较强，所从事工作的稳定性一般较差，该特征也给住房公积金的存取带来了

---

① 王斌来，蒋云龙，胡虹．农民工买房，政策来帮忙[N]．人民日报，2018-05-14(A03)．

很大的困难。农民工作为一种流动性较强的人力资源，其工作具有不稳定性，较高频率地更换工作地点必然会带来公积金账户的异地存取问题，严重影响了住房公积金的使用效率和实现效果。2015 年 9 月住建部下发的《关于住房公积金异地个人住房贷款有关操作问题的通知》中要求各地公积金管理部门抓紧出台异地贷款细则，但在实施层面，目前中国只有北京、上海、深圳、成都等少数城市和地区可实现公积金的全国范围内的异地贷款[①]。

针对以上住房公积金存在的问题，相关部门需要：首先，建立全国性的住房公积金账户管理体系，打破地域对住房公积金流转的限制。此项对策需要党中央和国务院进行全国性的统筹规划，由中央住房公积金管理中心对各地公积金账户的使用进行自上而下的部署和管理。其次，将住房公积金这部分资金从地方人民政府财政中独立出来，由中央直接管理各地住房公积金管理部门，避免地方财政对公积金调取的不合理干涉。最后，农民工在获取个人公积金账户后，再变更工作城市和行业时，可以凭借该账号就地缴存。农民工产生住房需求时，直接向即将购买的房屋所在地的住房公积金管理部门提出申请，提取账户余额（彭加亮和罗祎，2016）。

（三）扩大住房公积金使用范围

农民工利用公积金制度购房的前提条件是其需要具备购房能力，而农民工所从事的行业多集中在服务业、建筑行业等，技术性不强，收入偏低，实际的购房能力一般较低，即使部分农民工所在单位为其开设了公积金账户并进行缴纳，但在短期时间内大多数农民工也难以具备购房能力。因此，从住房公积金制度实施的效果上来看，其并未为处于社会底层的农民工提供什么实质性的帮助。依据《住房公积金管理条例》第 24 条，职工提取住房公积金账户内的存储余额，只能在购买或修建自住房、偿还购房贷款、离休退休、丧失劳动能力等情况下取出使用，这极大地限制了公积金的使用范围。这一条款固然能够保证住房公积金的“专款专用”，但也构成了对其使用自由的限制，大大降低了公积金的利用效率。

农民工的住房需求相较一般普通市民来说有所不同，若将住房公积金的适用情形多加限定，反而会造成公积金的浪费，不能对农民工起到真正的住房保障作用。在陕西省 2016 年印发的《关于进一步放宽住房公积金使用条件支持职工住房消费的意见》中[②]，明确放宽了公积金提取条件，支持职工租房、购房、“养房”提取，允许在公积金所有人同意的条件下让其直系亲属“互提”，允许职工本人、配偶及直

---

① 住房城乡建设部. 关于住房公积金异地个人住房贷款有关操作问题的通知[EB/OL].（2015-09-15）[2017-07-13]. 中华人民共和国住房和城乡建设部网站，http://www.mohurd.gov.cn/.

② 姜辰蓉. 陕西放宽住房公积金使用条件重大疾病家庭困难可提取[EB/OL].（2016-04-05）[2018-07-18]. 人民网，http://house.people.com.cn/.

系亲属因重大疾病、家庭困难提取公积金，这将有利于加强对农民工住房公积金的使用效率。同样的，云南省也提出了结合商品房去库存趋势，放宽公积金提取条件，允许职工提取公基金支付房租、物业管理费用等，这些举措将会扩大住房公积金对房地产行业的推动作用。

（四）创新住房公积金还贷款方式

目前，中国住房公积金贷款的还款方式一般是以按月还本付息为主，此种方式主要适合城镇职工中中等收入以上的群体，其收入稳定，按月还款压力较小。然而，对农民工而言，此种还款方式具有一定的压力。一方面，相较城镇职工来说，农民工不仅收入偏低，而且收入组成也不固定，其收入主要由两部分组成，一是所在城市用工企业对其的劳务薪酬，二是户籍地农村土地如农田、果园等产出；另一方面，农民工工资的发放并不稳定，周期性很难满足以月为单位的还本付息。2015年，山东省《关于改进和加强建筑业农民工工资支付管理的意见》中提出[①]，建筑行业用工量较大、流动性大、季节性强，其对农民工的雇佣也呈现出相同特点，工资难以保证按月发放。对于用工单位拖欠农民工工资这一现象虽然得到了中央的关注和处理，但此种情形还会在一定时期内存在。因此，如果能够改变农民工住房公积金的还贷款方式，如还款可按照季度甚至半年为单位，或者也可依据农民工自身的实际收入情况来决定是否申请特殊的还款方式，那么将会有效提升农民工住房公积金的利用效率。

三、加强政府在税费、信贷、补贴方面的扶持力度

（一）加快房地产税费制度综合改革

对房地产企业来说，中国税收法律对其主要征收的是增值税、企业所得税、契税等税费，对住房购买者而言，则主要对其征收契税。故此，国家政府可通过对房地产市场中税费政策的调整来间接影响房地产开发商的行为选择，此举有利于解决农民工的住房问题。从房地产需求方的角度来看，农民工需要的主要为小户型、功能全、总价低的经济实用型住房；从供给方的角度来看，通过税费减免甚至给予特殊补贴奖励等政策，可以鼓励房地产开发商开发适合农民工需求的住房，将税费减免程度与农民工购房交易量挂钩，通过开发商对农民工住房需求的贡献度进行评估。

---

① 山东省住房和城乡建设厅，山东省人力资源和社会保障厅，山东省财政厅等.关于改进和加强建筑业农民工工资支付管理的意见[EB/OL].(2014-12-18)[2017-07-18].北京大学法制信息网，http://www.pkulaw.cn/.

中国房地产征税主要在开发和交易环节，在房地产持有环节则不征税，这就造成了部分居民囤积住房炒作牟利的现象，客观上导致房价的过快增长。为此，可以从供给侧方面入手，调整并优化房地产税费政策（唐晓旺，2017），具体措施包括以下两个方面：

第一，对农民工创业者来说，参照再就业政策的相关规定，在登记注册后的扶持期内可以享受税费减免优惠。对从事个体经营的农民工来说，营业税起征点可以适当提高，对不被征收营业税、增值税的，则可免征个人所得税。符合有关规定的农民工，可以同样享受到国家对当地企业发展扶持的优惠政策。从长远角度考虑，政府部门应当对创办实体经济的农民工给予更多的引导和扶助，当这些经济实体发展能承担税负时，国家再对其进行征税。

第二，政府免收各项行政事业性费用和政府性基金，这一措施可以适用于廉租房及公租房建设、棚户区改造等方面；实行土地划拨方式供应农民工住宅用地，土地出让金可免交，主要是针对廉租房、经适房、棚户区的安置房的建设用地；可以分别从营业税、土地增值税、契税等方面对廉租房、公租房、经适房及棚户区改造给予税收优惠政策。

（二）加强农民工购房信贷体制改革

在当前以商业银行为主的金融体制下，农民工的主体资格、收入水平等方面是难以达到商业银行的信贷标准的。2010 年中国人民银行颁布的《个人住房贷款管理办法》（第二章第五条）要求，借款人必须具备“有稳定的职业和收入，信用良好，有偿还贷款本息的能力”。该条款规定获取房贷需要有长期稳定的收入来源，并需要单位开具证明证实申请人的偿还能力。但无论是哪一项，没有稳定工作与收入来源的农民工，都显然不被归结在列①。

2017 年，国务院办公厅下发了《关于全面治理拖欠农民工工资问题的意见》②，提出将全面规范企业工资支付行为，推行银行代发工资制度。在农民工拖欠薪资最为严重的工程建设领域，要求分包企业负责为招用的农民工申办银行个人工资账户并办理实名制工资支付银行卡，施工总承包企业委托银行通过其设立的农民工工资（劳务费）专用账户直接将工资划入农民工个人工资账户。由于银行不愿放款给农民工的首要原因是农民工没有稳定的工资流水，极有可能会增加坏账率，信贷风险过高，因此此项政策可以解决银行对农民工办理住房贷款的根本性忧虑（常亮，2016）。

---

① 中国人民银行. 关于颁布《个人住房贷款管理办法》的通知（银发［1998］190 号）［EB/OL］.（1998-05-09）［2015-04-27］. 中国财务总监网，http://www.chinacfo.net/.

② 国务院办公厅. 关于全面治理拖欠农民工工资问题的意见［EB/OL］.（2016-01-09）［2017-03-25］. 中央人民政府网，http://www.gov.cn/.

解决了农民工收入不稳定这一申请住房贷款的问题之后，针对农民工流动性强，收入构成复杂的情形，可采取具备创新性、灵活性的信贷支持政策。在农民工申请住房贷款时，银行等金融机构应该考虑到农民工这一群体的特殊性，实行区别于城市居民的差异化放贷要求，对购房农民工予以较为宽松的贷款条件。金融机构在符合监管政策、有效控制风险的前提下，丰富相关的证明材料，积极实行优惠利率，并结合上述农民工住房公积金制度，将农民工住房公积金贷款在商业银行领域真正做到展开和延伸。除了商业金融机构之外还要考虑到政策性金融机构，政策性金融机构不以营利为目的，主要的资金来源是国家财政，其运行作用是为了维护社会稳定。所以政府应积极引导政策性金融机构参与到农民工住房信贷之中，具体可以在信贷审批标准、贷款利率、融资担保、偿还方式、偿还期限等各个方面向农民工群体提供优惠的住房贷款服务，更加有效地保障农民工的住房权益（雷禹，2016）。

（三）制定农民工购、租房补贴政策

1. 农民工购房补贴政策

作为城市中的弱势群体，农民工的支付能力与城市中较高的住房价格是不匹配的，这极大限制了农民工群体在工作城市购房，也阻碍了城镇化的进程，因此推行相应的政策刺激农民工买房置业势在必行。

河南省人民政府于 2016 年出台了《关于促进农民进城购房扩大住房消费的意见》，明确对商品房住房库存较大、消化周期长的县（市、区），在农民工团购房屋超过一定规模时，政府可给予适当补贴（肖余恨，2016）。河南省南阳市房管中心会同市财政局、市公安局于 2016 年 3 月发布《南阳市人民政府关于促进房地产市场平稳健康发展的实施意见（试行）》①，规定凡户籍属于南阳市农村的进城务工农民，2015 年 7 月后在南阳市中心购买普通商品住房，均可以每套 1 万元的标准申请购房补贴。

2. 农民工租房补贴政策

虽然一部分符合城市发展需求的农民工有能力在务工城市定居，但仍有相当数量的农民工因其工作具有极强的流动性而流转多个城市，无法在固定城市购买住房，此种情形在一、二线城市尤为普遍。对于这些农民工，当地政府更愿意通过租房补贴的形式来保障其住房，改善其生活，同时此种方式也易被农民工所接受。如加拿大政府采取补贴私营出租户的方法来降低房屋市场租赁价，这种对低收入者进行间接补贴的政策，在确保出租户利益不受影响的前提下，增加了低端价位的

---

① 南阳市人民政府. 关于促进房地产市场平稳健康发展的实施意见（试行）[EB/OL]. (2015-07-09) [2015-12-10]. 南阳市人民政府网站，http://www.nanyang.gov.cn/.

住房供给量（陈鸿彬和徐珍珍，2013）。同时不同城市因经济发展水平、地方财政收入等方面存在差异，所以各地政府在实施租房补贴时需要结合地区特点进行发放。江苏省南京市于 2016 年 7 月出台的《关于加快推进公租房货币化保障的实施意见》[①]，其中规定符合就业、社保、工作年限等要求的农民工可根据自身实际情况和需求，自主选择实物配租或租赁补贴，并鼓励其选择租赁补贴保障形式。综上所述，若无法通过提供公租房、蓝领公寓的形式进行直接的住房保障，那么可以通过财政补贴的形式缓解农民工的住房压力，此举也有助于维护社会的繁荣稳定和健康发展。

四、鼓励建设城镇化发展基金

人的城镇化是中国广大农村人口向城市人口转移的过程，其伴随着城镇人口的增加，同时电力水利、信息通讯、园林绿化、道路桥梁等市政公共设施的建设，以及教育、社保、养老、医疗、住房和公共卫生等公共服务建设都需要配套跟进（罗苑玮，2015）。具体到农民工住房保障方面，则涉及经济适用房、公租房、蓝领公寓、工人村等诸多工程建设。这类项目的外部性很强，大都依靠地方财政，其周期长、投资大，给当地财政造成了极大的压力。而农民工住房保障也并非短期工程，有时地方人民政府会陷入财政难以维系的境地，保障农民工住房建设热情逐渐降低。基于此，为了保障农民工住房建设项目的可持续发展，建立城镇化发展基金势在必行。

（一）城镇化发展基金的提出

城镇化发展基金，一般指的是以政府为主导，政府资金为启动资金，再向银行、保险、信托等金融机构以及个人募集资金，将政府资金和非政府资金集合起来成立产业基金，并将这部分资金投向城镇基础设施如农民工保障性住房的建设等方面。作为产业基金的一种，其运行模式主要是有限合伙型和契约型两种，在这两种模式中，政府用财政资金为其提供最后担保，保障项目的建设和资本回报。

1.有限合伙型城镇化发展基金

有限合伙型城镇化发展基金是以合伙人出资的方式筹集并运营，设立的法律依据是《合伙企业法》中的有限合伙企业相关规定，其内部成员包括有限合伙人和普通合伙人。有限合伙人可以用货币、实物、知识产权、土地使用权或者其他财产权作价出资，承担出资义务，并以其出资为限对城镇化发展基金的债务承担有限的

① 南京市人民政府.市政府关于加快推进公租房货币化保障的实施意见[EB/OL].(2016-06-27)[2017-09-10].南京市人民政府官网，http://www.nanjing.gov.cn/.

责任，有限合伙人类似公司股东，但不执行合伙事务，不对城镇化发展基金的日常事务进行管理。而普通合伙人则负责基金的日常管理，以其全部财产对基金的债务承担无限责任。

2. 契约型城镇化发展基金

契约型城镇化发展基金是契约型基金的一种，与有限合伙型城镇化发展基金不同，其产生和设立并不以《合伙企业法》或《公司法》为依据，当事人之间是信托关系，着重强调资产的管理。由专门的机构——一般是政府和银行，共同出资建立一家基金管理公司，基金管理公司作为受托人与委托人签订契约，发行收益凭证，将资金投向城镇化建设等方向，以建设获得的经济回报来募集社会上的闲散资金。在这个模式中，基金管理公司作为项目发起人和基金的受托人，而社会上闲散资金的拥有者则作为投资人，并以委托人和受益人的身份参与到基金法律关系中，各方配合促进基金的发展。

(二)城镇化发展基金的制度构建

1. 制定相关法规政策

现阶段，城镇化发展基金在中国尚处于初级探索阶段，与其相配套的法律法规并不完善，对其运行模式、收益分配和投资方向等方面尚处于空白阶段。如在有限合伙型城镇化发展基金中，一般由企业担任普通合伙人，政府不参与基金运行的经营管理，以此保证两者权责分离，但当企业具有政府背景时，其能否担任普通合伙人，则没有相应法规或规范性文件进行解释说明。

面对中国城镇化发展基金运行不健全的现状，应加快制定相关法律法规，对其进行规制。首先，明确城镇化发展基金设立的目的和政策定位，城镇化发展基金应该具有政府公益性项目的投融资功能，主要投向关系社会民生的重大基础项目；其次，加强基金运行过程的监管。《预算法》和《国务院关于加强地方人民政府性债务管理的意见》等文件中明确要求需要对政府财政违规担保问题进行规制，中国《担保法》和《物权法》中明确规定，除经国务院批准为使用外国政府或者国际经济组织贷款进行转贷外，国家机关不得为保证人(王家存等，2012)。城镇化发展基金虽然给地方经济的发展和稳定带来了积极作用，但仍应将其限定在法律的框架内，对其运行的内容进行具体的细化，以法律的形式规范城镇化发展基金的设立和运行。

2. 引入多种社会资本

城镇化发展基金若要立足长远，实现持续发展，需要社会多方面资本的参与。但在现实中，城镇化发展基金的资金来源较为单一，主要依赖政府财政和以银行为主的金融机构进行出资。从江苏省已成立的15只城市发展基金来看，银行、保险、信托的出资占比分别为51%、28%、14%(朱华和胥畅，2016)。由此可见，在城镇化发展基金中，银行资金超过一半。同时信托机构的资金，大部分也来源于合作银行代售的理财资金。因此从资金来源渠道上看,社会资本的参与面相对较小。

面对当前城镇化发展基金资金来源范围过窄的现状,可以通过政策优惠引进多种社会资本,扩大基金规模,从而分担投资风险。引进初期,政府可以通过税收政策、财政贴息等方式吸引资金,除传统的银行、保险、信托三大金融主体外,还应该鼓励公募基金、私募基金以及证券等多种社会资本参与,优化基金股东结构,升级治理结构,扩大基金规模。

3.完善风险分担机制

从城镇化发展基金的两种运行模式来看,虽然其法律关系不同,但都存在部分出资人与资金经营方分离的情形,这与社会上存在的一般投资基金利益共享、风险共担的特点有所不同。在城镇化发展基金的运营模式下,社会资本一般不参与项目的运营管理和经营活动,只承担投资方的角色,但享有项目破产时的优先受偿权,因而一般是“名股实债”。在实践中,一般难以找到具有高资信的第三方担保机构进行担保,多为政府进行信用背书。如江苏省的城镇化发展基金即使在合同中约定了还款来源,但实际上大多数还是政府通过出具纳入财政预算的承诺函来进行信用背书。所以,在城镇化发展基金中,政府虽然表面上不承担债务,但若项目运营失败,因其为吸引社会资本投入所附加的回购兜底条款,所以政府仍然要承担主要的偿债责任,只是变相延长了还款期限而已,并不能起到风险分担的效果。

综上所述,目前的城镇化发展基金,其风险分担机制较为单一,主要是地方人民政府进行财政兜底。然而,依据中国相关法律,政府在一般情况下是不具有承担担保责任的权限的,且将地方财政与项目进行关联挂钩的方式也对当地的经济发展和社会稳定带来极大的威胁。因此,应当充分发挥社会资本在城镇化发展基金中的投资者职能,保障基金运作中地方人民政府和社会资本的收益以及平衡风险的分配,并与 PPP 等公私合营模式做到有效对接。

第三节 构建农民工住房保障的利益协调制度

一、健全地区间利益补偿机制

(一)充分发挥中央人民政府的统筹作用

在地区间的竞争过程中,各地方人民政府基于自身利益最大化的行动目标,采取各种各样非合作的策略(朱悦蘅等,2011)。在农民工权益保护方面,主要体现为农民工流入地政府和流出地政府之间的利益冲突。因为农民工流动性较高，其工作地和户籍地大多时候并不一致，在保障农民工住房问题上，流入地政府和流出地政府所需要付出的成本和所能得到的收益并不平衡。在具体的规章制度出台以前，各地方人民政府出于成本收益分析，将农民工作为“公共资源”加以利用，且在对其权益保护上推卸责任。面对农民工流入地政府和流出地政府的非合作博弈状态，中央人民政府要发挥引导和调节作用，明确规范地方人民政府在农民工住房成本分担中的责任和义务，并主导构建政府间的协调机制，以权责统一原则对各地政府进行监管和考核。目前中国的市场经济发展还存在很多问题，尚未真正成熟和完善，因此需要政府参与统筹规划，必要时政府应当充分发挥其宏观调控和政策引导的作用。

只有在政府的主导下，坚定推进各项改革，切实推进基本公共服务均等化，才能真正破除城镇化发展的制度障碍。2014 年在住房城乡建设部、财政部、国家发展改革委联合下发的《关于公共租赁住房和廉租住房并轨运行的通知》（以下简称《通知》）中明确：

一是从 2014 年起，中央补助公共租赁住房建设资金以及租赁补贴资金继续由财政部安排，国家发展改革委原安排的用于新建廉租住房补助资金调整为公共租赁住房配套基础设施建设补助资金，并向西藏、青海、甘肃、四川、云南、新疆及新疆建设兵团所辖的南疆三地州等财力困难地区倾斜。[①] 在中央层面，国家对农民工住房建设资金和补贴资金进行资源配置，同时，由于农民工流出地政府和流入地政府地区发展状况存在差异性，应对财力困难地区进行倾斜补助。

二是各地要结合本地区经济发展水平、财政承受能力、住房市场租金水平、建设与运营成本、保障对象支付能力等因素，进一步完善公共租赁住房的租金定价机制，动态调整租金。[②] 此举实际上是给予了负责农民工保障住房建设的地方人民政府一定的定价空间，在切实保障农民工住房合法权益的同时，也考虑到了因农民工流动性给地方人民政府带来的权利义务分配不平衡的弊端。当地政府尤其是农民工流入地政府具有多重责任，不仅要维护农民工利益，而且还要稳定和发展当地经济，对于当地政府来说压力较大。因此，中央在制定政策时，应充分考虑这一实情，结合地区的不同情况分别实施。

（二）调节农民工流出地与流入地的利益补偿

流动性较强是农民工这一特殊群体的重要特征，某种程度上，这种特征意味着

---

① 住房城乡建设部，财政部，国家发展改革委. 关于公共租赁住房和廉租住房并轨运行的通知[EB/OL].（2013-12-02）[2014-11-10]. 梅州市平远县住房和城乡建设局网站，http://www.pingyuan.gov.cn/.

② 同上.

劳动力资源的重新分配，从低效益的地区流向高效益的地区。在农民工这一特殊劳动群体流动的过程中，对于农民工的流入地政府和流出地政府来说，劳动力从农村到城市的转移对各自具有不同的收益。首先对农民工流出地政府而言，农民工到外地务工，将会导致留守老人、留守儿童数量的增加，农民工在回乡时必然会将积累的一部分劳动收入一同输送到农民工流出地，收益带来消费，这能在相当程度上刺激和促进农民工流出地的经济发展，扩大当地整体居民的消费水平，提高流出地政府的税收水平，增加其可控性资源；其次对农民工流入地政府来说，农民工的流入为当地提供了大量价格低廉的劳动力，其在建筑、餐饮、快递等服务领域占比较高，这些行业劳动量大且时间长，但薪酬回报却普遍偏低。

根据《2016 年农民工监测调查报告》[①]显示，2016 年农民工总量已达到 28171 万人，比上年增长 1.5%，且数量还处于持续增加的阶段，其中西部地区农民工流入的增长速度最快(见表 7-1)。

表 7-1　农民工流出地和流入地的区域分布

流向	地区	农民工数量/万人		增量/%	增速/%
		2015 年	2016 年		
农民工流出地	东部地区	10300	10400	100	1.0
	中部地区	9174	9279	105	1.1
	西部地区	7378	7563	185	2.5
	东北地区	895	929	34	3.8
农民工流入地	东部地区	16008	15960	−48	−0.3
	中部地区	5599	5746	147	2.6
	西部地区	5209	5484	275	5.3
	东北地区	859	904	45	5.2
	其他地区	72	77	5	6.9

注：其他地区是指我国港、澳、台等其他地区。

数据来源：《2016 年农民工监测调查报告》。

从表 7-1 可以看出，地区间农民工的输出量及输入量相差较大，这也导致了流出地政府和流入地政府在提供住房保障等公共服务时难以均衡。因此，党中央和国务院需要重新考量农民工主要流出地和流入地之间的补偿机制问题，具体可以

① 国家统计局. 2016 年农民工监测调查报告[EB/OL]. (2017-04-28)[2018-03-16]. 国家统计局官网，http://www.stats.gov.cn/.

考虑通过流出地对流入地的转移支付以及“人地挂钩”等手段来完善利益补偿机制，同时通过财政补贴的方式激励流入地政府推进农民工住房保障的成本分担工作。

对于流入地政府和流出地政府而言，农民工群体对当地经济的发展意义有一定的差别。从农民工流出地政府的角度来考虑，农业人口转移出去后留下来的土地指标使本区域内的土地面积存量相对增大，从而缓解了本地土地资源紧张的矛盾，从一定意义上来看对当地的经济发展起到了推动作用；而从流入地人民政府的角度来说，农民工群体的流入客观上增加了当地人口，挤占了部分城镇土地资源，促使某些地方人民政府不愿意额外加大土地投入来用于农民工的住房保障。因此，考虑创建流出地与流入地之间的土地指标增减挂钩机制，将农民工在流出地的土地指标转移到流入地，也可以由中央财政通过转移支付的方式，将流出地政府向中央财政上缴的土地收入用于对流入地政府的专项补助，由此推进构建完善的农民工流出地和流入地的利益补偿机制。

二、建立促进农民工城市融入的利益投入机制

农民工的城市融入问题，在地域上，涉及农民工流入地和流出地两方；在内容上，包括农民工的经济融入、社会融入、文化融入、心理融入和身份融入。作为有着丰富和深厚的封建农业传统的中国来说，几千年来，安土重迁的思想深深扎根在国人心中，然而随着现代资本主义制度的形成和发展，在现代性推动下的压力迫使农民离开家乡，但他们对家的依赖并未改变，而家的建设又离不开住房保障。因此，在农民工住房保障制度的建设中，不仅要让农民工有房屋，而且应该帮助农民工融入城市，让他们真正成为城市中的一员。

(一)现阶段农民工城市融入不足

在农民工社会保障尤其是住房保障问题上，流入地政府和流出地政府应重视彼此间的交流与合作。在今天中国整体的政治、社会、经济与文化逐渐转型过程中，农民工作为其中的特殊群体，现实的困境却是他们无法在实质上被流入地和流出地两方政府纳入到城镇化的发展进程中。农民工虽然大多生活、工作于流入地的城市中，但是社会地位却处在城市边缘地带，他们为居住城市的建设和发展做出巨大的贡献，却并未得到相应的承认和尊重。最基本的“认同感”都无法得到，更加不可能真正融入该城市，成为其中的一员。城市对于农民工的偏见在很大程度上成为农民工流入地政府和当地城市居民的惯性思维。而从农民工社会保障的角度上来看，农民工在工作城市所受到的管制和所享有的权利保护十分不匹配。

令人遗憾的是，在农民工城市融入问题上，流入地政府和流出地政府都不愿意

给农民工提供应有的权利保障。无论是流入地政府还是流出地政府，都希望在农民工权益保护尤其是住房保障问题上获得一定的收益，而不是支出。因此，尽管中央人民政府一再出台各种政策措施，但在流入地政府和流出地政府实际上不作为的现实情况下，相关措施也就一直都没有得到切实履行和有效执行。如果此种情形一直得不到改善，那么农民工群体的社会经济职能必然难以得到真正切实有效的发挥，也不利于流出地和流入地的社会经济发展。

(二)农民工城市融入的对策建议

随着工业化、新型城镇化的快速推进，大多数农民工完成了城乡空间转换，由原来单纯的城乡流动转变成城市定居者。对农民工流入地来说，农民工综合能力的提高有利于其融入城市，这可以通过教育和职业培训实现，同时城市中教育、医疗、生活环境等各方面条件对农民工融入该城市有显著的正向影响。对农民工流出地来说，其亲属网络一定程度上阻碍了农民工融入城市社会，而家庭式迁移或者就近就地迁移则有利于农民工的城市融入。在具体措施上可以从以下三点出发来推动农民工的城市融入：

一是加大财政支出力度，提高培训水平。对于尚未进城的农村人口即潜在农民工而言，在现有基础上加大对农村教育的财政支出力度，有助于提高劳动力的整体文化水平和潜在劳动技能。对于已经进城的农民工群体，则需要加强当地政府和用工企业的合作，为其提供必要的就业培训机会，提供更多职业上升通道，提高劳动能力和业务水平，从而加快融入城市的速度。

二是充分发挥当地社区和社会组织的协同作用，逐渐消除市民对农民工的疏远和偏见，加强农民工与市民的交流和融合。在农民工居住的社区设置农民工心理咨询服务站，定期为农民工进行心理讲座，提供心理咨询和心理援助，从而缓解他们的心理压力，帮助他们克服心理障碍(卢海阳等，2016)。

三是增加农民工的社会保障力度，解决其子女的教育问题。农民工住房问题的解决有利于其融入城市，所以政府应该加大对农民工住房建设的资金投入，保障其在城市中的安心居住。此外，农民工的城市融入很大程度上会受限于其亲属在城市中的生活状况，如子女的城市教育问题。这就需要政府增加对教育的投入，解决农民工子女在城市中的教育问题，从而促进农民工的城市融入。

三、建立有效的地方人民政府利益激励机制

从本质上来说，农民工住房保障在政府层面的成本分担其实就是政府的财政支出问题，中央人民政府可以通过颁布政策措施来有序地推进农民工的住房保障。但是在这个推进过程中，由于受制于巨额的财政开销和中国政治体制中自上而下

的特征，导致农民工住房保障成本分担的主体之一——地方人民政府在分担过程中存在逃避和不作为现象，这便需要中央人民政府建立有效的激励机制来增加地方人民政府在成本分担中的积极性和主动性。

(一)农民工住房保障存在体制性约束

根据前文内容，央地关系、财政体制制约着我国农民工住房保障制度的建立，这也是地方人民政府在农民工住房保障成本分担过程中意愿不足的关键原因。目前农民工住房保障成本分担面临的体制性约束主要有两个方面的内容：

一是地方官员的晋升考核制度。不合理的晋升考核制度会造成地方官员的侧重点存在偏差，也就会产生"利己不利人"的现象。一方面，当前政府的考核体系使得地方官员更侧重于能带来地方短期经济进步的行为(徐瑛，2003)。虽然从长期的角度来看，农民工综合情况的改善会刺激当地的消费、提高用工企业的市场竞争力和优化人口结构，但是为农民工提供住房保障对于地方人民政府的财政压力是短期存在的，而这种行为带来的效益则是长远之后才会出现的。地方人民政府官员因为受到年龄、业绩压力以及资历等因素的影响，为了更好更快的晋升，所以更偏向于短期内能带来政绩效益的行为，而不是保障农民工住房这种长期行为。另一方面，在当前的政绩考核要求下，地方人民政府官员会把更多的精力放在与考核有关的指标增长上，如地方 GDP 增长、税收、城镇化率、地方企业总产值以及招商引资数额等，对于其他与考核无关的问题并不关注，甚至还会出现在上述指标增长时只重"量"而不重"质"的行为。比如在发展城镇化的过程中，政府部门一直以来都只关注城镇化率和城镇化规模的增加，而对于城镇化中"人"的因素关注较少，导致城镇化在快速发展的同时也出现了农民工难以融入城市、城市工业化污染以及地方人民政府存在利益冲突等问题。虽然中央人民政府一再致力于解决此类问题，但是本质上的问题没有得到重视，所以在地方的效果也就不那么明显。

二是我国现存的财政分权体系。当前我国的财政体制对农民工的支出责任划分是以户籍制度为基础的，在这种框架体制的管理下，地方人民政府都是按照本地的户籍人口数来提供住房保障。但是随着近现代人口的大规模流动，这种传统意义上的划分标准已经不符合当前时代的发展要求，对于地方农民工住房问题的解决也起到了阻碍作用。大量的农民工从较为落后的农村来到城镇，从中西部地区来到东部城市，农民工的跨区域流动给各地政府带来发展契机的同时，也带来了一系列需要解决的问题。由于各地之间存在经济发展上的差距，所以在住房保障上的政策也不尽相同。对于农民工流入地政府来说，需要花费巨大的财政资金来填补与农民工流出地在住房保障政策上的差距，因而农民工流入地政府一般不太愿意开放户籍，为农民工提供与当地居民相同的住房保障，因为一旦开放就意味着财政的巨大开销。同时农民工流出地政府也不太情愿保障农民工的住房，这主要是因为农民工主要是为流入地的发展做出贡献,并未为流出地的城市建设添砖加瓦。正是由于地方人民政府的这种财权与责任支出的不对等,才导致了农民工住房保障成本分担在地区的推进缓慢,因而设计合理的地方人民政府利益激励机制在当前就显得尤为重要。

(二)设计合理的利益激励机制

在推进农民工住房保障的过程中,中央人民政府和地方人民政府本质上其实是一种委托代理关系。中央人民政府的目标是实现全体利益的最大化,而地方人民政府追求的则是个体利益的最大化,在这种利益存在冲突的情况下就会产生道德风险。为了避免这样的问题,中央人民政府除了要采取必要的监督外,还应该设计合理的利益激励机制实现对地方的激励。因此,针对当前农民工住房保障存在的两点体制性约束,中央人民政府对地方人民政府的利益激励机制设计需要从以下两个角度出发:

一是针对当前我国地方官员晋升考核制度的不合理,中央人民政府需要从奖惩的角度出发解决。在实际操作中,中央人民政府可以每年向地方人民政府下达涉及官员晋升考核的农民工住房保障任务来充分调动地方官员的积极性。因为中央人民政府下达的任务直接关系到地方的实际建设,所以为了分配合适的任务指标给地方人民政府,中央人民政府在下达任务之前首先需要对地方的综合实力进行评估,同时地方人民政府也应该予以配合。每年年初,中央人民政府向地方下达农民工住房保障任务,地方人民政府需要根据中央的要求,再结合地方财政以及地区特点向中央汇报预计的完成情况,中央人民政府也可以给予一定的财政支持。截至年末,地方人民政府需要向中央人民政府汇报当年农民工住房保障任务的完成度,这个完成度直接与当地政府官员的评级评优相挂钩,当然中央人民政府也可以根据完成度给予地方人民政府相应的奖励与处罚。

二是针对我国现存的财政分权体系,为了加强地方人民政府对农民工的住房保障,中央人民政府需要和地方人民政府进行合理的财政分权,应该让地方人民政府的财权等同于事权。对地方人民政府实行合理的财政分权主要是要明确其在农民工住房保障成本分担上的责任与义务,同时中央人民政府也要下放给地方人民政府相对等的权利和财政,其精髓在于地方人民政府需要有一定的财政自主权去处理相关事项(牛文元,2012)。如果地方人民政府在农民工住房保障成本分担事务中的责任较大,那么地方人民政府所需要的权利和资金应该越多,同时在具体政策的执行上所拥有的自主权和决定权也更多,可以根据地方的实际情况变化和特点制定对应的方案进行管理,较少受到中央人民政府的监管。反之,如果责任较小,那么地方人民政府的权力和资金就会越少,这时候中央人民政府就承担起对地方人民政府的监管责任,掌握更多的地方决定权。财政分权体系的合理性直接关系到农民工住房保障成本分担问题的有效解决，但如何设计出最优的财政分权体系，这也是当前中央人民政府和地方人民政府需要探讨的关键问题。

（三）利益激励机制实现的途径

在农民工住房保障成本分担问题的解决上，中央人民政府可以采取以下四种途径实现对地方人民政府的利益激励：

一是税收的调整。通常情况下，为了农民工住房保障政策的推进，中央人民政府可以一定程度上给予地方人民政府在税收方面的自主权，增加对地方人民政府的税收返还力度，甚至对于一些农民工群体中的重点住房保障对象还可以采取一系列的税收优惠政策。

二是预算的控制。中央人民政府可以通过地方人民政府提供的农民工住房保障规划来对其进行支出预算控制，同时地方人民政府在财政预算上的控制情况也是中央人民政府对其的考核标准之一。当然，预算能够得到有效控制不能代表事情没有得到处理，这就要求中央人民政府的监督，以保证地方人民政府在有限的预算内，保持积极性的同时还能最大化地解决农民工住房保障问题。

三是事权的调整。正确划分地方人民政府在农民工住房保障上的事务责任，是有效推进农民工住房保障成本分担机制建立的有效途径之一。一般来说，类似农民工住房保障这类准公共物品都是由中央人民政府和地方人民政府共同提供的，合理的分配地方人民政府在这上面的事权，既能充分调动地方的积极性，还能有效的规避责任逃避等问题。

四是财政的支持。在对地区农民工住房进行保障的过程中，地方人民政府会面临着巨大的财政支出压力，这时候中央人民政府就可以通过财政补贴的方式予以地方人民政府补偿。但是在具体的操作中，由于存在中央与地方的信息不对称，导致中央人民政府会面临来自地方人民政府的道德风险。这就需要中央人民政府建立一套恰当的财政支持体系，按照地方人民政府的实际情况进行补偿。

虽然上述四种对地方人民政府的利益激励途径各有优缺点，但是就管理有效性而言，中央人民政府应该首推财政支持。这主要是因为前三种方式的主动权一般在中央人民政府，而且产生成效的周期也较长。中央人民政府的财政支持则是对地方人民政府在资金上的直接支持，而且财政申请的主动权也在地方人民政府，中央人民政府仅需提供监督即可，这种方式对于地方人民政府来说是最恰当也是最合理的。当然在实际情况中，中央人民政府还要考虑地方特色以及当前存在的一些问题等因素，然后综合之后选择最适合的途径来实现对地方人民政府的利益激励。

第四节　加强农民工住房保障的配套制度

农民工住房保障是保障农民工在城市发展的权利，也是农民工市民化必经之路。长远来看，农民工发展和城市的发展、国家的发展息息相关。要在用地需求、经费保障、供给机制等方面建立城乡统筹、系统化、可持续的制度设计。一方面加快土地和户籍制度改革，使得农民工具有城镇人口可以享受的平等的公共服务、权利、社会保障待遇。另一方面加快与住房保障相适应的农民工就业、收入、子女入学、医保、社保、养老的同步政策改革，解决农民工安家落户的后顾之忧。

一、加快新户籍制度改革

2019 年 4 月 8 日，国家发展改革委印发《2019 年新型城镇化建设重点任务》（以下简称《重点任务》），对各地加大户籍制度改革力度提出了新的要求。继续加大户籍制度改革力度，在此前城区常住人口 100 万人以下的中小城市和小城镇已陆续取消落户限制的基础上，城区常住人口 100 万～300 万人的Ⅱ型大城市要全面取消落户限制；城区常住人口 300 万～500 万人的Ⅰ型大城市要全面放开放宽落户条件，并全面取消重点群体落户限制。明确提出，重点群体指的是在城镇稳定就业生活的新生代农民工、在城镇就业居住 5 年以上和举家迁徙的农业转移人口、农村学生升学和参军进入城镇人口。另一方面，要推进常住人口基本公共服务全覆盖。对于暂时不能落户的城镇常住人口，要确保其全部持有居住证，以此为载体提供城镇基本公共服务和办事便利，并鼓励各地区逐步扩大居住证的含金量。聚焦就业、教育、医疗、社保、住房等民生重点，让农业转移人口在城市也能实现劳有所得、学有所教、病有所医、老有所养、住有所居。[①] 积极推进户籍制度改革，对推进新型城镇化建设、促进人才资源要素自由流动具有积极的意义。宁波市是全国较早启动户籍制度改革的城市之一，城市定位是“城区人口 300 万～500 万人”。根据要求，这样的人口规模属于Ⅰ型大城市，要全面放宽落户条件，并全面取消重点群体落户限制。宁波市从 2016 年开始部署进一步推进户籍制度改革，至今已经历过两次户籍制度调整，并将于近期发布第三轮落户新政。总体来说，宁波户籍制度改革取得了较大成效。2018 年，宁波市城区六个区共落户 85599 人，同比上

---

① 国家发展改革委.关于印发《2019 年新型城镇化建设重点任务》的通知（发改规划〔2019〕617 号）[EB/OL].（2019-04-08）[2019-07-10].中央人民政府网，http://www.gov.cn/.

升23.3%;2018年,宁波人才净流入率达9.17%,居全国城市第2位。但必须看到,随着户籍制度改革推向深入,政策法规不一致、非农户口落户意愿不强、后续政策不配套以及公共服务资源不足增加财政负担等问题也同时显现。

(一)新一轮户籍制度改革的成效和积极意义

2014年7月,国务院办公厅印发《国务院关于进一步推进户籍制度改革的意见》,2016年2月,国务院办公厅印发《国务院关于深入推进新型城镇化建设的若干意见》,2016年9月,国务院办公厅印发《国务院办公厅关于印发推动1亿非户籍人口在城市落户方案的通知》。三份文件充分表达了中共中央、国务院加快推进户籍制度改革的决心。最近,国家发展改革委印发《重点任务》的通知是在全面建成小康社会的关键时期,对中共中央、国务院关于新型城镇化战略部署的进一步行动目标。《重点任务》将"积极推动已在城镇就业的农业转移人口落户"列为第一项重点任务,户籍改革力度明显加大。从当前经济社会发展的外部环境来看,《重点任务》的改革方向是对的,而且随着《重点任务》的不断完成,不仅大城市、特大城市集聚人口的速度会进一步提升,都市圈、城市群城镇人口在总人口中的比例也将有所提高。与此同时,人的城镇化对于扩大消费、稳定经济增长等方面的积极作用也将得到进一步发挥。

(二)宁波市积极推进户籍制度改革实践

宁波市是全国较早启动户籍制度改革的城市之一,城市定位是"城区人口300万至500万人"。根据国家发展改革委印发《重点任务》要求,这样的人口规模属于Ⅰ型大城市,要全面放宽落户条件,并全面取消重点群体落户限制。宁波市从2016年开始部署进一步推进户籍制度改革,至今已经经历过两次户籍制度调整,并将于近期发布第三轮落户新政。总体来说,宁波户籍制度改革取得了较大成效。2018年,宁波市城区六个区共落户85599人,同比上升23.3%;2018年,宁波人才净流入率达9.17%,居全国城市第2位。2016年4月,宁波市正式出台《关于进一步推进户籍制度改革的实施意见》,该意见提出了两个短期目标和一个长期目标:在2016年9月,正式取消农业、非农业户口性质区分,统一登记为居民户口;2016年年底前全面推开市域范围内户籍制度改革。此后,宁波市稳步推进户籍制度改革,对户口迁移政策进行了相应调整并梳理了涉及13个部门的40项具体配套政策,其中包括与之相适应的教育、卫生计生、就业、社保、住房、土地及人口统计等相关政策。2018年3月1日,宁波市发布落户政策,全面放宽各类人才、外来务工人员的落户门槛。宁波市此次调整落户政策,主要内容是全面放宽居住就业落户、亲属投靠落户、人才落户和政策性落户的要求。比较显著的亮点有:取消原先100m²住房面积要求和45周岁以下的年龄要求;有合法稳定就业合法稳定住所、参加本地社保满5年的,本人、配偶及未成年子女均可申请登记常住户口;夫妻投靠取消原共同居住生活的要求，老年父母投靠取消年龄限制；大专及以上应届毕业生可先落户后就业；大专工作1年即可无房落户；技术工人凭技术职称和职业资格即可落户；持有本市居住证的流动人口可申请积分落户；失去现户口登记条件可投靠城镇城区亲友等。①

2019年2月，宁波市就新一轮落户政策公开征求意见，相比2018年3月1日的落户政策，新政拟进一步放低落户门槛。如在大学生落户条件方面，原先规定是应届毕业生才能先落户后就业，现在放宽到了毕业后十年内；而居住就业落户的社保缴纳年限也有了调整，从原来的5年调整为3年；成年子女户口在市区城镇范围内，其老年父母要投靠落户的，原先有人均住房 $18m^2$ 以上的要求，新政取消了 $18m^2$ 的要求。除了放宽落户条件外，新政还新增了投资购房落户，商业用房也可以落户，成为此次落户新政的最大亮点。② 到2020年，宁波市基本建成新型户籍制度，基本实现城乡基本公共服务均等化和城镇基本公共服务常住人口全覆盖。

户籍的背后是社会公共服务和相应的福利待遇。宁波市进一步扩大教育、就业、医疗、养老和住房保障等基本公共服务范围，对落户城镇的农民，逐步实现享有与当地城镇居民同等权益。如宁波户籍人口交通事故已实现“同命同价”赔偿，在最低生活保障、失业保险、养老保险、城乡医保、社会养老保险、优抚对象生活保障以及退役士兵一次经济补助等方面已经实现“城乡一体、标准一致”。

(三)户籍制度改革面临的主要问题

1.财政负担进一步加重

户籍的背后是社会保障和公共服务。宁波市中心城区常住人口433.7万人，户籍人口294.6万人，如果全部解决138.1万常住人口的户籍问题，仅在基础教育投入方面地方财政可能会增加47%左右，这还不包括养老、住房保障、就业、医疗等其他公共服务，这也导致部分地区因为担心本地公共资源不足，把积分落户条件提高的现象。

以教育资源为例，宁波大幅降低落户门槛，使得城区优质教育资源紧缺问题愈发突出。在优质教育资源相对集中的宁波市海曙区，今年年初就有7所小学发布生源爆棚预警，该区教育局负责人表示，生源爆棚的主要原因有两个：一是放宽落户导致生源增加，他们发现有的学生家长新购住房仅有20平方米，很明显就是为了购房落户读书；二是二孩政策放开后的那批孩子已经到了入学的年纪。

---

① 宁波市人民政府.关于宁波市区户口迁移实施细则(试行)的政策解读[N].宁波市人民政府公报，2018-03-15(A03).

② 周松华.宁波拟再放宽落户条件？公安：已公开征求意见尚未正式出台[EB/OL].(2019-02-27)[2019-08-10].浙江新闻网，https://zj.zjol.com.cn/.

2.后续配套政策衔接有待加强

随着非农户口的取消，很多配套政策需要跟上，但目前依然存在农村“三权”确权后续、细化配套政策尚未跟上，市区城乡社保缴费与补贴发放、农村房屋认证权、社会抚养费征收等政策权限未能及时调整导致实际操作困难现象。

以宅基地政策为例，宁波市从 2016 年 9 月 30 日起不再区分农业和非农户口性质。但宅基地政策却没有进行相应调整，宅基地的审批依然以农业户口作为必要条件之一。这也导致一些农业转移人口落户意愿不强，有的落户了依然还要享受在农村的权益。

而一方面，农民可以进城落户，同时享受在农村的权益，市民却不能到乡下置地，也造成了新的不公平。

1.政策执行存在困惑

新一轮户籍制度改革的目标是按照尊重意愿、自主选择原则，加大非户籍人口在城市落户推进力度；但党的十九大报告提出的乡村振兴战略，却又鼓励新型农业经营主体返乡下乡创业创新。这两大战略如何协调推动非常重要，应尽量统筹平衡好两者关系，以免造成战略方向打架，给地方人民政府的执行带来困惑。此外，政府、媒体和相关学者要对落户政策进行政策引导和充分解读，避免出现推动落户政策为房地产兜底的错误认识，这项工作做得不好很可能损害政府公信力。

(四)新一轮户籍制度改革的困惑和反思

1.城镇化的推进应当是城乡协同，综合发展

在考虑允许农民到城市落户时，也要考虑可否让市民到农村去购房、生活。迁徙应当是一个自然过程，必须保持其路径的通畅。“出得去，也退得回”，才能让农民自愿到城市落户，而不是被动式的政策推进。

2.改革需要稳步推进，防止“一阵风”、运动式的改革

要适当弱化政府的动员能力和政策刺激，放开后顺其自然、稳步推进落户政策，以防政策推动过快，引起新旧市民之间的冲突和矛盾。比如：上海新旧市民因为高考政策调整而引发的矛盾冲突。

3.改革重点不在户籍，而在于和户籍绑定的各种社会福利

社会福利包括教育、医疗、社保等。为农民工提供各种均等的社会福利才是户籍改革的目标，因此必须通盘考虑相关问题。农民不愿意放弃农村的权益，进城落户仍要享有在农村的权益。而市民却不能到乡下置地，这会造成市民的心理不平衡，“农民不愿、市民不服”。

4.利益均等化可能带来新的问题

政府、媒体和有关学者要对《重点任务》中相关政策，特别是落户政策进行政策引导和充分解读，避免出现推动落户政策为房地产兜底的错误认识。部分城市尝

试扩大农民工市民化的住房需求，来实现“去库存、保增长”的策略，做得不好很可能损害政府公信力。

《重点任务》提出按照尊重意愿、自主选择原则，以农业转移人口为重点，兼顾高校和职业院校(技工院校)毕业生、城市间转移就业人员，加大非户籍人口在城市落户推进力度。党的十九大报告提出乡村振兴战略，提出要培养一批懂农业、爱农业、爱农民的新型农业经营主体，包括农民工、城市居民、中高等院校毕业生、退役士兵、科技人员、社会公益组织和人士以及民营企业等，返乡下乡创业创新。两大战略如何协调推动非常重要，尽量避免对地方人民政府带来执行困惑。

(五)对新一轮户籍制度改革的政策建议

1.全面放开重点群体落户限制

中华人民共和国成立后，为改变旧中国落后的经济状况，尽快建立完善的国民经济体系，国家实行了优先发展重工业的政策，城乡二元户籍制度就是在这一特殊背景下建立起来的一种人口管理与社会管理相结合的政策制度。在当时特殊的国际、国内环境下，城乡二元户籍制度的出现具有一定的必然性，一方面是为了控制城市发展规模，另外一个深层次的原因是中国经济发展迫切需要从一个落后的农业国发展为工业国，所以国家把有限的资源集中用于工业化建设，带动城市的发展。然而，20 世纪 80 年代以后，这种在计划经济背景下产生的户籍制度已经与以市场化为基本目标的经济转型产生了矛盾和冲突。

旧的户籍制度是农民工住房问题的制度根源，因为户籍制度方面的限制，所以农民工无法享受同城镇居民一致的住房待遇。因此，解决农民工住房问题的首要措施就是逐步将社保、教育等福利与城镇户籍分离开来，放开户籍制度对农民工群体流动和迁移的行政性限制和约束，逐步拆除户籍屏障，将住房福利待遇与常住地人口身份挂钩，不再被户籍制度限制，最终实现城乡一元户籍管理制度。

农民工户籍制度改革的最终目的是实现城乡一元户籍管理，这是一项长期且艰巨的工程，其涉及利益面较广，在改革过程中应以稳定推进为原则，兼顾公民权益与经济社会发展实际，循序渐进，不可一蹴而就。当下，农民工户籍制度改革势在必行，但如何保证循序渐进，则需要根据实际情况具体处理，真正做到实事求是。2016 年 9 月国务院出台的《推动 1 亿非户籍人口在城市落户方案》(以下简称《方案》)①是农民工户籍制度改革进程中的重要一环，该方案明确提出帮助有能力在城镇稳定就业和生活的农村人口举家进城落户，这也是推进人的城镇化建设的必要前提。

---

① 国务院办公厅.关于印发推动 1 亿非户籍人口在城市落户方案的通知(国办发〔2016〕72 号)[EB/OL].(2016-10-11)[2017-03-10].中央人民政府网，http://www.gov.cn/.

《方案》指出，在落户群体条件设置上，除少数大城市外，将全面放宽农村转移人口落户条件。以城镇就业五年以上和举家迁徙的农村转移人口以及新生代农民工为重点，帮助有能力在城镇稳定就业和生活的农村转移人口举家进城落户。从该方案中可以看出：一方面，中央并未对农民工落户城市全面放开，而是剔除了少数大城市。在城乡公共服务差异巨大的背景下，如果一次性全面开放所有城市，以这些大城市所具有的巨大吸引力势必会造成大量农民工的蜂拥而至，严重加重这些城市公共资源的负荷，必然导致这些大城市陷入混乱和崩溃。另一方面，在对农民工本身的条件限制上，《方案》中相关的规定还是比较谨慎的，注重稳步推进。在城镇就业五年以上的农民工因其在当地城市生活工作时间较长，所以可以合理推断这部分人群与当地城市的融入性更强，也更能接受当地城市的文化环境与生活方式。而新生代农民工与老一代农民工"求生存、回农村"的打工轨迹不同，他们有着强烈的进城和留城意愿，同时因为新生代农民工的生活环境和受教育水平与城市更加接轨，所以其融入城市的主客观障碍较小。

按照国务院《居住证暂行条例》的要求，确保符合条件的非本地户籍农民工均能获得居住证，并结合省内各地经济发展和财政收入水平，推进基本公共服务常住人口全覆盖（李烝，2015）。对省内特大城市应当逐步放宽基本公共服务和准入标准，具体可依据就业及居住年限和缴纳城镇社会保险年限的标准来试行积分入户。广州市自2011年起试行积分入户政策，探索构建机会均等、公平公正的入户制度，截至2017年，该制度共使约5万名外地人口及随迁家属通过积分制入户渠道入户广州[①]，并且相关政策还在不断放宽，目前广州市已不再将符合计划生育政策作为积分入户的前置条件，这对农民工落户当地起到极大的促进作用。此外，在《成都市关于推进户籍制度改革的实施意见》《居住证积分入户管理办法（试行）》和《成都市户籍迁入登记管理办法（试行）》文件的指引下，成都市将于2018年起正式实行"积分入户"制度[②]。"积分制"以政策和制度的形式确立，导向功能明确有力，为部分农民工实现在城市工作以及与普通居民享受同等的社会保障和公共服务提供了通道。在该制度指引下，农民工将会依据积分指标和分值，有针对性地提高自身素质，如学历、技能等，实现良性循环。与此同时，"积分制"也具有权益保障功能，使得"入城"标准不再模糊，促进农民工主动认识自身价值，积极维护自身权益。

① 洪绩．积分入户政策调整，保持开放包容是题中之义[EB/OL]．(2017-12-05)[2018-03-10]．新快网，http://g8.baidu.com/.

② 李莎莎．成都"积分入户"政策发布，2018年起实施[EB/OL]．(2017-12-01)[2018-03-10]．四川在线，http://www.sc.gov.cn/.

2.进一步完善配套政策

(1)建立与进城落户农民工相关的土地所有权、承包权、经营权“三权”维护和自愿有偿退出机制

农业农村部原部长韩长赋在介绍《中共中央办公厅、国务院办公厅关于完善农村土地所有权承包权经营权分置办法的意见》时[①],提到在农民退出家乡农村承包地的问题上,只有少部分农民有这个意愿。因为中国农村人口多,农民工举家进城是少数,多数情况下是年轻人在城市打工,而父母和孩子在农村生活。特别是在当前经济下行压力较大的情况下,城市的就业也不那么宽松,农民工进城就业,在其足够稳定之前,仍需在一段时期内保留他的农村土地,使得落户城市的农民工家庭进退有据。在具体实施上,应加快推进农村集体产权制度改革,确保如期完成土地承包权、宅基地使用权等的登记颁证,积极推进农村集体资产确权到户和加快股份合作制改革,不得强行要求进城落户农民转让其在农村的土地承包权、宅基地使用权、集体收益分配权,或将其作为进城落户条件(王俊杰,2017)。

(2)将进城农民工逐步纳入城镇住房保障体系

解决农民工住房问题不是新建一套住房保障体系,而是逐步将农民工纳入城镇住房保障体系。当然这个过程首先需要对现有城镇住房保障体系进行改造,改造准入标准,要给予农民工与城镇居民同等的住房保障待遇,打破原有保障壁垒,重新安排空间与财政分配格局。二是改造供给机制,探索政府购买保障性住房。政府购买保障性住房主要包括政府直接购买小户型商品房、二手房、小产权房等作为保障性住房出售。或者政府购买非政府、非营利组织或者企业等社会组织提供的保障性住房租赁服务。其质量和效率远高于政府直接供给,而且可以使外来人口有效实现社会融入。三是有条件地将农民工住房用地问题纳入城市土地政策统筹考虑,建立城乡协调统一的土地政策体系,将城乡接合部的集体建设用地管理纳入城市建设用地管理体系。四是按照自愿的原则,积极探索建立农村宅基地与城市居住用地的置换制度,这样既能保证农村和城镇的居住用地总体平衡,也可提高农民工在城市住房的购买能力(施晓俭,2010)。

(3)建立持续的保障机制

首先,要建立和完善农村住房财产权抵押、宅基地使用权流转、农民工住房公积金制度,帮助农民工解决安家落户的成本负担问题。由于宅基地使用人的限制,使宅基地抵押存在还贷困难,抵押农村住房难以变现。应该进一步探索房地分离的顶层设计,鼓励农房所有权自由交易,进一步盘活农房的资本力量。其次,鼓励以商业银行为主,募集社会闲散资金建立城镇化发展基金,为农民工安家落户持续

---

① 张维.新闻办就《中共中央办公厅、国务院办公厅关于完善农村土地所有权承包权经营权分置办法的意见》有关情况举行发布会[EB/OL].(2016-11-03)[2018-03-10].中国政府网,http://www.gov.cn/.

提供经费支持，不仅可以缓解地方人民政府的财政融资压力，同时因为政府信誉保障，必将鼓励利益相关主体参与成本分担。再者，加强系统化的制度设计。一方面加快土地和户籍制度改革，使得农民工具有城镇人口可以享受的平等的公共服务、权利、社会保障待遇。另一方面加快与户籍改革相适应的农民工就业、收入、子女入学、医保、社保、养老的同步政策改革，解决农民工安家落户的后顾之忧。

二、构建农民工的就业管理体系

对于农民工来说，就业问题是一切症结解决的前提，只有取得稳定的劳动收入，才能解决好在城市中的住房、子女教育、医疗保障以及技能培训。当前影响我国农民工就业的因素主要有：劳动力市场的供需失衡、就业机会不平等、农民工自身综合能力不高以及工资待遇存在差异等。在农民工住房保障成本分担中，除了农民工自身外，中央人民政府、地方人民政府以及用工企业都是分担主体，有义务帮助农民工减少住房成本负担，也有责任处理好农民工的就业问题。因此，要解决农民工就业问题，就要厘清上述问题存在的原因，发挥出各个主体的作用，构建出属于农民工群体的就业管理体系。

（一）多渠道增加农民工就业岗位

虽然城镇化的发展解决了部分农民工的就业问题，但是城镇的劳动力市场还是存在供给大于需求的现象，这就需要政府和企业创造更多的就业机会，满足农民工的就业需求。首先，农民工的就业政策需要结合当地城镇的发展政策，发展以大城市为依托，中小城市为重点，逐步形成辐射作用大的城市群，促进大中小城市和小城镇协调发展，为巩固和扩大农民工就业提供保障。其中，大城市应该继续提高农民工的就业环境和就业质量，成为农民工的主要集聚地，同时，中小城市和小城镇也要大力发展具有地区特色的产业和项目，如旅游服务业、文化服务业以及农业等，吸引更多的农民工就业，这样也在一定程度上缓解了大城市的就业压力。其次，政府的就业政策应该紧密联系产业以及企业的发展需求，将产业结构的调整和解决农民工的就业需求联系起来。在产业结构的调整方面，应该合理布局产业结构、加快传统产业转型升级、促进劳动密集型产业发展、支持高新技术产业进步和大力发展服务业（刘国斌等，2017），积极培养新的产业增长点，增加新的就业机会；在企业政策方面，要完善中小企业发展环境，增加中小企业的规模，使其能够创造更多的就业岗位，为更多的农民工解决就业问题。最后，农民工的就业政策要顺应区域的发展要求，建立契合东中西部地区不同情况的政策措施。东部地区处于沿海较发达地区，可以大力发展渔业产业和服务业，稳定提高对农民工的吸纳能力；中西部地区则要建立和扶持有关农产品加工、销售、运输等产业，为农民工提供更多的就业机会，实现中西部地区的就近城镇化，缓解东部地区农民工的就业形势（曾鹏和向丽，2016）。

（二）建立新型劳资关系

相比较于城镇居民来说，农民工在城市中的就业地位并不平等，存在较多的不公平对待现象，因此在企业和农民工之间构建起平等的新型劳资关系就显得尤为重要。在新型劳资关系的建立过程中，政府、企业和农民工都应该发挥出应有的作用。首先，政府层面需要转变职能和观念，完善相关法律法规的建设，让农民工的就业有法可依。同时加强对用人单位在劳动合同方面的监督与指导，提高政府处理劳动者争议和保护劳动者权益的能力。此外，还要完善农民工的最低工资标准，保障其在城市中的基本生活能够得到满足。其次，企业层面需要主动与农民工建立合法的劳资关系，签订正规的劳动合同。虽然过多的关注利益最大化能够给企业带来短期的收益，但是从长远的角度来看并不利于企业的发展。因此企业在日常的经营中应该树立以人为本的发展理念，更多考虑“人”这个因素在企业发展中的作用，尊重农民工的劳动所得，努力培养农民工，平等地对待他们，为他们提供良好的工作环境，建立企业和员工共同发展的机制。最后，农民工层面除了需要提升自身的劳动能力之外，还要增强自身的组织能力，积极主动加入农民工工会组织，壮大工会组织的力量，提高农民工群体与企业的谈判能力和谈判地位，为新型劳资关系的构建出一份力。同时农民工工会组织应该把农民工的利益放在第一位，鼓励农民工加入工会组织，发挥出工会组织的维权职能，促进农民工与企业的协商，在保障农民工利益的基础上努力做到农民工的收入与企业的效益相挂钩。

（三）加强农民工的就业培训

近年来，虽然国家通过多项政策推动和提高农民工的就业质量，提高劳动生产率，但并没有从根本上解决农民工就业的制度性矛盾，农民工就业不稳定的状况也没有得到明显好转。“乐业”是农民工在当地城市实现“安居”的必要前提和重要保障，现实中农民工普遍存在就业稳定性差的现象，而政策性缺陷则是导致农民工就业不稳定的主要原因：第一，部分地方人民政府的政策对农民工的歧视造成了农民工就业权利上的不平等；第二，一些企业在使用农民工时存在有法不依的现象（纪韶，2010）。面对这样的情形，不同省市采取了不同的政策措施，目前来看，其中尤以浙江省的模式最为契合：首先，降低进城就业的户籍门槛以及减少限制性政策，各级公共服务机构取消各种行政性收费项目，加强农村基层服务平台建设，提供免费的公共就业服务和培训，将就业优惠政策扩大到农村低保家庭，同时加强劳动力市场建设，完善农村就业服务网络，各级公共服务机构提供免费的职业介绍、职业指导、政策咨询等服务；其次，加强劳动力市场建设服务工作，逐步规范人力资源市场，为农民工创造就业条件，拓宽就业渠道；再次，加大对农民工培训的资金投入和工作力度，扩大培训规模，改进培训方式，注重提高使用技能和就业能力，尤其关注生活困难的农民工；最后，加快推进城乡统筹就业工作，逐步完善覆盖城乡的公共就业服务体系，积极开展劳务交流，引导农民工有序外出务工。

（四）增强农民工的劳动保护

农民工劳动关系和工资收入是保证农民工享受住房保障政策、落户城市以及实现人的城镇化的前提条件，是农民工劳动价值和劳动地位的直接表现，具体包括农民工劳动报酬、工作环境、劳动维权、组织归属等内容。

构建农民工的劳动保护制度：首先，该项制度涉及地方人民政府、企业和农民工三方主体之间的权利及义务。在实践中，应该建立协调机制，将三方主体关联起来，对于大规模的农民工群体，推行集体协商制度和集体合同制度，加强对农民工群体的保护，建立健全劳动争议平等协商处理机制，切实维护农民工的权益。其次，针对农民工收入得不到保障尤其是在建筑领域工作的农民工讨薪难的问题，2015 年《中共中央国务院关于构建和谐劳动关系的意见》中明确提出，健全工资支付监控、工资保证金和欠薪应急周转金制度，探索建立欠薪保障金制度，落实清偿欠薪的施工总承包企业负责制，依法惩处拒不支付劳动报酬等违法犯罪行为，保障职工特别是农民工能够按时足额领到工资报酬，并努力实现农民工与城镇就业人员同工同酬。[①] 最后，在农民工职业安全卫生政策方面，目前众多中小企业的安全意识薄弱、生产投入不足、管理水平较差、从业人员素质、技能水平较低，安全隐患大量存在，伤亡事故时有发生。对此情形，加强农民工的职业安全卫生工作便显得尤为重要，同时要督促企业为农民工提供必要的劳动保护措施。此外，政府需要开展对农民工的安全生产知识培训，加强对农民工的疾病预防，依法维护农民工的职业合法权益，通过种种措施制度的联动施行，保障生产安全以及农民工工作过程中的人身安全。

三、建立惠及农民工的公共服务体系

城市的公共服务应该是一个惠及大众的服务体系，它的第一要义是要坚持公平性原则，其内涵是确保每一个城市居民，无论是城市的原住民还是外来的农民工都能享受到基本公共服务带来的好处（秦立建等，2015）。但是在当前的城市中存在公共服务体系服务对象的不平等问题，特别是对农民工存在排斥现象，因此政府需要对公共服务体系进行一定程度上的修改，建立一个能够把外来农民工群体也

---

① 吉林省人社厅．关于构建和谐劳动关系的实施意见[EB/OL]．(2016-11-30)[2017-03-10]．人民网，http://jl.people.com.cn/.

包含在内的城市公共服务体系。

(一)保障农民工子女接受城市教育的权利

受教育权是公民的基本利之一,教育的普及程度是衡量一个社会公平性的基础,因此世界各国都在致力于教育的均等化,中国也不例外(黄兆信等,2015)。为了保障农民工子女在城市中教育的公平公正,我国相继出台了一系列的法律法规,如1996年的《城镇流动人口中适龄儿童、少年就学办法(试行)》、2003年的《关于进一步做好进城务工就业农民子女义务教育工作意见的通知》、2006年的《关于解决进城务工农民问题的若干意见》以及2010年的《国家中长期教育改革和发展规划纲要(2010—2020年)》等。虽然国家希望建立一个惠及农民工子女的城市教育体系,但是还是有许多城市学校将农民工子女拒之门外(汪杰锋,2016)。一般情况下,城市的公立学校都是在满足城市户籍儿童的入学之后,才会放出少量的名额给农民工子女,这样根本无法满足农民工子女的入学需求,也就导致绝大多数的农民工会把其子女留在户籍所在地也就是农村入学。在长期缺乏父母的监护和关爱的情况下,这部分农村留守儿童极易产生生理,甚至心理上的问题。子女成长、生活与教育成为了农民工在外务工所担心的重点问题,也在一定程度上影响了农民工的留城意愿,进而对城镇化的推进也起到了一定的阻碍作用(汪润泉,2016)。

为了解决农民工子女在城市中接受教育的问题,更好更快地推进城镇化进程,政府部门需要从三个方面出发:一是流入地政府应该承担起农民工子女的义务教育责任,并坚持与城镇居民一视同仁的原则。具体实施中,流入地政府可以根据当地农民工子女的变化情况设定教育预算经费、合理分配教育师资以及增加学校数量或者扩大招生规模等。在政府财政的支出上适当倾斜,通过财政补助或者无息贷款的方式提供资金帮助。同时在流入地政府产生困难时,中央人民政府和流出地政府也要及时伸出援手,共同出力解决农民工子女的教育问题。二是改变固有的学籍管理制度,放宽城市的学籍准入政策。一直以来,我国各地区实行的都是“地方人民政府负责、分级管理、以县为主”的农村义务教育管理体制,但是现行的学籍管理制度已经严重阻碍了农民工子女在城市的入学。因此,建立健全灵活的学生学籍制度和居住地所在学区的入学管理方式已经势在必行,具体可以通过互联网建立电子学籍,方便农民工子女的学籍转移,为学生提供更多便捷的学籍管理方式。三是多渠道引入社会资源,鼓励民办学校接纳农民工子女。政府在农民工子女教育问题的解决上既要提高公办学校的容载量,还要考虑到当政府师资、财政不足时,应该鼓励社会资源进入教育领域,缓解公办学校的压力,同时在民办学校的学费上,政府也需要给予一定的分担。

(二)完善农民工公共卫生服务体系

农民工公共卫生服务体系的完善是促进社会进步和城镇化有序推进的重要措

施，也有利于提高社会的劳动生产率。党的十八大提出了2020年全面建成小康社会的目标，农民工公共卫生服务的完善作为全面建成小康社会的重要保障，一者能够体现国家对农民工的人文关怀，再者也满足了农民工的健康需求，与人的城镇化的建设理念相契合。为了更好地促进农民工公共卫生服务体系的完善，相关部门应该要把握以下三方面的内容：

一是加大农民工聚集地的公共卫生建设，关注重点地区的疾病防范工作。一般来说，农民工居住地都比较集中，居住环境也不是很好，脏乱差的外部条件极易对其身体健康产生不利影响。因此要重点关注这些区域的饮水供给、污水垃圾处理、空气污染等情况，做好该区域的疾病防范工作，从而提高农民工享有的公共卫生服务质量，增加其在城市生活的幸福感指数。

二是加强部门之间的合作，健全责任划分机制。农民工公共卫生服务机构的建设规划所涉及的政府部门较广较多，需要城乡规划、财政、卫生、人力资源、社会保障以及户籍管理等部门的协调合作。没有处理好责任的划分问题，不利于各部门通力合作完成公共卫生的建设。

三是落实健康城镇建设任务，加大污染治理力度。在城镇建设之中，要坚持健康优先、生态宜居的理念，把公共卫生建设贯彻到城镇化的推进过程中。加强城市公共卫生基础设施建设，加大对污染的治理，完善废气、废水、废渣的处理工作，高标准推进城市绿化建设，努力让城镇居民和农民工的生活环境得到改善。

四、完善农民工的社会保障制度

社会保障是社会稳定的安全网和稳定器，它的产生是现代社会福利思想发展变迁的直接结果，也是公民权的表现形式，完善农民工的社会保障体系是社会发展和公平正义的必然要求。然而，农民工因为存在文化程度较低、流动性大、组织性弱等特点，在社会中长期处于弱势地位，社会保障严重，并且农民工的参保率也偏低，农民工自身合理诉求难以引起社会重视。在加快实现中国城镇化进程中，人的城镇化的建设归根结底就是实现城乡统筹的过程，农民工社会保障制度是其中的重要一环，所以不可单一看待农民工的社会保障问题，应该结合城镇与农村共同完善，最终实现农民工的全面深层次社会保障。

（一）健全最低生活保障制度

最低生活保障制度是指按照最低的生活标准设立的一条生活保障线，当公民的收入低于这条线时，国家有义务为其补齐少于保障线的那部分资金。农民工的收入水平相较于城市居民来说一般较低，所以在城镇化的发展中健全农民工的最低生活保障制度就显得尤为重要。首先在城镇方面，应该尽快将农民工纳入到城镇的最低保障制度中，为其中生活困难的人员提供资金或者实物支持，但是需要保证这部分群体并未享受到户籍所在地也就是农村的最低生活保障。同时还要发挥农民工群体的自治作用，建立有效的管理、救助以及监督机制，具体操作可以参考居民委员会的设立与职能设定。这样便于对城镇农民工最低生活保障制度进行规范化管理，也有利于随时了解农民工的收入变化情况，达到生活保障资金的及时变动，做到公平、公正、公开。其次在农村方面，应该建立农民工亲属最低生活保障的申报机制和审核机制，重点保障进城务工农民工家庭中的无劳动能力人员、患病人员、高龄人员以及身体残疾人员等。同时在整个流程中应该坚持公开透明的原则，确保农民工相关亲属的最低生活需求能够得到公平的对待，让农民工无后顾之忧。一般来说，城市的最低保障标准要比农村高，所以要完善进城务工农民工最低生活保障的退出机制和转移机制，让农民工的最低生活保障标准能够符合其生活环境，但是在这个过程中农村需要加强与城镇的信息交流与沟通，防止因为信息不对称而产生的多次重复保障。

(二)推进养老保险制度改革

农民工是我国城镇化发展过程中产生的特殊群体，因为城乡之间二元结构的存在，所以农民工在城镇的养老保险处于长期缺失的状态。随着我国城镇化的进一步发展，城镇农民工的规模会继续扩大，这部分群体养老保险制度的不完善，必定会成为人的城镇化进程中的薄弱环节，甚至还会对我国的社会进步和稳定造成影响，因此农民工养老保险制度的改革应该得到充分的重视。

养老保险制度是社会保障的一部分，其制度的改革应该涉及城镇和农村两个地区。首先，完善城镇的养老保险制度，实现城乡之间养老保险体系的无缝衔接。人的城镇化背景下的城镇养老保险制度应该以实现城镇居民和农民工的养老保障为目标，为了有足够的资金去保障所有居民，政府应该鼓励农民工积极参加城镇养老保险并缴纳养老金，同时城镇也需要主动承担农民工的养老保障，加强对养老基金的运作，以实现养老基金的保值增值。此外，由于我国各地区特别是城乡之间存在养老保险政策、费率、保障金额等方面的不同，所以极大阻碍了农民工养老保险在城乡之间的自由流动。因此，政府部门应该采取相应措施，制定相关政策，逐步建立起城乡之间的动态管理，促进城乡之间养老保险体系的融合。其次，加大农村养老保险的保障力度，缓解城镇养老体系的压力。通常情况下，农村的养老金返还金额要低于城镇，这也是农民工想要加入城镇养老保险体系的原因之一。在促进城乡养老保险一体化的情况下，为了缓解城镇的压力，国家应该加大对农村地区养老保险的资金支持，提高农村地区政府财政收入，进而增加农民工养老保险的保障力度(曹信邦和刘晴晴，2011)，或者也可以直接对参加农村养老保险的农民工进行补贴，实现城乡之间养老保障水平的均等化。同时农村的有关机构应该积极配合与城镇的信息交流和沟通，努力促成城乡之间养老保险体系的有机结合。

(三)加快医疗保险制度完善

农民工作为城镇化进程中的外来群体，其在城镇中的生活和工作环境要比城镇居民差得多，所以面临的健康风险也较大，医疗保险对于农民工来说就更为重要。与此同时，农民工在城镇的医疗保险制度长期处于缺失状态，虽然较多农民工都有参加过农村合作医疗保险，但是城乡之间的医疗保险转移制度尚未完善，而且异地报销医疗费用手续较为复杂。因此加快农民工医疗保险制度的完善，增加医疗保障在城乡之间的协调度是当前建设人的城镇化所要解决的问题之一。

同样的，这里还是从城镇和农村两个角度分析当前我国农民工医疗保障制度的完善措施。首先，全面推进城镇医保制度创新，提高医疗保障容载量。随着我国人的城镇化建设进程的推进，农民工已经具备参加城镇医疗保障的条件和能力，此时城镇应该积极接纳该群体，对城镇医疗保障制度进行改革，将农民工纳入到城镇的基本医疗保障制度之中(秦立建等，2015)。在这个过程中，政府需要加大医保方面的财政资金投入，强化监督管理体系，切实保障农民工的合法权益。为了提高城镇医疗保障的接纳能力，政府方面需要整合资源，在扩大医院规模以及数量的同时还要充分发挥社会卫生服务站服务城镇居民以及农民工的功能，为缓解农民工在城镇中的医疗保障问题提供有效的解决途径。其次，加大对农村医疗保障的资金投入，优化基础设施建设。医疗保障最重要的因素就是足够的资金供给，而且相较于城镇来说，农村地区的医疗保障基础设施一般较弱，缺乏具备较高医疗水平的人才队伍以及先进的技术设施，对农民工以及其亲属的医疗保障力度不足，病情延误的情况时有发生。在这种情况下，政府可以通过增加对农村地区资金的投入力度来调动农民工参加农村医保的积极性，从而达到缓解城镇医疗保障压力的作用。同时政府还要加强对农村医疗保障的监管力度，严格进行医疗保障的申报资格审查工作。加强对农村医疗队伍的建设，采用工资或者资金补助的方式吸引优秀的医疗人才和医疗机构到农村工作，从而提高农村的医疗保障基础设施水平。

五、加快推动农民工的社会融合

通过前文对农民工社会融合的现状与影响因素分析，可以看出农民工在融入城市生活的过程中仍存在较大的障碍。因此本研究拟从以下角度探讨农民工的社会融合途径。

(一)注重人力资本提升和培育

经济融合是农民工在城市得以生存的基本条件，而人力资本的提高是促进农民工经济融合的主要渠道。人力资本的提升则主要依赖于农民工自身素养的提升以及开展相应的技能培训(赵亚男,2014)。

在个人基本素养提升方面,首先要进一步深化教育体制改革,统筹城乡教育资源均衡配置,确保农民工子女与当地户籍学生享有同等的教育权益,使公共教育资源均等化。其次,加强对农民工的思想教育,坚持以人为本,恪守职业道德,培养敬业精神和纪律性,提高职业化水平。最后,农民工也要摒弃“读书无用”的陈旧观念,主动开展自我学习,对未来充满希望,甚至可以将部分劳动收入用于投资到自身素质的提升上去。农民工必须要从思想上认识到人力资本的重要性,并通过长期学习的方式来进行积累提升,树立“终身学习”的学习理念(谢桂华,2012)。同时,农民工在提升自身学习主动性的同时,对儿童的培养教育理念也应不断进行改进提升。

在技能培养方面,首先要建立各种各样的技能培养机制,加大对农民工教育培养的投入,多开展一些公益性的培训机构,为农民工积累人力资本。其次,农民工的技能培训要多层次地展开,根据农民工的不同需求,为农民工有针对性的提供就业技能、创业技能等不同方面的培训。最后,建立农民工技能培养考核机制,实时监测和反馈培养过程与结果,真正将为农民工提升技能落到实处。同时,也要培养农民工主动接受技能培训的意识,努力建立培训市场与就业市场的平衡,为农民工就业与创业提供保障。

(二)夯实提高农民工的经济资本

经济融合的关键,是增加农民工的个人收入,其中最重要的就是开拓农民工就业与创业途径。首先,由于农民工从事的多为劳动密集型的小型企业,政府给予的政策扶持不到位,造成了农民工创业在财政、税收、用地等方面没有享受政策优惠的结果。因此,政府在税收和厂房土地流转上,要全面实施创业优惠政策,为农民工在创业初期减少资金流动的压力。其次,在提供政策支持的同时,也要鼓励农民工进行自主创业,并创设条件为农民工提供创业引导与支持,充分调动农民工的积极性,为社会融合提供物质保障。

此外,政府应监督规范中小型企业对农民工工资支付情况,确保农民工工资是否得到及时、足额发放(石智雷和朱明宝,2014)。在政策规范方面应加强企业劳动用工管理,依法签订劳动合同,确保企业严格执行劳动合同的相关规定,切实保护劳动者的合法利益,坚持按劳分配规则,遵守同工同酬的工资制度,使劳动者能够通过自己的努力获得应有报酬。当然,除了培养农民工的职业技能外,还必须提高对农民工权益的认识,建立健全监督投诉机制,切实保障农民工的合法权益不被侵犯。

(三)社会资本的积累和建构

新的社会关系网络的发展对促进农民工的社会融合有着至关重要的作用。农民工离开家乡进入一个完全不熟悉的城市生活，失去了原有的社会交往关系，也失去了原本享有的各种社会保障服务。若缺乏新的社会网络关系进城农民工将一直生活在城市边缘（任义科等，2016）。因此，建立新的社会关系网络尤为重要。政府、企业和社会组织要以包容的心态对待农民工，为农民工提供一种宽松的城市生活氛围，同时，鼓励农民工积极参与各种社会活动，让他们接触拥有不同知识文化、社会背景、工作经验的人，与他们交流在城市生活的丰富经验，以此来获得不同的就业和生活讯息，有利于自己更快地在城市站稳脚跟。最后，在保留原有以亲缘、地缘为核心建立的社会关系网络原则上，鼓励农民工建立以友缘和业缘为基础的新型交往关系网络（李树茁等，2008），发展与农民工居住在同一个小区的城市居民的邻里关系，在就业单位内形成与城市居民的同事关系。这是农民工扩大城市交往的人际关系，重新建立新的社会关系网络的重要途径。最后，农民工也要试图组建属于自己的社会组织，通过集体的力量来获取社会资源，使自身可以迅速融入城市生活，组建自己的城市生活社交网络圈。

（四）创造基本公共服务均等化

农业转移人口虽然进入城市，但是并未实现由劳动力向市民的转化，无法真正享有和市民均等的社会保障和福利。主要障碍源于城乡二元户籍制度以及户籍背后的社会公共服务和相应的福利待遇。为了促进农民工社会融合，势必需要剥离依附在户籍制度上的一些附加利益，使农民工与城市居民平等地享有权益。

在社会保障方面，首先要提高农民工参加社会保险的概率。鼓励农民工积极参加社会保险，同时也要确保企业为农民工提供多元化的投保方式。政府也要加大财政补贴和政策支持，使农民工在城市中的社会保险运行机制逐步完善。最后，加快社会保障的统筹规划，使农民工可以将农村的养老、医疗保险转移到城市，消除因养老保险、医疗保险的地域差异所带来的不便。

在就业保障方面，首先要实施城乡一体化的就业机制。在就业观念上，应对应聘的农民工与城市居民一视同仁，公正平等对待农民工就业群体，消除就业不公平。在管理上，实施农民工与城市居民同等的标准和规则，对需要求职登记、失业统计的如实记录。最后，为农民工建立行之有效的就业服务指导措施。政府可以通过相应的政策措施让农民工拥有免费的就业咨询、指导、介绍等服务，扩大农民工在城市的就业率，使其更快融入城市生活。

在子女教育方面，要切实保证农民工子女在城市接受均等的受教育权利。很多地区，条件较好的公立小学、幼儿园只对有户口，或有房无户，或多年社会保障的子女开放，不符合条件的农民工子女只能到条件较差或者收费很高的农民工子弟学校、私立幼儿园就读。因此，政府首先对农民工子女受教育问题要高度重视，消除地区性障碍，使农民工子女享有与当地户籍学生同等接受教育的权利，共同分享公共教育资源。其次，政府要合理投入对农民工子女义务教育的经费，保证农民工子女的义务教育得到保障与支持。最后，鼓舞更多社会力量来创建条件更好的农民工子弟学校，使农民工子女可以享受更好的基础教育，同时也可以分担政府财政支出压力。

(五)增强农民工的心理认同

农民工社会融合的状态应该是心理和行为上都接受并习惯城市的生活方式、工作方式、行为方式和价值观念。即工作、生活、心理层面的融合应该是衡量农民工是否融入城市社会、是否认同城市生活方式的重要指标。这种心理融合直接反映在农民工对城市的认识是否正确、与城市的关系是否融洽等方面。根据我们在前期的调研发现，有41%的农民工把自己定位为“农村人”，有37%的人“说不上”自己的身份定位，另外有20%的人把自己划归为“半个城里人”，只有2%的进城农民工把自己定位为“城里人”，农民工群体中间存在着复杂的“边缘人”[①]心态。首先，可以通过教育的形式，对农民工普及心理健康知识，提高农民工心理承受能力，消除自卑、彷徨的消极心理，增强对城市的归属感。其次，要注意营造有利于农民工城市融合的舆论环境，加大宣传对农民工的正面认识，消除城市居民对农民工的误解与歧视。最后，农民工要认识到主动融入城市的重要性，自觉地向城市社会迈进，积极参与社会活动，提高社会归属感与认同感。

(六)提升城市居民对农民工的包容度

首先，建议在政治上赋予农民工参政议政资格，把拥有选举权和被选举权的农民工纳入人大代表选举范围，行使政治权利，并建议通过立法形式逐步确立农民工的政治地位。其次，城市居民要以尊重、理解、包容的心态去接纳农民工，在农民工遇到困难时，城市居民应当主动帮助他们解决，增强农民工“第二故乡”的认同感(邓睿等，2016)。解决农民工社会融合问题，需要农民工心理上对城市的认同和自身不断的努力，需要社会尽可能为实现社会融合提供条件支撑，还需要政府给予农民工更广泛的经济、社会地位和政治权利。只有全社会共同参与、有效协同，才能实现农民工群体真正的社会融合。

---

① 托马斯在研究身处欧美的农民群体时也指出：他们从事的是非农产业，但身份是农民；他们深受乡村传统思想的影响，却同时受到了现代价值观念的冲击；他们生活在城市，户口在农村；他们不认为自己是城里人，却又否认自己是地道的农村人。他们是亦城亦乡、亦工亦农、非城非乡、非工非农的边缘人(托马斯，2000)。

结 语

习近平总书记在谈及城镇化时，反复强调“解决好人的问题是推进新型城镇化的关键，必须着力推进以人为核心的新型城镇化”。李克强总理也曾多次在谈话中讲到，“推进城镇化，核心就是人的城镇化”。显然，未来以人为核心的新型城镇化完全不同于旧有的、传统的、老式的城镇化建设思路。无论是在广度还是深度上，以人为核心的新型城镇化都可以说是对前期城市化建设在理念上质的飞跃（卓贤，2015）。发展新型城镇化，一来这是历史的趋势，推进新型城镇化建设，让进入城市，从事非农工作的农业人口在我国改革开放的巨大历史进程中体会到“住得下，融得进，齐发展”的和谐融合，这是以人为核心新型城镇化的重要目标。从另一个方面来看，推进以人为核心新型城镇化建设，有助于进一步发挥区域经济的引擎角色，为经济下行压力巨大的现代中国经济增加动力。

然而，需要注意的是，推进以人为核心新型城镇化建设，不可能背离中国特色社会主义市场经济的运行背景和规律，无论是中央人民政府还是地方各级人民政府都需要充分地正视并认识到市场在资源配置方面的主要作用，而政府的角色在于把握新型城镇化建设的方向，并积极做好政策和资金上的扶持工作。从历史的纵深来看，开展以人为核心新型城镇化建设乃是再一次推进中国区域经济协调发展的崭新机遇，有助于维护社会稳定和国家安全，激发潜在的经济发展活力。从这个意义上来看，城镇化的推进显然也必然是一个由市场因素和经济因素占主要的过程，这就需要在考虑农民工住房保障成本分担问题上认识到财政和经济因素是不得回避的考虑变量。

同时，从主体性的角度来看待，城镇化的目的绝不仅仅止于城镇空间的拓展和经济指数的增长，最终目的应聚焦在生活与工作于城镇中的居民可以获得的公平感，满足感、安全感和幸福感。回顾历史，重工业优先发展战略不仅初步奠定了社会主义工业化的基础，而且为城市的发展提供了发展空间，并且改变了中国城市的结构和功能定位（马学广，2010）。通过早期的国家主导的工业化而开展的城镇化历史进程，由农业转化工业与服务业来提高就业率，尽可能地吸收农村剩余劳动力，完成财富积累和脱贫任务，是早期的城镇化建设所完成的重要使命。然而，对于后期的、未来要实现的以人为核心新型城镇化建设而言，无论是理念、思路还是实现方式等都需要政府以及整个社会各个层面和领域的积极转变。不是将城市建立成相互隔离的孤岛，而是更应该重视社会融合。这就意味着，新型城镇化在传统城镇化完成了让更多的人“住得下”的任务后，更需要做的是“融得进”。新型城镇化强调以人为本，在追求城市经济社会发展的同时，将人的全面发展和人的幸福作为城市化的终极目标，力求经济、社会、环境、资源协调发展，代际均衡，强调城乡一体化发展，把城市化与乡村振兴、农村人口转移及发展农村经济结合起来，走城乡共同繁荣的道路。

然而，如前文所述。受到既有体制的束缚，如何充分地激发地方人民政府、企事业单位和各级、各类社会组织在解决农民工住房保障成本分担问题的积极性，做到公平公正，权责清晰，利益共享，共同发展，需要高度卓越并附有现代政府管理思维和能力的治理水平和全局视野的政治智慧。传统的城镇化发展过程中，以低成本，政府推动，外延式扩张为特点而形成的地方人民政府在处理社会保障问题时候强大的思维和行政上的惯性，导致新型城镇化的推进直至今日，依然在不少的政府管理者眼中呈现理论探索困惑和现实行动迟缓，目标方向感的模糊，激励机制的缺失，管理视野的局限，治理能力的不足，最终导致城市公共服务和社会保障供给出现着力点分散，权责不清等尴尬局面，这些原因无疑阻碍了以人为核心的新型城镇化进程。推进新型城镇化建设，如若不重新思考既有的央地之间在财权、事权上的权重划分局限性和整体新型城镇化建设的金融环境支持的缺陷，那么受制于不断出现的“二元”格局，户籍限制的阻碍将进一步放大以农民工为代表的外来务工群体享受附着在户籍上的各项公共服务——医疗、就业、升学和住房等方面上的歧视和不公平现象，正因为如此，农民工群体由于风险和成本分担的考量而对城镇化进程保持抗拒情绪。总的来看，没有积极、正面和良好的激励机制和制度设计，无论是政府还是个人、组织，都没有“热情”通过较高的市民化成本完成农民工群体等外来务工者的身份转变，即便“住得下”，也不能“住得好”，更奢谈“融得进”和“齐发展”。

以人为核心新型城镇化不仅是一个物质极大富裕、产业结构合理、劳动力充分就业等物质层面的概念，更是一个老城市人口有荣誉感、新城市人口有成就感、外来流动人口有归属感的精神层面的概念；以人为核心新型城镇化不可能是公共服务绝对均等化的城镇化，应该是分层次、分地区、分阶段的城镇化。国情决定我国东、中、西部城镇化质与量差异较大，大城市与小城市差异较大，主城区与郊区差异较大。在建设以人为核心新型城镇化的过程中，必须要把最后的落脚点放在“人”身上，一切从人民利益和需求出发，通过制度重构推进以人为核心新型城镇化建设。

建立和完善人的城镇化背景下农民工住房保障，首先要改革和完善住房保障体系。解决农民工住房保障问题不是仅仅新建一套住房保障体系，而是需要从认识上和政策设计上逐步将外来务工的农民工群体纳入城镇住房保障体系。整个过程需要对现有城镇住房保障体系进行重审，进而改造，甚至重建，要给予农民工群体与城镇居民同等的住房保障待遇，重新思考并安排空间与财政分配格局。改造供给机制，探索政府购买保障性住房，加速外来人口有效实现社会融入。与此同时，建立持续的经费保障机制。建立和完善农村住房财产权抵押、宅基地使用权流转、农民工住房公积金制度，帮助农民工解决安家落户的成本负担问题。进一步探索房地分离的顶层设计，盘活农房的资本力量。鼓励以商业银行为主，募集社会闲散资金建立城镇化发展基金，为农民工安家落户持续提供经费支持。一方面加快土地和户籍制度改革，使得农民工具有城镇人口可以享受到的平等的公共服务、权利、社会保障待遇。另一方面加快与户籍改革相适应的农民工就业、收入、子女入学、医保、社保、养老的同步政策改革，解决农民工安家落户的后顾之忧。

未来，对于处于改革开放发展关键转型期的宁波来说，正视、注重并选择新型的城市化发展道路，是当前宁波市进一步提升高质量发展，特别是突破 2008 年金融危机以来所遇到的发展瓶颈的有效途径。新型城镇化建设的道路主张高效集约，有助于克服产业转型升级的困难，在推进新型工业化的同时，大力发展消费性服务业、生产性服务业，进而带动宁波在港口城市定位下的工业和制造业经济基础之上向服务经济和现代信息经济转型升级，以工业促进服务业，以服务业带动提升制造业水准。从另一个维度来看，新型城镇化建设是宁波扩大内需的潜力所在。伴随着城镇化进程的不断深化推进，外来务工农民工群体的生活和生产方式的改变，消费结构和消费方式的转型提升，将带来消费能力和需求的增强和释放。同时，维持新型城镇化建设需要更广泛、更高效集中的城市供给水平，带动多个行业共同发展，充分发挥本土人才的积极性，提高对高素质人才的吸引力，实现宁波发展从“人口红利”向“人才红利”的转变，为实施创新驱动战略提供有力的智力支持。

建立和完善人的城镇化背景下农民工住房保障，更需要协调推进户籍制度、土地制度、财税体制、住房和社会保障制度等系列配套改革，从而解决农村人口转移所面临的制度性障碍。与此同时，新型城镇化要求实现城市建设管理创新，更需加快推进城市建设投融资机制、各级地方人民政府城市财权事权匹配等改革，释放宁波新一轮发展的“改革红利”。优质化的城镇居民生活，需要做到外来人口和城镇本地人口的和谐共居，实现城乡居民、外来人口和本地人口有序、公正与平等地享受城市发展的成绩，城市公共服务和社会保障公平享有，发展可期，就业充分，财富充裕，环境宜居，公民参与机制有效形成，城镇居民生活充满公平正义感、安全感和认同感。

参考文献

[1]Briggs L, 2007. Public service secretaries and their independence from political influence: The view of the public service commissioner[J]. Australian Journal of Public Administration, 66(4):501-506.

[2]Christaller W, 1993. The Central Places in Southern Germany[M]. Boston: Prentice Hall.

[3]Considine M, 2003. Governance and competition: The role of non-profit organizations in the delivery of public services [J]. Australian Journal of Politicical Science,38(1):63-77.

[4]Friedman J, 1964. The theory of performs planning[M]. New York: Harper Collins.

[5]Geddes P, 1915. Cities in Evolution[M]. Britain: Harper & Row.

[6]Hirschman A O, 1958. The strategy of economic development[M]. Boulder, CO: Westview Press.

[7]Howard E, 1989. Tomorrow: A peaceful path to real reform[M]. London: Cambridge University Press.

[8]Klauke, 1987. A Two-sided matching model of venture capital[R]. Working Paper, University of Chicago .

[9]Lewis W A, 1954. Economic development with unlimited supplies of labor[J]. The Manchester School,22(2):139-191.

[10]Lowery D, 1999. Answering the public choice challenge: A neoprogressive research agenda[J]. An International Journal of Policy and Aderministration, (12):29-55.

[11]Malpass P, Murie A, 1999. Housing policy and practice [M]. London:Macmillan Press.

[12]Northam, 1979. New approaches to crop yield insurance in developing countries[J]. International Food Research Institute, (2):22-25.

[13]Perroux,1955. The Theory of Monopolistic Competition: A general theory

of economic activity[J]. Indian Economic Review, 2(3):134-143.

[14]Rawls,1971. A Theory of Justice:Original Edition[M]. Boston, MA:Harvard University Press.

[15]Ruth U, Maharouf O, 2011. Do immigrant groups differ in welfare usage? Evidence from the U. S. A [J]. Atlantic Economic Journal, (90):231-247.

[16]R. Edward Freeman,1984. Strategic Management: A Stakeholder Approach [M]. Boston, MA:Pitman.

[17]Saarinen E, 1943. The City-Its growth, its decay, its future[M]. New York: Reinhold Publishing Corporation.

[18]Schwartz A F,2006. Housing policy in the united states:an introduction [M]. New York:Routledge.

[19]Serda A, 1867. The basic theory of urbanization[M]. Spanish: Grupo Planeta.

[20]Thomas R, Davies A, 2005. Theorizing the micro-politics of resistance: New public management and managerial identities in the UK public services [J]. Organization Studies, 26(5):683-706.

[21]Todaro M P, 1969. A model of labor migration and urban in underdeveloped countries[J]. The American Economic Review, (12):138-148.

[22]Turner J C,1968. Housing priorities, settlement patterns, and urban development in modernizing countries[J]. Journal of the American Planning Association, 34(6):354-363.

[23]Urwin R, 1922. The construction of satellite town[M]. Oxford: Oxford University Press.

[24]Vandana D, Poter R, 2008. The companion to development studies [M]. Hodder Education.

[25]Walker A, Wigfield A,2004. The social inclusion component of sociality [R]. Working Paper of European Foundation on Social Quality.

[26]Wong A K, Yeh H K, 1985. Housing a nation: 25 years of public housing in Singapore [M]. Singapore: Housing Development Board Press.

[27]Zabel J E, 2012. Migration, housing market, and labor market responses to employment shocks[J]. Journal of urban economics,72(2-3):267-284.

[28]Zapata G P,2013. The migration-development nexus: Rendering migrants as transnational financial subjects through housing[J]. Geoforum, (47): 93-102.

[29]阿列克斯·英克尔斯,戴维·H.史密斯,1992.从传统人到现代人——六个发展中国家的个人变化[M].北京:中国人民大学出版社.

[30]保罗·萨缪尔森,威廉·诺德豪斯,2013.经济学[M].19版.萧琛,译.北京:商务印书馆.

[31]别红暄,2019.新中国户籍制度的变迁与反思——基于国家建设理论的视角[J].探索,(6):129-137.

[32]蔡国立,徐小峰,2012.地方宅基地退出与补偿典型模式梳理与评价[J].国土资源情报,(7):37-41.

[33]曹邦英,2005.西部地区基于产业集聚的城市化发展模式探讨[J].理论与改革,(6):154-156.

[34]曹敏,唐仁敏,2017.综合政策效应加快显现 新型城镇化建设纵深推进[J].中国经贸导刊,(21):23-25.

[35]曹信邦,刘晴晴,2011.农村社会养老保险的政府财政支持能力分析[J].中国人口·资源与环境,21(10):129-137.

[36]常亮,2016.中国农村五保供养:制度回顾与文化反思[J].中国农业大学学报(社会科学版),33(3):101-109.

[37]陈波,张小劲,2019.内部激励与外部约束——新一轮城市竞争中的户籍制度改革逻辑[J].治理研究,35(2):88-97.

[38]陈成文,胡竹君,2008.低收入家庭的住房保障:英、美、日三国的实践模式及其启示[J].中国软科学,(7):150-154.

[39]陈红霞,2017.集体经营性建设用地收益分配:争论、实践与突破[J].学习与探索,(2):70-75.

[40]陈鸿彬,徐珍珍,2013.农民工住房存在的问题与解决对策——以郑州市为例[J].地域研究与开发,32(1):41-44.

[41]陈美球,何维佳,刘桃菊,2009.当前农户农村居民点用地集约利用意愿的实证分析——以江西省为例[J].中国农村经济,(8):63-69.

[42]陈美球,王庆日,2016.农村土地管理制度改革试验需要系统思维[J].上海国土资源,37(1):1-3.

[43]陈锡文,2015.推进以人为核心的新型城镇化[N].人民日报,2015-12-07(7).

[44]陈振明,2003.政府再造:西方新公共管理运动述评[M].北京:中国人民大学.

[45]陈志刚,2014.新加坡组屋与中央公积金政策分析[J].国土资源情报,(1):2-11.

[46]程大涛,2010.中国住房政策社会目标及供应体系重构的设想[J].经济学家,(12):50-57.

[47]楚德江,韩雪,2016.农民工市民化进程中农地承包权退出机制研究[J].理论导刊,(7):71-75.

[48]褚清华,杨云彦,2014.农民工社会融合再认识及其影响因素分析[J].人口与发展,20(4):28-36.

[49]崔阳,2013.新型城镇化背景下农民工保障房问题研究[D].山东:山东财经大学.

[50]邓宏乾,王贤磊,陈峰,2012.我国保障住房供给体系并轨问题研究[J].华中师范大学学报(人文社会科学版),51(3):29-37.

[51]邓睿,冉光和,肖云,刘迎君,2016.生活适应状况、公平感知程度与农民工的城市社区融入预期[J].农业经济问题,37(4):58-69,111-112.

[52]丁冰雪,2017.陕西省政府购买社会服务项目对社会组织支持效果研究[D].陕西:西北大学.

[53]丁成日,邱爱军,王瑾,2011.中国快速城市化时期农民工住房类型及其评价[J].城市发展研究,18(6):49-54.

[54]丁富军,吕萍,2010.转型时期的农民工住房问题——一种政策过程的视角[J].公共管理学报,7(1):58-66,125-126.

[55]丁萧,2014.农民工市民化住房供给成本研究——以广东省佛山市为例[J].调研世界,(11):41-46.

[56]董昕,张翼,2012.农民工住房消费的影响因素分析[J].中国农村经济,(10):37-48.

[57]董昕,2013.中国农民工的住房政策及评价(1978—2012年)[J].经济体制改革,(2):70-74.

[58]杜涛,2013.村镇卖地急土地财政"下沉"[J].决策探索(上半月),(6):57-58.

[59]樊一江,任虹,杨杰,2011.德国城市公共交通发展的经验与启示[J].综合运输,(8):51-60.

[60]方达,张广辉,2017.PPP模式与城镇化土地产业与人口的视角[J].财经科学,(2):64-74.

[61]方蔚琼,2015.我国农民工住房保障模式比较与评析[J].经济纵横,(2):105-109.

[62]费孝通,1996.论中国小城镇的发展[J].中国农村经济,(3):3-5,10.

[63]冯俏彬,2013.构建农民工市民化成本的合理分担机制[J].中国财政,(13):63-64.

[64]冯汉良,2013.以文化引领新型城镇化建设——上海宝山罗店镇城镇化发展的启示[J].小城镇建设,(10):71-77.

[65]付文林,赵永辉,2016. 财政转移支付与地方征税行为[J]. 财政研究,(6):16-27.

[66]傅东平,李强,纪明,2014. 农业转移人口市民化成本分担机制研究[J]. 广西社会科学,(4):72-77.

[67]甘行琼,刘大帅,2015. 论户籍制度、公共服务均等化与财政体制改革[J]. 财政研究,(3):91-96.

[68]高聪,2016. 农村住房财产权抵押法律问题初探[J]. 法制与社会,(21):104-105.

[69]高培勇,汪德华,2012. 中国财政政策报告 2012/2013:新型城市化背景下的住房保障[M]. 北京:中国财政经济出版社.

[70]高拓,王玲杰,2013. 构建农民工市民化成本分担机制的思考[J]. 中州学刊,(5):45-48.

[71]顾梦琳. 统计局:农民工人数超 2.6 亿人均月收入 2290 元[N]. 京华时报,2013-05-28(A03).

[72]辜毅,2016. 城镇化背景下农民工社会融合的困局、反思与展望[J]. 电子科技大学学报(社会科学版),18(2):15-22.

[73]国家统计局. 中国统计年鉴(2014)[M]. 北京:中国统计出版社,2015.

[74]郭伟伟,2008. "居者有其屋"——独具特色的新加坡住房保障制度及启示[J]. 当代世界与社会主义,(6):162-167.

[75]韩康,2008. 启动中国农村宅基地的市场化改革[J]. 国家行政学院学报,(4):4-7.

[76]韩康,2008. 宅基地制度存在三大矛盾[J]. 人民论坛,(14):38-39.

[77]韩友江,2013. 北京市顺义区推进新型城镇化的经验与启示[J]. 天津农业科学,19(12):35-38.

[78]何峰,2017. 宁波:破除藩篱天地宽城乡一体共享发展[N]. 宁波日报,2017-02-12(A02).

[79]何格,别梦瑶,陈文宽,2016. 集体经营性建设用地入市存在问题及其对策——以成都市为例[J]. 中州学刊,(2):43-47.

[80]胡高,朱景萍,刘懿光,2016. 培育发展二级市场盘活存量建设用地——以武汉市为例[J]. 中国土地,(3):11-13.

[81]胡际权,2005. 中国新型城镇化发展研究[D]. 重庆:西南农业大学.

[82]胡秋阳,2012. 农民工市民化对地方经济的影响——基于浙江 CGE 模型的模拟分析[J]. 管理世界,(3):72-80,95.

[83]胡雯,陈昭玖,滕玉华,2016. 农民工市民化程度:基于制度供求视角的实证分

析[J]. 农业技术经济,(11):66-75.

[84]胡拥军,高庆鹏,2017. 处理好农民工市民化成本分摊的五大关系[J]. 中国发展观察,(6):11-12.

[85]黄匡时,2008. 改革开放30年北京流动人口政策回顾与展望[J]. 北京规划建设,(5):47-49.

[86]黄贻芳,2014. 农村宅基地退出中农民权益保护问题研究[D]. 武汉:华中农业大学.

[87]黄跃建,2011. 应逐步将农民工纳入城镇住房保障体系[J]. 人民政坛,2011(4).

[88]黄兆信,谈丹,曲小远,2015. 农民工随迁子女融合教育:政府的困境与措施[J]. 江西社会科学,35(7):206-211.

[89]霍利斯·钱纳里,1988. 发展的型式(1950-1970)(中译本)[M]. 北京:经济科学出版社.

[90]纪韶,2010. 改革开放以来的中国农民工就业政策社会效应评估研究[J]. 经济与管理研究,(10):89-95.

[91]纪晓岚,2004. 英国城市化历史过程分析与启示[J]. 华东理工大学学报(社会科学版),(2):97-101.

[92]贾生华,陈宏辉,2003. 利益相关者管理:新经济时代的管理哲学[J]. 软科学,(1):39-42,46.

[93]贾士靖,王珊珊,韩素卿,2010. 石家庄市住房空置率调查分析[J]. 建筑经济,(3):47-50.

[94]贾显维,2014. 人口城市化对消费需求的影响及对策分析[J]. 网友世界,(5):50.

[95]蒋从斌,2017. 城镇化背景下中国流动人口住房保障政策改善的阻力[J]. 中国管理信息化,20(14):188-189.

[96]蒋华福,2013. 美欧亚发达国家住房保障政策发展史评述及启示[J]. 上海党史与党建,(4):60-63.

[97]蒋贵凰,2014. 传统城镇化的弊端与新型城镇化的难题—基于文献综述的思考[J]. 商业时代,(5):26-28.

[98]蒋荣昌,2008. “三农”问题的核心困结及其解决之道[J]. 西南民族大学学报(人文社科版),(4):73-79.

[99]蒋尉,2015. 德国“去中心化”城镇化模式及借鉴[J]. 国家行政学院学报,(5):113-116.

[100]金朗,赵子健,2018. 我国住房租赁市场的问题与发展对策[J]. 宏观经济管

理,(3):80-85.

[101]井渌,马静,2010.徐州矿区棚户区的改造模式[J].中国煤炭,36(7):44-47.

[102]孔祥智,2016.中国农村土地制度:形成、演变与完善[J].中国特色社会主义研究,(4):16-22,2.

[103]雷翔,2011."十二五"期间战略新兴产业发展规划与产业扶持政策[J].中国安防,(8):14-25.

[104]雷禹,2016.农民工市民化对房地产的影响[J].重庆理工大学学报(社会科学),30(10):53-59.

[105]黎红,杨聪敏,2018.农民工市民化的成本分担与机制构建[J].探索,(4):143-149.

[106]李翠平,2011.以民间资本解决中小企业融资难题[J].河北金融,(3):16-19.

[107]李福华,2012.我国廉租房制度的沿革及对策探析[J].郑州航空工业管理学院学报(社会科学版),31(2):94-97.

[108]李桂久,2019.地方人大监督司法问题研究[D].长春:吉林大学.

[109]李晶,2008."农民工"住房问题及市民化发展趋势下的住房政策调研[J].现代经济探讨,(9):58-60+65.

[110]李丽辉.中央财政拨 2013 年中央补助廉租住房保障资金 80 亿[N].人民日报,2013-05-16(A01).

[111]李美,2017.浅析以人为核心的新型城镇化建设的实现路径[J].吉林省教育学院学报,33(8):159-161.

[112]李梦倩,2017.中国地方政府职能存在问题及转变对策[J].现代经济信息,(5):139.

[113]李培林,2003.农民工:中国进城农民工的经济社会分析[M].北京:社会科学文献出版社.

[114]李强,2012.中国城镇化"推进模式"研究[J].中国社会科学,(7):82-100,204-205.

[115]李树茁,任义科,靳小怡,2008.中国农民工的社会融合及其影响因素研究——基于社会支持网络的分析[J].人口与经济,(2):1-8,70.

[116]李思漫,2015.城市工人村历史街区更新方法初探——以沈阳市大东区和睦路历史街区保护发展规划为例[J].建筑设计管理,32(10):58-61.

[117]李薇辉,袁莉,孙玲玲,2005.各国政府住房保障比较研究[J].上海师范大学学报(哲学社会科学版),(5):45-51.

[118]李昕,文婧,林坚,2012.土地城镇化及相关问题研究综述[J].地理科学进展,31(8):1042-1049.

[119]李永友,张子楠,2017.转移支付提高了政府社会性公共品供给激励吗?[J].经济研究,52(1):119-133.

[120]李振刚,南方,2013.城市文化资本与新生代农民工心理融合[J].浙江社会科学,(10):83-91,158.

[121]李烝,2014.广东财政助力基本公共服务均等化[J].中国财政,(24):14-17.

[122]梁云凤,2011.德国经验系列报告之七　德国的保障房制度及对我国的启示[J].经济研究参考,(61):66-69.

[123]廖丹青,2010.论我国社区文化在现代化进程中的作用及对策[J].社科纵横(新理论版),25(1):199-200.

[124]林晨蕾,郑庆昌,2015.公共服务均等化视角下新生代农民工住房保障模式选择——公共租赁房优势与发展路径[J].理论与改革,(3):70-73.

[125]林琳,林丽鹂,时圣宇,叶琦,2013.转型升级进行时·动力篇⑤:城镇化激活经济内生动力[N].人民日报,2013-10-13(A02).

[126]刘斌,2016.住房自有率、人口流动与劳动力参与率——基于全国第六次人口普查数据的研究[J].技术经济与管理研究,(10):88-92.

[127]刘国斌,杨增,2017.吉林省推进以人为中心的新型城镇化研究[J].人口学刊,39(4):71-81.

[128]刘海军,2013.警惕当代中国工人阶级结构"畸化"现象蔓延[J].探索与争鸣,(5):59-63.

[129]刘红岩,陈春良,2015.人力资本、融城能力与农业转移人口的城市融入[J].浙江社会科学,(10):149-161.

[130]刘双良,2010.农民工城市住房保障问题分析与对策研究[J].经济与管理研究,(7):23-24.

[131]刘天琦,李红霞,刘代民,2017.新形势下地方税体系重构路径探析[J].税务研究,(4):114-116.

[132]刘奕,2012.农民工保障是建立社会公正的基石——兼驳"改革代价论"[J].探索与争鸣,(2):34-37.

[133]刘妍麟,2017保险资金投资私募股权基金风险问题研究[J].科技经济市场,(8):104-105.

[134]刘永焕,2014.科技创新在全球产业转移过程中决定作用机制研究[J].科学管理研究,32(3):13-16.

[135]娄文龙,杨春江,唐学庆,2016.农民工住房保障供给机制存在的问题及其解决路径[J].城市问题,(10):69-76.

[136]卢海阳,郑逸芳,钱文荣,2016.农民工融入城市行为分析——基于1632个农

民工的调查数据[J]. 农业技术经济,(1):26-36.

[137]卢金,2017. 宁波市土壤重金属污染研究综述[J]. 世界有色金属,(2):134-135.

[138]罗锐,邓大松,2014. 新加坡组屋政策探析及其对我国的借鉴[J]. 深圳大学学报(人文社会科学版),31(4):93-98.

[139]罗苑玮,2015. 基于城镇化融资视角的城市发展基金研究[J]. 区域金融研究,(10):72-75.

[140]吕慈仙,乐传永,2014. 高校“三位一体”综合评价招生模式改革的分析——基于利益博弈的视角[J]. 教育研究,35(1):98-104.

[141]吕萍,甄辉,丁富军,2012. 差异化农民工住房政策的构建设想[J]. 经济地理,32(10):108-113,176.

[142]吕萍,周滔,高仁航,2007. 农民工住房解决方式与现行土地政策之冲突[J]. 中国房地产,(3):49-51.

[143]马万里,陈玮,2008. 建立健全面向农民工的城市住房保障体系研究——杭州农民工基本住房状况调查与政策建议[J]. 城市规划,(5):38-44.

[144]马万里,刘胡皓,2018. 为什么中国的城镇化是人地非协调的?——土地财政与土地金融耦合下地方政府行为的视角[J]. 中央财经大学学报,(8):113-120.

[145]马秀杰,孙桂平,杨丽华,2015. 新常态背景下新型城镇化发展策略研究——以河北省为例[A]. 新常态:传承与变革——2015 中国城市规划年会论文集,2015:10.

[146]马秀莲,2016. 从政府直接提供到 PPP——美国保障房的实践及借鉴[J]. 中国行政管理,(6):150-155.

[147]马学广,2010. “单位制”城市空间的社会生产研究[J]. 经济地理,30(9):1456-1461.

[148]茅冠隽,2015. 新型城镇化试点地区出炉:金山成上海唯一被纳入地区[N]. 解放日报,2015-01-19(A02).

[149]孟庆瑜,2011. 我国公共租赁住房制度的政策法律分析——基于公共租赁住房市场化的研究视角[J]. 河北法学,(6):150-155.

[150]穆怀中,1997. 社会保障适度水平研究[J]. 经济研究,(2):56-63.

[151]南龙,2016. 京津冀协同背景下石家庄新型城镇化规划策略研究[D]. 哈尔滨工业大学.

[152]宁波市环保局,2017. 2016 年宁波市环境状况公报[N]. 宁波日报,2017-06-05(A01).

[153]宁波市人民政府,2017. 2017 年政府工作报告[N]. 宁波日报,2017-04-19(A02).

[154]宁波市人民政府,2018. 关于宁波市区户口迁移实施细则(试行)的政策解读[N]. 宁波市人民政府公报,2018-03-15(A03).

[155]宁波市人民政府,2007. 关于印发宁波市市区经济适用住房销售管理办法的通知[N]. 宁波市人民政府公报,2007-11-22(A04).

[156]宁波市人民政府,2018. 宁波市人民政府关于全面推进“标准化+”战略的实施意见(甬政发〔2018〕5 号)[N]. 宁波日报,2018-02-01(A04).

[157]宁波市统计局,2017. 2016 年宁波市国民经济和社会发展统计公报[N]. 宁波日报,2017-02-21(A03).

[158]宁波市统计局,国家统计局宁波调查队,2018. 2017 年宁波市国民经济和社会发展统计公报[N]. 宁波日报,2018-02-06(A01).

[159]宁波市统计局,2019. 2018 年宁波 GDP 达 10745. 5 亿元[N]. 华夏时报,2019-01-25(A03).

[160]牛丽云,齐潞菲,刘玲璞,2013. 新生代农民工住房保障问题研究——以保定市为例[J]. 建筑经济,(11):18-21.

[161]牛润盛,2015. 新型城镇化资金供需分析与实证研究[J]. 北京金融评论,(1):28-42.

[162]牛文元,2012. 中国新型城市化报告[M]. 北京:科学出版社.

[163]彭长生,范子英,2012. 农户宅基地退出意愿及其影响因素分析——基于安徽省 6 县 1413 个农户调查的实证研究[J]. 经济社会体制比较,(2):154-162.

[164]彭华民,唐慧慧,2012. 排斥与融入:低收入农民工城市住房困境与住房保障政策[J]. 山东社会科学,(8):20-29.

[165]彭加亮,罗祎,2016. 建立和完善面向农民工的住房公积金制度研究[J]. 华东师范大学学报(哲学社会科学版),48(6):145-151,169.

[166]齐大伟,2016.“以人为本”视角下的新型城镇化建设研究[D]. 四川:西南科技大学.

[167]齐慧峰,王伟强,2015. 基于人口流动的住房保障制度改善[J]. 城市规划,39(2):31-37.

[168]钱小利,2012. 住房保障制度演进轨迹与现实响应:解析一个实例[J]. 改革,(11):91-97.

[169]乔贵平,2015. 天津乡土文化的“半城市化”生存[J]. 中共天津市委党校学报,(3):107-112.

[170]秦立建,杨倩,黄奕祥,2015. 农民工基本医疗保险异地转接研究述评[J]. 中

国卫生经济,34(2):17-20.

[171]R.爱德华·弗里曼,1984.战略管理——利益相关者方法[M].王彦华,梁豪译.上海:上海译文出版社,2006.

[172]任义科,张彩,杜海峰,2016.社会资本、政治参与与农民工社会融合[J].甘肃行政学学报,(1):83-91,118,129.

[173]单菁菁,2015.农民工市民化的成本及其分担机制研究[J].学海,(1):177-184.

[174]申兵,2012."十二五"时期农民工市民化成本测算及其分担机制构建——以跨省农民工集中流入地区宁波市为案例[J].城市发展研究,19(1):86-92.

[175]施晓俭,2010.农民工纳入城镇住房保障体系的政策研究[D].上海:复旦大学.

[176]石智雷,朱明宝,2014.农民工的就业稳定性与社会融合分析[J].中南财经政法大学学报,(3):49-58,159.

[177]宋立,剧锦文,2013.聚焦以人为核心的新型城镇化——与专家对话我国当前的城镇化建设[N].解放军报,2013-10-24(A03).

[178]苏卫哲,于磊,2018.聚焦重点群体　推进精准扶贫[J].江苏农村经济,(2):18-21.

[179]谭羚雁,娄成武,2012.保障性住房政策过程的中央与地方政府关系——政策网络理论的分析与应用[J].公共管理学报,9(1):52-63,124-125.

[180]唐纳德·凯特尔,2009.权力共享——公共治理与私人市场[M].北京:北京大学出版社.

[181]唐晓旺,2017.房地产供给侧改革与农民工市民化[J].中州学刊,(2):30-34.

[182]田焱,刘文杰,2010.住房补贴政策运行中存在的问题及其对策——以成都市相关数据为例[J].经济体制改革,(1):154-157.

[183]托马斯·兹纳涅茨基,2000.身处欧美的波兰农民[M].南京:译林出版社.

[184]万大珂,2017.农民工市民化成本测算及分担机制研究[D].湖北:中南财经政法大学.

[185]万海玲,2017.社会转型时期中国农民政治认同问题研究[D].西安:西北工业大学.

[186]汪冬梅,2003.日本、美国城市化比较及其对我国的启示[J].中国农村经济,(9):69-76.

[187]汪杰锋,2016.农民工子女义务教育公平的现状审视与路径探寻[J].教育研究与实验,(1):74-78.

[188]汪全胜,2008.法律绩效评估的"公众参与"模式探讨[J].法制与社会发展,

(6):19-29.

[189]汪润泉,2016.子女教育期望与农民工城市定居意愿——基于全国7个城市调查数据[J].农业技术经济,(3):75-84.

[190]汪文雄,李进涛,2010.英国的住房政策实践及启示[J].城市问题,(3):87-92.

[191]王斌来,蒋云龙,胡虹,2018.农民工买房,政策来帮忙[N].人民日报,2018-05-14(A03).

[192]王彩芳,2013.集中安置的失地农民社会交往与城市文化适应[J].农业经济问题,34(1):68-72.

[193]王聪,2015.新型城镇化进程中的城乡基层协同治理研究[D].湖北:华中师范大学.

[194]王琛,2015.从利益相关者理论解读农业转移人口市民化[J].经济社会体制比较,(3):81-91.

[195]王春光,2006.农村流动人口的半城市化问题研究[J].社会学研究,(5):107-122,244.

[196]王春光,2015.统筹城乡医疗保障制度的新思考.农学学报,5(2):124-130.

[197]王春婷,2012.政府购买公共服务研究综述[J].社会主义研究,(2):141-146.

[198]王桂新,武俊奎,2011.城市农民工与本地居民社会距离影响因素分析[J].社会学研究,25(2):28-47,243.

[199]王海燕,2013.美国城镇化发展的特点和启示[J].经济研究参考,(36):5-10.

[200]王红茹,2019.集体经营性建设用地允许直接入市,被征地农民纳入社保体系[N].中国经济周刊,2019-02-04(2).

[201]王红晓,2013.探讨新生代农民工阶层固化的原因[J].农村经济与科技,24(1):114-115,113.

[202]王虹,杨锐利,徐志,2016.全面"营改增"后分税制改革面临的问题与对策分析[J].地方财政研究,(9):15-21,31.

[203]王家存,王玉瑛,2012.透析地方政府融资平台贷款的现状及风险[J].中国集体经济,(12):116-117.

[204]王俊杰,2017."三农"融资政府担保基金法律机制研究[D].重庆:西南政法大学.

[205]王岚,2016.宁波住房保障大步走进"春天里"[N].宁波日报,2016-11-10(A02).

[206]王名,乐园,2008.中国民间组织参与公共服务购买的模式分析[J].中共浙江省委党校学报,(4):5-13.

[207]王浦劬，莱斯特·M.萨拉蒙，2010.政府向社会组织购买公共服务研究——中国与全球经验分析[M].北京：北京大学出版社.

[208]王人扬，仇兵奎，2014.宁波市外来务工人员适度住房保障水平研究[J].中国房地产，(10)：59-67.

[209]王人扬，2014.宁波市外来务工人员住房状况及住房保障体系研究[D].武汉：华中科技大学.

[210]王伟波，向明，范红忠，2012.德国的城市化模式[J].城市问题，(6)：87-91.

[211]王喜梅，张桥云，2013.美国社会管理对中国的启示——以住房保障为例[J].当代世界与社会主义，(1)：23-28.

[212]王晓红，王吉恒，2015.农业转移人口市民化成本困境及对策分析[J].农业现代化研究，36(5)：767-772.

[213]王晓红，2016.农业转移人口市民化成本及其分担机制研究[D].哈尔滨：东北农业大学.

[214]王晓霞，2013.我国地方政府集群升级政策的问题探析[J].科技管理研究，33(5)：30-34.

[215]王一丁，崔爽，2017.浅谈"租购同权"政策[J].纳税，(16)：141.

[216]王志章，韩佳丽，2015.农业转移人口市民化的公共服务成本测算及分摊机制研究[J].中国软科学，(10)：101-110.

[217]韦伟，赵光瑞，2005.日本城市化进程及支持系统研究[J].经济纵横，(3)：45-48.

[218]卫欣，刘碧寒，2008.国外住房保障制度比较研究[J].城市问题，(4)：92-95.

[219]温来成，苏超，2013.新型城镇化建设中推进投融资公私合作的迫切性、可行性与突破点[J].地方财政研究，(12)：4-7.

[220]温志雄，2017.中国城镇化思想的演进和城镇化的历史、成就与问题研究[D].昆明：云南大学.

[221]文森特·奥斯特罗姆，罗伯特·比什，埃莉诺·奥斯特罗姆，2004.美国地方政府[M].井敏，陈幽泓，译.北京：北京大学出版社.

[222]文尚卿，2011.当前解决农民工问题的几点思考[J].农业经济，2011(10)：43-45.

[223]吴宾，张春军，李娟，2016.城镇化均衡发展视阈下流动人口差异性住房保障政策研究[J].北京交通大学学报(社会科学版)，15(3)：67-73.

[224]吴頔，2016.上海一区两镇，因何新列为国家新型城镇化综合试点区[N].解放日报·上观新闻，2016-12-13(A03).

[225]吴安华，杨云彦，2011.中国农民工"半城市化"的成因、特征与趋势：一个综述

[J]. 西北人口,32(4):105-110.

[226]吴康明,2011. 转户进城农民土地退出的影响因素和路径研究[D]. 重庆:西南大学.

[227]吴旻,2017. 鄞州涌现不少精品安置房[N]. 宁波日报,2017-02-10(A03).

[228]吴维平,王汉生,2002. 寄居大都市:京沪两地流动人口住房现状分析[J]. 社会学研究,(3):92-110.

[229]吴业苗,2017. 农业转型及其当下问题:基于人的城镇化的考察[J]. 中共浙江省委党校学报,33(3):111-120.

[230]肖辉英,1997. 德国的城市化、人口流动与经济发展[J]. 世界历史,(5):63-72.

[231]肖万春,2003. 美国城镇化发展启示录[J]. 城乡建设,(5):56-57.

[232]肖余恨,2016. 鼓励农民进城买房需政策跟进[J]. 群众,(2):66.

[233]肖亦卓,2012. 欧洲城镇化的历史与经验[N]. 人民日报,2012-06-21(22).

[234]肖子华,2019. 流动人口社会融合蓝皮书:中国城市流动人口社会融合评估报告 No. 1[M]. 北京:社会科学文献出版社.

[235]谢桂华,2012. 流动人口的人力资本回报与社会融合[J]. 中国社会科学,(4):103-124,207.

[236]新华社,2011. 胡锦涛在中国共产党第十八次全国代表大会上的报告[N]. 人民日报,2011-11-18(A01).

[237]熊娜,2011. 资源匹配、现实操作与后续境况:由我国区域发展战略观察[J]. 改革,(4):60-68.

[238]徐小峰,2012. 城乡建设用地增减挂钩区农村宅基地退出补偿研究[D]. 华中农业大学.

[239]徐雪,2018. 日本乡村振兴运动的经验及其借鉴[J]. 湖南农业大学学报(社会科学版),19(5):62-67.

[240]徐瑛,2003. 地方政府短期行为与区域经济冲突[J]. 理论研究,(3):6-9.

[241]刘勇,徐云峰,龙飞,2016. 基于城乡一体的新型城镇化文化发展路径研究[J]. 现代商业,(36):172-174.

[242]徐祖荣,2008. 流动人口社会融合问题研究[J]. 北京城市学院学报,(4):96-100.

[243]许犇,2019. 讴歌奉化 70 年沧桑巨变[N]. 奉化日报,2019-09-28(A02).

[244]许恒周,2012. 基于农户受偿意愿的宅基地退出补偿及影响因素分析——以山东省临清市为例[J]. 中国土地科学,(3):6-9.

[245]许可,戴维,李成明,李浩民,2017. 新形势下农村土地流转的实证分析[J]. 开

发性金融研究,12(2):11-21.

[246]许莲凤,2013.公共产品理论视域下的新生代农民工住房保障实现路径研究[J].东南学术,(6):63-69.

[247]许琳,2014.我国居民收入差距的制度性因素研究[D].江苏:南京大学.

[248]许英,2011.论我国农村土地产权制度的完善——兼论土地征收制度改革之困境与突破[J].天津商业大学学报,31(4):41-45.

[249]杨华平,2011.基本住房权宪法保护[D].北京:中国政法大学,2011.

[250]杨继瑞,汪锐,马永坤,2011.统筹城乡实践的重庆"地票"交易创新探索[J].中国农村经济,(11):4-9,22.

[251]杨菊华,2018.制度要素与流动人口的住房保障[J].人口研究,42(1):60-75.

[252]杨琳,2016.低碳竞争力与城市化协调发展评价研究[D].湖北:华中师范大学.

[253]杨佩卿,2019.新发展理念下新型城镇化发展水平评价——以西部地区为例[J].当代经济科学,41(3):92-102.

[254]杨世箐,陈怡男,2015.农民工市民化成本分担的现实困境及对策分析[J].湖南社会科学,(5):93-97.

[255]杨仪青,2013.新型城镇化发展的国外经验和模式及中国的路径选择[J].农业现代化研究,34(4):385-389.

[256]杨渔樵,方俊,吴春虹,2018.新型城镇化基础设施建设PPP模式运行机制研究[J].统计与决策,34(6):44-47.

[257]易宪容,2016.房地产去库存化的难点与重点[J].浙江经济,(3):12-15.

[258]尹成杰,2010.加快推进中国特色城乡一体化发展[J].农业经济问题,31(10):4-8.

[259]于建嵘,2015.集体经营性建设用地入市的思考[J].探索与争鸣,(4):55-58.

[260]郁建兴,2011.中国的公共服务体系:发展历程、社会政策与体制机制[J].学术月刊,43(3):5-17.

[261]虞南,竺佳,2016.365天里172天在下雨去年宁波天气不断"破纪录"[N].浙江在线—钱江晚报,2016-01-12(A02).

[262]袁泉,2016.苏州人口城镇化对策研究[J].江苏建筑,(2):5-7,26.

[263]袁中友,2008.农民工城镇住房解决模式与路径选择[J].改革与战略,(6):51-53.

[264]约翰斯通,李红桃,沈红,2002.高等教育成本分担中的财政与政治[J].比较教育研究,(1):26-30.

[265]岳永兵,2008.多元价值视阈下宅基地价格构成、影响因素计量与调控[D].

北京：中国地质大学.
[266]臧涛涛，2013.基于模糊层次分析法(FAHP)的军事运输路径优化研究[D].吉林：吉林大学.
[267]曾鹏，向丽，2016.中西部地区人口就近城镇化意愿的代际差异研究——城市融入视角[J].农业经济问题，37(2)：91-99.
[268]翟烜，2009.北京政府部门首次购千套商品房做保障房[N].京华时报，2009-01-01(A01).
[269]张光辉，2019.新型城镇化、户籍制度改革与农民工市民化研究[J].产经评论，10(5)：108-123.
[270]张昊，2014.市委十二届七次全会"谋篇布局"新型城市化，把"美学"引入宁波城市建设[N].东南商报，2014-07-25.
[271]张好军，2012.提高城市规划管理问题之浅析[J].城市建设理论研究(电子版)，(19)：1-3.
[272]张合林，郝寿义，2007.城乡统一土地市场制度创新及政策建议[J].中国软科学，(2)：28-40.
[273]张合林，贾晶晶，2013.我国城乡统一建设用地市场构建及配套政策研究[J].地域研究与开发，32(5)：119-122，127.
[274]张建华，黄益良，2014.政府保障性住房建设与管理的财政思考——以嘉兴市为例[J].嘉兴学院学报，26(4)：59-63.
[275]张进中，2014.如何走好新型城镇化之路[N].光明日报，2014-12-25(16).
[276]张丽佳，2014.土地利用管理的美国特色[J].中国土地，(12)：25.
[277]张琪，2009.美国、德国、新加坡住房保障制度建设经验与启示[J].社会科学战线，(12)：233-234.
[278]张琪，2015.发达国家保障房分配的做法与启示[J].经济纵横，(3)：74-77.
[279]张秋梅，2015.农民工住房保障模式、制约因素及优化路径——以福建省泉州市为例[J].中共福建省委党校学报，(1)：89-95.
[280]张汝立，陈书洁，2010.西方发达国家政府购买社会公共服务的经验和教训[J].中国行政管理，(11)：98-102.
[281]张汝立，陈书洁，2010.西方发达国家政府购买社会公共服务的经验与教训[J].中国行政管理，(11)：98-102.
[282]张润泽，禹辉映，2014.新型城镇化的内在要求及路径选择[J].理论导刊，(3)：71-72，77.
[283]张伟，2016.农村集体经营性建设用地增值收益分配机制研究——以集体经营性建设用地初次流转为视角[J].成都理工大学学报(社会科学版)，24(2)：

53-56.

[284]张文明,2019.新型城镇化与PPP模式——内涵、形式、结构及解决方案[J].福建论坛(人文社会科学版),(4):188-196.

[285]贺欢欢,张衔春,2014.土地产权视角下的城乡规划改进思考[J].规划师,30(2):18-24.

[286]张许颖,黄匡时,2014.以人为核心的新型城镇化的基本内涵、主要指标和政策框架[J].中国人口·资源与环境,24(S3):280-283.

[287]张秀智,丁锐,2009.经济欠发达与偏远农村地区宅基地退出机制分析:案例研究[J].中国农村观察,(6):23-30,94-95.

[288]张学浪,2018.城镇化与农村土地流转的互动关系:挑战与出路[J].经济体制改革,(4):90-95.

[289]张宇,刘洪玉,2008.美国住房金融体系及其经验借鉴——兼谈美国次贷危机[J].国际金融研究,(4):4-12.

[290]张宇,2011.保障性住房政府规制利益相关者行为分析[J].土木工程学报,44(S1):230-233,248.

[291]张元庆,2016.城镇化、农民工内生性市民化与制度激励[J].财经科学,(1):121-132.

[292]张智勇,杨再惠,2015.当前农村土地制度改革与土地经营市场化问题研究[J].江西社会科学,35(7):85-92.

[293]张仲芳,舒成,2015.农业转移人口市民化的公共成本测算及分担机制——以江西为例[J].江西社会科学,35(9):54-60.

[294]赵菲,2019.关于房地产行业商业办公租赁模式的创新研究[J].城镇建设,(8):19.

[295]赵利梅,陈红霞,2016.博弈论视角下农民工住房公积金运行的症结分析及政策建议[J].农村经济,(10):88-94.

[296]赵晔琴,2015.论农民工纳入城市住房保障体系之困境——基于准公共产品限域的讨论[J].吉林大学社会科学学报,55(6):68-75,172-173.

[297]赵亚男,2014.农民工人力资本、社会资本与社会融合[D].山西:山西师范大学.

[298]赵媛媛,2014.我国公共租赁住房运行机制研究[D].河南:郑州大学.

[299]赵振宇,丁晓斐,2017.以人为核心的新型城镇化水平评价研究——以宁波市为例[J].中国房地产(学术版),(15):50-57.

[300]赵振宇,丁晓斐,2017b.以人为核心新型城镇化:内涵、约束及政策保障[J].宁波大学学报(人文科学版),30(3):117-121.

[301]赵智杰,2013. 努力健全福建特色的城乡一体化体制机制[J]. 福建理论学习,(12):26-28.

[302]郑思齐,廖俊平,任荣荣,2011. 农民工住房政策与经济增长[J]. 经济研究,46(2):73-86.

[303]郑小晴,胡章林,2008. 将农民工纳入住房公积金制度保障体系的探讨[J]. 重庆大学学报(社会科学版),14(6):34-38.

[304]郑玉歆,2017. 管好用好国有土地加快实现普遍住房保障[J]. 理论探讨,(4):90-96.

[305]郑云峰,2016. 德国住房保障:制度构成、特征及启示[J]. 北华大学学报(社会科学版),17(2):117-120.

[306]周春山,杨高,2015. 广东省农业转移人口市民化成本——收益预测及分担机制研究[J]. 南方人口,30(5):20-31.

[307]周飞舟,王绍琛,2015. 农民上楼与资本下乡:城镇化的社会学研究[J]. 中国社会科学,(1):66-83,203.

[308]周建华,刘建江,2014. 农民工城市住房支持的政策因应[J]. 农村经济,(7):103-107.

[309]周林洁,2003. 德国住房保障制度值得借鉴[J]. 城市开发,(6):22-24.

[310]周其仁,2013. 城乡中国(上)[M]. 北京:中信出版社.

[311]周彦珍,李杨,2013. 英国、法国、德国城镇化发展模式[J]. 世界农业,(12):122-126.

[312]周毅,2003. 城市化释义[J]. 锦州师范学院学报(哲学社会科学版),(5):102-113.

[313]周琼,2018. 2017 年宁波新增就业 19.5 万人[N]. 宁波日报,2018-01-31(A03).

[314]朱华,胥畅,2016. 新型城镇化建设背景下的城市发展基金研究——以江苏省为例[J]. 统计科学与实践,(7):24-26.

[315]朱世亮,赵菁,2015. 以资产证券化与 PPP 结合模式化解地方债的法律路径初探[J]. 证券法苑,14(1):208-222.

[316]朱悦蘅,杨海涛,黄韬,2011. 农民工权益保护过程中的政府间博弈[J]. 经济社会体制比较,(5):67-76.

[317]卓贤,2015. 质量重于速度:对中国城镇化现状与潜力的分析[J]. 经济学家,(8):52-61.

[318]佐赫,2018. 农民工市民化成本分担机制研究[D]. 哈尔滨:东北林业大学.

附录一　农民工住房现状调查报告

受到分布范围广、人口密集、流动性较大等因素的限制，我们先通过区域性问题的调查研究，后通过大数据汇总、梳理、分析，得出宏观性的结论，这仍是农民工住房现状调研的基本方式。本研究在宁波市六个主城区（海曙区、江北区、北仑区、镇海区、鄞州区、奉化区）及象山县范围内，综合考量从事行业、生活区域、年龄、性别、学历等不同结构农民工特点进行抽样调查。除问卷调查之外，还采取访谈、观察、比较等社会研究方法，使信息之间能够相互印证。发放问卷2000份，实际回收有效问卷1869份，有效回收率达93.5%。同时，全部调查数据由调查人员检查核实后输入计算机，运用频率分析、交叉分析等方法，利用统计软件进行数据分析。基于调查结果，重点研究农民工住房保障演变的内在逻辑、农民工安家落户的意愿和压力，以及人的城镇化背景下农民工住房保障的制度安排。

一、调查对象的基本特点

被调查对象的基本人口特征如附表1所示。

附表1　被调查对象的人口特征（N=1869）

性　别	男		女	
	61%		39%	
年　龄	18～25岁	26～35岁	36～45岁	46～60岁
	8%	22%	58%	9%
文化程度	小学及以下	初中	高中（职高、中专、技校）	大学及以上
	16%	65%	13%	6%
平均每年外出务工时间	3个月	3～6个月	7～9个月	10～12个月
	23%	14%	8%	55%

注：年龄18岁以下和60岁以上的调查对象占3%。

(1)从农民工来源构成上看,以省外流入为主,来源地相对集中。从省际流动角度看,来自省外的占农民工人口占总数 88.5%;从人口来源地看,来自安徽、四川、贵州、江西、河南、湖南和湖北这 7 个省份的农民工占绝大多数,比例达到 72.5%。其中安徽省农民工人口最多,占比 20.3%,四川、贵州、江西和河南四省也分别在 10%左右。

(2)从文化素质上看,学历、文化程度和劳动技能整体偏低。16%的农民工教育水平在小学及以下,65%的农民工学历为初中,13%的农民工受过高中教育,而大专以上学历的农民工只占 6%。从劳动技能看,绝大多数农民工无技能,占比 73.6%,而具有中、高级技能人员仅占 7.4%。

(4)从就业结构上看,外来劳动力主要集中在制造业、建筑业、交通运输、快递及其他服务业。通过性别和从事行业两个变量进行交叉分析,可以发现:女性农民工从事行业主要分布在住宿、餐饮、销售、美容美发以及家政服务行业,其中住宿和家政两个行业的女性从业者年龄在 40 岁以上的比例达到 85%。男性农民工主要从事制造业、建筑业、交通运输业和快递行业,特别是从事快递行业的农民工比重上涨幅度较快。

(5)从居留趋势上看,农民工举家迁移逐渐增多,长期居留趋势明显。在年龄结构上,18~45 岁的农民工占总数的 88%。举家来甬务工的农民工占到大多数,约为样本人口的 60%。80%的农民工已婚,20%未婚。有 61.6%的农民工愿意在宁波长期居留。这些数据说明,渴望在宁波安家落户,住有所居的农民工未来将会大幅增长。

(6)从分布特征上看,流动人口分布呈"北高南低"现象,城镇集聚度较高。农民工人口空间分布与区域经济规模基本同向,呈现"北高南低"现象,鄞州、慈溪、北仑、余姚等四个县(市)区的流动人口占到总数的 67.5%,而奉化、宁海、象山等地的流动人口仅占总数的 13.6%。与此同时,90%左右流动人口集中在民营经济比较发达的镇乡(街道)和城乡接合部,而海曙、江东、江北等"老三区"及鄞州中心区的流动人口仅占 10%左右。

二、结果与讨论

(一)农民工居住现状分析

大部分农民工通过租赁房屋自行解决住房问题,居住地相对集中,主要聚集在城乡接合部及"城中村"中。抽样调查显示,36%农民工居住在城郊接合部,28%居住在城区内,12%居住于工作地点或者工地内部,此外,还有 24%居住于农村。

从居住模式上看,农民工居住的基本模式大致有个人租赁、用人单位解决、居住在经营场所、投靠亲友、政府协助解决、村镇和街道等集体组织建造农民工居住点、购置商品住房、开发商投资建设农民工住宅等。据问卷数据统计，58.5%的农民工选择个人租赁居住，30%的农民工住房问题由用工单位解决，而政府协助、开发商投资等占比只有1.6%。

从居住条件来看，农民工人均住宅建筑面积为10.3m²，其中建筑面积在15m²以下的农民工占到91%左右，远低于宁波市城镇居民人均住房建筑面积35.1m²，远低于全国村镇人均住宅建筑面积33.4m²。多数农民工住房通风、采光条件相对较差，也普遍存在卫生状况不佳、噪声污染等诸多环境问题。

从住房消费能力来看，有21.3%的农民工每月住房开支在300元以下，41.7%的农民工每月住房支出在300～500元，37.0%的农民工月均住房支出在500元以上。73%的被调查对象反映务工所在城市政府和工作单位没有任何住房补贴。只有3.7%农民工在宁波购房，所购房屋基本位于城乡接合部，房价在5000～10000元/m²。多数受访对象对商品房预期价格在3000～5000元/m²，远低于宁波市主城区平均房价2.5～3.5(万元/m²)。

(二)农民工月收入水平分析

被调查的农民工人均月收入主要集中在3000～5000元的收入段，占调查总数的70%左右。平均月收入为4220元，比全国同期农民工月均收入2864元高出13%。家庭月均收入在3000～5000元收入段的农民工总体仍然很高，但其占比为63.7%，与人均月收入相比有所降低。根据统计得出：农民工家庭月均收入可达5272元，比农民工个人月均收入约高1000元，但比同期宁波市职工月平均工资5451元略低。显然，宁波市农民工人均月均收入远高于全国，处于领先水平，但是与城镇职工月平均工资相比，仍有一定差距。

(三)住房保障政策了解情况分析

受访对象对现有中央、地方住房保障政策的了解状况令人担忧。对于现有的“外来务工人员公寓”“住房公积金政策”“公共租赁房政策”“出租屋服务管理政策”四项住房保障政策，有超过90%的受访者表示不了解相关政策。同时，在调查过程中也明显感觉到，住房公积金、公共租赁房等住房保障模式对他们来说非常陌生。这一问题不仅说明有关部门对农民工住房保障政策宣传不够，更多地反映出供给主体在住房保障方面存在责任不明，农民工被游离于城镇住房保障体系之外。

(四)农民工住房意愿分析

随着新型城镇化建设不断推进，解决农民工住房保障是当务之急，各级人民政府通过增加农民工收入，放宽户籍限制，增加保障性住房供给等措施解决农民工安家落户问题。但是矛盾依然存在，一方面是渴望拥有城镇住房的现实需求，另一方面是面对房价高企的有限支付能力。房价收入比是国际上用于考察居民购房能力的最重要指标之一，通常认为在4～6倍比较合理，超过6倍则视为缺乏购房能力。调查显示能够承受这一价格的农民工只占总数的1.2%，主要是那些进城经商且已积累多年的农民工。显然，在现有房价水平下即便采取“推广小户型、按揭贷款”也难以弥合农民工支付能力与房价之间的巨大鸿沟。农民工购房意愿分布如附图1所示。

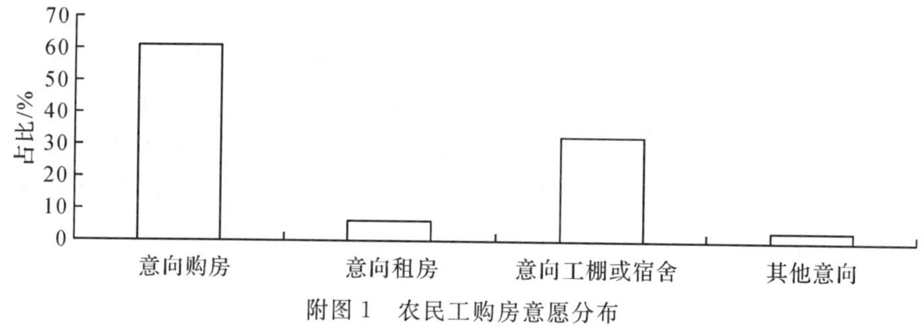

附图1 农民工购房意愿分布

尽管有购房意愿占比为61.3%，但自购住房比率仅占3.2%，仍然有多数农民工选择租房居住。举家来宁波务工的农民工选择在老旧小区租住，主要是生活成本较低，且这一地区子女入学比较方便。一部分农民工选择居住在工棚或集体宿舍，主要原因是节省房租和方便上下班，譬如工作地点不太固定（建筑工地），工作时间不太固定（企业轮班值班），还有一个原因是异地打工在陌生城市的自我保护，认为熟悉的与工友和同乡集中居住，不仅相对安全且容易沟通。

（五）宅基地退出意愿分析

将近60%的受访者选择将移出地的住宅闲置和无偿借给他人居住，其中选择闲置的占到46.7%，渴望或者选择售卖农村住宅的只占6.3%。当被问到是否意愿宅基地流转时，有66.7%的受访者选择了不愿意，只有33.3%的受访者表示愿意退出宅基地。可见，对于农民来说，对于宅基地退出仍持有较多的担心和顾虑。虽然部分受访者为了孩子能够受到更好的教育或是为了工作更加便利在城镇购置了住房，但若要他们放弃村里的宅基地完全脱离家乡，他们多数人是舍不得离开故土的。

附录二　农民工住房现状调查问卷

问卷说明：本问卷考察农村进城务工人员（农民工）的住房现状，问卷的调查对象为农村进城务工人员，问卷调查采取问答形式，即由一名专业调查人员根据问题进行询问，由受调查对象进行回答。由于本问卷研究将作为国家社科基金项目的基础研究部分，它的准确性将直接决定课题研究的最终成果。因此，希望调查人员和受调查人员以准确、客观的态度进行填写。您的所有信息我们都会做到保密，且所有统计数据我们郑重承诺仅限于在公益研究中使用。

一、基本信息

1. 您的性别（　　）

A. 男　　B. 女

2. 您属于下列哪个年龄段（　　）

A. 18 岁以下　　B. 18～25 岁　　C. 26～35 岁

D. 36～45 岁　　E. 46～60 岁　　F. 60 岁以上

3. 您的受教育情况（　　）

A. 小学及以下　　B. 初中

C. 高中（包括中专、职高、技校）　　D. 大学及以上

4. 您平均每年外出务工的时间（　　）

A. 3 个月以下　　B. 3～6 个月

C. 7～9 个月　　D. 10～12 个月

二、住房现状调查

1. 您的家庭年收入情况（　　）

A. 5 万元以下　　B. 5 万～8 万元　　C. 8 万～10 万元

D. 10 万～12 万元　　E. 12 万元以上

2. 您在城镇地区累计务工时间为(　　)

A. 5 年以下　　B. 5～10 年　　C. 10～15 年

D. 15～20 年　　E. 20 年以上

3. 您在城市是否有比较稳定的工作来源(　　)

A. 是　　B. 否

4. 您在城市是否缴纳社保(　　)

A. 是　　B. 否

如果您在城市缴纳社保,缴纳的年限为(　　)年。

5. 您目前的住房属于(　　)

A. 集体宿舍　　B. 合租房　　C. 自租房

D. 自购房　　E. 亲戚朋友家　　F. 工地临时搭建房

G. 其他(请具体写明):________________

6. 居住的地点(　　)

A. 工作地点或工地内部　　B. 市中心工作地点附近

C. 市中心远离工作地点　　D. 城乡接合部

E. 农村

7. 居住房屋的自然情况(　　)

A. 楼房　　B. 平房

C. 简易房　　D. 地下室

E. 工棚　　F. 其他(请具体写明):____________

8. 居住房屋的人均使用面积(　　)

A. $5m^2$ 以下　　B. $5\sim15m^2$　　C. $15\sim25m^2$

D. $25\sim35m^2$　　E. $35m^2$ 以上

9. 如果您目前租房居住,每月房租支出(　　)

A. 150 元以下　　B. 150～300 元　　C. 300～500 元

D. 500～1000 元　　E. 1000 元以上

10. 如果您目前买房居住,您所购买的性质是(　　)

A. 普通商品房　　B. 房改房　　C. 小产权房

D. 农房　　E. 其他(请具体写明):____________

11. 如果您目前买房居住,您所购买房屋的每平方米价格为(　　)

A. 3000 元以下　　B. 3000～5000 元

C. 5000～10000 元　　D. 10000～15000 元

E. 15000～20000 元　　F. 20000 以上

12. 您居住的房屋性质(　　)

A. 城市中的一般商品房　　B. 房改房

C. 城中村中的农房　　D. 城中村中房主自行搭建的房屋

E. 农村的农房　　F. 其他(请具体写明)：__________

13. 您目前务工所在城市的当地政府和工作单位是否对您有一定的住房补助(　　)

A. 没有　　B. 不清楚　　C. 有,请具体写明：__________

14. 您的孩子或父母目前居住在(　　)

A. 务工者老家　　B. 务工者所在城市　　C. 其他(请具体写明)：__________

15. 如果您打算在务工所在城市买房居住,除了住房保障您最希望政府为您解决以下哪些问题?(　　)

A. 子女入学　　B. 医疗保险　　C. 劳动保险

D. 户籍　　E. 其他(请具体写明)：__________

16. 从您的主观意愿出发,在您的务工城市,您更倾向的居住方式(　　)

A. 买房　　B. 个人或者家庭租房　　C. 住工棚或者集体宿舍

D. 其他(请具体写明)：__________

17. 如果您更愿意买房居住,出于以下何种考虑(多选)(　　)

A. 拥有财产　　B. 得到城里人的认同

C. 为孩子今后在城里的生活考虑　　D. 提高生活质量

E. 看到同乡或同事买了,自己也想买

18. 如果您更愿意租房居住,出于以下何种考虑(多选)(　　)

A. 成本因素　　B. 便于随着工作的改变而搬家

C. 提高家庭生活质量　　D. 不打算在城里长期居住

E. 可以与同乡居住在一起

19. 如果您更愿意选择居住在工棚或集体宿舍,出于以下何种考虑(多选)(　　)

A. 成本因素　　B. 方便工作　　C. 雇主的硬性要求

D. 喜欢与工友们居住在一起　　E. 生活比较方便

20. 如果您已经在城里安家落户,您在农村家里的住房如何处理(　　)

A. 闲置　　B. 出租　　C. 无偿借给他人居住

D. 卖掉了　　E. 其他(具体请写明)__________

21. 如果您已经在城里安家落户,您在农村的承包地如何处理(　　)

A. 闲置　　B. 租给别人住

C. 承包权已经转让　　D. 其他(请具体写明)__________

附录三　农民工住房现状访谈提纲

一、农民工基本情况访谈

1. 您来自哪个省份?
2. 为什么来宁波市务工,在宁波市工作多久了?
3. 您从事什么行业,对从事的行业是否满意?(收入、工作时间)
4. 您家人在宁波吗?

二、住房现状访谈

1. 是否租房,如果是,影响租房位置选择的因素有哪些?
2. 觉得现在的房租贵吗? 房租多少合适?
3. 是否有购房计划,打算在宁波定居吗?
4. 住所的生活配套设施是否比较齐全?(卫生间、厨房、浴室等)如果没有,怎么解决日常生活的各种问题?
5. 住房周边的环境怎么样?
6. 对现在的住房满意吗? 能否满足你的居住需求?
7. 对现在的住房,最希望改善什么?

三、住房保障问题访谈

1. 您居住过程中遇到的最大的难题是什么?
2. 您现在是否缴纳住房公积金? 为什么? 是否提取过公积金用来租房?
3. 您是否了解政府的住房保障制度? 申请过保障性住房吗?
4. 您希望宁波市在哪方面对住房进行保障?